Collage

LECTURES LITTÉRAIRES

McGRAW-HILL PUBLISHING COMPANY

New York St. Louis San Francisco
Auckland Bogotá Caracas Hamburg
Lisbon London Madrid Mexico Milan
Montreal New Delhi Oklahoma City
Paris San Juan São Paulo Singapore
Sydney Tokyo Toronto

TROISIÈME
ÉDITION

LUCIA F. BAKER
Professor Emeritus/University of Colorado, Boulder

RUTH ALLEN BLEUZÉ
Moran, Stahl & Boyer International

LAURA L. B. BORDER
University of Colorado, Boulder

CARMEN GRACE
University of Colorado, Boulder

JANICE BERTRAND OWEN
University of Colorado, Boulder

MIREILLE A. SERRATRICE

ESTER ZAGO
University of Colorado, Boulder

This is an EBI book.

Collage: Lectures littéraires

1 2 3 4 5 6 7 8 9 0 DOH DOH 9 4 3 2 1 0

ISBN 0-07-540836-8

Library of Congress Cataloging-in-Publication Data

Collage. Lectures littéraires / Lucia F. Baker . . . [et al.].—3e ed.
p. cm.
ISBN 0-07-540836-8 : $14.00
1. French language—Readers. 2. French language—Textbooks for foreign speakers. 3. French literature. I. Baker, Lucia F.
PC2117.C685 1990 89–13480
448.6′421—dc20 CIP

Manufactured in the United States of America

Developmental editor: Eileen LeVan
Copyeditor: Tina Barland
Senior editing supervisor: Richard S. Mason
Text and cover designer: Adriane Bosworth
Illustrator: Bill Border
Photo researchers: Judy Mason, Lindsay Kefauver
Production supervisor: Tanya Nigh
Compositor: Interactive Composition Corporation
Printer and binder: R. R. Donnelley and Sons Company

Credits
Grateful acknowledgement is made for use of the following:

Photographs/illustrations

Page 1 © Monique Manceau / Photo Researchers, Inc.; *9* Oil on canvas, 212.2 × 276.2 cm. Charles & Mary F. S. Worcester Collection, 1964.336. © 1989 The Art Institute of Chicago. All rights reserved; *13* Jacques Pavlovsky; *22* Musée nationale d'art moderne, Paris. Photo by Lauros-Giraudon / Art Resource, N.Y. © 1989 ARS N.Y. / SPADEM; *26* AP / Wide World Photos; *32* Musée d'Orsay, Paris. Photo by Scala / Art Resource, N.Y.; *39* Oil on canvas, 51 × 68″. The Phillips Collection, Washington, D.C.; *42* © Aline Giono; *43* © Hugh Rogers / Monkmeyer; *44* IPA / The Image Works; *46* Christopher Sanders: "The Fox and the Rooster", illustration of Aesop's *Fables*. Photo from The Granger Collection; *52* The Wallace Collection, London. Photo by Marburg / Art Resource, N.Y.; *59* © Librairie Jules Tallandier; *69* Photo by Giraudon / Art Resource, N.Y.; *70* Woodcut. Photo from The Granger Collection; *75* © Peter Menzel / Stock, Boston; *84* Oil on canvas, 36 1/4 × 29 3/8″. The Brooklyn Museum, 23.105. Ella C. Woodward & A.T. White Memorial Funds; *88* © Hugh Rogers / Monkmeyer; *94* (*top left*) © Owen Franken / Stock, Boston; *94* (*top right*) The Bettmann Archive; *98* © J. Allan Cash / Photo Researchers, Inc.; *102* Art Resource; *103* Oil on canvas, 195.5 × 129 cm. Emanuel Hoffman
(*continued on page 253*)

Table des matières

*relatively easy
**more difficult
***challenging

General Preface to the Third Edition

Collage consists of four integrated texts, together with a workbook and tape program: *Révision de grammaire, Variétés culturelles, Lectures littéraires, Conversation/Activités,* and *Cahier d'exercices oraux et écrits.* The most comprehensive intermediate program available, *Collage* is designed to develop proficiency at the second-year college level of French, giving equal emphasis to all skills. The series is based on our belief that students master a foreign language best when all elements of the program (grammar, culture, literature, and oral activities) are coordinated thematically and linguistically. Each component approaches the chapter themes from a different angle, allowing for maximum exposure at a level intermediate students can both appreciate and enjoy.

Organization

The basic structure of the program remains unchanged. Corresponding chapters of the four books in the series focus on the same theme; Chapter 7, for example, always deals with *Le vingtième siècle.* These corresponding chapters illustrate and reinforce the same grammatical points, as well as related vocabulary and cultural information. Students therefore have many opportunities to work with important vocabulary and grammar in a variety of contexts designed to keep their interest alive.

The *Collage* program is broad, yet sufficiently flexible to allow teachers an individual and creative approach in the classroom. Each book in the series can be used alone; used together, however, the four books give students diverse models of language use, ranging from everyday conversations to literature, and they expose students to cultural information presented from varying points of view. Each combination of books will reinforce different groups of skills (reading, listening, writing, structural analysis, oral proficiency, and so on). For example, in a course emphasizing oral skills, instructors often combine *Variétés culturelles* and *Conversation/Activités*; in a reading course, *Variétés culturelles* and *Lectures littéraires* are often paired. Most users of *Collage* view the *Révision de grammaire* and the *Cahier d'exercices oraux et écrits* as the pivotal elements of the program and use them with one or more of the other books. Here are some possible combinations.

1. *Lectures littéraires, Révision de grammaire,* and *Cahier d'exercices* develop an appreciation of literary texts while providing related grammar review and practice.
2. *Variétés culturelles, Révision de grammaire,* and *Cahier d'exercices* present historical and contemporary aspects of French culture, in France and in other French-speaking countries, with integrated grammar review and practice.
3. *Conversation/Activités, Révision de grammaire,* and *Cahier d'exercices* emphasize oral proficiency at the intermediate and advanced levels, based on the corresponding grammar chapters, through a wide variety of activities including skits, trivia bowl, word games, discussion topics, spontaneous role-playing, and much more.

Supplements to *Collage*

- The *Cahier d'exercices oraux et écrits* is a combined workbook and lab manual. The workbook portion contains exercises to supplement those in the student grammar text. Exercises have been revised to make them more meaningful; for example, language is often used in real-life contexts. As they practice vocabulary and grammar in this edition, students are encouraged to express their own ideas whenever possible. The third edition also includes activities based on authentic materials and a new section, *La composition française,* designed to build paragraph- and essay-writing skills. The laboratory program offers a new section that focuses on listening comprehension. Other activities have been added or rewritten to offer more listening practice. New sketch-based activities should make laboratory work more interesting for students. (A *Tapescript* for the laboratory program and cassette or reel-to-reel tapes (on loan) are provided free to institutions that adopt *Collage.* Cassette tapes are also available for students to purchase.)
- The *Instructor's Manual* has been enriched. It offers ideas about teaching with authentic materials and about conducting group work in the classroom, guidelines for testing, suggestions for constructing a course syllabus and lesson-planning, and a set of detailed, page-by-page comments on how to use the *Collage* series in the classroom. We hope that new instructors will find these suggestions especially useful.
- Two *computer-assisted instructional programs* are available with this edition: an interactive program with a game format that emphasizes communication in French, *Jeux communicatifs* (available for Apple IIe™ and IIc™ computers), and a program featuring all the single-response grammar exercises in *Révision de grammaire, McGraw-Hill Electronic Language Tutor* (*MELT*—available for IBM™, Macintosh™, Apple IIe™ and IIc™ computers).
- A video program about the French Revolution, *Pleins Feux sur la Révolution,* is available to adopters of *Collage.*
- A set of slides, with an accompanying manual containing questions and commentary, is available to each department adopting *Collage.*

The authors wish to thank the following people who have assisted with the third edition of *Collage*:

- Christiane Dauvergne, who contributed to Chapters 4, 7, 10, and 12 of *Variétés culturelles*.
- Frédérique Chevillot, Annick Manhen, and Sylvie Château, who read the manuscript for linguistic and cultural accuracy.
- Patricia Brand, Margaret Heady, Nadia Turk, Véronique Selou, and Elisabeth Tornier, instructors at the University of Colorado who have taught with *Collage* and who offered many insights gleaned from using the books in the classroom.
- Suzanne Carnegie, a second-year French student who provided insights from a student's viewpoint.

The following reviewers generously offered suggestions and constructive criticism that helped shape the third edition. The inclusion of their names here does not constitute an endorsement of the *Collage* program or its methodology.

Harriet Allentuch, *SUNY*; Catherine J. Barrier, *Rutgers University*; John Boitano, *Columbia University*; Marylin C. Brown, *Eastern Connecticut State University*; Robert Corum, Jr., *Kansas State University;* Vincent J. Errante, *Columbia University*; Cheryl Henson, *University of Utah*; Marie France Hilgar, *University of Nevada*; Hannelore Jarausch, *University of North Carolina, Chapel Hill;* Clelland E. Jones, *University of Utah*; Mary R. Kaufman, *University of California at Davis*; Sister Helen Kilzer, *University of Mary*; Earl D. Kirk, *Baker University*; Natalie Lefkowitz, *Michigan State University*; Susan Leger, *Northern Illinois University*; James Madison, *U.S. Military Academy*; Claire-Lise Malarte, *University of New Hampshire*; Milorad Margitic, *Wake Forest University*; Martine Meyer, *University of Wisconsin, Milwaukee;* W. Michael, *University of Utah*; Marie Rose Myron, *Adelphi University*; Mary Jo Netherton, *Morehead State University*; Kenneth Rivers, *Rollins College*; Rosemarie Scullion, *University of Iowa, Iowa City;* William D. Shenk, *Columbia University*; Stuart Smith, *Austin Community College*; Mary Ann Soloman; Emese Soos, *Tufts University*; Yvonne C. Stebbins, *Sinclair Community College*; Karen Temple-Higgins, *Clatsop Community College*; Marie-Chantal Walker, *Brigham Young University*; Dr. Margaret M. Willen, *Eastern New Mexico University*; J. Thomas York, *Kearney State College.*

We especially want to thank Eirik Børve and Thalia Dorwick of McGraw-Hill, who have supported our endeavors during the last twelve years, and Leslie Berriman, who assisted us with the third edition. We are grateful to the McGraw-Hill editorial production and design staff, most especially to Richard Mason for excellent editorial and design suggestions, and also to Jamie Sue Brooks, Karen Judd, and Phyllis Snyder. A special debt of gratitude is owed to Eileen LeVan, our editor, whose attention to the changes in the field of foreign language teaching encouraged us to make *Collage* more interactive.

Finally, we would like to thank our families and friends, whose constant support and patience have sustained us through three editions of the *Collage* series. Special thanks are due Charles Baker; his unerring eye for detail and his personal interest in the quality of our work have been invaluable.

Preface to *Lectures littéraires*

Collage: Lectures littéraires is a literary anthology written with the abilities and limitations of the intermediate French student in mind. The exercises accompanying each reading are of sufficient depth, however, to permit adaptation to a more advanced level. The selections cover several periods of French literature and a wide variety of authors and genres, including short stories, poetry, dramatic works, excerpts from novels, a magazine article, a poem by a French student, and a passage from Jacques Cousteau's journal. Each selection contains grammatical elements reviewed in the corresponding chapter of the *Révision de grammaire*. Above all, texts were chosen in the hope that students would find them thought-provoking and enjoyable to read and discuss.

Each chapter features

- A general introduction to the chapter, providing a thematic and cultural context for the readings.
- Introductions to each author, containing biographical data and enabling the reader to situate the text in relation to the author's work as a whole. All introductions are in English in the first six chapters; introductions in the last six chapters are in French.
- *Avant de lire,* pre-reading sections that give specific guidance in reading the texts and help students develop general reading skills as well.
- *Mots et expressions,* containing vocabulary for each selection, followed by exercises. The words in these lists (designed to help the reader understand the texts *and* answer questions pertaining to them) have been selected on the basis of their general usefulness to intermediate students. (In general, words in *Le Français fondamental, 1er degré,* are not included.) We recommend that students master the *Mots et expressions* before reading the text.
- Two or more texts, offering the instructor a choice in each chapter. The level of difficulty is indicated by asterisks in the table of contents. Longer excerpts or short stories are divided into two or more sections followed immediately by comprehension questions. Words or phrases that have a special meaning in the text or present some difficulty for intermediate students are defined in marginal glosses, in French whenever possible.
- *Avez-vous compris?,* a series of comprehension questions following each prose selection that helps the reader focus on the main points of the selection. We suggest that students answer these questions in class in their own words, without reference to the text. The *Avez-vous compris?* questions are also suitable as written homework. Students may also use the questions to

guide them through their first reading of a text and to help them recognize the main points in the story.
- *Commentaire du texte,* topics for class discussion or written assignment designed to assist students in literary analysis and development of thought.
- *De la littérature à la vie,* topics for conversation or composition that should motivate students to draw analogies between texts and their experiences.
- *Un peu de grammaire,* a short exercise based on one of the readings and focusing on grammatical structures presented in the corresponding chapter of the *Révision de grammaire*. These exercises require manipulation of the structures and often call for imaginative usage.
- An *Activité* (for written or oral use) related to the theme of one of the selections and providing the potential for student interaction.

Collage: Lectures littéraires also contains

- A *Preliminary Chapter,* conceived primarily as a reference for the beginning student of French literature. Students will find the reading method outlined at the beginning of the chapter useful. It includes definitions of literary terms, guidelines for reciting French poetry, and suggestions for preparing written work.
- *A French-English end vocabulary* (*Lexique*) listing the words and expressions used in this text with contextual definitions.
- An *Appendix* containing the forms of the **passé simple** of regular and several high-frequency irregular verbs.

Changes in the Third Edition

Two reading selections have been replaced. Instead of containing an excerpt from Molière's *L'Avare,* Chapter 3 now includes an easier text, namely an excerpt from Marcel Aymé's «Le Petit Coq noir» (*Les Contes du chat perché*). In response to a call for more women writers, the Zola selection in Chapter 11 has been replaced by a passage from Marguerite Yourcenar's «Comment Wang-Fô fut sauvé» (*Nouvelles orientales*).

All questions have been thoroughly reviewed. Many have been revised to give students more conceptual and linguistic direction in phrasing their responses.

Although the basic format of *Collage: Lectures littéraires* remains as before, two new features will, we hope, contribute significantly to its effectiveness:

- The *Avant de lire* sections help students develop reading skills. They also usually offer specific suggestions to help students through their first reading of a story or poem.
- Authentic materials in the book enhance its cultural and visual appeal.

Our goal throughout has been to help students interpret the written page as they explore the relevance of French literature to their own lives.

Collage

Chapitre préliminaire

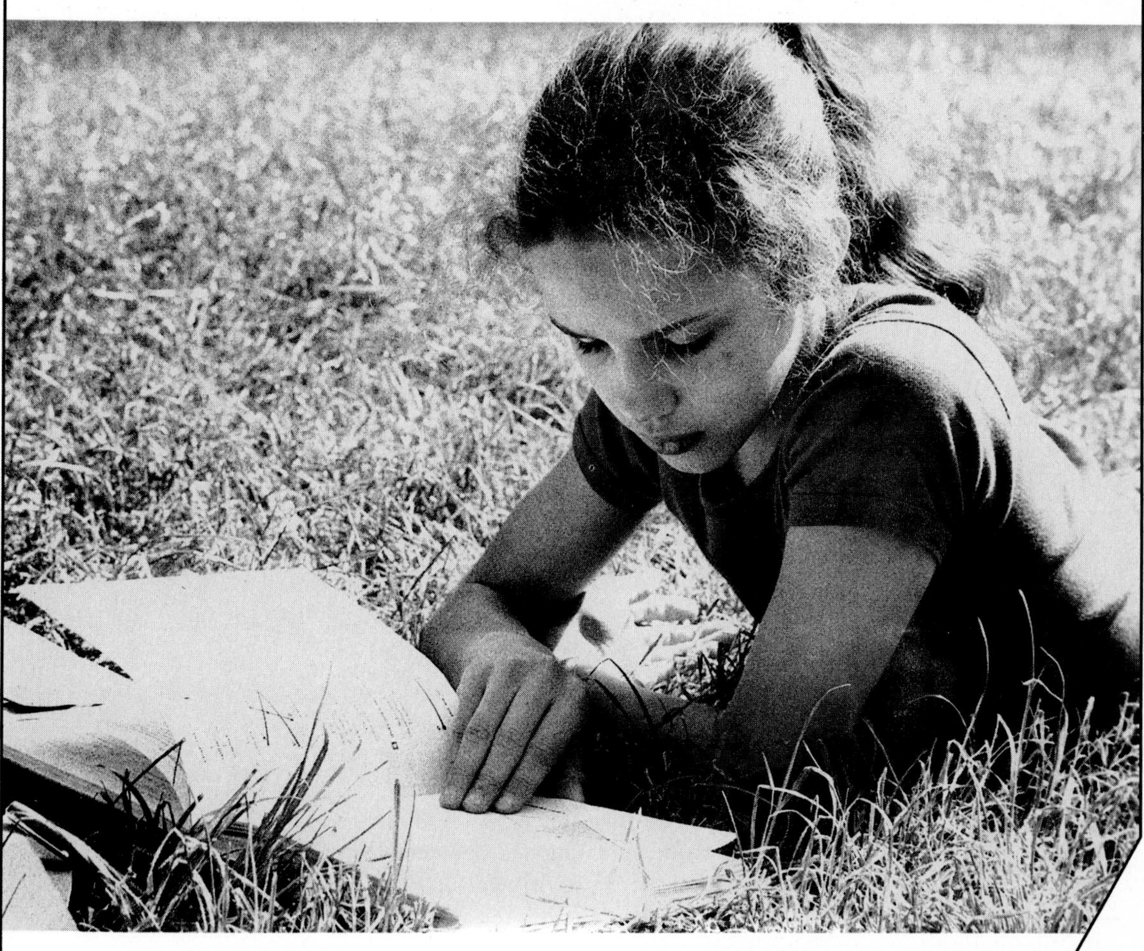

Détente instructive au soleil: la lecture
MONIQUE MANCEAU/PHOTO RESEARCHERS, INC.

Reading French Literature

Now that you have spent about a year studying French, you are ready to begin reading French literature, which has had a major influence all over the world. You will no longer be limited to reading translations of such renowned authors as Voltaire, Zola, and Camus. Reading French texts in the original will allow you to understand French culture and thought in a more profound way.

Some of the words and expressions in these texts will be unfamiliar; you will also find many cognates—words that have the same or similar meanings in both English and French. Some writing styles will be more accessible to you than others, and you should not be surprised if you understand only a small portion of a text at first reading. In any language, even advanced students of literature must read a text thoroughly several times before they can discuss it intelligently. Each successive reading will seem clearer to you, even if you do not consult the **Lexique.** The **Lexique** contains most words and expressions found in this reader, together with meanings appropriate to their contexts.

The reading method outlined here may appear time-consuming, but it will help enhance your understanding and reading pleasure. In order to grasp all the nuances of the readings in this book, follow these steps:

- Learn the **Mots et expressions** that precede each reading, and reinforce your understanding of the words by completing the exercises.
- Read the text straight through once without stopping. Try to form a general idea of what it is about. Ask yourself what the title means.
- Read the text again, more carefully this time. When you find unfamiliar words, try to guess their meaning from the context. Look up only those words you still find totally incomprehensible; look them up only if their meaning seems essential for understanding the passage as a whole. Resist the temptation to write English definitions in your book; they will prevent you from learning their French counterparts. Write the meanings of new French words or expressions on a separate sheet of paper if you find such notes helpful.
- Read the **Avez-vous compris?** questions to see how much you have understood. They will help you focus on the main points.
- Read the text again to tie any loose ends together.
- Close your book. Summarize what you have read in your own words.

Understanding and Using Literary Terms

Before you can write about or discuss the readings in this book, you need to become familiar with literary terms and how they are used. Some French literary terms—**genre,** for example—are used in English. Others have close cognates in English, and you can recognize their meanings immediately: **le héros, l'héroïne, une métaphore, un texte.** Among this group, there is one term that changes its meaning according to whether it is masculine or feminine: **un critique** is a literary *critic*, while **une critique** is a work of *literary criticism.* Can you guess what the following close cognates mean?

un auteur **une comparaison** **un extrait** **un narrateur**

There are some English terms that do not have the French cognates you might expect: *a composition* is **une rédaction;** *a reading* is **une lecture;** *a line* is **un vers** in poetry, **une ligne** in prose, and **une réplique** when spoken by an actor in a play. Likewise, some French terms may be false cognates: **un journal** is a personal *journal* or *diary,* but not a journal in the sense of a periodical; **un exposé** is an *oral report* or *presentation,* not a sensational work of muckraking journalism; **une nouvelle** is a *short story,* not a novel.

Two of the terms mentioned here—**comparaison** (*comparison* or *simile*) and **métaphore** (*metaphor*)—are figures of speech, that is, expressions that use words in ways that depart from their literal meanings. Writers commonly use comparison and metaphor as striking, vivid ways to express perceived similarities between two objects or ideas.

Comparison establishes explicit similarity and is marked by the words *as* or *like* (**comme** in French).

He is as brave as a lion. **Il est courageux comme un lion.**

Metaphor establishes implicit similarity. Unlike comparison, metaphor is not marked by the words *as* or *like;* rather, the similarity is suggested by transferring a term from the object it normally denotes to another object. In the following example, a quality—bravery—is assumed to be the basis of an implicit similarity between the man and the lion, and the man is said to be something that, obviously, he really is not.

He's a lion. **C'est un lion.**

We also say that a word is being used metaphorically when it suggests an analogy between two essentially different things that are not ordinarily associated with each other. For example, a verb normally used with one noun can be assigned to a quite different, unrelated noun.

The ship plows the sea.

Of course, the ship does not literally plow the sea; it makes depressions in the water that evoke the image of furrows created by a plow. Here is another example.

Je laisserai le vent baigner ma tête nue. *I will let the wind bathe my bare head.*
(Rimbaud, «Sensation», v. 4)[1]

Only liquids can bathe, but in this metaphor the sensation of water is transferred to that created by the wind. Again, a verb—**baigner**—that is normally used with one element (water) has been assigned to another element (air).

The use of a concrete term to illustrate an abstract idea is also called metaphor. In «Le Petit Chaperon rouge» ("Little Red Riding Hood"), by Charles Perrault (Chapter 4, p. 57), the wolf can be understood metaphorically as representing the abstract idea of danger.

The following list contains additional literary terms you will be using to discuss the readings. Which one of these terms has a synonym that we have already mentioned as a false cognate?

character in a play or a novel **un personnage**
the main character **le personnage principal**
masterpiece **un chef d'œuvre**
(literary) method, technique, device **un procédé (littéraire)**
narration, narrative **un récit**
novel **un roman**
novelist **un romancier, une romancière**
play **une pièce de théâtre**
playwright **un dramaturge**
report of a book or *a speech; report on proceedings* **un compte-rendu**
newspaper report **un reportage**
story **une histoire, un récit**
short story **un conte**
tale **un conte**
fairy tale **un conte de fées**
work (of literature, art) **une œuvre, un ouvrage**
the works (of a writer, an artist, as a whole) **l'œuvre (d'un écrivain, d'un artiste)**
writer **un écrivain**

As in English, there are also special literary terms in French that are used for discussing poetry. Even if you have never studied French poetry before, you can easily recognize what these close cognates mean: **un poème, un poète, la poésie, la rime, le rythme.** You will also recognize these perfect cognates if you recall what you have learned about English poetry: **une strophe** (*stanza*), **un quatrain (une strophe de quatre vers), un tercet (une strophe de trois vers),** and **un sonnet (un poème de quatorze vers: deux**

[1] Chapter 6, p. 101

quatrains et deux tercets). In the traditional French sonnet, each line **(vers)** consists of twelve syllables. This twelve-syllable line is called **l'alexandrin** (*alexandrine,* another close cognate). It is also named because it was first used in a twelfth-century Old French poem about Alexander the Great.

Special Considerations in Reciting French Poetry

Poetry has its origin in song. Greek poems of antiquity were sung to the accompaniment of the lyre, which has become the symbol of poetic expression. The lyre has given its name to *lyric* poetry, and the term *lyrics* designates the words of a song. Though we now think of music and poetry as two distinct art forms, the musical qualities of language are very much present in the mind of a poet as he or she composes verse. Sounds and rhythm are not merely accessories to the expression of thought; they are an integral part of it. A poem's "meaning," as well as its beauty, can be appreciated only by reading it aloud.

French poetry, when read aloud, differs from ordinary spoken French in two important respects: the occurrence of liaison and the pronunciation of the unstable, or mute, *e*.

You may remember that liaison is the articulation of a final consonant, which would normally be silent. In liaison, it is linked to a following vowel or mute *h*. Liaison varies according to the level of style; many more liaisons are made in formal than in familiar French. Some liaisons, of course, are obligatory: **les‿enfants;** others are optional: **vous‿êtes / allé** (familiar) or **vous‿êtes‿allé** (more formal). In other cases, a final consonant is never linked with a following vowel sound—for example, the *t* of **et.** When we say that all possible liaisons are made in reciting French poetry, we mean that optional as well as obligatory liaisons occur—in other words, every possible liaison is also obligatory.

The basic rhythmic unit of French verse is the syllable, and a line of poetry is identified by the number of syllables it contains. Whether mute *e* forms a separate syllable depends on its position in the line and on the sounds that follow it. Within a line, mute *e* before a consonant or an aspirate *h* is pronounced and counts as a syllable; as in spoken French, mute *e* before a vowel or a mute *h* is not pronounced and does not form a separate syllable. At the end of a line, mute *e* may be pronounced, but does not count as a syllable.

These guidelines are generally observed in traditional French verse. They can all be applied to the third line (a decasyllabic, or ten-syllable, line) of Louise Labé's «Je vis, je meurs…» (Chapter 4, p. 55). Note these words: **vie** (mute *e*, followed by the consonant *m* of **m'est,** forms a separate syllable); **molle** (mute *e*, followed by the vowel *e* for **et,** is not pronounced); and **dure** (because it is final, mute *e* does not count as a syllable).

La | vi | e | m'est | et | trop | mo | lle et | trop | dure.
1 2 3 4 5 6 7 8 9 10

Writing Compositions

Writing is an exacting but rewarding task. You will soon be writing in French about subjects related to the *Collage* readings. The following suggestions will help you write clearly and correctly.

Analyze the Topic Carefully Be sure you understand what the topic is before you begin to write. If the topic appears complex, restate it for yourself first in simpler terms and break it down into parts.

Make an Outline Before You Write An outline will help you focus on the points you feel comfortable handling, give you direction as you write, and structure your composition so that a reader can follow your ideas.

Include an Introduction, Development, and a Conclusion The *introduction* defines the topic and prepares the reader for what is to follow. *Development* is elaboration of the topic. The number of points you will discuss depends on the topic and the length of the composition you want to write, but you should always limit yourself to the points that you can develop adequately. Help the reader follow your ideas: treat each point in a separate paragraph, and begin each paragraph with a theme sentence that announces or summarizes the main idea. Each point you make must be expanded and supported by logical arguments or by examples from the text you are discussing. The *conclusion* of your composition should focus the reader's attention once more on the general topic. You may want to summarize briefly the ideas you have just developed, state your own opinions or conclusions, emphasize the importance of the topic and its value to the reader, suggest new points of departure for studying the same topic, or indicate related topics to explore.

Write Simply and Clearly Your writing style in English may be sophisticated, but you must be content in the beginning with simpler sentences in French. If an idea is too complex for you to express in French, break it down or approach it from a different angle.

Use the French You Know You know more French than you may think you do. You should also use French you have just learned; this is an excellent way to master new vocabulary and constructions.

Do Not Translate from English into French Doing this usually results in incorrect or anglicized French. You must think in French from the outset; if only English words are coming to you, think of a French expression that conveys the same idea or that could be used in a similar context. Consult the text you are studying to see how the author expressed this idea. Refer to *Collage: Grammaire* to recall idiomatic expressions you have learned.

Try to Write Without Consulting a Dictionary When you do use a dictionary, be careful. Many English words and expressions have multiple French meanings, and the French expression appropriate to your context may not appear in pocket or paperback dictionaries. You also need to be aware of how a given French word or expression is used: with a preposition? an article? the infinitive? the subjunctive? Good dictionaries that contain complete definitions and examples of usage are available in most academic libraries.

À LA BASE DE GRANDES DÉCOUVERTES, ON TROUVE SOUVENT LES DICTIONNAIRES LE ROBERT.

DICTIONNAIRES LE ROBERT LA PASSION DES MOTS

Make a Rough Draft Do not try to produce a finished composition in one sitting. Put your rough draft aside and come back to it later to correct and revise. You will find that this will make many wording and development problems easier to resolve, and that you will be able to approach your work from a fresh perspective.

Check Your Paper for Errors Many errors are careless and avoidable. Take the time to check your paper for mistakes in these areas.

- *Spelling.* Correct spelling includes proper use of accents and hyphens.
- *Elision and contracted forms.* Be careful to make necessary elisions and to use the proper contracted forms of **de** and **à** with the definite articles **(du, des, au, aux).**
- *Agreement.* Go through your composition and look for every subject, verb, noun, and noun determiner (articles, adjectives, possessive adjectives, and demonstrative adjectives). Make sure that every subject agrees in number with its verb, and that every noun agrees with its determiner(s) in number and gender.
- *Verb conjugations and tenses.* Consult the Appendices in *Collage: Grammaire* for conjugations. After you have corrected any conjugation errors, ask yourself if your use of verb tenses is logical and consistent. Have you referred appropriately and correctly to past, present, and future time? Have you used the subjunctive in constructions that require it?
- *Negatives.* Did you use the proper negative expressions? Did you remember to include both negative elements? Is the second element (**pas, rien, personne,** and so on) positioned correctly with respect to the verb? Positioning is especially important to check in compound tenses (for example, the **passé composé**).
- *Prepositions.* Consult Appendix A in *Collage: Grammaire* for verbs that are followed directly by an infinitive, as opposed to verbs that require the prepositions **à** or **de** before the infinitive.
- *Pronouns.* Did you use direct and indirect object pronouns appropriately? Did you position them correctly with respect to each other and to the verb? Did you use the adverbial pronouns **y** and **en** when they were required?

CHAPITRE 1

La vie de tous les jours

Gustave Caillebotte: Rue de Paris—temps de pluie (1876–1877)

For most of us, daily life is filled with the routine performance of commonplace tasks. Our actions, our speech, and even our attitudes and personal contacts are largely ruled by convention; how often do we stand back and reflect on what we do, say, and think? Yet that is precisely what Eugène Ionesco and Pierre Daninos ask us to do.

Ionesco sees human beings as conditioned by habit. Automatons, they exhibit no more spontaneity and depth than puppets. Repeating the same hackneyed phrases day after day, they neither communicate nor establish meaningful personal relationships. All of these ideas are suggested by the nonsensical game between a father and his small daughter in «Deuxième Conte pour enfants de moins de trois ans.»

In *Les Carnets du major Thompson,* humorist Pierre Daninos casts a fresh and amused look at certain attitudes and customs taken for granted by the French. This good-humored caricature of his compatriots reveals Daninos' acute appreciation for the relativity of what the French call **savoir-vivre**—the prescribed behavior considered correct in polite society.

Deuxième Conte pour enfants de moins de trois ans

EUGENE IONESCO

Eugène Ionesco was born in Rumania in 1912 to a French mother and a Rumanian father. He began his career as a teacher of French at the Lycée of Bucharest. In 1938, with the help of a government scholarship, he went to Paris to do research for a dissertation on French poetry since Baudelaire. He soon gave up the idea of the dissertation but decided to remain in France. During the war and for several years thereafter, he struggled against poverty. He then began to write his first plays, which were performed in a small theater before hardly more than a dozen people. He finally succeeded in attracting the attention of the critics, and several of his plays—*La Cantatrice chauve, La Leçon, Le Nouveau Locataire, Rhinocéros*—are now considered among the most representative works of the Theater of the Absurd.

The title notwithstanding, Ionesco's «Deuxième Conte pour enfants de moins de trois ans» is not merely an amusing story for children. The elementary vocabulary is deceptive; careful reading reveals more complex overtones, which adult audiences can appreciate.

AVANT DE LIRE

This may be the first French literary text you have read in the original. You will find reading French texts more enjoyable if you follow the reading method outlined below. You will find many of these suggestions useful whenever you read in French.

- Learn the **Mots et expressions** that precede each reading, and reinforce your understanding of the words by completing the exercises.
- Read the text once without stopping. Try to form a general idea of what it is about. Ask yourself what the title means.
- Read the text again, more carefully this time. When you find unfamiliar words, try to guess their meaning from context. Look up only those words you still find totally incomprehensible; look them up only if their meaning seems essential to the meaning of the passage as a whole. Resist the temptation to write English definitions in your book; they may prevent you from learning their French counterparts. Write them on a separate sheet of paper if you find such notes helpful.
- Read the **Avez-vous compris?** questions to see how much you have understood. They will help you focus on important points.
- Read the text again to tie any loose ends together.
- Close your book. Summarize what you have read in your own words.

Although Ionesco's story is not intended simply for small children, the illusion that it is a *conte pour enfants* is sustained by assigning to Josette, the main character, a small child's way of speaking, sometimes imitated by her father. She uses constructions considered incorrect in standard French, for example, «tu laves ton dos, tu laves ton «dérère». As you read, be aware of nonstandard constructions in order to avoid using them yourself.

Mots et expressions

avoir mal à to have a pain, ache (in some part of the body)

se débarrasser de to get rid of; to rid oneself of

empêcher (quelqu'un de faire quelque chose) to prevent (someone from doing something)

l'endroit (*m.*) place

le fauteuil armchair

le four oven

le jeu game

profiter de to take advantage of

raconter to tell, relate, narrate

Emplois

A. Trouvez l'équivalent de chaque expression.

1. une chaise confortable
2. là où on fait cuire les gâteaux
3. un lieu
4. faire le récit de

B. Complétez les phrases avec les mots qui conviennent.

1. Pour ____ de ses invités ennuyeux, Gertrude dit qu'elle a très ____ à la tête.
2. Maman m' ____ de jouer à mon ____ préféré. Je ____ de son absence pour m'amuser.

Ce matin, comme d'habitude, Josette frappe à la porte de la chambre à coucher de ses parents. Papa n'a pas très bien dormi. Maman est partie à la campagne pour quelques jours. Alors papa a profité de cette absence pour manger beaucoup de saucisson, pour boire de la bière, pour manger du pâté de cochon,° et beaucoup d'autres choses que maman l'empêche de manger parce que c'est pas bon pour la santé. Alors, voilà, papa a mal au foie,° il a mal à l'estomac, il a mal à la tête, et ne voudrait pas se réveiller. Mais Josette frappe toujours° à la porte. Alors papa lui dit d'entrer. Elle entre, elle va chez son papa.° Il n'y a pas maman. Josette demande: —Où elle est maman?

cochon° porc
foie° *liver* (mal au foie *is used to describe many ailments*)
toujours° encore
chez... vers son lit

Papa répond: Ta maman est allée se reposer à la campagne chez sa maman à elle.

Josette répond: Chez Mémée?

Papa répond: Oui, chez Mémée.

—Ecris à maman, dit Josette. Téléphone à maman, dit Josette.

Papa dit: Faut pas téléphoner. Et puis papa dit pour lui-même: parce qu'elle est peut-être autre part°...

autre... *somewhere else*

Josette dit: Raconte une histoire avec maman et toi, et moi.

—Non, dit papa, je vais aller au travail. Je me lève, je vais m'habiller.

Et papa se lève. Il met sa robe de chambre rouge, pardessus son pyjama, il met dans les pieds ses «poutouffles».° Il va dans la salle de bains. Il ferme la porte de la salle de bains. Josette est à la porte de la salle de bains. Elle frappe avec ses petits poings,° elle pleure.

poutouffles° pantoufles (*slippers*)
poings° *fists*

Josette dit: Ouvre-moi la porte.

Papa répond: Je ne peux pas. Je suis tout nu, je me lave, après je me rase.

Josette dit: Et tu fais pipi-caca.

—Je me lave, dit papa.

Josette dit: Tu laves ta figure, tu laves tes épaules, tu laves tes bras, tu laves ton dos, tu laves ton «dérère»,° tu laves tes pieds.

dérère° derrière

—Je rase ma barbe, dit papa.

—Tu rases ta barbe avec du savon, dit Josette. Je veux entrer. Je veux voir.

Note: Quotation marks are not used in dialogue in French; a dash introducing a paragraph denotes a new speaker.

Eugène Ionesco, écrivain du Théâtre de L'Absurde
JACQUES PAVLOVSKY

Papa dit: Tu ne peux pas me voir, parce que je ne suis plus dans la salle de bains.

Josette dit (*derrière la porte*): Alors, où tu es?

Papa répond: Je ne sais pas, va voir. Je suis peut-être dans la salle à manger, va me chercher.

Josette court dans la salle à manger, et papa commence sa toilette. Josette court avec ses petites jambes, elle va dans la salle à manger. Papa est tranquille, mais pas longtemps. Josette arrive de nouveau devant la porte de la salle de bains, elle crie à travers la porte:

Josette: Je t'ai cherché. Tu n'es pas dans la salle à manger.

Papa dit: Tu n'as pas bien cherché. Regarde sous la table.

Josette retourne dans la salle à manger. Elle revient.

Elle dit: Tu n'es pas sous la table.

Papa dit: Alors va voir dans le salon. Regarde bien si je suis sur le fauteuil, sur le canapé, derrière les livres, à la fenêtre.

Josette s'en va. Papa est tranquille, mais pas pour longtemps.

Josette revient.

Elle dit: Non, tu n'es pas dans le fauteuil, tu n'es pas à la fenêtre, tu n'es pas sur le canapé, tu n'es pas derrière les livres, tu n'es pas dans la télévision, tu n'es pas dans le salon.

Papa dit: Alors, va voir si je suis dans la cuisine.

Josette court à la cuisine. Papa est tranquille, mais pas pour longtemps.

Josette revient.

Elle dit: Tu n'es pas dans la cuisine.

Papa dit: Regarde bien, sous la table de la cuisine, regarde bien si je suis dans le buffet, regarde bien si je suis dans les casseroles, regarde bien si je suis dans le four avec le poulet.

Josette va et vient. Papa n'est pas dans le four, papa n'est pas dans les casseroles, papa n'est pas dans le buffet, papa n'est pas sous le paillasson,° papa n'est pas dans la poche de son pantalon, dans la poche du pantalon, il y a seulement le mouchoir.°

doormat
handkerchief

Josette revient devant la porte de la salle de bains.

Josette dit: J'ai cherché partout. Je ne t'ai pas trouvé. Où tu es?

Papa dit: Je suis là. Et papa, qui a eu le temps de faire sa toilette, qui s'est rasé, qui s'est habillé, ouvre la porte.

Il dit: Je suis là. Il prend Josette dans ses bras, et voilà aussi la porte de la maison qui s'ouvre, au fond du couloir,° et c'est maman qui arrive. Josette saute des bras de son papa, elle se jette dans les bras de sa maman, elle l'embrasse, elle dit:

corridor

—Maman, j'ai cherché papa sous la table, dans l'armoire, sous le tapis,° derrière la glace,° dans la cuisine, dans la poubelle,° il n'était pas là.

carpet
miroir / *trash can*

Papa dit à maman: Je suis content que tu sois revenue.° Il faisait beau à la campagne? Comment va ta mère?

tu... *you came back home*

Josette dit: Et Mémée, elle va bien? On va chez elle?

Avez-vous compris?

1. Que fait papa quand maman n'est pas à la maison?
2. Pourquoi ne veut-il pas se réveiller?
3. Pourquoi ne veut-il pas téléphoner à Mémée? Comment interprétez-vous ce qu'il dit?
4. Quel jeu invente-t-il pour se débarrasser de Josette? Dans quels endroits Josette doit-elle chercher son père?
5. Pourquoi ne peut-il pas rester longtemps tranquille?
6. Comment le jeu se termine-t-il?
7. Décrivez le retour de maman.

Commentaire du texte

1. Notez que quand papa dit à Josette où aller le chercher, elle va le chercher dans les endroits les plus curieux. Quels endroits semblent raisonnables pour la petite et absurdes pour l'adulte?
2. A votre avis, quels sont les rapports entre père et fille? entre père et mère? Citez les mots ou passages dans le texte qui justifient vos conclusions.
3. Est-ce une scène familiale typique? normale? Expliquez.
4. Quels détails indiquent que le conte n'est pas vraiment pour «enfants de moins de trois ans»?

De la littérature à la vie

1. Maintenant que vous allez à l'université, vos parents ont sans doute moins d'influence sur vous. Comment profitez-vous de cette nouvelle liberté? Vous levez-vous tôt ou tard? Mangez-vous les choses que vos parents vous empêchent de manger d'habitude? Invitez-vous des amis chez vous? Ou bien sortez-vous et rentrez-vous très tard, ou ne rentrez-vous pas du tout?
2. Comment faites-vous votre toilette? Est-ce que cela vous prend longtemps? Vous lavez-vous les cheveux tous les matins? Préférez-vous prendre un bon bain ou une douche rapide? Vous lavez-vous à l'eau froide ou à l'eau chaude?

Un peu de grammaire: corrigez les fautes!

1. Quelles fautes de grammaire Josette fait-elle en parlant avec son papa?
2. Dans quelles phrases le père, à son tour, imite-t-il le langage de la petite?
3. Corrigez toutes les fautes du texte.

Activité

Imaginez la suite de la scène. Ecrivez un dialogue dans lequel vous racontez ce qui se passe après le retour de maman.

Les Carnets du major Thompson

PIERRE DANINOS

Pierre Daninos (1913–), after spending a few years in the United States as a newspaper correspondent, served as a liaison agent with a British battalion during World War II. The latter experience probably furnished some of the material for his first best-seller, *Les Carnets du major Thompson* (1954). Major Thompson is a retired British army officer living in France, the homeland of his second wife. He explains that his impressions of his adopted countrymen, recorded in English in his notebooks (*carnets*), are now available to the French public through the help of his friend and translator, one P.-C. Daninos. Both the major and his notebooks, of course, are the creations of Daninos, who sustains their fictional existence with numerous *notes du traducteur* and *notes du Major*.

The humor in *Les Carnets du major Thompson* springs easily and naturally from the major himself. The French recognize in him the stereotypical English gentleman: proper, reserved, and often shocked by what he observes on the other side of the Channel. He is somewhat taken aback, for example, by what he sees as a rather compulsive need by the French to shake hands. The major cites several arguments to support his contention that France is «le pays du shake-hand». He begins by citing obviously spurious statistics on the amount of time the average French person spends shaking hands. The major's attention is also attracted by the great variety of handshakes in France where, as the cartoon suggests, one might even risk life and limb to observe a custom considered *de rigueur*. The story of the drama critic whose feverish attempts to meet a deadline are repeatedly interrupted by friends with outstretched hands underscores the extent to which the French associate shaking hands with social propriety.

AVANT DE LIRE

Major Thompson's British point of view not only contributes significantly to the humor of the text, it also gives English-speaking readers a glimpse of everyday life in France. Although Daninos simplifies and exaggerates in order to make his readers laugh, his gentle satire brings out customs and attitudes of which foreigners are often unaware. To focus on these customs and attitudes, ask yourself the following questions as you read, making a pencil check in the margin beside key words or passages that will help you formulate your answers.

- What does this passage indicate about the custom of shaking hands in France and in England? How is it similar to or different from the same custom in your culture?
- What does the text imply regarding the importance in France of social codes in general?
- What is there about Major Thompson that identifies him as English? What does this passage suggest, moreover, about how the French perceive the British? The major is, after all, the creation of a Frenchman.

After reading the passage carefully several times, discuss these questions with another student, supporting your conclusions with the examples you have found in the text.

Although we think of language as basic to human interaction, experts tell us that more than half of communication is nonverbal. Nonverbal signals such as gestures, posture, facial expressions, ways of moving, and needs for personal space may even communicate more accurately what we think and feel than do the words we utter. But body language is not just a means of personal expression. It also reflects one's cultural background. In conversation, for example,

French-speaking people tend to stand closer together than English-speaking people do; an American who didn't know this might find a French acquaintance excessively forward. Learning to understand the nonverbal signals in a foreign country is as important as learning its language.

Major Thompson's remarks point to certain ways in which French and English cultures differ. Perhaps you are aware of cultural variations in other forms of nonverbal communication. Try to observe objectively the body language you may have taken for granted in your own culture. What do people do when they greet each other? How do they stand? walk? sit? How close do they stand to each other when talking or waiting in line? Do they touch each other or do they tend to avoid physical contact? What sort of feelings and attitudes do these and other silent signals imply? Compare your ideas with your classmates'. In what ways do you think nonverbal communication in France differs from that in the United States?

Mots et expressions

le baiser kiss
chaleureux (chaleureuse) friendly
(se) déranger to bother, trouble (oneself)
gênant(e), gêné(e) embarrassing; embarrassed
glisser to slip, slide
l'inconvénient (*m.*) disadvantage
léger (légère) light
mou (molle) soft, flabby
la poignée de main handshake
(se) **serrer la main** to shake hands
se servir de to use
tendre to hold out, offer
la veille the preceding day or evening

Emplois

A. Trouvez le contraire de chaque mot.

1. froid
2. lourd
3. l'avantage
4. le jour d'après
5. dur

B. Complétez les phrases avec les mots qui conviennent.

1. Quand Gilles voit sa petite amie ils se donnent un ____, mais quand il rencontre une connaissance, ils ____. La ____ est un geste de politesse.
2. C'est ____ de ____ la main à quelqu'un qui ne la prend pas. Je suis toujours ____ quand cela m'arrive.
3. On ____ de sa voiture pour aller à son travail.
4. La vendeuse est occupée et elle ne peut pas ____ pour m'aider.
5. Pierrot ____ une lettre d'amour sous la porte de Pierrette.

Le pays du shake-hand

Pour les Français—et pour beaucoup d'autres peuples—le pays du shake-hand, c'est l'Angleterre....

En vérité, si le vigoureux shake-hand anglais est une image chère aux romans policiers français qui se déroulent° en Angleterre pour faire plus vrai,° le pays de la poignée de main, c'est la France....

Un statisticien dont les calculs m'inspirent la plus grande confiance, car il n'appartient à aucun° institut de statistique... a calculé qu'un Français de moyenne importance... passe (environ) trente minutes par jour, soit° plus d'une année d'une vie de soixante ans, à serrer des mains à neuf heures, à midi, à deux heures, à six heures. Cela, bien entendu,° sans parler des mains des gens qu'il ne connaît pas, des visiteurs, des parents, des amis, ce qui sans doute porterait° le total annuel à trois semaines de poignées de main et, pour la vie, à trois années....

Pour en revenir à° la poignée de main, qui est chez nous° à peu près° standardisée depuis mille ans, elle possède chez les Français de nombreuses nuances: elle peut être chaleureuse, amicale, condescendante, froide, fuyante,° sèche. Il y en a° qui estiment n'avoir serré une main qu'après vous avoir broyé les phalanges.° D'autres conservent votre main comme s'ils ne voulaient plus vous la rendre, et s'en servent pour appuyer leur raisonnement° avant de tout

se... ont lieu / pour... afin de paraître réel

n'appartient... *does not belong to any*

c'est-à-dire

bien... bien sûr

would bring

Pour... Pour reparler de/ chez... chez les Anglais / à... plus ou moins

evasive

Il... Il y a des gens

vous... *having crushed your fingers*

appuyer... *support their argument*

laisser tomber.° Il en est° qui vous mettent votre main au chaud entre les leurs.° Il y en a qui, au contraire, semblent vous glisser un pannequet[1]° tout tiède et mou dans la paume, ce qui est désagréable. D'autres ne donnent que trois doigts, deux doigts, ou le bout° d'un seul. N'importe: ils donnent quelque chose, on doit le prendre. Je vois souvent des Français faire des prodiges d'équilibre et d'acrobatie° en plein milieu d'un boulevard sillonné de° voitures pour faire passer dans la main gauche ce qu'ils ont dans la main droite et, au risque de se faire cent fois écraser,° donner leur dextre° à une personne qui les laissera en général indifférents, mais parfois morts.

tout... *letting everything drop* / Il... Il y en a
mettent... *keep your hand warm between theirs* / mot inventé par l'auteur
tip
prodiges... *marvelous balancing acts and acrobatics* / sillonné... *lined with*
se... *getting themselves run over a hundred times* / main droite

Je regardais l'autre soir un critique dramatique terminer à la hâte° l'article que son journal attendait. Des amis s'approchaient, hésitaient un instant, puis, comme pris de vertige,° tombaient sur lui la main en avant. C'était plus fort qu'eux—et surtout que lui. Cinq fois en cinq minutes je le vis serrer la main des gens qui lui avaient dit: «Je vous en prie... ne vous dérangez pas!» mais l'eussent jugé° *bien distant ce soir-là*[2] s'il n'avait bousculé ses feuillets° et abandonné son stylo pour leur dire bonsoir. Car les Français sont sur ce chapitre° d'une extrême susceptibilité. Quelqu'un notera tout de suite:

à... en se dépêchant
pris... *overcome by dizziness*
l'eussent... *would have thought him* / n'avait... *hadn't shuffled his papers*
point

«Tiens°!... Il ne m'a pas serré la main...!»

Hey!

Et le voilà cherchant aussitôt dans sa vie de la veille le détail qui lui a échappé et qui a pu blesser° son supérieur. Ou bien: «Il ne m'a pas serré la main comme d'habitude...», ce qui est également grave. Mais l'offense des offenses c'est de ne pas prendre une main et de la laisser pendre.° Quand un Français dit: «Je lui ai refusé la main!» il en dit autant que nous lorsque nous déclarons: «Je l'ai coupé mort.»[3]

cherchant... *trying to think of what he had done the day before that might have offended*
la... *leave it hanging*

[···]

Lorsqu'un étranger vit longtemps en France, il prend vite l'habitude de serrer toutes les mains qui sont à portée de la sienne.° De sorte qu'°aujourd'hui, quand je retourne en Angleterre, mon avant-bras reste machinalement tendu° dans le vide. Mes compatriotes ne savent qu'en faire.° *Too bad*... car, s'il est aisé° de tendre une main, il est beaucoup plus gênant de la retirer quand personne n'en veut.

à... *within reach of his own* / De... *So that*
stretched out
qu'en... *what to do with it*
facile

Choix multiple

Il peut y avoir plus d'une réponse correcte à certaines questions.

1. Quelle phrase résume le mieux ce passage?
   a. Daninos montre l'absurdité de la poignée de main en France.
   b. L'auteur souligne les aspects amusants de la poignée de main chez les Français qui la considèrent comme indispensable.

---

[1]On notera que le Major a fait une élégante concession en employant la forme française de *pancake*. [*note du traducteur*]

[2]En français dans le texte.

[3]Traduction littérale de *'I cut him dead!'* [*note du traducteur*]

   c. Les statistiques prouvent que les Français passent la moitié de leur temps à se serrer la main.
   d. Le major Thompson n'aime pas serrer la main aux étrangers.
2. Daninos reprend un procédé littéraire cher à plusieurs écrivains français: il présente la réaction d'un étranger découvrant la France. Il le fait parce que:
   a. cette méthode lui permet de jeter un regard neuf sur des usages auxquels les Français sont habitués
   b. ce procédé crée l'impression d'une certaine objectivité et sert à montrer la relativité des coutumes
   c. Daninos croit que la poignée de main chez les Français est dangereuse
   d. il n'ose pas critiquer ouvertement ses compatriotes
3. Daninos est français; pourtant il ajoute des notes du traducteur. A quoi servent-elles?
   a. Les lecteurs français ont besoin d'explications supplémentaires.
   b. Les notes du traducteur donnent un air d'authenticité aux observations du major Thompson.
   c. Les notes ajoutent à l'humour du texte.
4. Pour faire rire leurs lecteurs, les écrivains utilisent plusieurs procédés. Lesquels reconnaissez-vous dans ce passage? Donnez-en des exemples.
   a. le jeu de mots
   b. le comique de gestes
   c. l'exagération
   d. la simplification
   e. le comique de situation

Avez-vous compris?

1. Qui croit que le pays du shake-hand, c'est l'Angleterre? Est-ce que le major Thompson est d'accord?
2. Selon le statisticien, combien de temps chaque jour les Français moyens passent-ils à se serrer la main? A quels moments de la journée le font-ils?
3. Daninos décrit plusieurs nuances de la poignée de main chez les Français. Quels adjectifs emploie-t-il dans sa description? Quels gestes accompagnent les différentes poignées de main? Montrez l'humour de ce passage en faisant ces gestes vous-même.
4. Qu'y a-t-il de comique dans le mot «pannequet», mot inventé par l'auteur? Expliquez en faisant allusion à la note du traducteur.
5. Comment la manie de se serrer la main cause-t-elle parfois des problèmes d'équilibre? Selon Daninos, que font parfois les Français en plein milieu d'un boulevard? Pourquoi? Expliquez en vous référant au texte et au dessin.
6. Le major Thompson cite l'exemple du critique dramatique pour illustrer l'importance de la poignée de main en France. Qu'est-ce que le critique est en train de faire? Qu'est-ce qu'il doit faire pour se montrer aimable avec ses amis?

7. Quelle est «l'offense des offenses»? Pourquoi l'expression «Je l'ai coupé mort» ferait-elle rire le lecteur français? Avant de répondre à cette question, lisez la note du traducteur.
8. Quel inconvénient présente cette manie du shake-hand pour le major Thompson quand il retourne en Angleterre?

Commentaire du texte

1. Quel est le ton de la satire dans ce passage? sérieux? léger? caustique? gentil? amusant? Justifiez votre réponse. Est-ce que le texte représente une véritable critique de la poignée de main chez les Français? Expliquez.
2. Caractérisez le major Thompson d'après ce texte. Est-il gêné? moqueur? amusé? étonné? naïf? A-t-il le sens de l'humour? Comment sa personnalité contribue-t-elle au comique du texte?

De la littérature à la vie

1. Comme vous l'avez vu, les Français considèrent que la poignée de main est essentielle à la politesse. Par exemple, quand un Français rentre dans un groupe d'amis ou de connaissances, il donne un baiser ou serre la main à tout le monde, ce qui permet un contact direct avec chaque personne. Quels sont les modes d'intégration sociale des jeunes chez vous? un baiser? un geste de la main? une tape dans le dos ou sur l'épaule?
2. Est-ce que la poignée de main est aussi importante aux Etats-Unis qu'en France? Qui serre la main aux Etats-Unis? En quelles circonstances? De quelle manière? Lorsque quelqu'un que vous ne connaissez pas vous serre la main, vous faites-vous immédiatement une idée de sa personnalité? Expliquez.
3. Pouvez-vous citer des coutumes particulières à certaines cultures et qui n'existent pas aux Etats-Unis? Est-il utile de connaître ces coutumes pour se faire accepter à l'étranger? Expliquez.

Activité

Imaginez que vous visitez les Etats-Unis pour la première fois. Certaines coutumes vous étonnent, vous amusent ou vous choquent. Décrivez une de ces coutumes et expliquez pourquoi elle a retenu votre attention.

CHAPITRE 2

Famille et amis

Suzanne Valadon: Utrillo, sa grand-mère et son chien (1910)

Many economic and social changes have taken place in France in the twentieth century, especially since World War II, but the family remains a solid institution. The French concept of immediate family applies not only to parents and children, but also to aunts and uncles, cousins, and in-laws. In fact, the word **parents** in French means "relatives" as well as "parents."

Most French children are brought up more strictly than the majority of American children. They are not supposed to go about in torn or patched blue jeans, and even when meeting other children they are expected to show the social graces that their parents have taught them. Generally, they are expected to behave more like little adults than are American children.

The average French family is not as mobile as the American family. Families often stay in the same town or village for generations. Once children grow up, they may carry on their parents' business; they may even continue to live with their parents if they cannot afford apartments of their own.

The readings in this chapter give you a glimpse of family life from the point of view of both children and adults.

Le Petit Nicolas

RENE GOSCINNY
JEAN-JACQUES SEMPE

Jean-Jacques Sempé (1932–) became a professional cartoonist at the age of eighteen and has enjoyed success ever since. Besides appearing in newspapers and magazines, his work has been exhibited in galleries in France and abroad.

René Goscinny (1926–1978) worked in New York as an editor of children's books in 1949 and in 1953. He is known to millions of French children as the author of *Astérix,* the series of illustrated storybooks. He was a member of the **Académie de l'humour.** *Le Petit Nicolas* is the French equivalent of Charlie Brown in Charles Schulz's *Peanuts.*

AVANT DE LIRE

Anticipating content Most of us like to read stories that bring to mind our personal experiences. A familiar frame of reference helps us identify with the characters and understand what the author is saying. This is particularly true in the case of a humorous text, such as *Le Petit Nicolas*. We appreciate humor that strikes a familiar chord in our own lives.

Familiar or predictable elements in a reading also make it easier to understand. If you are an athlete, you will find it easier to read an article in French on the importance of exercise, for example, than one on an unfamiliar topic, because you can predict some of the content of the article on exercise. In fact, anticipating content is a strategy most readers use when they read in their native language. They form a hypothesis about the content of a passage based on the title, photos, and the first few paragraphs, then modify that hypothesis as they read. Studies show that such "active" reading leads to greater understanding of a text.

Practice anticipating content whenever you read a new text in French. Read the introduction and the first three paragraphs of this excerpt from *Le Petit Nicolas,* then stop and ask yourself how you think Nicolas will behave during his mother's tea party. You will probably base your hypothesis on what you know about small boys, on your own experiences as a child, and on what you can deduce about Nicolas' attitude from his comments. Now continue to read and find out in what ways you were right. Stop frequently and question what you are reading. (Why did he say that? What's the main point here? What would I have done? What will probably happen next?) This kind of questioning should make reading in French much easier and more pleasant.

Colloquial language When learning a foreign language, it is sometimes difficult to understand children who are native speakers. Children often use different sentence structures from those taught in the classroom, as well as colloquial expressions not found in grammar texts. Here are a few examples:

> Moi, je n'aime pas les filles. C'est bête, ça ne sait pas...
> = Les filles sont bêtes, elles ne savent pas...
> Ça ne m'intéresse pas tes livres, elle m'a dit, Louisette...
> = Tes livres ne m'intéressent pas, m'a dit Louisette...

As you read for the second or third time, underline in pencil other such expressions in the text. Then compare your findings with those of a classmate and together try to frame those expressions in standard French.

Mots et expressions

casser to break
emmener to take away, along
essayer (de +*inf.*) to try (to do something)
fâché(e) angry
la gifle slap
le goûter snack; afternoon tea
le jouet toy
se mettre à to begin to (do something)
pleurer to cry
la poupée doll
ramasser to pick up
rire to laugh
le sourire smile
tirer to pull

LE VOCABULAIRE FAMILIER

chouette = gentil(le)
embêté(e) = ennuyé(e)
rigolo = amusant(e)
terrible = extraordinaire

Emplois

A. Trouvez l'équivalent de chaque expression.

1. mettre en morceaux
2. un petit repas dans l'après-midi
3. commencer
4. mécontent, en colère

B. Complétez les phrases avec les mots qui conviennent.

1. A Noël on offre des _____ aux enfants.
2. Pourquoi est-ce que les petites filles aiment jouer à la _____?
3. Je vais _____ finir mon travail avant midi.
4. Les enfants _____ beaucoup quand ils voient des clowns.
5. Nicolas _____ Louisette dans le jardin.
6. J'aime _____ les fruits quand ils tombent de l'arbre.
7. Est-ce que vous _____ quand on vous donne une _____?
8. Le cheval _____ la charrette.
9. Elle reçoit ses invités avec un grand _____.

Louisette

Je n'étais pas content quand maman m'a dit qu'une de ses amies viendrait prendre le thé avec sa petite fille. Moi, je n'aime pas les filles. C'est bête,° ça ne sait pas jouer à autre chose qu'à la poupée et à la marchande et ça pleure tout le temps. [...]

They are silly

«Tu seras bien gentil avec Louisette, m'a dit maman, c'est une charmante petite fille et je veux que tu lui montres que tu es bien élevé.»

Quand maman veut montrer que je suis bien élevé, elle m'habille avec le costume bleu et la chemise blanche et j'ai l'air d'un guignol.°[...]

clown

«Et je te prie de ne pas être brutal avec cette petite fille, sinon, tu auras affaire à moi,° a dit maman, compris?» A quatre heures, l'amie de maman est venue avec sa petite fille. L'amie de maman m'a embrassé, elle m'a dit, comme

tu... tu devras m'expliquer pourquoi

René Goscinny, créateur du Petit Nicolas et aussi des célèbres Gaulois Astérix et Obélix AP/WIDE WORLD PHOTOS

tout le monde, que j'étais un grand garçon, elle m'a dit aussi: «Voilà Louisette.» Louisette et moi, on s'est regardés. Elle avait des cheveux jaunes, avec des nattes,° des yeux bleus, un nez et une robe rouges. On s'est donné les doigts,° très vite. Maman a servi le thé, et ça, c'était très bien, parce que, quand il y a du monde° pour le thé, il y a des gâteaux au chocolat et on peut en reprendre deux fois.° Pendant le goûter, Louisette et moi on n'a rien dit. [...]

Maman a dit: «Maintenant, les enfants, allez vous amuser. Nicolas, emmène Louisette dans ta chambre et montre-lui tes beaux jouets.» Maman elle a dit ça avec un grand sourire, mais en même temps elle m'a fait des yeux,° ceux avec lesquels il vaut mieux ne pas rigoler.° Louisette et moi on est allés dans ma chambre, et là, je ne savais pas quoi lui dire. C'est Louisette qui a dit, elle a dit: «Tu as l'air d'un singe.°» Ça ne m'a pas plu, ça, alors je lui ai répondu: «Et toi, tu n'es qu'une fille!» et elle m'a donné une gifle. J'avais bien envie de me mettre à pleurer, mais je me suis retenu, parce que maman voulait que je sois bien élevé, alors, j'ai tiré° une des nattes de Louisette et elle m'a donné un coup de pied à la cheville.° [...] J'allais lui donner une gifle, quand Louisette a changé de conversation, elle m'a dit: «Alors, ces jouets, tu me les montres?» J'allais lui dire que c'était des jouets de garçon, quand elle a vu mon ours en peluche,° celui que° j'avais rasé à moitié une fois avec le rasoir de papa. Je l'avais rasé à moitié seulement, parce que le rasoir de papa n'avait pas tenu le coup.° «Tu joues à la poupée?» elle m'a demandé Louisette, et puis elle s'est mise à rire. J'allais lui tirer une natte et Louisette levait la main pour me la mettre sur la figure,° quand la porte s'est ouverte et nos deux mamans sont entrées. «Alors, les enfants, a dit maman, vous vous amusez bien?—Oh, oui madame!» a dit Louisette avec des yeux tout ouverts et puis elle a fait bouger ses paupières° très vite et maman l'a embrassée en disant: «Adorable, elle est adorable! C'est un vrai petit poussin°!» et Louisette travaillait dur avec les

braids

On... *We barely shook hands*

du... (ici) des invités

on... *it's okay to have a second helping*

elle... *she gave me one of those looks* / ceux... *which meant she wasn't kidding*

monkey

pulled

m'a... *kicked me in the ankle*

ours... *teddy bear* / celui... *the one that*

n'avait... *gave out*

pour... pour me donner une gifle

a... *batted her eyelashes*

petit... *little doll*

paupières. «Montre tes beaux livres d'images à Louisette», m'a dit ma maman, et l'autre maman a dit que nous étions deux petits poussins et elles sont parties.

[...] «Ça ne m'intéresse pas tes livres, elle m'a dit, Louisette, t'as pas quelque chose de plus rigolo?» et puis elle a regardé dans le placard et elle a vu mon avion, le chouette,° celui qui° a un élastique, qui est rouge et qui vole. «Laisse ça, j'ai dit, c'est pas pour les filles, c'est mon avion!» [...] «Je suis l'invitée, elle a dit, j'ai le droit de jouer avec tous tes jouets, et si tu n'es pas d'accord, j'appelle ma maman et on verra qui a raison!» Moi, je ne savais pas quoi faire, je ne voulais pas qu'elle le casse, mon avion, mais je n'avais pas envie qu'elle appelle sa maman, parce que ça ferait des histoires.° Pendant que j'étais là, à penser, Louisette a fait tourner l'hélice° pour remonter l'élastique et puis elle a lâché l'avion. Elle l'a lâché par la fenêtre de ma chambre qui était ouverte, et l'avion est parti. «Regarde ce que tu as fait, j'ai crié. Mon avion est perdu!» et je me suis mis à pleurer. «Il n'est pas perdu, ton avion, bêta,° m'a dit Louisette, regarde, il est tombé dans le jardin, on n'a qu'à aller le chercher.°» [...]

le... *the "neat" one* / celui... *the one that*

ça... *that would cause problems*

propeller

idiot

on... *we just have to go get it*

Dans le jardin, j'ai ramassé l'avion, qui n'avait rien,° heureusement, et Louisette m'a dit: «Qu'est-ce qu'on fait?» [...] «Je n'ai pas de jouets, ici, sauf le ballon de football, dans le garage.» Louisette m'a dit que ça, c'était une bonne idée. On est allés chercher le ballon et moi j'étais très embêté, j'avais peur que les copains me voient jouer avec une fille. «Tu te mets entre les arbres, m'a dit Louisette, et tu essaies d'arrêter le ballon.»

qui... *which had nothing broken*

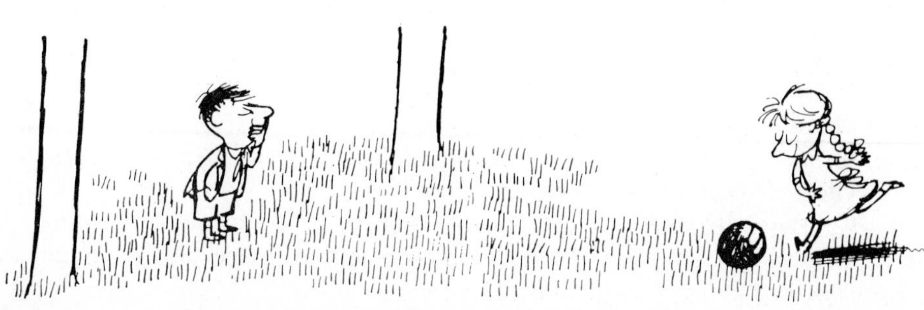

Là, elle m'a fait rire, Louisette, et puis, elle a pris de l'élan° et, boum! un shoot terrible°! La balle, je n'ai pas pu l'arrêter, elle a cassé la vitre de la fenêtre du garage.

a... *took a running start*

un... *a sensational kick*

Les mamans sont sorties de la maison en courant. Ma maman a vu la fenêtre du garage et elle a compris tout de suite. «Nicolas! elle m'a dit, au lieu de jouer à des jeux brutaux, tu ferais mieux de° t'occuper de tes invités, surtout quand ils sont aussi gentils que Louisette!» Moi, j'ai regardé Louisette, elle était plus loin, dans le jardin, en train de sentir les bégonias.

ferais... devrais

Le soir, j'ai été privé de dessert, mais ça ne fait rien, elle est chouette, Louisette, et quand on sera grands, on se mariera.

Elle a un shoot terrible!

Avez-vous compris?

1. Pourquoi Nicolas n'aime-t-il pas les petites filles?
2. Quelles recommandations sa maman lui fait-elle avant l'arrivée de leurs invitées? Comment Nicolas doit-il s'habiller?
3. Comment les enfants se comportent-ils quand ils se rencontrent? Comment Nicolas décrit-il Louisette? Pourquoi aime-t-il recevoir du monde pour le thé?

4. Une fois seule avec Nicolas, comment Louisette se comporte-t-elle? Donnez-en plusieurs exemples.
5. Pourquoi l'ours en peluche de Nicolas est-il en mauvais état?
6. Comment Louisette fait-elle bonne impression sur la maman de Nicolas?
7. Quels jouets Louisette préfère-t-elle? Que se passe-t-il quand elle trouve l'avion de Nicolas?
8. Pourquoi Nicolas n'a-t-il pas envie de jouer au ballon avec Louisette? Que fait-elle du ballon?
9. Pourquoi la maman de Nicolas est-elle fâchée contre lui et non contre Louisette?
10. Pourquoi Nicolas décide-t-il que Louisette est chouette?

Commentaire du texte

1. D'après ce texte, quelle est la définition de l'enfant bien élevé pour un Français?
2. Comment Nicolas voit-il les adultes?
3. Quels sont les préjugés de Nicolas à l'égard des petites filles? Croyez-vous que ses préjugés représentent l'attitude typique des garçons de nos jours?
4. L'auteur essaie de reproduire la langue parlée des enfants. Par exemple, la phrase «C'est Louisette qui a dit, elle a dit» est typique du langage enfantin. Relevez d'autres exemples de ce style dans le texte.

De la littérature à la vie

1. Comparez Nicolas et Louisette aux enfants «modèles». Avec quels jouets la petite fille idéale aime-t-elle jouer? Comment se comporte-t-elle avec les autres enfants? Ressemble-t-elle à Louisette? Expliquez. Et le petit garçon modèle, comment est-il? A quels jeux veut-il jouer? Avec qui? Comment ces enfants modèles se comportent-ils quand ils sont seuls? et quand leurs parents sont là? Quelles sont les plus grandes différences entre Nicolas et Louisette et ces enfants?
2. Nicolas pense épouser Louisette parce qu'elle a «un shoot terrible». A votre avis, pourquoi arrive-t-on à la décision de se marier? Parce qu'on s'aime beaucoup? parce qu'on est amis d'enfance? parce qu'on se connaît bien et on n'aura pas de mauvaises surprises? parce qu'on veut avoir des enfants? parce que la vie à deux offre des avantages économiques?
3. Quels éléments considérez-vous indispensables pour rendre une union (relativement) heureuse? Avoir suffisamment de maturité? appartenir au même milieu social? avoir les mêmes goûts? avoir le même âge? avoir des intérêts en commun?
4. Qu'est-ce qui rend un homme (une femme) intéressant(e)? Quelles qualités considérez-vous importantes? La personnalité? l'intelligence? l'ambition? du goût pour le sport? des intérêts intellectuels ou culturels? un bon caractère? le sens de l'humour? la douceur? l'esprit d'initiative? le calme?

Un peu de grammaire: l'adjectif

Tous les adjectifs suivants sont employés dans le texte. Faites des phrases originales en les utilisant avec les mots proposés.

MODELE: (blanc) la chemise, les avions →
Elle s'habille avec la chemise blanche. Vois-tu les avions blancs?

1. (grand) un sourire, une poupée
2. (vrai) un petit poussin, une gifle
3. (ouvert) la fenêtre, le livre
4. (beau) les jouets, l'avion
5. (bleu) un costume, des yeux
6. (bon) une idée, des goûters

Voyage circulaire

EMILE ZOLA

Pour la première fois, les
Rougon-Macquart
d'Emile Zola
en édition d'art reliée plein cuir, décor à l'or véritable. Illustrations de l'époque à toutes les pages.
Les Rougon-Macquart : 1200 personnages d'un réalisme hallucinant pétris d'amour, de haine, de vanité, d'angoisse, de noblesse et d'espoir.

Emile Zola (1840–1902) is the acknowledged master of the naturalist movement in European literature. As a theory of fiction, naturalism emphasizes faithful representation of everyday life, insisting on a scientific analysis of the most basic human drives, such as sex and hunger, and on thorough documentation of each character's social environment. Zola's major work, *Les Rougon-Macquart,* is a series of some twenty novels dealing with, as he put it, "the natural and social history of a family under the Second Empire." He focuses his attention on the working class and the rising bourgeoisie as they struggle against decadent social structures under Napoleon III. A friend of artist Paul Cézanne, Zola gave his support to the controversial impressionist movement in painting. He was also a social activist and protested strongly against anti-Semitism.

In the following short story, Zola moves away from his frequently pessimistic attitude toward life and shows a young couple rejecting family and social pressures to enjoy a few moments of freedom and happiness.[1]

AVANT DE LIRE

Reading in historical context If you have ever been in love or felt the constraints of parental authority, you will appreciate Zola's story of young Parisian newlyweds who long for a little time together far

[1] The story has been slightly abridged; it has also been divided into two sections in this text, with questions following each section.

from prying eyes. You will also find in *Voyage circulaire* a rich cultural document that brings an earlier historical period to life. As you read, try to form a mental image of the social milieu Zola evokes, comparing it with the one in which you grew up. Jot down examples from the text that shed light on the characters' attitudes, and on the mores of the time in which they lived. Discuss your findings with another student. You may wish to comment, for example, on the existence of a marriage contract and what it might have implied, or on the young couple's living and working situation. These and other details in the text will help you form a picture of nineteenth-century French society.

The introduction It is important to examine the first two paragraphs especially well to understand what follows. In these few lines Zola sets the scene, describes Mme Larivière's physical appearance, sketches her most salient character traits, and summarizes her relationship with her daughter and son-in-law. Zola concludes by adding a detail about her past which brings her personality into even sharper focus. After skimming the story quickly for general meaning, look at the beginning paragraphs carefully. Restate in simple French what you have read, orally or in writing, and then compare your work with another student's. Your restatement or summary will help you anticipate what is to come. You will notice, as you read the rest of the story a second time, that Mme Larivière stands out in sharp contrast to Hortense, Lucien, and the fun-loving and indulgent père Bérard.

Mots et expressions

l'auberge (*f.*) inn
le beau-père father-in-law
la belle-mère mother-in-law
le bonheur happiness
le chemin de fer railroad
le coin corner
le comptoir counter
de bonne heure early
s'écrier to cry out; to exclaim
le fond background; end; bottom
le lendemain the next day
loger to lodge; to quarter
la lune de miel honeymoon
se mêler de to meddle in
oser to dare
le quartier neighborhood
la querelle quarrel; fight
réagir to react
se sentir to feel
la voix voice

Emplois

A. Trouvez l'équivalent de chaque expression.

1. la joie de vivre
2. une partie de la ville
3. tôt le matin
4. le jour suivant
5. dire d'une voix forte
6. avoir une réaction

B. Complétez les phrases avec les mots qui conviennent.

1. Comment te _____-tu aujourd'hui?
2. Cette chanteuse a une _____ merveilleuse.
3. A quelle adresse _____-vous?
4. Mon _____ est le père de mon mari.
5. Les enfants n' _____ pas parler pendant le repas.
6. La boutique se trouve au _____ de la rue.
7. Une boutiquière passe sa vie derrière le _____.
8. Nous touchons ici au _____ du problème.
9. Yvonne est discrète. Elle ne _____ jamais des affaires de ses amis.

C. Définissez les mots suivants.

1. une auberge
2. un chemin de fer
3. une lune de miel
4. une belle-mère
5. une querelle

I.

Il y a huit jours que Lucien Bérard et Hortense Larivière sont mariés. Mme veuve Larivière, la mère, tient,° depuis trente ans, un commerce de bimbeloterie,° rue de la Chaussée-D'Antin. C'est une femme sèche et pointue, de caractère despotique, qui n'a pu refuser sa fille à Lucien, le fils unique d'un quincaillier° du quartier, mais qui entend surveiller de près° le jeune ménage. Dans le contrat,[2] elle a cédé la boutique de bimbeloterie à Hortense, tout en se

tient: s'occupe de
bimbeloterie: *knick-knacks*
quincaillier: *hardware merchant* / entend... de près: *intends to keep a close watch on*

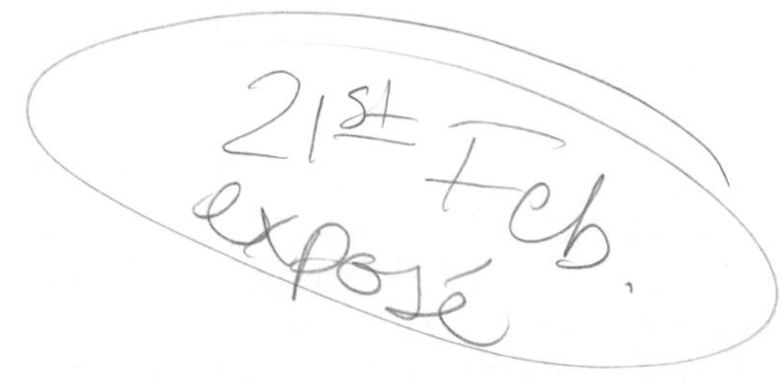

Edouard Manet: Portrait d'Emile Zola (1864)

[2] **Le contrat** refers to the marriage contract listing the property and personal assets of the spouses.

réservant une chambre dans l'appartement; et en réalité, c'est elle qui continue à diriger la maison, sous le prétexte de mettre les enfants au courant de la vente.°

mettre... *telling the children about the sales business*

On est au mois d'août, la chaleur est intense, les affaires vont fort mal. Aussi° Mme Larivière est-elle plus aigre° que jamais. Elle ne tolère point° que Lucien s'oublie une seule minute près d'Hortense. Ne les a-t-elle pas surpris, un matin, en train de s'embrasser dans la boutique! Et cela, huit jours après la noce°! Voilà qui est propre° et qui donne tout de suite une bonne renommée° à une maison! Jamais elle n'a permis à M. Larivière de la toucher du bout des doigts dans la boutique. Il n'y pensait guère, d'ailleurs. Et c'était ainsi qu'ils avaient fondé leur établissement.

Donc / de mauvaise humeur / (*litt.*) pas

le mariage / Voilà... *There's a fine (proper) thing* / *reputation*

Lucien, n'osant encore se révolter, envoie des baisers à sa femme, quand sa belle-mère a le dos tourné. Un jour, pourtant, il se permet de rappeler° que les familles, avant la noce, ont promis de leur payer un voyage, pour leur lune de miel. Mme Larivière pince ses lèvres minces.

il... *he takes the liberty of reminding (her)*

—Eh bien! leur dit-elle, allez vous promener une après-midi au bois de Vincennes.

Les nouveaux mariés se regardent d'un air consterné. Hortense commence à trouver sa mère vraiment ridicule. C'est à peine, si, la nuit, elle est seule° avec son mari. Au moindre° bruit, Mme Larivière vient, pieds nus, frapper à leur porte, pour leur demander s'ils ne sont pas malades. Et lorsqu'ils répondent qu'ils se portent très bien, elle leur crie:

C'est... *Even at night she is rarely alone*
Au... Au plus petit

—Vous feriez mieux de dormir, alors... Demain, vous dormirez encore dans le comptoir.

Ce n'est plus tolérable. Lucien cite tous les boutiquiers du quartier qui se permettent de petits voyages, tandis que° des parents ou des commis° fidèles tiennent les magasins. Il y a le marchand de gants du coin de la rue La Fayette qui est à Dieppe, le coutelier° de la rue Saint-Nicolas qui vient de partir pour Luchon, le bijoutier près du boulevard qui a emmené sa femme en Suisse. Maintenant, tous les gens à leur aise° s'accordent° un mois de villégiature.°

tandis... *while* / assistants

cutler

à... *well-off* / se permettent / vacances

—C'est la mort du commerce, monsieur, entendez-vous! crie Mme Larivière. Du temps de M. Larivière, nous allions à Vincennes une fois par an, le lundi de Pâques, et nous ne nous en portions pas plus mal°... Voulez-vous que je vous dise une chose? eh bien! vous perdrez la maison, avec ces goûts de courir le monde.° Oui, la maison est perdue.

nous... *we weren't any the worse for it*

ces... *these ideas of gadding about*

—Pourtant, il était bien convenu° que nous ferions un voyage, ose dire Hortense. Souviens-toi, maman, tu avais consenti.

agreed

—Peut-être, mais c'était avant la noce. Avant la noce, on dit comme ça toutes sortes de bêtises... Hein? Soyons sérieux, maintenant!

Lucien est sorti pour éviter une querelle. Il se sent une envie féroce d'étrangler sa belle-mère. Mais quand il rentre, au bout de° deux heures, il est tout changé, il parle d'une voix douce à Mme Larivière, avec un petit sourire au coin des lèvres.

au... après

Le soir, il demande à sa femme:

—Est-ce que tu connais la Normandie?

—Tu sais bien que non, répond Hortense. Je ne suis jamais allée qu'au bois de Vincennes.

Le lendemain, un coup de tonnerre éclate° dans la boutique de bimbelo-

coup... *thunderclap bursts*

bon vivant

terie. Le père de Lucien, le père Bérard, comme on le nomme dans le quartier, où il est connu pour un bon vivant° menant rondement les affaires,° vient s'inviter à déjeuner. Au café, il s'écrie:

bon... *someone who enjoys life* / menant... *conducting business briskly*

—J'apporte un cadeau à nos enfants. Et il tire triomphalement deux tickets de chemin de fer.

—Qu'est-ce que c'est que ça? demande la belle-mère d'une voix étranglée.

—Ça, ce sont deux places de première classe pour un voyage circulaire en Normandie... Hein? mes petits, un mois au grand air°! Vous allez revenir frais comme des roses.

au... en plein air

Mme Larivière est atterrée.° Elle veut protester; mais au fond, elle ne se soucie pas d'une° querelle avec le père Bérard qui a toujours le dernier mot. Ce qui achève de l'ahurir,° c'est que le quincaillier° parle de mener tout de suite les voyageurs à la gare. Il ne les lâchera° que lorsqu'il les verra dans le wagon.

stunned

ne... *doesn't look forward to a*

Ce... *What really flabbergasts her* / le père Bérard

quittera

—C'est bien, déclare-t-elle avec une rage sourde,° enlevez-moi ma fille. J'aime mieux ça, ils ne s'embrasseront plus dans la boutique, et je veillerai à° l'honneur de la maison!

pas exprimée

je... je m'occuperai de

Enfin, les mariés sont à la gare Saint-Lazare, accompagnés du beau-père, qui leur a laissé le temps tout juste de jeter un peu de linge et quelques vêtements au fond d'une malle. Il leur pose sur les joues des baisers sonores, en leur recommandant de bien tout regarder, pour lui raconter ensuite ce qu'ils auront vu. Ça l'amusera!

Avez-vous compris?

1. Décrivez Mme Larivière. Quel rôle joue-t-elle dans le mariage de sa fille et dans les affaires de la maison?
2. Est-ce que Lucien et Hortense ont souvent l'occasion de s'embrasser dans la boutique? Pourquoi?
3. Comment les parents d'Hortense s'étaient-ils comportés pendant leur mariage?
4. Qu'est-ce que Mme Larivière pense de la lune de miel traditionnelle?
5. Comment Mme Larivière se mêle-t-elle de l'intimité du jeune couple? A votre avis, pourquoi le fait-elle?
6. Comment les autres commerçants du quartier organisent-ils leurs vacances?
7. Quelle est l'opinion de Mme Larivière à ce sujet?
8. Comment Lucien réagit-il aux idées de sa belle-mère?
9. De quelle façon le père Bérard devient-il l'allié de son fils?
10. A votre avis, pourquoi Lucien et Hortense doivent-ils partir en voyage le jour même où ils reçoivent les tickets?
11. Quelle recommandation le père Bérard fait-il aux époux quand il les accompagne à la gare?

II.

Sur le quai du départ, Lucien et Hortense se hâtent° le long du° train, cherchant un compartiment vide. Ils ont l'heureuse chance d'en trouver un, ils s'y précipitent° et s'arrangent déjà pour un tête-à-tête, lorsqu'ils ont la douleur° de voir monter avec eux un monsieur à lunettes qui, aussitôt assis, les regarde d'un air sévère.

se... se dépêchent / le... à côté du
s'y... *rush into it / distress*

[...] On arrive à Rouen.

Lucien, en quittant Paris, a acheté un Guide. Ils descendent dans un hôtel recommandé, et ils sont aussitôt la proie° des garçons. A la table d'hôte, c'est à peine s'ils° osent échanger une parole,° devant tout ce monde° qui les regarde. Enfin, ils se couchent de bonne heure; mais les cloisons° sont si minces, que leurs voisins, à droite et à gauche, ne peuvent faire un mouvement sans qu'ils l'entendent. Alors, ils n'osent plus remuer, ni même tousser dans leur lit.

prey, at the mercy of
c'est... *they hardly / word; remark* / tout... tous ces gens
murs

—Visitons la ville, dit Lucien, le matin, en se levant, et partons vite pour Le Havre.

Toute la journée, ils restent sur pied. [...] Hortense surtout s'ennuie à mourir, et elle est tellement lasse,° qu'elle dort le lendemain en chemin de fer.

fatiguée

Au Havre, une autre contrariété les attend. Les lits de l'hôtel où ils descendent sont si étroits, qu'on les loge dans une chambre à deux lits. Hortense voit là une insulte et se met à pleurer. Il faut que Lucien la console, en lui jurant° qu'ils ne resteront au Havre que le temps de voir la ville. Et les courses folles° recommencent.

en... *promising her*
courses... *mad rushing about*

[...] Nulle part,° ils n'ont encore trouvé un coin de paix et de bonheur, où ils pourraient s'embrasser loin des oreilles indiscrètes. Ils en sont venus à° ne plus rien regarder, continuant strictement leur voyage, ainsi qu'une corvée° dont ils ne savent comment se débarrasser. Puisqu'ils sont partis, il faut bien qu'ils reviennent. Un soir, à Cherbourg, Lucien laisse échapper° cette parole grave:—«Je crois que je préfère ta mère.» Le lendemain, ils partent pour Granville. Mais Lucien reste sombre et jette des regards farouches° sur la cam-

Nulle... *Nowhere*
en... *reached the point of*
obligation désagréable
laisse... exprime
fierce, grim

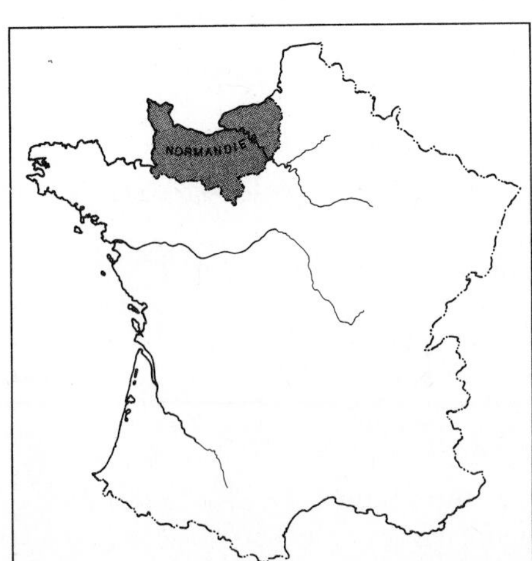

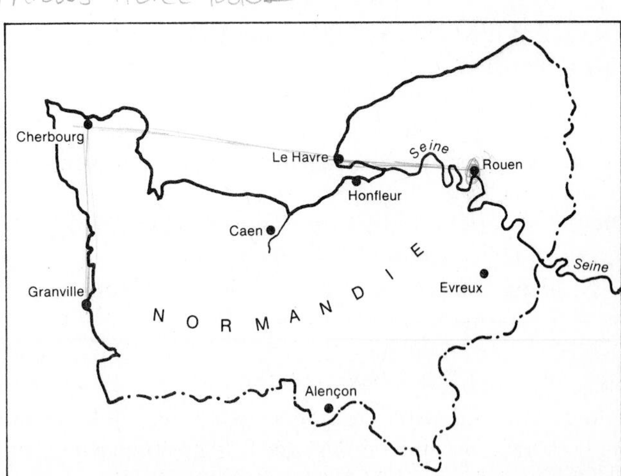

pagne, dont les champs se déploient en éventail,° aux deux côtés de la voie.° Tout d'un coup, comme le train s'arrête à une petite station, dont le nom ne leur arrive même pas aux oreilles,° un trou adorable de verdure° perdu dans les arbres, Lucien s'écrie:

—Descendons, ma chère, descendons vite!

—Mais cette station n'est pas sur le Guide, dit Hortense stupéfaite.

—Le Guide! le Guide! reprend-il,° tu vas voir ce que je vais en faire du Guide! Allons, vite, descends!

—Mais nos bagages?

—Je me moque bien de° nos bagages!

Et Hortense descend, le train file° et les laisse tous les deux dans le trou adorable de verdure. Ils se trouvent en pleine campagne,° au sortir de la petite gare. Pas un bruit. Des oiseaux chantent dans les arbres, un clair ruisseau coule° au fond d'un vallon. Le premier soin° de Lucien est de lancer le Guide au milieu d'une mare.° Enfin, c'est fini, ils sont libres!

A trois cents pas, il y a une auberge isolée, dont l'hôtesse leur donne une chambre blanchie à la chaux,° d'une gaîté printanière.° Les murs ont un mètre d'épaisseur. D'ailleurs, il n'y a pas un voyageur dans cette auberge, et seules, les poules les regardent d'un air curieux.

—Nos billets sont encore valables° pour huit jours, dit Lucien; eh bien! nous passerons nos huit jours ici.

Quelle délicieuse semaine! Ils s'en vont dès le matin par les sentiers perdus, ils s'enfoncent dans° un bois, sur la pente d'une colline,° et là ils vivent leurs journées, cachés au fond des herbes qui abritent° leurs jeunes amours. D'autres fois, ils suivent le ruisseau, Hortense court comme une écolière échappée; puis, elle ôte ses bottines° et prend des bains de pieds, tandis que Lucien lui fait pousser° de petits cris, en lui posant sur la nuque de brusques baisers.

[...] Leur chambre est si gaie. Ils s'y enferment dès huit heures,° lorsque la campagne noire et silencieuse ne les tente° plus. Surtout, ils recommandent qu'on ne les réveille pas. Lucien descend parfois en pantoufles, remonte° lui-même le déjeuner, des œufs et des côtelettes, sans permettre à personne d'entrer dans la chambre. Et ce sont des déjeuners exquis, mangés au bord du lit, et qui n'en finissent pas,° grâce aux baisers plus nombreux que les bouchées° de pain.

Le septième jour, ils restent surpris et désolés d'avoir vécu si vite. Et ils partent sans même vouloir connaître le nom du pays° où ils se sont aimés. Au moins, ils auront eu° un quartier° de leur lune de miel. C'est à Paris seulement qu'ils rattrapent° leurs bagages.

Quand le père Bérard les interroge, ils s'embrouillent.° Ils ont vu la mer à Caen, et ils placent la tour de Beurre au Havre.

—Mais que diable! s'écrie le quincaillier, vous ne me parlez pas de Cherbourg... et l'arsenal°?

—Oh! un tout petit arsenal, répond tranquillement Lucien. Ça manque° d'arbres.

Alors, Mme Larivière, toujours sévère, hausse les épaules° en murmurant:

—Si ça vaut la peine de voyager°! Ils ne connaissent seulement° pas les monuments... Allons, Hortense, assez de folies, mets-toi au comptoir.

dont... *whose fields spread out like a fan* / *track*

dont... *whose name they don't even hear* / trou... *lovely green hideaway*

répond-il

Je... *I couldn't care less about*

part

en... *in the middle of nowhere*

ruisseau... *brook flows* / *concern*

pond

blanchie... *whitewashed* / *springlike*

valid

s'enfoncent... *plunge into* / sur... *on the side of a hill*

shelter

ôte... *takes off her boots, high shoes*

lui... *makes her utter*

Ils... *They lock themselves in from 8:00 on*

tempts

carries up

n'en... *go on and on*

mouthfuls

(forme paysanne) village

auront... *will have had* / *part*

catch up with

get confused

navy shipyard

Ça... *It lacks*

hausse... *shrugs her shoulders*

Si... *What's the use of traveling?* / même

Avez-vous compris?

1. Pourquoi Lucien et Hortense sont-ils déçus (*disappointed*) quand le monsieur entre dans leur compartiment?
2. Comment trouvent-ils l'hôtel recommandé par le Guide?
3. Pourquoi Hortense trouve-t-elle insultant qu'à l'hôtel du Havre on les loge dans une chambre à deux lits?
4. Pourquoi ne sont-ils pas contents de leur voyage?
5. Quelle décision Lucien prend-il enfin?
6. Pourquoi le premier soin de Lucien est-il de se débarrasser du Guide?
7. Comparez la petite auberge de campagne avec les hôtels des grandes villes.
8. Qu'est-ce qui rend la dernière semaine de leur voyage si heureuse? Comment passent-ils le temps?
9. Quand Lucien et Hortense rentrent à Paris, le père Bérard leur pose toutes sortes de questions sur le voyage. Sont-ils capables de bien répondre? Expliquez.
10. Comment la mère d'Hortense voit-elle les voyages?

Commentaire du texte

1. Pourquoi Lucien et Hortense ne parlent-ils pas à leurs parents de la dernière semaine de leur voyage?
2. Pourquoi le nom du lieu où ils ont passé la dernière semaine n'est-il pas important?
3. Lucien et Hortense appartiennent à la petite bourgeoisie parisienne. D'après ce conte, quelle idée vous faites-vous des valeurs de cette classe sociale? Est-elle traditionnelle? matérialiste? ouverte? conservatrice? stable? économe? travailleuse? intellectuelle? Contre quelles attitudes le jeune couple essaie-t-il de se révolter?
4. Emile Zola réussit à créer des personnages réels avec bien peu de description. Il nous donne par exemple une peinture très précise de la mère d'Hortense: ses traits physiques—«une femme sèche et pointue»—reflètent ses traits moraux. Elle a, en effet, un «caractère despotique». Par quels autres détails son caractère se révèle-t-il? Essayez maintenant de faire le portrait d'Hortense, de Lucien et du père Bérard en ajoutant ce que l'auteur a laissé à votre imagination.

De la littérature à la vie

Dans le conte que vous venez de lire, Zola vous montre un milieu bien français comme il en existe encore aujourd'hui, surtout dans les vieux quartiers des grandes villes. Pour mieux le comprendre, essayez de répondre à ces questions. Cela vous permettra aussi de relever des différences sociales entre les Etats-Unis et la France.

1. Dans le quartier décrit dans le conte, tout le monde semble se connaître, on sait ce que font (ou ne font pas) les autres. Qu'est-ce qu'on vend dans

les magasins? Comment les imaginez-vous? Sont-ils petits ou grands? Combien de personnes y travaillent? Où les propriétaires habitent-ils? Où passent-ils leurs vacances? Y a-t-il de tels quartiers aux Etats-Unis? Expliquez.

2. En France les jeunes continuent souvent l'activité commerciale de leurs parents. Qu'est-ce que les jeunes Américains préfèrent faire?
3. Quelle est l'activité professionnelle ou commerciale de votre père? de votre mère? Dans quelle mesure vous y intéressez-vous?
4. Qu'est-ce qui rend difficile les rapports entre parents, grands-parents et enfants? Est-ce que ce sont des différences d'âge et d'habitudes? de philosophie? Expliquez.
5. D'après ce conte, quelles différences pouvez-vous remarquer entre une famille française et une famille américaine du même niveau social?
6. Le voyage de noces est une tradition qui dure encore de nos jours. Autrefois les nouveaux mariés faisaient un voyage de noces pour mieux se connaître, pour passer quelques moments seuls et apprendre à vivre ensemble, pour s'amuser un peu avant de se mettre sérieusement au travail. Est-ce que ces raisons sont encore valables aujourd'hui? Justifiez votre réponse.

Activité

Choisissez un des épisodes de l'histoire et imaginez une conversation. Ensuite, avec un(e) camarade, présentez-la à la classe.

MODELE: Lucien discute avec sa belle-mère dans la boutique...
Lucien se plaint à son père...

S'attendre = to get along

CHAPITRE 3

Les Français à table

Pierre-Auguste Renoir: Déjeuner des canotiers (1881)

Dining is considered an art by the French, who take care to ensure that meals are as pleasurable as they are nutritious. It is not surprising that representations of food and wine have found their way into French literature.

To all French people, but especially to the peasants, a meal without bread is like a day without sunshine. This feeling shows up clearly in the following passage by Jean Giono, where a young peasant refuses to sell his whole crop of wheat because he wants to have some for his wife to make the bread they both love.

«Le bon vin réjouit le cœur de l'homme.» This Provençal proverb suggests the indispensable role wine plays in traditional French meals. Wine is not only the beverage of choice, carefully selected to enhance the food with which it is served, but is often used in cooking as well. It is an essential ingredient, for example, in *le coq au vin,* long a favorite of the French. In Marcel Aymé's story, however, we find that the rooster does not share the gastronome's enthusiasm for this popular dish.

Regain

JEAN GIONO

Jean Giono (1895–1970) used his native Provence as a background for several novels in which he describes the simple, often hard life of French peasants. The following passage is taken from *Regain* (1930). A young peasant has come from the nearly abandoned village of Aubignane to sell his wheat at the seasonal market of a nearby town. Mr. Astruc, a wheat dealer, is trying to buy some wheat, but because of the bad season he has not been able to find any. He is having lunch at the local inn when Jérémie, a middleman, comes to see him. In exchange for a small commission, Jérémie tells Mr. Astruc that a peasant and his wife have some wheat for sale.

AVANT DE LIRE

Characterization Characterization is one of the most powerful devices in fiction. Good writers generally do not tell readers about their characters directly; they let the characters' gestures and words speak for themselves. Thus we draw conclusions about characters much as we do about real people we meet. We make judgments about such things as the characters' personalities, background, education, intelligence, social class, and values based on a multitude of clues: what they choose to talk about and how they express themselves, their general demeanor and facial expressions, and the like.

As you read *Regain,* focus especially on the characters. What kind of people are Monsieur Astruc, Jérémie, and the peasant selling grain? Socially, who is the most powerful? What do their words and actions tell you about the milieu in which they live? The following steps may help you analyze their characters:

- Keep track of who is speaking as you read the text the first time. You may want to mark each character's role in the conversation with the character's initials: *J* for *Jérémie, A* for *Monsieur Astruc,* and *P* for *paysan.* Note that other characters occasionally speak as well.
- Look for signs of the characters' relationship to one another. Among other signs, notice how the characters use **tu** and **vous.** What can you infer from that about their relative social standing? Why does the peasant suddenly change to the familiar form at the end?
- Analyze the language each character uses. Is this formal or familiar French? How do you know? What kinds of comparisons do the characters make? How do they describe the wheat, for example? What does that tell you about them? The dialogue in *Regain* is sparse, but it reveals much about the speakers' values. For example, what can you infer from a few brief lines about the relationship between the peasant and his wife?
- What kind of transaction takes place in this scene—social or business? What clues lead you to your conclusion? How does this transaction differ from a similar one in a modern urban setting?

Mots et expressions

le blé wheat
blessé(e) hurt, wounded
la paille straw
pareil(le) similar, like
la poussière dust
propre clean
saigner to bleed

Emplois

Complétez les phrases avec les mots qui conviennent.

1. La partie du ____ qu'on ne mange pas est la ____.
2. Un jour sans pain est ____ à un jour sans soleil.

3. Je n'aime pas faire le ménage parce qu'il y a toujours beaucoup de ____, mais il faut le faire pour avoir une maison bien ____.
4. Chaque fois qu'elle se sert d'un couteau elle se coupe et ça ____, mais elle n'est pas vraiment ____.

C'est Jérémie qui a poussé le rideau de la porte et qui a crié:

—Monsieur Astruc, vous voulez du blé?

L'autre en a été si bien bousculé° de ça qu'il s'est tourné d'un bloc° et que la table et les verres ont tremblé.

—Et où tu en as vu, toi, du blé? Y en a pas° dix grains de propre° dans tout ton pays.

—Je sais pas s'il y en a dix grains de propre mais, de sûr, j'en ai vu six sacs et du beau.

Il est entré et il est venu sur ses longues jambes jusqu'à la table. Monsieur Astruc le regarde. Jérémie s'y connaît en regards:°

—Donnez-moi une cigarette.

M. Astruc sort son paquet.

—Je vous en prends deux.

—Et alors?

—Alors, c'est là-bas, derrière les chevaux de bois,° à un endroit que° d'habitude on y met les mulets. Il a fallu moi° pour aller regarder là-bas. Y en a un° qui est là, avec ses sacs devant lui. Il ne dit rien à personne. Il regarde. Il est là. Il attend. Je lui ai dit:

—Hé, qu'est-ce que tu as là?

—Du blé, il m'a dit. Et le plus curieux, c'est que c'est vrai. Vous savez, monsieur Astruc, je m'y connais, vous le savez, c'est pas la première fois.[...]

étonné / d'un... *completely (and suddenly) around*

y... (*fam.*) Il n'y en a pas / de... de blé propre

s'y... est expert en comprenant le sens d'un regard

chevaux... *wooden barriers* / où

Il... (*fam.*) *It took someone like me*

Y... Il y a un homme

Jean Giono ALINE GIONO

Village provençal
HUGH ROGERS/MONKMEYER

Eh bien, je suis sûr, que du blé comme ça, vous n'en avez jamais vu. Donnez-moi un peu de feu.

—Qu'est-ce que tu bois?

—Rien; j'ai assez bu. Mais, si vous faites l'affaire, vous me donnerez quelque chose. Je pouvais aussi bien aller voir le Jacques,[1] mais, j'ai pensé à vous d'abord.

—Il faut que j'aille voir. Agathange, je reviens, fais servir des bocks.°

C'est bien six sacs qu'il y en a. On les voit d'ici.° M. Astruc les a déjà comptés. Il a déjà vu qu'il y a du monde° qui regarde le blé. Il a déjà vu qu'il n'y a pas encore les autres courtiers.°

—Laissez passer, laissez passer.

Son premier regard est pour le blé. Il en a tout de suite plein les yeux.°

—Ça, alors!

C'est lourd comme du plomb à fusil.° C'est sain et doré, et propre comme on ne fait plus propre; pas une balle.° Rien que du grain: sec, solide, net comme de l'eau du ruisseau. Il veut le toucher pour le sentir couler entre ses doigts. C'est pas une chose qu'on voit tous les jours.

—Touchez pas, dit l'homme.

M. Astruc le regarde.

—Touchez pas. Si c'est pour acheter, ça va bien. Mais si c'est pour regarder, regardez avec les yeux.

C'est pour acheter mais il ne touche pas. Il comprend. Il serait comme ça, lui.

—Où tu as eu ça?

—A Aubignane.

des... de la bière

from here

du... des gens

marchands de blé

Il... *He's dazzled by the sight of it.*

du... *buckshot*

pas... *not one husk*

[1] French peasants often use the definite article with first names.

M. Astruc se penche° encore sur la belle graine. On la voit qui gonfle° la toile des sacs. On la voit sans paille et sans poussière. Il ne dit rien et personne ne dit rien, même pas celui qui est derrière les sacs et qui vend. Il n'y a rien à dire. C'est du beau blé et tout le monde le sait.

se... s'incline / *distends*

—C'est pas battu° à la machine?

threshed

—C'est battu avec ça, dit l'homme.

Il montre ses grandes mains qui sont blessées par le fléau° et, comme il les ouvre, ça fait craquer les croûtes° et ça saigne. A côté de l'homme, il y a une petite femme jeune et pas mal° jolie, et toute cuite de soleil° comme une brique. Et elle regarde l'homme de bas en haut,[2] toute contente. Elle lui dit:

threshing tool

scabs

pas... *rather* / cuite... *suntanned*

—Ferme ta main, ça saigne.

Et il ferme sa main.

—Alors?

—Alors, je le prends. C'est tout là?

—Oui. J'en ai encore quatre sacs, mais c'est pour moi.

—Qu'est-ce que tu veux en faire?

—Du pain, pardi.°

by God

—Donne-les, je te les prends aussi.

—Non, je vous l'ai dit, je les garde.

—Je t'en donne cent dix francs.

—C'est pas plus?° demande un homme qui est là.

C'est... *Is that all?*

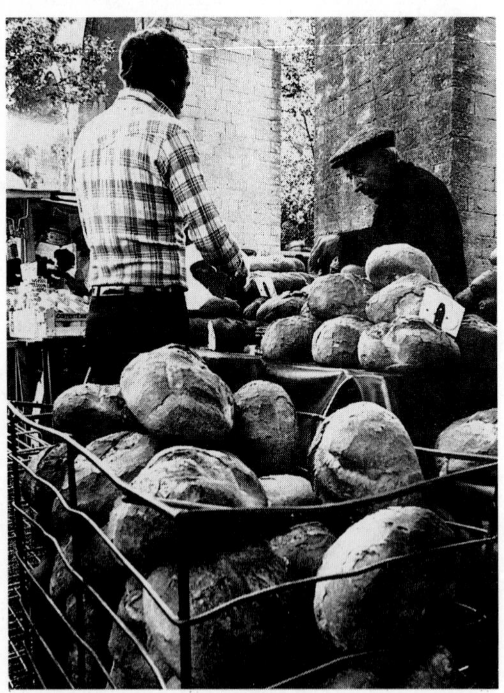

Marché en plein air
IPA/THE IMAGE WORKS

[2] A common expression, **regarder quelqu'un de haut en bas,** means *to look down on*. By changing the order of the words, **regarder de bas en haut,** Giono makes it mean *to look up to*.

Celui de derrière les sacs a regardé la petite femme. Et il a fait un sourire avec ses yeux et ses lèvres, et puis il a tourné sa figure° vers M. Astruc, sans le sourire, toute pareille à celle qu'il avait tout à l'heure quand il a dit: «Touchez pas.»

visage

—Je sais pas si c'est plus ou si c'est moins, mais, moi, j'en veux cent trente.

Le regarde de M. Astruc s'est abaissé sur° le blé.

Le... *Mr. Astruc looked down at*

—Bon, je le prends... Mais, les dix sacs...

—Non, a crié l'homme. Ces six, et pas plus; les autres, je les garde, je te l'ai dit. Ma femme aime le bon pain.

Avez-vous compris?

1. Où se trouve M. Astruc quand Jérémie vient le chercher? Pourquoi Jérémie vient-il le voir?
2. Qu'est-ce que Jérémie demande à M. Astruc? Pourquoi?
3. Où se trouve le paysan qui a du blé à vendre? Combien de sacs en a-t-il?
4. Décrivez le blé. A quoi est-il comparé? Quelle est la réaction de M. Astruc lorsqu'il le voit? Qu'a-t-il envie de faire? Que lui dit le paysan?
5. Comment sont les mains du paysan? Pourquoi?
6. Combien de sacs le paysan a-t-il en tout? Combien en vend-il? Combien M. Astruc veut-il payer? A quel prix le paysan vend-il son blé?
7. Pourquoi le paysan veut-il garder une partie de son blé pour lui?

Commentaire du texte

1. Quelles qualités peut on trouver dans le caractère du paysan?
2. Décrivez sa femme et précisez son attitude envers son mari. Par quels détails l'auteur nous montre-t-il l'amour réciproque entre le paysan et sa femme?
3. Qu'est-ce que le blé représente pour le jeune ménage? pour M. Astruc? Comment expliquez-vous l'importance du pain pour le paysan et sa femme?
4. Analysez l'emploi des pronoms «vous» et «tu» dans les dialogues. Que signifie cette distinction?

De la littérature à la vie

1. Quelles images le mot «pain» suggère-t-il aux Américains? et aux Français?
2. Certaines personnes préfèrent manger du pain de farine complète organique. Que pensez-vous de cette mode?
3. Beaucoup d'Américains font leur pain eux-mêmes. Pourquoi dans un pays si moderne garde-t-on une tradition si ancienne? Avec quoi associez-vous le pain fait à la maison?

Un peu de grammaire: Les pronoms de la langue parlée

1. Le pronom «ça» remplace «cela» dans la langue parlée. Il revient dix fois dans le texte. Quels mots ou quelles expressions remplace-t-il?
2. Le pronom adverbial «en» est employé encore plus souvent dans le texte. Quels mots remplace-t-il?
3. «Y en a pas» est une autre expression de la langue parlée. Quelle est la forme correcte pour la langue écrite? Dans quelles autres phrases y a-t-il des incorrections?

Le Petit Coq noir

MARCEL AYMÉ

Marcel Aymé (1902–1967) intended to become an engineer, but his studies were interrupted by a long illness. During the convalescence that followed he turned to writing, and eventually produced seventeen novels, twelve plays, four essays, and eighty-seven short stories.

Aymé is best known as a short-story writer. "Le Petit Coq noir" appears in *Les Contes du chat perché* (1939). Although Aymé claimed to have written this collection for his granddaughter, he acknowledges a wider reading public in the preface: «Ces contes ont été écrits pour les enfants âgés de quatre à soixante-quinze ans.» These stories depict an animal-human world often reminiscent of the works of La Fontaine (seventeenth-century French fabulist) and the Aesopic tradition. In the following selection, a little black rooster pits his wits against the cunning fox of fable lore.[3]

Mots et expressions

la casserole saucepan
convaincre (quelqu'un de + *inf.*) to convince, persuade (someone to do something)
le dindon (male) turkey
échapper (à) to escape (from)
(s')ennuyer to bore (become bored)
en vouloir à quelqu'un to hold something against someone
faire cuire to cook (something)
la flatterie flattery
le flatteur (la flatteuse) flatterer
indigne unworthy; dishonorable, shameful
le marron chestnut
la nouvelle piece of news
le souci worry, care
se tromper (de) to be mistaken (about)

[3] The story has been abridged, with summaries of missing sections in italics.

Emplois

A. Trouvez un équivalent pour chaque expression.

1. un grand oiseau
2. se sauver, sortir d'un danger
3. un ustensile de cuisine
4. persuader
5. déshonorant, honteux

B. Trouvez les noms qui correspondent aux verbes suivants.

1. flatter (2)
2. se soucier de

C. Complétez les phrases avec les mots qui conviennent.

1. Quand je n'ai rien à faire, je ____.
2. Tout le monde peut ____; personne n'est parfait.
3. En France, on ____ le dindon dans une sauce aux ____.
4. La ____ de leur mariage nous a surprise.
5. Je lui ____ d'être sortie avec mon petit ami.

Le petit coq noir est en colère. Le renard, qui a la mauvaise habitude de manger de la volaille, est venu trois fois rôder autour de la ferme où habitent le coq et ses poules. Malgré sa petite taille, le coq se croit courageux. Alors, il se promène dans la forêt, cherchant le renard, car il a l'intention de le réprimander. Pour mieux voir, et peut-être aussi parce qu'il a tout de même un peu peur, le coq monte sur un acacia (sorte d'arbre) qui lui sert d'observatoire. Peu après, le renard arrive.

Le renard était assis au pied de l'acacia. Il regardait le coq perché sur une haute branche, et il voulait le manger. Le plus fort, c'est qu'il ne s'en cachait pas du tout, au contraire.

—Tu ne sais pas, dit-il au coq, ce que j'ai appris hier soir en passant sous les fenêtres de la ferme? J'ai appris que les maîtres allaient te faire cuire dans une sauce au vin pour te servir dimanche prochain au repas de midi. Tu n'imagines pas combien l'annonce de cette nouvelle a pu me peiner.

—Mon Dieu, dans une sauce au vin! Ils veulent me faire cuire dans une sauce au vin!

—Ne m'en parle pas, j'en ai la chair de poule.° Mais, sais-tu ce que tu feras, si tu veux leur jouer un bon tour°? Tu descendras de ton arbre, et moi je te mangerai. Alors, eux, ils seront bien attrapés°!

chair... *goose bumps*
jouer... *play a trick*
ils... *that will show them*

Et il riait de toutes ses dents qu'il avait longues et pointues, et il passait sa langue sur son museau avec un air friand.°

gourmand

Mais le coq ne voulait pas descendre. Il disait qu'il aimait mieux être mangé par ses maîtres que par le renard.

—Tu en penseras ce que tu voudras, mais je préfère mourir de ma mort naturelle.

—Ta mort naturelle?

—Oui. Je veux dire: être mangé par mes maîtres.

—Qu'il est bête! Mais la mort naturelle, ce n'est pas ça du tout!

—Tu ne sais pas ce que tu dis, renard. Il faut bien que les maîtres nous tuent un jour ou l'autre. C'est la loi commune, il n'y a personne qui puisse y échapper. Le dindon lui-même, qui fait tant son rengorgé,° y passe comme les autres. On le mange aux marrons.

fait... se croit si important

—Mais, coq, suppose que les maîtres ne vous mangent pas?

—Il n'y a pas à supposer, puisque c'est impossible. C'est une règle sans exception, il faut toujours en arriver à la casserole.

—Oui, mais enfin, suppose... essaie de supposer une minute....

Le coq fait de gros efforts pour supposer que les maîtres ne le mangent pas. Ce qu'il imagine le fait presque tomber de sa branche. Puis il dit:

—Alors,... on ne mourrait plus jamais... On n'aurait qu'à faire attention aux automobiles, et l'on vivrait toujours, sans inquiétude.

—Eh! oui, coq, tu vivrais toujours, c'est justement ce que je voulais te faire comprendre. Et dis-moi, qui t'empêche° de vivre toujours, sans avoir le souci, au réveil, de te demander si tu ne seras pas saigné dans le courant de la journée?

prevents

—Voyons, mais puisque je te dis...

Le renard s'écrie d'une voix impatiente:

—Oui, oui, tu vas encore me parler des maîtres, c'est entendu... et si tu n'avais pas de maîtres?

—Pas de maîtres? dit le coq... bec ouvert.

—On peut très bien vivre sans maîtres, et le mieux du monde, je t'assure. Moi... je n'ai jamais regretté une seule fois d'être libre. [...] Je pourrais te raconter des histoires à n'en plus finir.°

à... sans fin

Le coq l'écoutait en frottant sa tête contre le tronc de l'acacia, et il était perplexe. Dans toute sa vie, il n'avait jamais réfléchi avec autant d'application.

—Il est certain que ce doit être agréable, dit-il, mais je me demande si vraiment je suis fait pour mener cette vie-là. Les maîtres ont bien des défauts et maintenant que j'y réfléchis, je leur en veux de faire cuire les coqs! Oh! oui, je leur en veux. Mais enfin, durant le peu de vie qu'ils nous accordent, je dois reconnaître qu'ils ne nous laissent manquer de rien: bonne pâtée,° bon grain, et le gîte.° Me vois-tu errant° par les bois à la recherche de ma nourriture? Je n'aurais pas ce beau jabot° plein que tu me vois aujourd'hui... sans compter que je m'ennuierais, dans cette grande forêt, tout seul de mon espèce.°

nourriture pour animaux

logement / *wandering*

(rooster's) crop

tout... *the only one of my kind*

—Mon Dieu, que le souci de la nourriture ne t'occupe pas. Il suffit de se baisser pour gober° les plus délicieux vers° de terre, et sans parler des fruits qui sont en abondance par les bois, je connais des coins d'avoines folles° où tu seras à ton affaire. Non, la nourriture n'est rien, et je craindrais plutôt pour toi le désagrément de la solitude. Mais je vois à cela un remède bien simple: décider tous les coqs, toutes les poules du village à suivre ton exemple. Tu y réussiras facilement. La cause est si belle qu'elle intéressera d'abord, et ton éloquence fera le reste. Une fois le résultat acquis, quelle satisfaction pour toi d'avoir guidé ta race vers une existence meilleure! Quelle gloire tu en auras! Et quelle délivrance aussi pour vous tous de mener une vie sans fin, exempte de soucis, dans la verdure et le soleil!

gobble up / worms

avoines... *wild oats*

Le renard se met° à raconter des histoires de sa vie dans la forêt. Le coq les trouve si amusantes qu'à force de rire, il en perd l'équilibre et tombe au pied de l'arbre. Le re-

commence

nard a envie de le manger, mais il préfère attendre. Etonné, le coq lui demande d'une voix tremblante:

—Tu ne me manges donc pas?

—Te manger? mais tu n'y penses pas! Je n'en ai pas la moindre envie.

—Pourtant...

—Certes, il m'est arrivé trop souvent de croquer° quelqu'un d'entre vous, mais c'était par amitié, pour le préserver d'une mort indigne dans la casserole, et je t'assure que ce n'était jamais de bon cœur.°

—Comme on peut se tromper, tout de même, c'est incroyable!

—Même si tu m'en priais, je ne pourrais pas te manger, tu me resterais sur l'estomac. C'est que, plus j'y songe, plus je me persuade que tu es désigné pour accomplir une grande mission auprès des tiens.° Toutes les qualités qu'il y faut, je les vois paraître dans le regard de tes beaux yeux d'or; la noblesse du cœur, la volonté ferme, réfléchie, et cette finesse de jugement qui charme déjà dans tes moindres propos.°

croquer: manger

de... *willingly*

auprès... pour tes amis et ta famille

propos: mots

Le coq se laisse convaincre par les flatteries du renard et se décide à mener tous les coqs du village, avec leurs familles, dans la forêt. Initiative désastreuse, car le renard ne tarde pas à en profiter. Après la disparition de plusieurs douzaines de volailles, le coq met les paysans au courant de la situation. Alors, fâché de voir la fin de ses bons repas, le renard le tue. Les maîtres ramassent le corps encore chaud du petit coq noir et le mangent à la sauce au vin.

Avez-vous compris?

fait!

1. D'après le renard, qu'est-ce que les maîtres du coq ont l'intention de faire? Comment le coq réagit-il? Quel(s) sentiment(s) le renard prétend-il éprouver? Qu'y a-t-il de comique ici dans l'expression «j'en ai la chair de poule»?
2. Quelle solution le renard propose-t-il au coq? Comment répond le coq? Expliquez ce que sont la mort naturelle et la loi commune pour lui.
3. D'après le renard que faut-il supposer? Comment le coq réagit-il d'abord? Lorsqu'il réussit enfin à imaginer que les maîtres ne le mangent pas, quelle conclusion en tire-t-il? Que suffit-il de faire pour vivre toujours d'après lui? Qu'y a-t-il de comique dans ce qu'il dit?
4. Selon le renard, on peut très bien vivre sans maîtres. Relevez les mots qui révèlent que pour le coq, c'est une idée tout à fait nouvelle.
5. D'après le coq, quels sont les avantages et les inconvénients de sa vie avec ses maîtres par rapport à la vie dans la forêt? Que dit-il qui montre qu'il commence à douter de la loi commune?
6. Comment le renard rassure-t-il le coq au sujet de la nourriture? Que lui propose-t-il pour résoudre le problème de la solitude? De quoi le petit coq noir va-t-il convaincre les autres coqs et poules? D'après le renard, qu'est-ce qui assure la réussite de cette entreprise? Quels avantages en tirerait le coq?

7. Quelle justification le renard donne-t-il pour avoir souvent mangé des coqs et des poules? En quoi la réponse du coq est-elle naïve?
8. Etudiez le dernier paragraphe du texte. Comment le renard fait-il appel à la vanité du coq? A votre avis, quelle est la vraie raison pour laquelle il veut que les coqs et les poules vivent dans la forêt?
9. Notez le résumé de la fin du conte. Qu'y a-t-il d'ironique dans la mort du coq?

Coq au vin

125 g de poitrine demi-sel coupée en dés
25 g de beurre
4 beaux morceaux de poulet
250 g de petits oignons blancs
1 gousse d'ail écrasée
2 cuillères à soupe de farine
60 cl de vin rouge
Sel et poivre
250 g de champignons de Paris
15 cl de bouillon de poule (environ)
1 bouquet garni
Persil haché pour décorer

Faites bouillir la poitrine demi-sel à l'eau bouillante 5 minutes ; égouttez bien. Faites-la dorer avec du beurre dans une poêle. Otez-la et mettez-la dans une cocotte.

Faites dorer les morceaux de poulet dans la poêle, puis mettez-les dans la cocotte. Faites revenir doucement dans la poêle l'ail et les oignons ; mettez-les dans la cocotte.

Retirez la graisse contenue dans la poêle, sauf l'équivalent de 2 cuillères à soupe et ajoutez la farine. Laissez cuire 2 minutes tout en remuant, puis incorporez peu à peu le vin ; portez à ébullition et laissez mijoter, tout en tournant jusqu'à ce que le tout épaississe. Salez, poivrez et ajoutez les champignons.

Versez la sauce sur le poulet en ajoutant du bouillon en quantité suffisante pour qu'il soit bien couvert. Ajoutez le bouquet garni, couvrez et laissez cuire 1 heure dans un four préchauffé à 190°. Otez le bouquet garni et saupoudrez de persil avant de servir.

Pour 4 personnes

Commentaire du texte

1. Aymé fait le portrait des hommes tout en mettant en scène des animaux. Qu'y a-t-il dans ce passage qui permet d'y reconnaître le monde humain? Décrivez le coq et le renard en précisant les traits de caractère qu'ils ont en commun avec nous. Par exemple, sont-ils sincères? hypocrites? vaniteux? crédules? intelligents? bêtes? flatteurs? trompeurs? Connaissez-vous des gens qui leur ressemblent? Expliquez.
2. L'ironie du renard est un des traits les plus frappants de ce conte. On peut définir l'ironie comme une manière de se moquer de quelqu'un en disant le contraire de ce qu'on veut faire comprendre. Trouvez-en des exemples

dans ce passage en montrant pourquoi les propos ironiques du renard font rire.

3. Vous connaissez peut-être la fable du corbeau et du renard. En quoi le passage ressemble-t-il à cette fable? Quelles différences trouvez-vous?

De la littérature à la vie

1. Le renard préfère vivre sans maître, malgré le fait que la liberté comporte certains risques. Le coq, habitué à la servitude, hésite à abandonner la sécurité de la ferme pour une vie aventureuse. Que cherchez-vous dans la vie? Le confort? la sécurité? l'aventure? Etes-vous prêt(e) à vous exposer au danger pour pouvoir agir en toute liberté? Expliquez.
2. D'abord, le coq accepte sa mort naturelle sans la mettre en question: être mangé par ses maîtres, c'est la loi commune d'après lui. Que pensez-vous de son attitude? Faut-il accepter toutes les contraintes imposées par la société? Est-on obligé d'obéir aux lois qu'on trouve injustes? N'a-t-on jamais le droit de s'y opposer? Sinon, pourquoi? Si oui, dans quelles circonstances et comment?
3. Trouvez dans le texte les noms de deux plats français traditionnels. En connaissez-vous d'autres? Lesquels? Les Français cuisinent souvent avec du vin. Est-ce pareil dans votre culture? Quels ingrédients ou assaisonnements jouent un rôle important dans la cuisine de chez vous? Pourquoi, à votre avis? Est-ce une question de goût? d'habitude? de santé? de disponibilité de certains produits? Expliquez.
4. Dans certaines cultures, on mange beaucoup de viande. Dans d'autres, les gens sont plutôt végétariens. A votre avis, est-il juste de manger des animaux? Cela dépend-il des circonstances? Que pensez-vous de l'élevage des animaux comme les poules, les bœufs et les cochons? A-t-on le droit de chasser les animaux sauvages pour les manger? Expliquez.

Activité

La France est célèbre pour sa gastronomie. Même en famille on choisit des aliments frais, on les prépare bien et on les présente d'une manière appétissante. En général, toute la famille se réunit à table, surtout pour le repas du soir, qui dure souvent une heure ou même plus. Les Français estiment que l'on digère mieux si l'on mange lentement en servant un plat après l'autre. D'ailleurs, le temps qu'ils passent à table leur permet de cultiver un art qu'ils considèrent comme très important: la conversation. Bref, il ne s'agit pas seulement de «manger pour vivre» mais de prendre plaisir aux repas.

Comparez cette attitude avec celle de votre famille.

CHAPITRE 4

La France d'autrefois

Jean-Honoré Fragonard: La Balançoire (1766)

The passages in this chapter are taken from works of the sixteenth, seventeenth, eighteenth, and nineteenth centuries and represent three genres: poetry, fairy tales, and the epistolary novel. During the sixteenth century—the period of the Renaissance in France—French poets were trying to move away from certain poetic forms of the Middle Ages, such as the ballad and the **rondeau.** They welcomed the sonnet, which was popular in Italy and is still used in all European literatures.

In the seventeenth century, perhaps French literature's richest period, writers were primarily concerned with clarity and elegant expression. In 1635, under the auspices of Louis XIII, Cardinal Richelieu officially established the **Académie française.** Ever since its foundation, this prestigious institution has been composed of forty members chosen for their outstanding achievements. The Academy includes not only professional writers but also talented individuals from many other fields.

United by their common interest in preserving the purity and beauty of the French language, the original members composed a dictionary establishing the correct use of words and encouraging the use of the language spoken by the aristocracy and the intellectual elite. The Academy just as strongly discouraged the use of words from regional dialects and lower-class speech. These guidelines have changed very little, despite the objections of nonconformist writers. Perhaps this is why French seems much more formal than English. This continuity also makes seventeenth-century French literature easier to read than English literature of the same era.

Je vis, je meurs...

LOUISE LABE

Women composed a small minority of writers in France, particularly before the twentieth century, but their contributions to French literature were by no means insignificant. Louise Labé (1524–1566) was born in Lyons, at that time one of the most important commercial and intellectual centers of France. She was among the most celebrated members of the group that came to be known as **les poètes lyonnais.** Although she was married (to a wealthy rope-and-twine merchant), she had many love affairs, and these are reflected in much of her poetry. Her conduct and her frank expression of passion raised eyebrows, but she was admired by her fellow poets, who frequented her **salon** (*drawing room*) for literary discussions. She was a lyric poet; that is, her work expresses her personal thoughts and feelings. The following poem is a sonnet,[1] a form for which Louise Labé helped gain recognition during the Renaissance.

❑ LOUISE LABE
la Belle Rebelle et le François nouveau
suivi des œuvres complètes
par Karine Berriot
396 p.,Seuil, 125 F.

Pour la plupart des lecteurs contemporains, Louise Labé n'est plus guère qu'un nom, vaguement associé à l'humanisme de la Renaissance. Bannie des manuels scolaires pour son parfum de scandale, Louise Labé fut ensuite systématiquement exploitée aux fins de servir un féminisme militant. La belle poétesse lyonnaise méritait sans doute mieux. Pour combler cette lacune, la romancière Karine Berriot consacre un gros ouvrage critique à cette dame du XVIe siècle qui, il est vrai, chanta l'amour et la passion, mais fut aussi « messagère de clémence ». A la suite de l'essai littéraire souvent d'accès difficile, il reste le grand plaisir de lire, dans un texte établi avec beaucoup de sérieux et largement annoté, les œuvres – prose, élégies ou sonnets – de Louise Labé la méconnue, A.E.

AVANT DE LIRE

Reading poetry Some people find poetry hard to "understand." Perhaps they expect to understand too much. Because lyric poetry is not discursive or expository, it does not demand intellectual analysis; readers can feel and respond to its beauty with their senses. Much of the power and meaning of poetry comes from the musical qualities of language. Remember that poetry has its origins in song; it is intended to be heard, not merely read. Read Louise Labé's sonnet aloud several times to yourself in a quiet room with no distractions. Do not be concerned if you are unable to concentrate at the same time on the meaning of the words. Allow yourself simply to enjoy the poem's music, its sounds and rhythm. You may wish to refer to the *Chapitre préliminaire,* pp. 5–6, for an explanation of *liaison* and the mute **e** in the recitation of poetry.

Antithesis Because this sonnet was written in the sixteenth century, it contains a few words and constructions no longer in use. The theme, however, is timeless: the extreme emotions of passionate love. Love can of course be both wonderful and terrible; it can bring joy and sorrow, pleasure and anguish. Louise Labé emphasizes those contrasting emotions with a literary technique called antithesis: the juxtaposition of two words or ideas opposite in meaning, such as life and death or heat and cold.

Before you read, ask yourself what opposites come to mind for these words?

triste	**toujours**
en haut	**esclave**

Are the antonyms you found identical to those found by other students in your class? As you read the sonnet, note the words and phrases denoting opposing feelings or ideas.

[1] Chapitre préliminaire, pp. 4–5.

Mots et expressions

la douleur pain; suffering
durer to last
l'ennui (*m.*) problem; boredom
le malheur unhappiness; misfortune; hardship
mener to lead
(se) noyer to drown (oneself)
la peine sorrow

Emplois

A. Complétez les phrases avec la forme correcte des noms suivants.

la douleur	le malheur
l'ennui	la peine

1. Le père de mon ami est mort dans un accident de voiture. Toute sa famille a éprouvé une grande ____.
2. J'ai de la ____ quand je pense à tous les gens qui ont faim dans le monde.
3. Cette femme a eu beaucoup de ____ récemment. Elle a perdu son fils, son mari l'a quittée, et maintenant sa fille est à l'hôpital.
4. Quand Monique m'a raconté les ____ qu'elle a avec ses parents, je me suis rendu compte que j'aime mieux mourir d' ____ que faire face à tous ces problèmes.

B. Complétez le paragraphe suivant avec les mots qui conviennent.

Dimanche, j'ai ____ mes enfants à la plage. Je me suis confortablement installée sur un gros coussin, mais au bout d'un moment, j'ai senti quelque chose d'anormal. Le silence avait ____ trop longtemps! En effet, Patrick était en train de ____ et le maître-nageur n'avait même pas réagi! J'ai plongé juste à temps pour sauver mon fils.

Je vis, je meurs, je me brûle et me noie.
J'ai chaud extrême en endurant froidure:° (froid)
La vie m'est et trop molle et° trop dure. (et... et... *both . . . and*)
J'ai grands ennuis entremêlés de joie:

Tout à un coup° je ris et je larmoie,° (Tout... En même temps / pleure)
Et en plaisir maints° griefs° tourments j'endure: (beaucoup de / graves)
Mon bien° s'en va, et à jamais il dure: (bonheur)
Tout en un coup je sèche et je verdoie.

Ainsi Amour inconstamment° me mène: (capricieusement)
Et quand je pense avoir plus de douleur,
Sans y penser je me trouve hors de peine.

Puis quand je crois ma joie être certaine,
Et être au haut de mon désiré heur,° (bonheur)
Il me remet en mon premier malheur.

Commentaire du texte

1. Ce sonnet est composé presque uniquement d'éléments antithétiques.

   Je vis, je meurs
   trop molle et trop dure
   ennuis entremêlés de joie

   a. Quels sont les deux sentiments en opposition dans le poème? Quelle en est la cause? A votre avis, quel est le sentiment dominant?
   b. Enumérez les manifestations de ces sentiments en dressant une liste des antithèses utilisées dans le sonnet.
      Quelles antithèses montrent que l'amour ne reste pas au niveau psychologique, mais qu'il peut aussi se manifester par des symptômes physiologiques?
      Dans quelle antithèse trouve-t-on une image inspirée de la nature?
      A quel sens (le goût, l'odorat, l'ouïe, le toucher, la vue) le premier quatrain[2] fait-il appel? Par quelles antithèses?
      Pourquoi ce sens correspond-il bien à la description de l'amour?
   c. Pourquoi l'antithèse convient-elle à la description de l'amour, tel que Louise Labé l'a éprouvé?
2. Le mot «amour» est écrit avec un A majuscule dans le texte, ce qui signifie qu'il est personnifié. Pourquoi l'amour est-il representé comme un être animé? Louise Labé est-elle esclave de l'Amour? ou bien peut-elle le dominer? Qui est le plus fort?
3. Etudiez la structure du sonnet. Dans les deux quatrains, Louise Labé décrit son agitation. Ce n'est qu'au premier tercet[2] que nous en apprenons la raison. Pourquoi ne l'a-t-elle pas annoncée dès le début? Cela crée-t-il une impression de souffrance plus extrême? Expliquez.
4. Résumez les idées principales du poème.

De la littérature à la vie

1. A votre avis, est-ce que ce poète du seizième siècle a fait une description de l'amour qui reste valable pour le lecteur moderne? Commentez. Quel genre d'amour a-t-elle décrit? Quelles autres sortes d'amour y a-t-il?
2. Quelles images du poème trouvez-vous les plus évocatrices? A quoi les associez-vous?
3. La vie est-elle une succession de joie et de souffrance? Commentez. Faut-il connaître le malheur pour apprécier le bonheur? Expliquez. Vous n'êtes pas obligé(e) de parler de votre vie personnelle; vous pouvez prendre des exemples dans la littérature, le cinéma, la chanson, etc.

[2] Voir le chapitre préliminaire, p. 4.

Le Petit Chaperon rouge

CHARLES PERRAULT

Charles Perrault (1628–1703) was the seventh child of a Parisian lawyer. He practiced law briefly and later served as superintendent of the royal buildings during the reign of Louis XIV. As a member of the **Académie française,** he became known for his progressive views on literary matters, but it is not for such accomplishments that he is remembered. Perrault's fame rests on his small volume of fairy tales—some in prose, others in poetry—published in 1697 under the title *Histoires ou contes du temps passé.* Among these tales are stories you probably know, such as "Sleeping Beauty," "Cinderella," and "Puss in Boots." You may be amused to find that Perrault's text, the first known literary version of "Little Red Riding Hood," is quite different from well-known adaptations by the Brothers Grimm and other storytellers.

The text has been reproduced in its original form, including capitalization of common nouns.

Contes ★★★
de Charles Perrault

☐ La séduisante collection des *Lettres françaises* à l'Imprimerie nationale (dirigée par Pierre-Georges Castex) continue, avec une régularité de métronome, à nous proposer ses chefs-d'œuvre reliés de cuir rouge et dorés sur tranche. Voici les *Contes* de Charles Perrault : *le Petit Poucet, Barbe Bleue, la Belle au Bois dormant, Peau d'âne*... Les illustrations de Topor peignent ces monuments aux couleurs du sabbat plus que du goûter d'enfants, mais après tout, les contes se lisent à plusieurs niveaux, et leurs souterrains psychologiques sont pleins d'ombre. D'où Perrault tirait-il ces histoires ? Pas du folklore néo-païen où puisait La Fontaine : Roger Zuber, dans son introduction, révèle un Perrault moraliste plus proche de la Providence de Bossuet (et des fées françaises) que des hellèneries de l'Olympe...

LOUIS-MARIE RAMOS

(Collection « Lettres françaises », Imprimerie nationale, 27, rue de la Convention, 75015 Paris, 490 F le volume.)

AVANT DE LIRE

Contextual guessing Reading a foreign language version of a text you know is excellent practice in contextual guessing. You may not have to look up a single word in most of Perrault's tale because, since you know the story of Little Red Riding Hood, you will be able to determine the meaning of unfamiliar words from context. For example, after you have identified the title, you know that **chaperon** must be the equivalent of some sort of bonnet or hood. You can use this same technique of contextual guessing throughout the story.

The story begins, for example, with «Il était une fois une petite fille....» If you remember that fairy tales traditionally begin with "Once upon a time...," you can guess that **Il était une fois** is the French equivalent of that English expression. Now look at the following sentences, taken from the second paragraph. Think of the italicized words in relation to their context.

> Un jour sa mère, ayant *cuit* et fait des *galettes,* lui dit: «Va voir *comme se porte* ta *mère-grand,* car on m'a dit qu'elle était malade; porte-lui une *galette* et ce petit pot de beurre.» Le petit chaperon rouge partit aussitôt pour aller chez sa *mère-grand,* qui *demeurait* dans un autre village.

You can guess from the context that **une galette** is something to eat, and you can easily imagine that preparing the **galettes** involves cooking, which gives you a clue to the meaning of the past participle **cuit (cuire)**. Little Red Riding Hood's **mère-grand** is, of course, her

grand-mère whom she is visiting. Since the little girl's mother is concerned about grandmother's health, you can safely conclude that the words **comme se porte** refer to that. Finally, since Little Red Riding Hood goes to another village to see her grandmother, you can guess that **demeurait** is the equivalent of **habitait.**

As you read the entire story the first time, let the context help you determine the meaning of as many words as possible. Mark in pencil the ones you are still unable to understand. You will find that most of them will become clear as you reread the text and become more familiar with the context as a whole. After reading the story three or four times, look up only those words you still find altogether unclear, and without whose meaning you cannot understand a given passage.

The *Passé simple* In the narrative parts of «Le Petit Chaperon rouge,» Perrault uses the literary *passé simple* in place of the *passé composé.* Before you read, consult the appendix in the back of *Lectures littéraires* to see how this past tense is formed. You only need to learn to recognize the meaning of verbs in the *passé simple.* You do not need to use them. Note in particular the difference between two common verbs: the third-person singular of **faire** (**fit**) and **être** (**fut**).

The moral It is clear from the moral (**moralité**) of the story that for Perrault «Le Petit Chaperon rouge» is not just about little girls and wolves. In the **moralité,** the wolf is presented metaphorically; he represents something else. One interpretation suggests that he represents a threat to young women. As you examine these fifteen lines of verse, think of what you know about the upbringing of upper-class girls in the seventeenth century. As you may recall, many of them were educated in a convent, and their social contacts with members of the opposite sex were infrequent and closely supervised by adults. What might that imply about their sophistication or naïveté in the presence of men? Why might Perrault's **moralité** be considered appropriate advice to a young woman of his time? What else might the wolf represent?

Mots et expressions

apporter to bring
le bûcheron woodcutter
(se) cacher to hide
le chemin path
la couverture blanket
la dent tooth
être enrhumé(e) to have a cold
(être) fou (folle) (de quelqu'un) (to be) crazy (about someone)
le loup wolf
porter to carry
se porter to feel (health)

Emplois

A. Définissez les mots suivants.

1. le bûcheron
2. la couverture
3. la dent
4. le loup
5. le chemin
6. porter

B. Complétez les phrases avec les mots qui conviennent.

1. Sylvie ne _____ pas bien aujourd'hui; elle _____ et elle va rester au lit.
2. Son petit ami lui _____ des fleurs, mais elle _____ et refuse de le voir.
3. Cette attitude le rend très triste parce qu'il est absolument _____ d'elle.

Il était une fois une petite fille de Village, la plus jolie qu'on eût su voir;° sa mère en était folle, et sa mère-grand plus folle encore. Cette bonne femme lui fit faire° un petit chaperon rouge, qui lui seyait° si bien, que partout on l'appelait le petit chaperon rouge.

qu'on... (subj. lit.) *that anyone had ever seen*

lui... *had had made for her* / allait

Gustave Doré: Le Petit Chaperon rouge

Un jour sa mère, ayant cuit et fait des galettes, lui dit: «Va voir comme° se porte ta mère-grand, car on m'a dit qu'elle était malade; porte-lui une galette et ce petit pot de beurre.» Le petit chaperon rouge partit aussitôt pour aller chez sa mère-grand, qui demeurait dans un autre Village. En passant dans un bois elle rencontra compère[3] le Loup, qui eut bien envie de la manger; mais il n'osa, à cause de quelques Bûcherons qui étaient dans la Forêt. Il lui demanda où elle allait; la pauvre enfant, qui ne savait pas qu'il est dangereux de s'arrêter à écouter un Loup, lui dit: «Je vais voir ma Mère-grand, et lui porter une galette avec un petit pot de beurre que ma Mère lui envoie.—Demeure-t-elle bien loin? lui dit le Loup.—Oh! oui, dit le petit chaperon rouge, c'est par delà° le moulin que vous voyez tout là-bas, là-bas, à la première maison du Village.—Hé bien, dit le Loup, je veux l'aller voir° aussi; je m'y en vais par ce chemin ici, et toi par ce chemin-là, et nous verrons qui plus tôt y sera.» Le Loup se mit à courir de toute sa force par le chemin qui était le plus court, et la petite fille s'en alla par le chemin le plus long, s'amusant à cueillir des noisettes, à courir après des papillons, et à faire des bouquets des petites fleurs qu'elle rencontrait. Le Loup ne fut pas longtemps à arriver à la maison de la Mère-grand; il heurte:° Toc, toc. «Qui est là?—C'est votre fille le petit chaperon rouge (dit le Loup, en contrefaisant sa voix) qui vous apporte une galette et un petit pot de beurre que ma Mère vous envoie.» La bonne Mère-grand, qui était dans son lit à cause qu'elle° se trouvait un peu mal,° lui cria: «Tire la chevillette, la bobinette cherra.»° Le Loup tira la chevillette, et la porte s'ouvrit. Il se jeta sur la bonne femme, et la dévora en moins de rien;° car il y avait plus de trois jours qu'il n'avait mangé. Ensuite il ferma la porte, et s'alla coucher° dans le lit de la Mère-grand, en attendant le petit chaperon rouge, qui quelque temps après vint heurter à la porte. Toc, toc. «Qui est là?» Le petit chaperon rouge, qui entendit la grosse voix du Loup, eut peur d'abord, mais croyant que sa Mère-grand était enrhumée, répondit: «C'est votre fille le petit chaperon rouge, qui vous apporte une galette et un petit pot de beurre que ma Mère vous envoie.» Le Loup lui cria en adoucissant° un peu sa voix: «Tire la chevillette, la bobinette cherra.» Le petit chaperon rouge tira la chevillette, et la porte s'ouvrit. Le Loup, la voyant entrer, lui dit en se cachant dans le lit sous la couverture: «Mets la galette et le petit pot de beurre sur la huche,° et viens te coucher avec moi.» Le petit chaperon rouge se déshabille, et va se mettre dans le lit, où elle fut bien étonnée de voir comment sa Mère-grand était faite en son déshabillé.° Elle lui dit: «Ma mère-grand, que vous avez de grands bras!—C'est pour mieux t'embrasser, ma fille.—Ma mère-grand, que vous avez de grandes jambes!—C'est pour mieux courir, mon enfant.—Ma mère-grand, que vous avez de grandes oreilles!—C'est pour mieux écouter, mon enfant.—Ma mère-grand, que vous avez de grands yeux!—C'est pour mieux voir, mon enfant.—Ma mère-grand, que vous avez de grandes dents!—C'est pour te manger.» Et en disant ces mots, ce méchant Loup se jeta sur le petit chaperon rouge et la mangea.

comment

par... *beyond*

je... forme démodée pour «je veux aller la voir»

knocks

à... forme démodée pour «parce qu'elle» / se... ne se sentait pas très bien

Tire... *Pull the latch and the door will open.*

en... *in no time at all*

s'alla... forme démodée pour «alla se coucher»

en... *softening*

breadbox

en... chemise de nuit

[3] **compère:** ironic term of friendship. The closest English equivalent of **compère le Loup** would be *Brother Wolf.*

Moralité

On voit ici que de jeunes enfants,
  Surtout de jeunes filles
  Belles, bien faites, et gentilles,
Font très mal d'écouter toute sorte de gens,
  Et que ce n'est pas chose étrange
  S'il en est tant° que le loup mange.
  Je dis le loup, car tous les loups
  Ne sont pas de la même sorte;
  Il en est d'une humeur accorte,°
  Sans bruit, sans fiel° et sans courroux,°
  Qui privés,° complaisants et doux,°
  Suivent les jeunes Demoiselles
  Jusque dans les maisons, jusque dans les ruelles;°
  Mais hélas! qui ne sait que ces Loups doucereux,
  De tous les Loups sont les plus dangereux.

S'il... *If there are so many*

Il... *There are some clever ones*
bitterness / wrath
deprived / gentle

bedrooms

Avez-vous compris?

1. Quels sont les membres de la famille de la petite fille?
2. Pourquoi la petite fille est-elle connue par un sobriquet?
3. Quelle commission sa mère lui a-t-elle confiée?
4. Où la petite a-t-elle rencontré le loup? Pourquoi le loup a-t-il été prudent? Pourquoi la petite n'a-t-elle pas eu peur de lui?
5. Pourquoi la fillette a-t-elle mis plus longtemps que le loup pour arriver à la maison de la grand-mère?
6. Comment le loup a-t-il réussi à pénétrer dans la maison de la grand-mère?
7. Qu'a fait le loup en attendant le petit chaperon rouge?
8. Pourquoi la fillette a-t-elle cru reconnaître la voix de sa grand-mère?
9. Qu'a fait le loup pour attirer la petite dans le lit?
10. Racontez la fin de l'histoire.

Commentaire du texte

1. Les explications que le loup donne à la fillette suivent le même modèle («pour mieux t'embrasser, mon enfant», «pour mieux courir...», etc.). La dernière phrase est différente. Quels sont les mots que l'auteur a supprimés? Quel effet a-t-il voulu produire?
2. Quelles autres versions de ce conte connaissez-vous?
3. La métaphore[4] est un procédé littéraire. On se sert d'une image concrète pour illustrer une idée abstraite. Dans ce conte, le loup est une métaphore:

---

[4] Voir le chapitre préliminaire, pp. 3–4.

il représente un danger. De quel danger l'auteur a-t-il voulu avertir les jeunes filles? Quel est donc le but de la moralité?

De la littérature à la vie

1. Dans quelle mesure la moralité du conte peut-elle être encore valable aujourd'hui? Dans quelles circonstances une personne trop naïve peut-elle se trouver en danger?
2. Quelle utilité pédagogique voyez-vous dans les contes de fées?
3. Quels livres avez-vous lus pendant votre enfance? Lesquels avez-vous aimés? Pourquoi? Quels souvenirs gardez-vous de ces lectures?

Un peu de grammaire

Remplacez tous les verbes qui sont au passé simple dans «Le Petit Chaperon rouge» par des verbes au passé composé.

Activité

Racontez cette histoire du point de vue du loup.

Les Liaisons dangereuses[5]

PIERRE CHODERLOS DE LACLOS

Pierre Choderlos de Laclos (1741–1803) began his military career as an artillery officer under the monarchy and ended it as a general of the Republican army. His bureaucratic duties allowed him to devote a great deal of time to literary activities. He wrote rather mediocre poems, operatic librettos, and several treatises on military strategy.

Laclos is famous for his one work of fiction, *Les Liaisons dangereuses.* It is an epistolary novel **(un roman épistolaire)**—that is, a novel in the form of letters written by the characters—a device that enables an author to present characters both as they see themselves and as others see them. *Les Liaisons dangereuses* begins with the following letter written by Cécile Volanges, a sixteen-year-old girl who has just left the convent where she was educated.

[5] Un film américain basé sur le roman de Laclos a paru en 1989. Son titre en anglais est *Dangerous Liaisons.*

Nothing definite has been said, but she suspects that now her mother will choose a husband for her from among the eligible bachelors of the aristocracy. In this letter to a convent friend, Sophie, Cécile describes her first meeting with a male visitor.

AVANT DE LIRE

Summarizing When reading in a foreign language, it is always useful to summarize the text in your own words after you finish reading. Summing up a passage not only helps you concentrate on the plot and central ideas, but shows you what you have not entirely understood. You may have to go back to the text occasionally to fill in the missing elements and give your summary continuity. In addition to helping you understand and assimilate the content, restating what someone else has written reinforces the French you know and helps you incorporate new vocabulary and constructions into your French repertoire.

To assist you in summarizing the following passage, we have given the topic of each of the first four paragraphs, in other words the main body of Cécile's letter. You have only to add the necessary details in order to complete the summary.

- Cécile donne à Sophie quelques détails sur sa vie de tous les jours; la façon dont elle est installée, ses obligations envers sa mère et ce qu'elle fait pour passer le temps.
- Cécile croit, malgré le fait que personne n'en a parlé, qu'il est probable que sa mère a l'intention de la marier.
- Cécile explique à Sophie qu'elle doit interrompre sa lettre car un visiteur (qui est peut-être son futur mari) vient d'arriver à la maison.
- Cécile reprend sa lettre pour raconter à Sophie ce qui s'est passé.

In preparing your restatement, select the most significant plot elements. Imagine that you are telling the story briefly to someone who has never read it. When you have finished, compare your work with another student's. You can help each other with both grammar and content. After correcting your summaries, try them out on someone else, preferably on someone who has not read the passage, to ensure that he (she) presents the story coherently.

Mots et expressions

aisé(e) well-to-do
causer to chat
le cordonnier shoemaker
déconcerté(e) taken aback
le genou knee
honteux (honteuse) ashamed; shameful

Emplois

Complétez les phrases avec les mots qui conviennent.

1. Chaque fois que Micheline me téléphone, nous ____ pendant une demi-heure.
2. Quand le petit Stéphane va voir son grand-père, il veut toujours s'asseoir sur ses ____.
3. Pour faire réparer vos chaussures, vous allez chez le ____.
4. Ma meilleure amie m'a appris qu'elle allait se marier; cette nouvelle m'a ____.
5. Je suis ____ d'avoir menti à mes parents.
6. C'est une famille ____; ils ont une fortune considérable.

Lettre première: Cécile Volanges à Sophie Carnay aux Ursulines de...

Tu vois, ma bonne amie, que je tiens parole,° et que les bonnets et les pompons° ne prennent pas tout mon temps; il m'en restera toujours pour toi. J'ai pourtant vu plus de parures° dans cette seule journée que dans les quatre ans que nous avons passés ensemble; et je crois que la superbe Tanville[6] aura plus de chagrin à ma première visite, où je compte bien la demander,° qu'elle n'a cru nous en faire toutes les fois qu'elle est venue nous voir *in fiocchi.*° Maman m'a consultée sur tout; elle me traite beaucoup moins en pensionnaire° que par° le passé. J'ai une femme de chambre° à moi; j'ai une chambre et un cabinet dont je dispose,° et je t'écris à un secrétaire° très joli, dont on m'a remis° la clef, et où je peux renfermer tout ce que je veux. Maman m'a dit que je la verrais tous les jours à son lever; qu'il suffisait que je fusse° coiffée pour dîner, parce que nous serions toujours seules, et qu'alors elle me dirait chaque jour l'heure où je devrais l'aller joindre° l'après-midi. Le reste du temps est à ma disposition, et j'ai ma harpe, mon dessin° et des livres comme au couvent; si ce n'est° que la mère Perpétue n'est pas là pour me gronder,° et qu'il ne tiendrait qu'à moi d'être toujours à rien faire: mais comme je n'ai pas ma Sophie pour causer et pour rire, j'aime autant m'occuper.

tiens... *keep my word*
frills
adornments
la... demander de la voir
in... *in bows*
boarding school student
dans / femme... *maid*
un... *a study at my disposal* / *secretary (desk)*
given
être (subj. lit.)
je... forme démodée pour «je devrais aller la rejoindre»
drawing
si... sauf / réprimander

Il n'est pas encore cinq heures; je ne dois aller retrouver Maman qu'à sept:° voilà bien du temps, si j'avais quelque chose à te dire! Mais on ne m'a encore parlé de rien; et sans les apprêts° que je vois faire, et la quantité d'ouvrières qui viennent toutes pour moi, je croirais qu'on ne songe pas à me marier, et que c'est un radotage° de plus de la bonne Joséphine.[7] Cependant Maman m'a dit si souvent qu'une demoiselle devait rester au couvent jusqu'à ce qu'elle se mariât, que puisqu'elle m'en fait sortir, il faut bien que Joséphine ait raison.

ne... *don't have to go meet Mama until seven*
préparatifs
gossiping

[6] Pensionnaire du même couvent.
[7] Tourière (*uncloistered run*) du couvent.

Il° vient d'arrêter un carrosse à la porte, et Maman me fait dire° de passer chez elle° tout de suite. Si c'était le Monsieur? Je ne suis pas habillée, la main me tremble et le cœur me bat. J'ai demandé à la femme de chambre si elle savait qui était chez ma mère: «Vraiment, m'a-t-elle dit, c'est M. C***.» Et elle riait. Oh! je crois que c'est lui. Je reviendrai sûrement te raconter ce qui se sera passé. Voilà toujours son nom. Il ne faut pas se faire attendre. Adieu, jusqu'à un petit moment.

sujet impersonnel / me.. *sends me word* / chez... *her quarters*

Comme tu vas te moquer de la pauvre Cécile! Oh! j'ai été bien honteuse! Mais tu y aurais été attrapée° comme moi. En entrant chez Maman, j'ai vu un monsieur en noir, debout auprès d'elle. Je l'ai salué du mieux que j'ai pu, et suis restée sans pouvoir bouger° de ma place. Tu juges combien je l'examinais! «Madame», a-t-il dit à ma mère, en me saluant, «voilà une charmante demoiselle, et je sens mieux que jamais le prix de vos bontés.°» A ce propos° si positif, il° m'a pris un tremblement tel que je ne pouvais me soutenir,° j'ai trouvé un fauteuil, et je m'y suis assise, bien rouge et bien déconcertée. J'y étais à peine, que voilà cet homme, à mes genoux. Ta pauvre Cécile alors a perdu la tête; j'étais, comme a dit Maman, tout effarouchée.° Je me suis levée en jetant un cri perçant;... tiens, comme ce jour du tonnerre. Maman est partie d'un éclat de rire,° en me disant: «Eh bien! qu'avez-vous°? Asseyez-vous et donnez votre pied à Monsieur.» En effet, ma chère amie, le monsieur était un cordonnier. Je ne peux te rendre° combien j'ai été honteuse: par bonheur il n'y avait que Maman. Je crois que, quand je serai mariée, je ne me servirai plus de ce cordonnier-là.

fooled

move

le... *the value of your kindnesses* / mot

sujet impersonnel / rester debout

aghast

est... *burst out laughing* / qu'... *what's wrong?*

décrire

Conviens que nous voilà bien savantes°! Adieu. Il est près de six heures, et ma femme de chambre dit qu'il faut que je m'habille. Adieu, ma chère Sophie! je t'aime comme si j'étais encore au couvent.

Conviens... *You must admit that we are well-informed*

P. S. Je ne sais par qui envoyer ma lettre: ainsi j'attendrai que Joséphine vienne.

*Paris, ce 3 août 17**.*

Avez-vous compris?

1. Où Cécile a-t-elle fait la connaissance de Sophie?
2. Comment Cécile est-elle installée chez sa mère? Comment sa chambre est-elle meublée? Doit-elle la ranger elle-même?
3. Comment passe-t-elle son temps? Quelles obligations a-t-elle envers sa mère?
4. Pourquoi, d'après Cécile, sa mère l'a-t-elle fait sortir du couvent?
5. Pourquoi Cécile interrompt-elle sa lettre?
6. Qui est-ce que Cécile a vu en entrant dans l'appartement de sa mère? Pour qui a-t-elle pris le visiteur?
7. Comment Cécile a-t-elle réagi au compliment du visiteur? Pourquoi?
8. Qu'a-t-elle fait en voyant le monsieur à genoux devant elle?
9. Qu'est-ce que sa mère a fait pour la calmer?
10. Pourquoi Cécile a-t-elle été honteuse?

Commentaire du texte

1. Les préoccupations de Cécile, la manière dont elle s'exprime, le ton de sa lettre, tout révèle son âge et son milieu. Relevez les phrases et les incidents qui signalent que l'auteur de cette lettre est une jeune fille aisée et inexpérimentée.
2. Cécile nous donne certaines précisions sur ses rapports avec sa mère. On peut en deviner d'autres d'après ce qu'elle raconte à Sophie. A votre avis, quels sont les rapports entre mère et fille? Ont-elles des rapports étroits ou distants? Quelle impression avez-vous de la mère de Cécile? Vous semble-t-elle exigeante? indulgente? très attachée à sa fille?
3. Qu'est-ce que cette lettre nous apprend en ce qui concerne le mariage au dix-huitième siècle? Pourquoi les jeunes filles comme Cécile n'étaient-elles pas libres de choisir leurs époux? Quelle préparation au mariage recevaient-elles?

De la littérature à la vie

1. D'habitude, quand allez-vous chercher votre courrier? Le lisez-vous immédiatement? Pourquoi? Que faites-vous de vos lettres après les avoir lues? Quelles lettres relisez-vous? Pourquoi? Quand et à qui écrivez-vous le plus souvent? Pour quelles raisons?
2. Tout le monde aime recevoir des lettres, mais peu de gens aiment en écrire. Pourquoi écrit-on moins de lettres aujourd'hui que dans le passé? Croyez-vous que l'art épistolaire soit en train de disparaître? Si oui, serait-ce dommage, à votre avis? Que nous apporte la correspondance dans nos relations familiales et sociales? Les contacts humains seraient-ils différents si l'échange de lettres était entièrement remplacé par le téléphone? Expliquez.

Activité

Ecrivez une lettre à un(e) ami(e) pour lui raconter un incident embarrassant qui vous est arrivé récemment.

Tristesse

ALFRED DE MUSSET

One of the great lyric periods of French literature was the Romantic movement, which Alfred de Musset (1810–1857) joined as a young man. A prodigy, at eighteen he was admitted to one of the most prestigious literary circles of Paris, the **Cénacle** of Victor Hugo. He seems to have experienced everything too early: success, love, debauchery. Success did not last; his first play was a fiasco. Musset's relationship with the novelist George Sand deteriorated when she left him for the doctor who had treated him for an illness during their trip to Venice. Drinking finally ruined his health.

The sonnet «Tristesse», written when Musset was thirty, contains his essential theme: the conflict between the Romantic search for the absolute and the shattering of illusion. Instead of the traditional twelve-syllable line,[8] this sonnet uses an eight-syllable line, commonly found in another poetic form, the ballad. This device affords a gentle rhythm that is well-suited to the expression of melancholy.

AVANT DE LIRE

Reading poetry Remember that poems are like songs: the written page can convey only part of a poem's "meaning." It is only by reading a poem aloud that one becomes aware of its musical dimension.

The language of this sonnet is not difficult: the sentences are quite simple, and most of the words will be familiar to you. The images, however, as well as the thoughts and feelings evoked, call for careful analysis and reflection. We all know, for example, what the word "truth" **(vérité)** means. Or do we? What do you think Alfred de Musset means by it? What does it mean to you? A word or image may lend itself to more than one interpretation. Do not hesitate to give free rein to your imagination as you read, letting yourself think and feel whatever the poem suggests to you. Keep in mind, however, that many words have multiple connotations. The poet may use a word you think you know to suggest something besides its primary meaning. For example, you may have to consult a good dictionary for the various nuances of nouns such as **force** or **bien.** List all the connotations you find for these words and others that seem important in the poem. Choose the meaning(s) you find most appropriate to the context and theme, and then compare your selections with those of other students. In what way does your interpretation differ from theirs?

J'ai perdu ma force et ma vie,
Et mes amis et ma gaîté;
J'ai perdu jusqu'à la fierté°
Qui faisait croire à mon génie.

jusqu'à... *even the pride*

---

[8] See Chapitre préliminaire, p. 5.

Quand j'ai connu la Vérité,
J'ai cru que c'était une amie;
Quand je l'ai comprise et sentie,
J'en étais déjà dégoûté.

Et pourtant elle est éternelle,
Et ceux qui se sont passés d'°elle — se... ont vécu sans
Ici-bas° ont tout ignoré. — Sur la terre

Dieu parle, il faut qu'on lui réponde.
Le seul bien qui me reste° au monde — qui... que je garde
Est d'avoir quelquefois pleuré.

Commentaire du texte

1. On reconnaît dans ce sonnet certaines idées ou tendances caractéristiques d'autres ouvrages romantiques du dix-neuvième siècle. Trouvez les mots ou les vers qui les signalent.
   a. le lyrisme personnel, l'expression des sentiments profonds et intimes du poète
   b. la mélancolie, associée à la désillusion et au dégoût de l'existence
   c. le désir du renom
   d. la foi religieuse
   e. l'importance du sentiment
2. Les grands poètes savent dire beaucoup de choses en peu de mots. Pour apprécier un poème, on doit faire un effort pour découvrir tous les sens possibles des mots. L'interprétation des diverses nuances d'un mot dépend non seulement du contexte mais aussi du lecteur, qui y apporte son expérience personnelle.
   Examinez les mots suivants.
   a. force: S'agit-il de force physique ou bien de force morale? Expliquez.
   b. vie: Qu'entendez-vous par le mot **vie?** Comment comprendre **perdu ma vie?**
   c. la Vérité: Comment interprétez-vous ce mot? En quoi la vérité peut-elle être décevante? Le poète en est-il complètement dégoûté? La considère-t-il comme absolue ou relative? Justifiez votre réponse. Qu'est-ce que la personnification ajoute à la signification de ce mot?
   d. Dieu: L'image de Dieu ici n'a pas seulement un sens religieux. Que peut-elle signifier d'autre? La voix de la conscience? un idéal moral? un idéal artistique? Peut-on associer Dieu à la vérité? «Dieu parle.» Que dit-il? Comment répondre à Dieu ou à ce que Dieu représente?
   e. bien: Ce mot veut-il dire ce qui est avantageux? agréable? utile? Evoque-t-il plutôt quelque chose de tangible, comme une possession? Ou bien s'agit-il d'une valeur morale, de ce qui est juste ou idéal?
3. Tout en exprimant leurs sentiments individuels, les grands poètes lyriques évoquent à la fois ce qu'il y a d'universel dans l'expérience humaine et ce qu'il y a de personnel chez le lecteur. Chaque poème se prête donc à di-

verses interprétations. Quelle est votre interprétation de ce sonnet? Quelles impressions ou quels sentiments a-t-il éveillés en vous? Que signifie-t-il pour vous?

De la littérature à la vie

1. Musset évoque certaines aspirations et illusions détruites par la réalité de la vie. Est-il vrai que le scepticisme de l'âge mûr remplace l'idéalisme et l'enthousiasme de la jeunesse? La désillusion est-elle inévitable ou peut-on faire face aux problèmes de l'existence tout en restant optimiste? Commentez.
2. Est-ce un bien de pouvoir pleurer? Pourquoi?

Eugène Lami: Alfred de Musset (1841)

La vie scolaire

Albrecht Dürer: Le Professeur (1510)

Like many other institutions in French life, the educational system has been revised to meet the needs of a technological society. The current attitudes of students as well as teachers toward learning are quite different from what they were before the "revolution" of May 1968, when a series of public demonstrations and protests by students succeeded in bringing about significant reforms in French education. Many teachers think that too many concessions have been made, while students often think that the reforms have been insufficient. The passage by Marcel Pagnol describes a **lycée** at the beginning of the twentieth century. The second selection, a poem written by a fifteen-year-old student in the late 1970s, considers student–teacher relationships from an unusual point of view. Together these two selections show how education has changed in France.

Le Temps des secrets

MARCEL PAGNOL

Marcel Pagnol (1895–1974) began his literary career as a poet when he was still at the **lycée,** but his first public success was a play, *Topaze* (1928). It was followed a year later by the equally successful play, *Marius*. In 1946, Pagnol was elected to the **Académie française** (see Chapter 4, page 53).

Pagnol is also known as a translator (of Virgil and Shakespeare), novelist, and film maker. In 1952, he wrote, directed, and produced the film, *Manon des sources,* which he later converted into the two novels comprising *L'Eau des collines: Jean de Florette* and *Manon des sources*. Claude Berri's recent film adaptation of these books has brought Pagnol to the attention of a new generation of viewers and readers.

Pagnol's childhood memories inspired his well-known trilogy, *Souvenirs d'enfance*. We have chosen several passages from the third volume, *Le Temps des secrets* (1960). Young Marcel, who has earned a scholarship for study at the **lycée,** describes his first day of school.

AVANT DE LIRE

The *passé simple* If you have read «Le Petit Chaperon rouge» by Charles Perrault (Chapter 4), you know that the *passé simple* is a literary past tense used in place of the *passé composé.* Before reading the passage below, consult the appendix to review the formation of the *passé simple.* You will understand much more of what you read if you first learn to recognize the regular verb endings of the first and third persons, singular and plural; those are the forms used in this passage. In addition, learn the singular forms of three irregular verbs that appear frequently in literary texts: **avoir (eus, eut), être (fus, fut)** and **faire (fis, fit).** The remaining irregular verbs in the following passage are listed below. Most of them will be easy to identify since they are similar to the past participles.

connaître je connus
croire je crus
dire il dit
paraître il parut, ils parurent
reparaître il reparut
pouvoir je pus, nous pûmes
prendre il prit
apprendre j'appris
comprendre je compris
se promettre je me promis
se taire il se tut
voir je vis

Using what you know as you read You would probably agree that it is easier to understand a text if you have some background in the subject matter. As you know from reading in your native language, comprehension does not depend solely on deciphering the words on a page. We all bring to our reading a store of personal experiences and background knowledge that help us understand and appreciate what we read. The more we know about a given topic, the better we can anticipate what the writer might say about it, and the more able we are to assimilate new information as well, by contrasting it with what we know and expect.

In this excerpt, Pagnol describes a scene with which you are most likely familiar: the first day in a new school. As you read, you will notice similarities and differences between Marcel's **lycée** and the school you attended when you were his age (about eleven). Think about questions such as the following, trying to define what you expect before you read the text.

What do you think a French **lycée** was like in about 1906? How might it have differed from a modern American junior high or middle school? Do you expect Marcel's academic program to be quite similar to or very different from the one you followed at age eleven? Do you imagine that you spent more or less time in class than he does? What do you expect his teachers and study hall supervisor to be like? and his classmates? Do you anticipate that the student-teacher relationships portrayed here will be similar to the ones you have experienced? What feelings can you imagine Marcel having in a new school where he knows no one?

Mots et expressions

accueillir to greet, welcome
le chuchotement whispering
chuchoter to whisper
dépaysé(e) disoriented; out of one's element
un(e) drôle de funny; strange
éloigné(e) distant, far from
l'emploi (*m.*) **du temps** schedule
épais(se) thick
l'événement (*m.*) event
gratuitement free of charge
le maître teacher; master
nul(le) incapable; worthless
le rang row
la surveillance supervision
le surveillant (la surveillante) supervisor
surveiller to supervise
se taire to be silent
se tromper (de) to be wrong, mistaken (about)

Emplois

A. Trouvez l'équivalent de chaque expression.

1. parler à voix basse
2. le professeur
3. incapable
4. faire une erreur
5. mal à l'aise
6. l'horaire
7. personne chargée de la discipline

B. Trouvez le contraire de chaque expression.

1. mettre à la porte
2. proche
3. mince
4. laisser faire
5. en payant
6. bavarder

C. Complétez le paragraphe avec les mots qui conviennent.

C'était la rentrée des classes, un grand ____ dans la vie de Luc. Il était complètement ____. Il se retrouvait dans une école inconnue, ____ de chez lui, un ____ endroit où les nouveaux élèves étaient ____ par des ____ à l'air sévère. Alignés en ____ réguliers, sous la ____ de leurs professeurs, les nouveaux venus ne disaient pas un mot; les plus audacieux se contentaient de ____. Luc avait bien reçu ____ de ses cours avec le numéro des salles mais il avait dû ____ de classe trois fois dans la matinée. Il se sentait ____, perdu entre les quatre murs ____ d'une prison d'où il ne pourrait jamais plus sortir. Il était déçu et découragé et pourtant, il avait été si fier de recevoir une bourse et de pouvoir aller au lycée ____!

I. La Salle d'étude[1]

[...] Un monsieur très distingué[...] fit un pas° vers nous, en s'appuyant° sur une canne noire à bout de caoutchouc, puis d'une voix de commandement, qui était sonore et cuivrée, il dit:

step / en... *while leaning*

[...]—Les demi-pensionnaires[2] de sixième et cinquième A et B! Entrez.

Nous entrâmes.

Sitôt la porte franchie,° il y eût une ruée° générale, pour s'installer aux places convoitées: je constatai avec surprise que c'étaient celles qui étaient les plus éloignées de la chaire.°

Sitôt... *As soon as we got through the door* / *rush*

bureau du professeur

[...] Notre maître, impassible comme un roc au milieu d'une mer agitée, regardait les événements. Enfin, il cria une phrase que je devais entendre tous les jours, pendant deux années:

—Que c'est long, messieurs, que c'est long!

C'était une sorte de mugissement° mélancolique, une plainte menaçante nuancée de surprise et de regret.

moan

Puis il se tut pendant une minute, et le tumulte s'apaisait peu à peu. Alors d'une voix tonnante, il cria:

—Silence!

Et le silence fut.

J'avais été porté par les bousculades° jusque devant la chaire et je me trouvais assis à côté d'un garçon très brun et joufflu,° qui paraissait consterné d'avoir été refoulé° jusque-là.

pushing and shoving

chubby

forced back

Le monsieur remonta lentement vers le tableau noir, en traînant° un peu sa jambe droite. Alors il regarda bien en face toute la compagnie, puis avec un sourire à peine esquissé,° il dit d'un ton sans réplique°:

en... *dragging*

visible / ton... *authoritative tone*

—Messieurs, les élèves qui méritent une surveillance constante ont une tendance naturelle à s'y soustraire.° Comme je ne connais encore aucun d'entre vous, je vous ai laissé la liberté de choisir vos places: ainsi les malintentionnés, en faisant des efforts désespérés pour s'installer loin de la chaire, se sont désignés d'eux-mêmes. Les élèves du dernier rang, debout!

s'y... *elude it, avoid it*

Ils se levèrent, surpris.

—Prenez vos affaires, et changez de place avec ceux du premier rang.

Je vis la joie éclater sur le visage de mon voisin, tandis que les dépossédés s'avançaient, consternés.

Nous allâmes nous installer au tout dernier pupitre, dans le coin de droite en regardant la chaire.

—Maintenant, dit notre maître, chacun de vous va prendre possession du casier° qui est le plus près de sa place.

shelf

Tout le monde se leva, et le brouhaha° recommença.

hubbub

---

[1] Section titles have been added by the authors of *Collage*. They do not appear in the original text.

[2] **Les demi-pensionnaires:** *day students*. The students are divided into several groups: the **internes,** or *full boarders;* the **demi-pensionnaires,** or *half-boarders,* who take their noon meal at school; the **externes,** who go home for their meals. There is a further division between the younger students, **les petits,** and the older ones, **les grands.**

D'une classe à l'autre dans un lycée parisien
PETER MENZEL / STOCK, BOSTON

[...] Notre maître lança soudain sa lamentation:

—Que c'est long, messieurs, que c'est long!

Il attendit presque une minute, puis il ordonna, sur le ton d'un officier:

—A vos places!

Dans un grand silence, il monta à la chaire, s'y établit, et je crus qu'il allait commencer à nous faire la classe: je me trompais.

—Messieurs, dit-il, nous allons passer ensemble toute une année scolaire et j'espère que vous m'épargnerez° la peine de vous distribuer des zéros de conduite,° des retenues,° ou des consignes.° Vous n'êtes plus des enfants, puisque vous êtes en sixième et en cinquième.° Donc, vous devez comprendre la nécessité du travail, de l'ordre, et de la discipline. Maintenant, pour inaugurer votre année scolaire, je vais vous distribuer vos emplois du temps.

Il prit sur le coin de sa chaire une liasse de feuilles,° et fit le tour de l'étude,° donnant à chacun celle qui lui convenait.

J'appris ainsi que nos journées débutaient° à huit heures moins un quart par une «étude»° d'un quart d'heure, suivie de deux classes d'une heure. A dix heures, après un quart d'heure de récréation, encore une heure de classe, et trois quarts d'heure d'étude avant de descendre au réfectoire, dans les sous-sols de l'internat.°

Après le repas de midi, une récréation d'une heure entière précédait une demi-heure d'étude, qui était suivie—*ex abrupto*°—de deux heures de classe.

A quatre heures, seconde récréation, puis de cinq à sept, la longue et paisible étude du soir.

En somme, nous restions au lycée onze heures par jour, sauf le jeudi, dont la matinée était remplie par une étude de quatre heures: c'était la semaine de

vous... *you will spare me*

zeros... *F for behavior / detentions / detentions for an extended time*

en sixième... niveaux scolaires

liasse... *bundle of papers*

la salle d'étude

commençaient

pause pour étudier

bâtiment où logeaient les internes

ex... tout de suite

soixante heures, qui pouvait encore être allongée° par la demi-consigne du jeudi ou la consigne entière du dimanche.

rendue plus longue

Pendant que je réfléchissais, j'entendis un chuchotement, qui disait:

—En quelle section es-tu?

D'abord, je ne compris pas que c'était mon voisin qui me parlait car il restait parfaitement impassible, le regard fixé sur son emploi du temps.

Mais je vis tout à coup le coin de sa bouche remuer imperceptiblement, et il répéta sa question.

J'admirai sa technique, et en essayant de l'imiter, je répondis:

—Sixième A2.

—Chic! dit-il. Moi aussi. [...] Est-ce que tu viens du Petit Lycée?

—Non. J'étais à l'école du chemin des Chartreux.

—Moi, j'ai toujours été au lycée. A cause du latin, je redouble la sixième.°

redouble... refais une année

Je ne compris pas ce mot, et je crus qu'il voulait dire qu'il avait l'intention de redoubler d'efforts. Il continua:

—Tu es bon élève?

—Je ne sais pas. En tout cas, j'ai été reçu second aux bourses.°

j'ai... *I came in second for the scholarships.*

—Oh! dit-il avec joie. Chic! Moi, je suis complètement nul. Tu me feras copier sur toi.

—Copier quoi?

—Les devoirs parbleu! Pour que ça ne se voie pas, j'ajouterai quelques fautes, et alors...

Il se frotta les mains joyeusement.

Je fus stupéfait. Copier sur le voisin, c'était une action déshonorante. Et [...] lorsque deux devoirs se ressemblent, le professeur ne peut pas savoir lequel des deux est une imposture, et le trop généreux complice est souvent puni° comme l'imposteur.

substantif: la punition

Je me promis d'exposer mes craintes à mon cynique voisin pendant la récréation, et je préparais mes arguments, lorsque, à ma grande surprise le tonnerre du tambour° éclata dans le couloir, et toute l'étude se leva. Nous allâmes nous mettre en rang devant la porte: elle s'ouvrit d'elle-même, et le surveillant de la récréation reparut, et dit simplement: «Allez!»

tonnerre... *thunder of the drum (used instead of a bell to announce the end of each class period)*

Nous le suivîmes.

—Où va-t-on? demandai-je à mon voisin.

—En classe. On monte à l'externat.°

bâtiment des externes

Avez-vous compris?

1. Quelle sorte de personne était le monsieur qui surveillait la salle d'études? Quels adjectifs l'auteur emploie-t-il pour le décrire? Comment marchait-il? Quelle phrase répétait-il de temps en temps? Trouvez tous les adjectifs et expressions qui précisent le ton de sa voix. Quel(s) sentiment(s) une telle voix aurait-elle pu inspirer aux élèves? Etait-ce un homme indulgent ou plutôt sévère? Justifiez.
2. Pourquoi le maître a-t-il permis aux élèves de choisir leurs places? Que leur a-t-il dit ensuite pour s'assurer qu'ils feraient bien leur travail? Com-

ment le voisin de Marcel a-t-il réagi quand il a appris qu'il fallait changer de place?

3. Quelles recommandations et quelles menaces le maître a-t-il faites aux élèves?
4. Expliquez l'emploi du temps des élèves. A quelle heure débutaient leurs journées? Où allaient-ils d'abord? Combien d'heures de cours par jour avaient-ils? d'étude? de récréation? Combien de temps par jour restaient-ils au lycée? Etait-ce pareil le jeudi? Expliquez.
5. Qu'est-ce qui a fait comprendre à Marcel que son voisin n'était pas bon étudiant?
6. Comment Marcel a-t-il réagi quand son voisin lui a proposé de lui laisser copier ses devoirs? Quelle impression sa réaction vous fait-elle?
7. Pourquoi Marcel n'a-t-il pas pu parler à son voisin de ses craintes? Où les élèves sont-ils allés après avoir quitté la salle d'étude?

II. La Classe de latin

[...] C'était une très grande salle. Le mur du fond était percé de quatre fenêtres, à travers lesquelles on voyait les feuillages des platanes° de l'internat. Sur la gauche, de très longs pupitres à sept ou huit places, étagés sur des gradins de bois.° A droite, à partir de° la porte, un poêle,° puis un grand tableau noir au-dessus d'une plate-forme; enfin, sur une estrade un peu plus élevée, une chaire, et dans la chaire, un professeur.

plane trees

étagés... *lined up on wooden tiers* / à... *starting from* / *stove*

C'était un homme d'un grand volume. Sur des épaules épaisses, une figure° grasse et rose, que prolongeait une belle barbe blonde, et vaguement ondulée. Il portait un veston noir. A sa boutonnière, je vis luire un ruban violet. Les Palmes académiques°! Espoir et rêve de mon père, qui pensait les obtenir au jour de sa retraite.

visage

Palmes... *award from the Ministry of Education*

[...] Un bon nombre d'élèves nous avaient précédés, et je vis avec surprise que ceux-là se disputaient en silence les places des premiers rangs.

—C'est des externes, me dit mon ami. Il faut toujours qu'ils se fassent voir.° Viens vite!

se.. *show off*

Il m'entraîna vers deux places encore libres, à l'extrémité de l'avant-dernier gradin, juste devant une autre fenêtre qui donnait sur° la galerie.

qui... d'où on pouvait voir

Nous nous installâmes, d'un air modeste et soumis. Au dernier banc, derrière nous, il y avait déjà deux inconnus, qui me parurent bien grands pour une classe de sixième. Ils accueillirent mon ami par des clins d'yeux et des sourires narquois.°

sourires... *mocking smiles*

—Toi aussi? demanda à voix basse le plus grand.

—Oui, à cause du latin.

Il me parla encore une fois du coin des lèvres.

—Eux aussi, ils redoublent.

—Qu'est-ce que ça veut dire?

Il parut stupéfait, et presque incrédule. Puis sur le ton de la pitié:

—Ça veut dire qu'on recommence la sixième, parce qu'on ne nous a pas voulus en cinquième!

Je fus désolé d'apprendre que mon ami était un cancre,° mais je n'en fus pas étonné, puisque je savais déjà qu'il avait l'intention de copier mes devoirs.

(fam.) *dunce*

Tout en préparant les cahiers et les porte-plumes, je regardais notre professeur de latin, qui examinait son troupeau° avec une sérénité parfaite.

flock

A voix très basse, je demandai:

—Tu le connais déjà?

—Non, dit-il, l'année dernière j'étais en A1, avec Bergeret. Celui-là, je sais qu'il s'appelle Socrate.

Nous ne pûmes continuer la conversation, parce que M. Socrate nous regarda. Mais ce nom m'intrigua: je savais qu'il y avait déjà eu un Socrate, un poète grec, qui se promenait sous des platanes avec ses amis, et qui avait fini par se suicider en buvant une tisane de ciguë° (que je prononçais «sigue»). C'était peut-être parce qu'il était parent° de celui-là qu'on lui avait donné les Palmes académiques?

en… *by drinking a hemlock potion*
membre de la famille

Il y avait un grand silence, parce qu'on ne se connaissait pas; en ce premier jour, nous étions presque tous dépaysés et solitaires: la classe n'était pas encore formée.

M. Socrate commença par nous dicter la liste des livres qui nous seraient nécessaires. Elle remplissait toute une page, et cet assortiment devait coûter très cher. Mais je ne fus pas inquiet, car grâce à la bourse, le lycée devait me les fournir gratuitement.

Quand cette dictée fut finie, M. Socrate alla au tableau, et y écrivit bellement la déclinaison[3] de «Rosa la Rose», en nous disant que ce serait notre leçon pour le lendemain.

[…] Enfin, quand on entendit la ruée des classes voisines, sous la galerie, il dit, avec une autorité souveraine:

—Allez!

[…] Dans le couloir, mon voisin Lagneau dit simplement:

—Il a l'air gentil, mais c'est une vache.° […] Viens. On va chercher la classe d'anglais.

(fam.) *beast*

—C'est une autre classe?

—Bien sûr.

—On a plusieurs classes?

—Oui.

—Pourquoi?

—Parce qu'il y en a qui font de l'allemand, et d'autres de l'anglais. Alors, nous allons être mélangés avec les anglais° de sixième A1.

étudiants en anglais

J'étais un peu dérouté.°

bewildered

—Alors, ce n'est pas Socrate?

—Penses-tu°! dit Lagneau avec mépris.° Il en a déjà bien assez de savoir le latin!

Are you kidding? / *scorn*

---

[3] **La déclinaison** (*declension*): In inflected languages such as Latin distinctions of case, gender, and number are marked by a change in form of nouns, pronouns, and adjectives. The noun **rosa** (*rose*) has several forms in Latin.

Avez-vous compris?

1. Qu'est-ce qui rendait la classe et le professeur si imposants? Expliquez la disposition des pupitres par rapport à la chaire. Décrivez l'aspect physique du professeur. Qu'avait-il à sa boutonnière qui a impressionné Marcel?
2. Quels élèves aimaient se faire remarquer? Comment le faisaient-ils? Expliquez ce que veut dire «externe» en vous référant au deuxième paragraphe à la page 74.
3. Comment Marcel a-t-il eu la preuve que son voisin était un cancre?
4. Le prof de latin «examinait son troupeau avec une sérénité parfaite». Qu'est-ce que cela suggère quant aux rapports entre prof et élèves?
5. Comment s'appelait le professeur de latin? Montrez l'humour de ce passage en expliquant le rapport que Marcel a vu entre ce prof et le philosophe du même nom.
6. Pourquoi les élèves étaient-ils tranquilles pendant le cours de latin?
7. Quels avantages Marcel avait-il grâce à sa bourse?
8. Comment s'appelait le voisin de Marcel? Que pensait-il de M. Socrate? Où les élèves devaient-ils aller après la classe de latin?

III. La Classe d'anglais... la récréation... la classe de mathématiques... la salle d'étude

Nous trouvâmes dans la chaire un autre professeur.

Il était bien moins imposant: petit, carré,° très brun, la voix agréable. *stocky*

[...] J'appris que notre professeur s'appelait M. Pitzu: c'était un nom un peu étrange. Mais Lagneau m'expliqua la chose, en me disant que c'était un Anglais véritable, ce qui me parut confirmé par le fait qu'il parlait le français avec un accent qui n'était pas le nôtre.

Il nous enseigna «this is the door, this is the desk, this is a chair, this is a book», et cette langue me parut admirable parce qu'il n'y avait pas de déclinaison.

Après cette classe, il y eut un simulacre° de récréation: c'est-à-dire que nous allâmes passer dix minutes dans la vaste cour de l'externat, où plusieurs centaines d'élèves de tous âges, les uns au trot, les autres au galop, couraient vers les cabinets,° tandis que des professeurs, portant de lourdes serviettes sous le bras, erraient sous la galerie.

On n'avait ni le temps ni la place d'organiser le moindre° jeu, et on pouvait tout juste vider° rapidement une querelle commencée en classe. Il y eut deux batailles de grands: je n'en pus rien voir, à cause du cercle des autres grands qui étaient aux meilleures places, mais j'eus l'occasion d'entendre claquer une gifle° énorme et de voir un œil poché.°

Nous allâmes ensuite au cours de mathematiques. Ce mot m'avait effrayé, mais c'était tout bonnement° la classe de calcul.

Ce professeur était tout petit, avec une moustache noire, épaisse, mais courte, et il roulait les *r* à la façon de l'oncle Jules.°

Il avait encore un drôle de nom: M. Pétunia. Il nous interrogea tour à

simulacre: *mockery*
cabinets: cabinets (de toilette)
moindre: le... *any kind of*
vider: on... *we were barely able to settle*
gifle / poché: *slap* / œil... *black eye*
bonnement: simplement
Jules: un personnage dans *Souvenirs d'enfance*

tour: Alban (un externe bien coiffé), et N'Guyen, un pensionnaire annamite,° me semblèrent assez brillants. Mais c'est moi qui fis les meilleures réponses, et Lagneau en eut l'eau à la bouche à la pensée qu'il copierait mes problèmes. Pétunia me félicita et me donna dix sur dix:[4] je connus° à ce signe que c'était un bon professeur.

annamite: vietnamien
connus: j'ai compris

Nous redescendîmes ensuite en étude, et j'entendis encore une fois la longue plainte modulée: «Que c'est long, messieurs, que c'est long!»

Je recopiai «Rosa la Rose» sur mon cahier de latin, puis «this is the door» et le reste sur le cahier d'anglais.

Lagneau admira mon écriture, mais ne fit rien pour me montrer la sienne:° il lisait, derrière une pile de cahiers, un livre illustré.

la sienne: la... son écriture

Je chuchotai:

—Qu'est-ce que tu lis?

—Jules Verne.

—Lequel?

Alors, sans lever les yeux ni sourire, il répondit:

—Vingt mille merdes sous les lieux.[5]

J'éclatai de rire; M. Pétunia me regarda sévèrement, et il allait certainement m'interpeller:° par bonheur, le tambour roula, et rompit l'enchantement° du silence obligatoire [...]

m'interpeller: me poser une question / rompit l'enchantement: rompit... *broke the spell*

Avez-vous compris?

1. Qui était M. Pitzu? Comment Marcel a-t-il su que M. Pitzu n'était pas de nationalité française? Pourquoi a-t-il trouvé la langue anglaise admirable?
2. Combien de temps la récréation a-t-elle duré? Qu'est-ce qui s'est passé dans la cour de l'externat? Le comportement de ces lycéens vous rappelle-t-il vos expériences scolaires? Expliquez.
3. Où les élèves sont-ils allés après la récréation? Comment s'appelait le prof? Décrivez son aspect physique et sa façon de parler.
4. Qui a fait les meilleures réponses aux questions posées par le prof? Pourquoi Lagneau en était-il ravi?
5. Où les élèves sont-ils descendus après la classe? Que Marcel a-t-il entendu?
6. Que faisait Lagneau pendant que Marcel préparait ses devoirs de latin et d'anglais? Quel jeu de mots Lagneau a-t-il fait? Comment Marcel a-t-il réagi? Comment a-t-il pu échapper à la discipline du prof?

Commentaire du texte

1. Quelles réactions Marcel a-t-il eues face à sa nouvelle vie? Quels traits de caractère a-t-il montrés? Analysez surtout certains moments, par exemple, au début, quand il est entré en classe, quand il a reçu son emploi du

---

[4] The French grading system was formerly based on a ten-point scale; ten out of ten **(dix sur dix)** was a perfect score. At the present time, most French schools use a twenty-point scale.

[5] **Vingt mille merdes sous les lieux** is a play on the words of the original title: *Vingt mille lieues sous les mers.*

temps, quand son voisin lui a dit qu'il voulait copier sur lui, etc.

2. La qualité la plus attrayante de ce récit est le ton humoristique qui réussit à être, à la fois, amusant et tendre. Quelles expressions et quelles scènes illustrent cette qualité?
3. Quelles indications trouvez-vous dans le texte qui montrent qu'il s'agit du point de vue d'un adolescent?

De la littérature à la vie

1. Dans ce lycée il n'y a que des garçons. Quels sont les avantages et les inconvénients de ce type d'école?
2. Est-il important de commencer l'étude d'une langue étrangère quand on est très jeune? Est-ce que l'on apprend plus vite? Est-ce que l'on est moins timide?
3. Les étudiants de ce lycée semblent avoir beaucoup de travail. Quand vous étiez au lycée, combien d'heures étudiiez-vous par semaine? Quelles matières avez-vous étudiées? Lesquelles avez-vous trouvées intéressantes? Lesquelles vous ont aidé(e) à choisir votre spécialité à l'université?
4. Dans les écoles françaises il n'y a pas beaucoup de temps pour les activités sportives. Par contre, pourquoi sont-elles considérées importantes dans les écoles américaines? pour apprendre aux enfants à travailler en groupe, à développer l'esprit de corps? pour encourager même les paresseux à s'intéresser aux sports?
5. Les professeurs de Marcel Pagnol ont de drôles de noms. Il s'agit évidemment de sobriquets inventés par les étudiants. Un sobriquet, à quoi ça sert?

MARCEL PAGNOL
Jean de Florette

À l'occasion du grand film de Claude BERRI, qui sera présenté à la fin du mois d'août, cette édition réunit en un seul volume les deux romans — *Jean de Florette* et *Manon des sources* — que Marcel PAGNOL avait regroupés sous le titre *L'Eau des collines*.

Animé d'une fidélité totale et "inspirée", servi par des interprètes exceptionnels — Yves MONTAND, Gérard DEPARDIEU, Daniel AUTEUIL, Emmanuelle BÉART —, Claude BERRI a réalisé une œuvre qui fera date dans l'histoire du cinéma français, et qui permettra au public de redécouvrir un grand livre.

Récit simple et puissant d'une lutte pour la vie, histoire d'un crime et de son châtiment, drame d'une vengeance, tragédie familiale, conflit des cœurs purs et des âmes fortes, opposant un jeune citadin plein de fraîcheur et d'enthousiasme à deux paysans durs, âpres, sournois, fermés, implacables, peinture exacte et magnifique des hommes de la terre, chant du monde, poème de l'eau, du vent, des saisons, des collines, *Jean de Florette* est tout cela et il est beaucoup plus que cela, un des sommets de l'œuvre de PAGNOL : le livre de la faute, de l'innocence et du pardon.

PARUTION MAI

Un grand livre
Un grand film

Un peu de grammaire

En employant le passé composé et l'imparfait, racontez un événement mémorable de votre vie scolaire.

Professeur

The following poem was written by a fifteen-year-old student who chose to remain anonymous. It was published in *Poèmes d'adolescents,* a collection of poems written by students aged twelve through eighteen. Their work is remarkable for its simplicity of language and its deep perceptions.

Chaque matin
Devant les élèves endormis
Devant les élèves
Qui rêvent jouent
Ou ne font rien
Devant les élèves
Qui se taisent° — se... *are silent*
Pour ne pas l'embêter

Chaque matin
Le professeur lit son cours

Autrefois il s'intéressait
Au cours qu'il préparait
Il arrivait content
De présenter
Aux élèves
Quelque chose qui les
Intéresserait
Mais tous s'endormaient

Maintenant
Il relit ses cours
Sans plus
Se faire d'illusions
Sans plus
Croire que cela
Puisse intéresser
Qui que ce soit° — Qui... *No matter whom*

Maintenant
Lui aussi
S'endort

Commentaire du texte

1. Comparez l'attitude du prof au début de sa carrière avec son attitude maintenant. Quel rapport le poète établit-il entre l'attitude du prof et celle des élèves?
2. Un poète emploie des procédés stylistiques pour produire certains effets dans son poème. Que fait l'auteur de *Professeur* pour évoquer l'atmosphère d'ennui et de monotonie qui règne dans cette salle de classe? Vous pouvez commenter, par exemple, le manque de ponctuation, la répétition de certains mots, etc.
3. Analysez l'organisation du poème. On peut le diviser en trois parties. Trouvez-les. Quels mots indiquent la transition d'une partie à l'autre? Qu'est-ce que ces mots ont en commun? Quel rôle l'emploi du présent et de l'imparfait joue-t-il dans le développement du thème? Quel verbe employé au début est repris à la troisième strophe et encore à la fin? Quel en est l'effet?

De la littérature à la vie

1. On se moque souvent des profs, on les accuse d'avoir l'esprit étroit, de manquer d'enthousiasme et d'imagination. Ce poème présente un point de vue un peu différent; la réussite d'un cours semble venir en partie des étudiants. Quelles sont les responsabilités des étudiants? Peut-on apprendre même si on n'aime pas le prof? Expliquez. Que peuvent faire les étudiants pour contribuer au succès d'un cours? Doivent-ils le respect à leurs profs? Commentez.
2. Quelles sont les responsabilités des profs? Quels dangers y a-t-il dans le désir, de la part du prof, de plaire aux étudiants? Le prof risque-t-il de perdre son objectivité s'il devient ami avec ses étudiants? Quels sont les rapports idéaux entre le prof et ses étudiants?

Activité

Ecrivez un poème dans lequel vous décrivez un de vos professeurs.

Lettres ou le Néant

AVOIR DES CONNAISSANCES LITTÉRAIRES ...
QUI EST PHÈDRE ?
QUEL EST LE SIÈCLE DE FRANÇOIS VILLON ?
QU'EST-CE QU'UN OXYMORE ?
QUI A ÉCRIT "L'ÊTRE ET LE NÉANT" ?
DÉFINITION D'UNE ÉPOPÉE ?
PRÉNOM DU PÈRE UBU ?

... SAVOIR LES UTILISER

CHAPITRE 6

Villes, villages, provinces

Paul Cézanne: Le Village de Gardanne (1885–1886)

There is hardly a place in France that has not appealed to the imaginations of writers and painters, both French and foreign. In fact, the literature on France is so vast that selecting passages is quite difficult. Many writers have chosen certain regions as settings for their novels. Alphonse Daudet, Jean Giono, Henri Bosco—to name just a few famous ones—used Provence as a background against which to describe the lives of their characters. George Sand (Mme Aurore Dupin) wrote fondly of her native Berry in her autobiography. The sixteenth-century poet Joachim Du Bellay, living among the sumptuous palaces of Rome, never ceased to dream nostalgically of the gentle, quiet landscape of Anjou. Gustave Flaubert used what is possibly one of the least interesting little towns in France—Yonville-l'Abbaye—as the setting for his most celebrated novel, *Madame Bovary*.

Perhaps everyone who visits or lives in France becomes intrigued with special aspects of the country. In the first selection in this chapter, from the book *Un Nègre à Paris,* African writer Bernard Bertin Dadié describes the Parisian underground transportation system, the **métro.** Here we see how someone from a non-Western culture views something that a native French person takes for granted. In the second selection, «La Légende du Mont-Saint-Michel,» we see that Guy de Maupassant had mixed feelings about the Norman peasantry, however much he may have loved the landscape of his native province. In this story, the devil and St. Michael come to life as two peasants of the **Basse-Normandie.** No specific region of France is evoked in the third selection, "Sensation," by Arthur Rimbaud, in which the poet depicts an imaginary landscape through which he dreams of wandering.

Un Nègre à Paris

BERNARD BERTIN DADIE

Bernard Bertin Dadié (1916–) was born at Assinie, on the Ivory Coast. He worked for a while as a schoolteacher and devoted his free time to writing. His appointment as **directeur des arts et de la recherche** gave him the opportunity to found a center for dramatic art in the Ivory Coast. He has published poems, articles, short stories, and plays. Like other well-known African writers—Léopold Senghor, Birago Diop, Camara Laye—Dadié is deeply concerned with African traditions while also acknowledging a debt to Western culture. *Un Nègre à Paris* is a novel in the form of a long letter, in which he records his impressions of his first visit to Paris.

AVANT DE LIRE

Looking for the structure of a text Skilled readers often skim a text before reading it thoroughly. Quickly running one's eyes over the page to get the general idea(s) gives order to the more intensive reading; it provides a framework within which to assimilate and organize the details.

In the following passage, Dadié describes his impressions of the Paris subway, **le métro.** Organize your reading by looking for the main parts. Skim the entire passage to find the three main sections. As you will see, the first part, corresponding to the first paragraph, might be entitled «Comment se débrouiller dans le métro». Now look at the list of possible section titles below, and choose the most appropriate one for each of the remaining two parts. Confirm or modify your choices as you read again.

«Visite guidée de la vieille ville»
«L'atmosphère dans le métro»
«Mon image de Paris»
«Guide essentiel du métro»

Anticipating the content Now that you have a general idea of the content, you are ready to begin reading the text more carefully. What do you expect to find there? Before reading the first paragraph, try to anticipate what Dadié's advice to a tourist will be. What would you tell a visitor to do in order to get around a major American city using public transportation? Buy a map? Go to the tourist information bureau? Ask for help at the ticket window?

Now read the first paragraph, and see if your expectations have been confirmed. Does Dadié make some observations you had not anticipated? Can you sum up his advice in a sentence or two? How would you describe Dadié's attitude toward the **métro?** Is he frustrated? puzzled? amused? Is this the attitude you expected?

As you read the rest of the text, in which the description of the **métro** is expanded to include Dadié's observations of Paris and Parisians, think of what you know about the city. What impression might the typical tourist take away from Paris? Now read to discover Dadié's impressions.

Mots et expressions

le couloir corridor
se diriger (vers) to make one's way (toward)
flâner to stroll
la flèche arrow
la foule crowd
le plan city map
le portillon gate
se renseigner (sur) to inquire, ask (about)
le sens interdit wrong way

Emplois

A. Trouvez l'équivalent de chaque expression.

1. la carte d'une ville 2. se promener sans hâte 3. une multitude de gens 4. la porte d'entrée sur le quai du métro 5. le corridor 6. une indication de la direction à prendre 7. s'avancer vers 8. s'informer de

B. Complétez le paragraphe suivant avec les mots qui conviennent.

Hier, je me suis perdu dans le métro. La ____ des Parisiens me poussait dans des ____ interminables pour ____ vers la sortie. Je n'avais pas de ____; je me suis donc approché d'une dame pour ____ sur la direction à suivre. Elle m'a dit: «Entrez par le ____, suivez les ____ bleues mais ne passez pas par le ____.» J'ai écouté ses conseils et bientôt j'ai pu ____ tranquillement sur les Champs-Elysées.

[...] Lorsque tu viendras à Paris, dans ce Paris qui vit sous terre, à circuler dans le métro, achète-toi aussitôt un guide. Ça ne te servira à rien dans tes débuts. Il faudrait pourtant l'acheter. Ainsi font les touristes. Procure-toi ensuite un plan du métro. Une autre inutilité. Muni de° ce plan perds-toi dans les dédales° de couloirs et de flèches, de plaques indicatrices° et de coulées° humaines, de sens interdits, de montées et de descentes, laisse partir le métro que tu devais prendre et prends celui que tu ne devais pas, puis descends à une station quelconque,° sors, rentre, butte-toi contre la poinçonneuse° et explique-lui que tu t'es trompé de direction, repars, perds-toi encore, sors enfin, prends le boulevard et va devant toi. Ce n'est qu'à ce prix que tu te diras Parisien, c'est-à-dire que tu auras compris le sens des flèches, des couloirs, le langage des mains indicatrices. Tu sauras courir, quand il le faut pour ne pas manquer la rame,° ou voir le portillon se fermer à ton nez. Tu arriveras même à temps pour passer de biais.° Descendre du métro, se diriger en automate vers la sortie ou la correspondance, savoir ouvrir la porte sans essayer de la fermer—elle est automatique—sont des détails qui vous situent et démontrent à quel point Paris vous ronge,° vous assimile. Peu bavard et sobre de gestes, le Parisien est le type rassis° qui tolère tout, vit avec lui-même, avec son Paris, ville de lumière.

Muni... Armé de
intricacies / plaques... *signs*/ *streams*
any / butte... *go up to the ticket collector*
train
passer... *to go through sideways*
vous... *gnaws at you*
sedate

[...] Il fume, les jambes croisées, le Parisien, tout en pensant au métro qu'il prendra tantôt. Sûr de lui, ayant son Paris dans sa tête, il vient, s'installe, ouvre son journal puis à une station, se lève et descend sans avoir une seule fois levé la tête. Un sixième sens, le sens du métro, le sens de la sortie, de la correspondance est né chez le Parisien usager du métro, c'est d'instinct qu'il court pour attraper la correspondance. Et vous êtes chaque fois porté par le flot des coureurs.° Marchez-vous? Vous devenez un obstacle. Les regards vous le disent. Les pas saccadés° derrière vous le crient, les épaules vous le font sentir. On vous demande bien pardon, mais un pardon qui veut dire «moi je n'ai pas du temps à perdre». Et tous des visages tendus.° Ces longs couloirs ne sont pas faits pour engendrer° des sourires. Ce sont des boyaux° servant à la lutte quotidienne; des tranchées° pour aller au front. Il y a bien de la lumière et de l'air, quelquefois un joueur de flûte ou d'accordéon. Un éclopé.° Et l'on court pour ne pas être comme lui, pour se faire une vieillesse heureuse. Le métro et ses longs couloirs tristes donneraient de Paris une mauvaise impression s'il n'y avait les amoureux. Ceux-là, cultivent l'amour, luttent fiévreusement contre la vie trépidante.° Ils s'embrassent à la vue de tous. Lorsqu'on dit que les amoureux sont seuls au monde, on exprime une constatation de chaque instant. Et il faut avouer que cela rappelle à tous qu'on doit vivre. Paris du reste vit, tant il mêle l'amour à tous ses actes.

gens qui se dépêchent
pas... *jerky steps*
tense
créer / *bowels*
trenches
handicapé
hectic

[...] De toutes les clartés de Paris, seul le métro m'a ébloui. Je vais faire rire les nombreux touristes hissés° sur la Tour Eiffel ou l'Arc de Triomphe, ces opulents clients des riches hôtels. Chacun ne repart-il pas de Paris, emportant de cette ville, l'image d'un monument, d'un cabaret, d'un dancing et le souvenir troublant d'une amie? Et qu'est-ce que j'emporterai, moi? Le métro. Il faut vraiment être Nègre de pure souche° pour n'admirer à Paris que le métro; cette gigantesque toile d'araignée° souterraine prenant Paris dans tous ses rêts,°

taken up
origine
toile... *spider's web / nets*

Le métro de Paris: «Ce réseau fait de couloirs, d'escaliers roulants, de montées et de descentes de stations...»
HUGH ROGERS / MONKMEYER

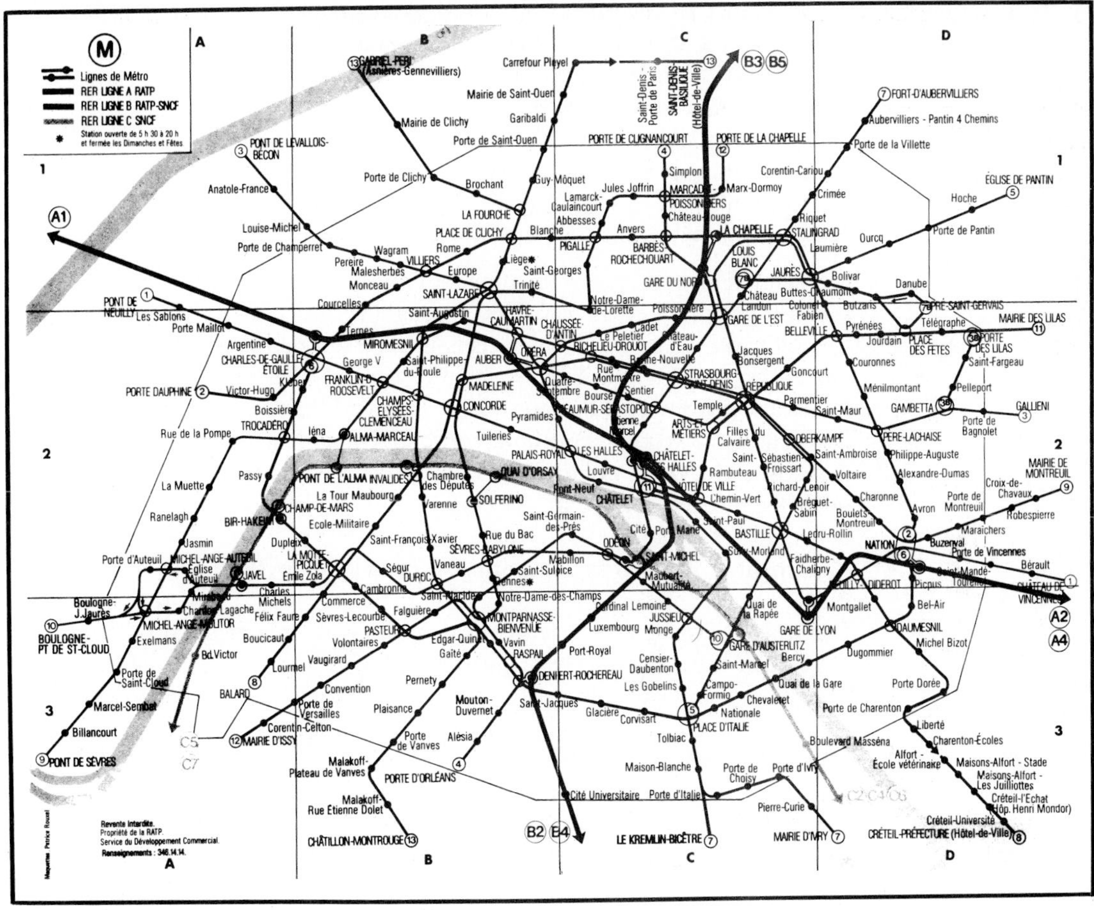

Plan du métro de Paris

représente pour moi l'image des hommes obscurs qui ont bâti les merveilles que nous admirons. Ils les ont construites à la sueur de leurs fronts,° et sur aucun monument ne figurent leurs noms.° Ils servent de piédestal à la gloire. Ils permettent aux autres d'arriver. Qui se souvient du métro lorsqu'il est à son travail, à son rendez-vous? Quel client remarque qu'une machine vieillit, qu'une machine est morte, remplacée? L'essentiel pour l'usager est que le métro soit là, à l'heure. Si l'on peut flâner par les grands boulevards, c'est parce qu'il y a le métro qui se lève avant le jour et se couche bien longtemps après lui. Ce réseau° fait de couloirs, d'escaliers roulants,° de montées et de descentes de stations, est un enchevêtrement° de lignes menant à tous les coins de Paris. C'est dans le métro que l'on saisit le plus le rêve prodigieux du Parisien d'être le roi de ses machines, de se faire porter par elles, d'avoir le droit de paresser,° de jouir de la vie° [...]

à... *by the sweat of their brows*
sur... *their names are not engraved on any monument*
network / escaliers... *escalators*
tangling up
to be lazy / jouir... *to enjoy life*

Aux heures de pointe, le métro est envahi par des foules d'hommes débouchant° de partout. Ils accourent; la rame vient, s'arrête, les portes s'ouvrent, les gens s'engouffrent dans° les compartiments, les portes se refer-

spilling out
s'engouffrent... *rush into*

ment et l'on part, serrés° les uns contre les autres. La promiscuité est grande ici. Et c'est pourquoi certaines personnes n'aiment pas prendre le métro.

[...] Il a beau appartenir° à une compagnie, le métro demeure° la chose du Parisien. Il le dit d'ailleurs:° «je vais prendre mon métro.» [...]

pressed tightly

Il... *Even though it belongs* / *remains*

moreover

Avez-vous compris?

1. Que faut-il acheter quand on arrive à Paris? Pourquoi? Selon Dadié, à quoi servent les guides et les plans? Etes-vous d'accord avec lui? Expliquez.
2. Que voit-on quand on descend dans une station de métro? Trouvez des détails qui en montrent la complexité.
3. L'auteur explique ce qu'il faut faire et apprendre pour pouvoir se dire Parisien. A votre avis, pourquoi conseille-t-il au lecteur de prendre le mauvais train, de se perdre dans le métro et d'en sortir enfin sur n'importe quel boulevard? Comment cela pourrait-il aider le touriste à apprendre à se débrouiller dans le métro?
4. Comment le Parisien se comporte-t-il dans le métro? Quel est son sixième sens?
5. Comment réagissent les Parisiens quand les gens marchent trop lentement? Comment cette réaction se manifeste-t-elle?
6. Quelle est l'ambiance du métro? Comment l'auteur décrit-il le visage de ceux qui le prennent? Quelles sortes de gens y voit-on?
7. D'après Dadié, quels endroits les touristes fréquentent-ils d'habitude? Quels souvenirs emportent-ils de Paris? Quel contraste Dadié fait-il entre ces touristes et lui-même? De tout ce qu'il voit à Paris, qu'est-ce qui l'impressionne le plus? Quelle explication en donne-t-il?
8. Quel est l'inconvénient de prendre le métro aux heures de pointe?
9. Qu'est-ce qui montre que les Parisiens considèrent le métro comme leur propriété personnelle?

Commentaire du texte

1. Comment l'auteur exprime-t-il son admiration pour le métro? Qu'est-ce qui le fascine? Qu'est-ce que le métro représente pour lui? En quoi son attitude envers le métro diffère-t-elle de celle des usagers qui y sont habitués? Quel rôle le métro joue-t-il dans la vie quotidienne des Parisiens?
2. Quelles images l'auteur emploie-t-il pour décrire le métro? Quelles expressions indiquent que celui-ci est comparé à un être animé?
3. Dadié nous fait un portrait très précis du Parisien. Quelle est son attitude envers le Parisien? En quoi sa description correspond-elle à l'idée que vous vous faites des habitants de cette ville?
4. N'oubliez pas que Dadié vient d'Afrique. Qu'y a-t-il dans sa description du métro et des Parisiens qui montre que ses impressions ne ressemblent pas tout à fait à celles d'un touriste du monde occidental?

De la littérature à la vie

1. Si vous avez vu le métro à New York, à Paris ou dans une autre ville (même au cinéma), quelles ont été vos impressions? En quoi sont-elles différentes de celles de l'auteur? En quoi y ressemblent-elles?
2. D'après ce que vous avez appris dans ce texte, quelles sont les différences entre la foule d'une grande ville américaine et la foule de Paris?
3. Comment réagissez-vous quand vous vous trouvez dans une foule?
4. Quels sont les avantages et les inconvénients des moyens de transport publics?
5. Quand vous arrivez dans une ville, que faites-vous pour vous renseigner sur ce qu'il y a d'intéressant à voir? Quelles difficultés rencontre-t-on quand on arrive dans une ville pour la première fois?
6. Imaginez un étranger qui visite une grande ville américaine pour la première fois. Que pourrait-il y trouver de surprenant ou d'amusant? Répondez en essayant de vous mettre à la place de quelqu'un d'une autre culture.

Un peu de grammaire: l'impératif

L'auteur s'adresse à son lecteur en utilisant la forme impérative des verbes suivants. Imaginez que votre meilleur(e) ami(e) part en voyage. Employez ces verbes à la forme impérative affirmative ou négative et donnez-lui des conseils pour qu'il(elle) profite de son séjour.

1. s'acheter
2. se perdre
3. laisser
4. descendre
5. rentrer
6. expliquer
7. se procurer
8. prendre
9. sortir

La Légende du Mont-Saint-Michel

GUY DE MAUPASSANT

Guy de Maupassant (1850–1893) was born near Dieppe in Normandy, where he spent a happy childhood. He learned to love the landscape of northern France. At 21 he took a job as a clerk in a government office. There he had an opportunity to observe the morals and manners of the middle-class French bureaucracy. In the years that followed, he began his literary career, encouraged by Gustave Flaubert, a life-long friend of his mother. Between 1880 and 1891 he published about 300 short stories and six novels, but neither success nor wealth gave him happiness. As early as 1884 he had begun to suffer from nervous depressions aggravated by his stressful life and by drug abuse. In

1891, he attempted suicide and was committed to a mental hospital, where he died two years later. «La Légende du Mont-Saint-Michel,»[1] although not as well known as his other short stories («La Parure,» «Le Parapluie,» «La Ficelle»), is a fine example of the subtle skill with which Maupassant structured his *Contes*. It also contains all the elements that have made Maupassant one of the most widely read French authors: lyrical descriptions of the northern landscape, unassuming colloquial dialogue, and a keen sense of human foibles.

AVANT DE LIRE

Summarizing Learning to summarize a text is one of the most useful reading skills you can acquire. In order to make an accurate summary, you must consider the text as a whole, distinguishing essential information from less important details or supporting material. Then restate the main points in your own words in a way that is meaningful to you. Summarizing as you read will help you learn to focus on the central ideas of any text, even the first time through.

You do not have to wait until you have completed the text to make your summary. Indeed, it is helpful, especially when reading in a foreign language, to summarize as you go along. This will clarify and solidify your impressions and prepare you for what follows, as you will see when you practice this technique with «La Légende du Mont-Saint-Michel».

The text has been divided into five sections, each corresponding to a separate episode or part of the story. Part I is different from the others: it is an introduction to the tale that unfolds in Parts II–V. Part I is largely descriptive and explanatory, as opposed to the narrative that follows. It might be summed up like this: *L'auteur décrit la splendeur du Mont-Saint-Michel, qu'il a vu sous plusieurs perspectives, et explique la source de son récit: la légende basse-normande de la querelle de saint Michel avec le diable.* Now, as you read the rest of the story, pause after each section, and summarize the main action in only one or two sentences. Be as concise as you can. You may wish to put each summary in writing; it will help guide you as you read the next section.

Mots et expressions

l'ange (*m.*) angel
le bijou jewel
la chute fall
le défaut fault
le diable devil
digne worthy
duper to dupe, fool, trick
errer to wander, roam
le pré meadow
la racine root
la rancune resentment; malice, spite
la récolte harvest
le sable sand

[1] «La Légende du Mont-Saint-Michel» is divided into five sections in this text, with questions following each section.

Emplois

A. Trouvez l'équivalent de chaque expression.

1. la prairie, le champ
2. tromper
3. flâner sans but
4. la moisson, la vendange
5. une bague, un bracelet...

B. Trouvez le contraire de chaque mot.

1. Dieu
2. une qualité
3. indigne
4. le pardon, l'indulgence

C. Complétez les paragraphes suivants avec les mots qui conviennent.

1. Quand je traversais les petits villages normands, je voyais des groupes de paysans qui, après la _____ des pommes, se reposaient, couchés dans les _____ ou assis sur les _____ des plus gros arbres. Je me suis approché de la mer. J' _____ sur la plage de _____ fin quand soudain le Mont-Saint-Michel est apparu à l'horizon; il brillait comme un _____ précieux au coucher du soleil. Il était magnifique, _____ d'un château de conte de fées. La beauté tranquille de cette scène campagnarde a apaisé mon esprit troublé.
2. Lucifer était un _____ mais il avait beaucoup de _____. Il aimait _____ ses collègues; et surtout il voulait devenir l'égal de Dieu. Pour le punir de sa témérité, Dieu l'a chassé du Paradis. Depuis sa _____, Lucifer a pris le nom de _____ et il a gardé une si grande _____ contre Dieu qu'il s'efforce de répandre le mal dans l'univers.

I.

Je l'avais vu d'abord de Cancale, ce château de fées planté dans la mer. Je l'avais vu confusément, ombre grise dressée sur le ciel brumeux.°

Je le revis d'Avranches, au soleil couchant. L'immensité des sables était rouge, l'horizon était rouge, toute la baie démesurée était rouge; seule, l'abbaye escarpée,° poussée là-bas, loin de la terre, comme un manoir fantastique, stupéfiante comme un palais de rêve, invraisemblablement étrange et belle, restait presque noire dans les pourpres du jour mourant.°

J'allai vers elle le lendemain dès l'aube° à travers les sables, l'œil tendu° sur ce bijou monstrueux, grand comme une montagne, ciselé comme un camée, et vaporeux comme une mousseline.° Plus j'approchais, plus je me sentais soulevé d'admiration, car rien au monde peut-être n'est plus étonnant et plus parfait.

Et j'errai, surpris comme si j'avais découvert l'habitation d'un dieu à travers ces salles portées° par des colonnes légères ou pesantes, à travers ces couloirs percés à jour,° levant mes yeux émerveillés sur ces clochetons° qui semblent des fusées° parties vers le ciel et sur tout cet emmêlement° incroyable de tourelles,° de gargouilles, d'ornements sveltes et charmants, feu d'artifice de pierre, dentelle de granit, chef-d'œuvre d'architecture colossale et délicate.

dressée... *set against the foggy sky*
steeply situated
dans... *in the purple light of the setting sun*
l'heure avant le lever du soleil / fixé
vaporeux... *as light as a veil*
held up
couloirs... *open galleries* / *pinnacles*
rockets / *tangle*
petites tours

Le Mont-Saint-Michel: «...ombre grise dressée sur le ciel brumeux.» THE BETTMANN ARCHIVE

Guy de Maupassant
THE BETTMANN ARCHIVE

Comme je restais en extase, un paysan bas-normand° m'aborda et me raconta l'histoire de la grande querelle de saint Michel avec le diable.

de la Normandie du Sud

Un sceptique de génie[2] a dit: «Dieu a fait l'homme à son image, mais l'homme le lui a bien rendu.»

Ce mot est d'une éternelle vérité et il serait fort curieux de faire dans chaque continent l'histoire de la divinité locale, ainsi que l'histoire des saints patrons dans chacune de nos provinces. Le nègre a des idoles féroces, mangeuses d'hommes; le mahométan polygame peuple° son paradis de femmes; les Grecs, en gens pratiques, avaient divinisé toutes les passions.

populates

Chaque village de France est placé sous l'invocation d'un saint protecteur, modifié à l'image des habitants.

Or, saint Michel veille sur° la Basse-Normandie, saint Michel, l'ange radieux et victorieux, le porte-glaive,° le héros du ciel, le triomphant, le dominateur de Satan.

veille... s'occupe de

sword carrier

Mais voici comment le Bas-Normand, rusé, cauteleux, sournois et chicanier,° comprend et raconte la lutte du grand saint avec le diable.

rusé... *sly, cunning, sneaky, and quibbling*

Avez-vous compris?

1. Qu'est-ce qui donne au Mont-Saint-Michel l'apparence d'un château de fées?
2. Comment le Mont-Saint-Michel change-t-il d'aspect selon l'heure et

[2] Probable allusion to Voltaire, who said: «Si Dieu nous a fait à son image, nous le lui avons bien rendu» (*we really got even with Him*).

l'endroit d'où il est vu? Quelles images l'abbaye suggère-t-elle à l'auteur? A quoi la compare-t-il?

3. Quels sont les détails d'architecture de cette construction de style gothique? Relevez les mots et les images qui révèlent l'admiration de l'auteur pour l'abbaye.
4. Quelle histoire le paysan bas-normand a-t-il racontée à l'auteur?
5. Selon la phrase citée par Maupassant, partout au monde l'homme fait Dieu à son image; c'est-à-dire, chaque peuple se fait une idée différente de la divinité ou des personnages religieux. Quels exemples Maupassant nous donne-t-il pour illustrer cette constatation? Pensez-vous qu'il ait raison?
6. Comme l'explique l'auteur, chaque village ou région de France a un saint protecteur à qui les habitants de la région attribuent leurs propres qualités. Dans les deux derniers paragraphes du passage, Maupassant établit un contraste entre le portrait traditionnel de saint Michel et la description du Bas-Normand. Comment décrit-il le saint? le Bas-Normand? A votre avis, pourquoi l'auteur commence-t-il le dernier paragraphe par le mot «Mais»? Quel rapport veut-il suggérer entre le caractère du Bas-Normand et l'histoire de saint Michel telle qu'elle est racontée en Basse-Normandie?

II.

Pour se mettre à l'abri° des méchancetés du démon, son voisin, saint Michel construisit lui-même, en plein Océan, cette habitation digne d'un archange; et, seul, en effet, un pareil° saint pouvait se créer une semblable résidence.

se... se protéger / un... un tel

Mais comme il redoutait° encore les approches du Malin,° il entoura son domaine de sables mouvants° plus perfides que la mer.

craignait / diable / sables... *quicksand*

Le diable habitait une humble chaumière sur la côte; mais il possédait les prairies baignées d'eau salée,° les belles terres grasses° où poussent les récoltes lourdes,° les riches vallées et les coteaux féconds° de tout le pays; tandis que° le saint ne régnait que sur les sables. De sorte que Satan était riche, et saint Michel était pauvre comme un gueux.°

baignées... *soaked in salt water* / *fertile* / *abundant* / coteaux... *fertile hillsides* / tandis... *whereas* / *beggar*

Après quelques années de jeûne,° le saint s'ennuya° de cet état de choses et pensa à passer° un compromis avec le diable; mais la chose n'était guère facile, Satan tenant à ses moissons.°

fasting / s'inquiéta / faire / tenant... *being very attached to his crops*

Il réfléchit pendant six mois; puis, un matin, il s'achemina° vers la terre. Le démon mangeait la soupe devant sa porte quand il aperçut le saint; aussitôt il se précipita à sa rencontre, baisa le bas de sa manche,° le fit entrer et lui offrit de se rafraîchir.

s'est dirigé / baisa... *kissed the edge of his sleeve*

Après avoir bu une jatte de lait, saint Michel prit la parole:

«Je suis venu pour te proposer une bonne affaire.°»

deal

Le diable, candide et sans défiance, répondit:

«Ça me va.

—Voici. Tu me céderas° toutes tes terres.»

donneras

Satan, inquiet, voulut parler.

«Mais... »

Le saint reprit:

«Ecoute d'abord. Tu me céderas toutes tes terres. Je me chargerai de l'entretien,° du travail, des labourages, des semences, du fumage,° de tout enfin, et nous partagerons la récolte par moitié. Est-ce dit°?»

upkeep, maintenance / labourages... *tilling, sowing, fertilizing*
entendu

Le diable, naturellement paresseux, accepta.

Il demanda seulement en plus quelques-uns de ces délicieux surmulets° qu'on pêche autour du mont solitaire.

surmullets (a fish)

Saint Michel promit les poissons.

Ils se tapèrent dans la main, crachèrent de côté° pour indiquer que l'affaire était faite, et le saint reprit:

Ils... *They slapped hands and spat to the side*

«Tiens, je ne veux pas que tu aies à te plaindre de moi. Choisis ce que tu préfères: la partie des récoltes qui sera sur terre ou celle qui restera dans la terre.»

Satan s'écria:

«Je prends celle qui sera sur terre.

—C'est entendu», dit le saint.

Et il s'en alla.

Avez-vous compris?

1. Qu'a fait saint Michel pour se protéger de Satan?
2. Relevez les différences entre les conditions de vie du diable et celles de saint Michel.
3. Pourquoi saint Michel a-t-il rendu visite au diable? Comment Satan l'a-t-il accueilli? Que lui a proposé le saint?
4. Sur quel défaut du diable saint Michel comptait-il pour réaliser son affaire? Quelle récompense Satan a-t-il demandée? Comment le diable et le saint ont-ils conclu l'affaire? Qu'ont-ils fait pour montrer qu'ils étaient d'accord? Quelle est peut-être l'origine de ce geste?
5. Quel choix saint Michel a-t-il donné à Satan? Expliquez le rapport entre le choix du diable et sa paresse.
6. Du point de vue de Satan, était-ce une bonne affaire? Justifiez votre réponse.

III.

Or, six mois après dans l'immense domaine du diable, on ne voyait que des carottes, des navets, des oignons, des salsifis,° toutes les plantes dont les racines grasses sont bonnes et savoureuses, et dont la feuille inutile sert tout au plus° à nourrir les bêtes.

un légume (un tubercule)
tout... *at the very most*

Satan n'eut rien et voulut rompre le contrat, traitant saint Michel de° «malicieux».

traitant... appelant saint Michel

Mais le saint avait pris goût à la culture;° il retourna retrouver le diable:

agriculture

«Je t'assure que je n'y ai point pensé du tout; ça s'est trouvé comme ça; il n'y a point de ma faute. Et, pour te dédommager,° je t'offre de prendre, cette année, tout ce qui se trouvera sous terre.»

make amends

—Ça me va», dit Satan.

Au printemps suivant, toute l'étendue° des terres de l'Esprit du mal° était couverte de blés épais, d'avoines grosses comme des clochetons, de lins, de colzas° magnifiques, de trèfles rouges, de pois, de choux, d'artichauts, de tout ce qui s'épanouit° au soleil en graines ou en fruits.

expanse / l'Esprit... le diable

plante à fleurs jaunes

blooms

Satan n'eut encore rien et se fâcha tout à fait.

Il reprit ses prés et ses labours° et resta sourd° à toutes les ouvertures nouvelles de son voisin.

terres cultivées / sans réponse

Avez-vous compris?

1. Quelles plantes voyait-on dans le domaine du diable? Pourquoi n'a-t-il pas reçu une partie de la récolte?
2. Qu'est-ce que Satan a pensé de saint Michel? Comment le saint s'est-il défendu? Qu'a-t-il proposé au diable?
3. Quelles plantes ont poussé au printemps suivant?
4. Qu'est-ce que Satan a eu cette fois-ci? Comment a-t-il réagi?

IV.

Une année entière s'écoula.° Du haut de son manoir isolé, saint Michel regardait la terre lointaine et féconde, et voyait le diable dirigeant les travaux, rentrant les récoltes, battant ses grains.° Et il rageait, s'exaspérant de son impuissance. Ne pouvant plus duper Satan, il résolut de s'en venger, et il alla le prier à dîner pour le lundi suivant.

went by

battant... *threshing his wheat*

«Tu n'as pas été heureux dans tes affaires avec moi, disait-il, je le sais; mais je ne veux pas qu'il reste de rancune entre nous, et je compte que tu viendras dîner avec moi. Je te ferai manger de bonnes choses.»

Satan, aussi gourmand que paresseux, accepta bien vite. Au jour dit, il revêtit ses plus beaux habits et prit le chemin du Mont.

Saint Michel le fit asseoir à une table magnifique. On servit d'abord un vol-au-vent° plein de crêtes et de rognons de coq,° avec des boulettes de chair à saucisse,° puis deux gros surmulets à la crème, puis une dinde blanche pleine de marrons confits dans du vin, puis un gigot de pré-salé,° tendre comme du gâteau; puis des légumes qui fondaient dans la bouche et de la bonne galette° chaude, qui fumait en répandant° un parfum de beurre.

pastry shell / plein... *filled with kidneys and cockscombs*

boulettes... *sausage meatballs*

de... *fed in salt meadows*

broad, thin cake

en... *while exuding*

On but du cidre pur, mousseux et sucré, et du vin rouge et capiteux, et, après chaque plat, on faisait un trou° avec de la vieille eau-de-vie° de pommes.

faisait... *stopped eating to have a drink* / *brandy*

Le diable but et mangea comme un coffre, tant et si bien qu'il se trouva gêné.°

il... *he was sick to his stomach*

Avez-vous compris?

1. Pourquoi et comment saint Michel est-il de nouveau entré en contact avec le diable?
2. Pourquoi Satan a-t-il accepté l'invitation?
3. Quel effet ce repas a-t-il eu sur le diable? Pourquoi?
4. Tous les plats du menu sont typiquement français. Lesquels vous semblent étranges?

V.

Alors saint Michel, se levant formidable, s'écria d'une voix de tonnerre: «Devant moi! devant moi, canaille°! Tu oses... devant moi...»

Satan éperdu° s'enfuit, et le saint, saisissant un bâton, le poursuivit.

Ils couraient par les salles basses, tournant autour des piliers, montaient les escaliers aériens, galopaient le long des corniches,° sautaient de gargouille en gargouille. Le pauvre démon, malade à fendre l'âme, fuyait, souillant° la demeure du saint. Il se trouva enfin sur la dernière terrasse, tout en haut, d'où l'on découvre la baie immense avec ses villes lointaines, ses sables et ses pâturages. Il ne pouvait échapper plus longtemps; et le saint, lui jetant dans le dos un coup de pied furieux,° le lança comme une balle à travers l'espace.

Il fila° dans le ciel ainsi qu'un javelot, et s'en vint tomber lourdement devant la ville de Mortain.[3] Les cornes de son front et les griffes° de ses membres

scoundrel
bewildered
cornices
soiling
lui... *furiously kicking him in the back*
took off
claws

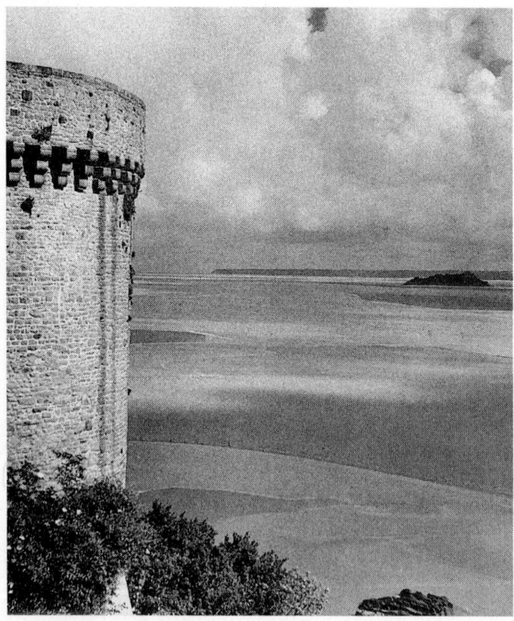

Une tour du Mont-Saint-Michel: «...d'où l'on découvre la baie immense avec ses villes lointaines, ses sables et ses pâturages.»

J. ALLAN CASH / PHOTO RESEARCHERS, INC.

[3] Mortain is a small town about fifty kilometers east of Mont-Saint-Michel.

entrèrent profondément dans le rocher, qui garde pour l'éternité les traces de cette chute de Satan.

Il se releva boiteux, estropié° jusqu'à la fin des siècles; et, regardant au loin le Mont fatal, dressé comme un pic dans le soleil couchant, il comprit bien qu'il serait toujours vaincu dans cette lutte inégale, et il partit en traînant° la jambe, se dirigeant vers des pays éloignés, abandonnant à son ennemi ses champs, ses coteaux, ses vallées et ses prés.

boiteux... *lame, crippled*

dragging

Et voilà comment saint Michel, patron des Normands, vainquit le diable.

Un autre peuple avait rêvé autrement cette bataille.

—19 décembre 1882

Avez-vous compris?

1. Pourquoi saint Michel s'est-il fâché contre Satan? Où l'a-t-il poursuivi?
2. Comment cette poursuite s'est-elle terminée?
3. Quelles traces de cette anecdote sont visibles près de la ville de Mortain?
4. Pourquoi le diable est-il parti? Comment le saint a-t-il profité de son départ?
5. Commentez les deux dernières phrases du texte. Pourquoi Maupassant souligne-t-il le fait que saint Michel est le patron des Normands?

Commentaire du texte

1. La qualité la plus remarquable du style de Maupassant réside dans la précision de son choix d'adjectifs par laquelle il réussit à créer des effets inattendus et des images puissantes. Trouvez-en des exemples dans la première partie du conte.
2. A la fin de la première partie du récit, Maupassant caractérise le Bas-Normand comme «rusé, cauteleux, sournois et chicanier». Etudiez la définition de ces adjectifs:

   rusé: qui possède l'art de dissimuler, de tromper
   cauteleux: qui agit d'une manière hypocrite et habile
   sournois: qui dissimule ses sentiments réels, souvent dans une intention méchante
   chicanier: qui cherche querelle sur des riens, des choses sans importance

   Ces adjectifs, qui caractérisent les actions de saint Michel, donnent au conte sa structure; chacun illustre l'une des quatre dernières parties. Trouvez la partie à laquelle s'applique chaque adjectif en justifiant vos conclusions.
3. En quoi la légende normande, telle que Maupassant la raconte, se détache-t-elle de l'image traditionnelle de saint Michel, «héros du ciel»?
4. Maupassant a souvent été critiqué à cause de son athéisme. Dans quelle mesure ce conte pourrait-il donner raison à cette critique?

De la littérature à la vie

1. D'après ce conte de Maupassant, quelle idée vous faites-vous des paysages de Normandie?
2. En France, les habitants de chaque région semblent avoir des traits de caractère différents les uns des autres. Est-ce que cela est vrai aussi dans votre pays? En quoi les gens du nord-est sont-ils différents, par exemple, des gens du sud-est? etc.

Activité

Ecrivez un dialogue dans lequel vous mettez en scène les deux propositions de saint Michel et les réactions du diable devant les résultats obtenus.

Sensation

ARTHUR RIMBAUD

Born in Charleville, near the Belgian border, Arthur Rimbaud (1854–1891) displayed very early the genius and defiant spirit that would mark his work. His schoolmasters recognized him as a student of unusual promise, and he wrote Latin and French verse as an adolescent. Rebelling against his severe upbringing, and contemptuous of his provincial surroundings, he ran away from home several times. Shortly before his seventeenth birthday he met the poet Paul Verlaine, with whom he traveled to Belgium and England. After two stormy years together, they separated following a quarrel in which Verlaine shot Rimbaud, wounding him slightly. (It was Verlaine, nevertheless, who brought Rimbaud to public notice twenty years later in his *Les Poètes maudits*.) In his early twenties Rimbaud abandoned all literary activity and spent his remaining years at various jobs. He moved from place to place, spending a long time in Africa.

Among Rimbaud's most finely crafted compositions are two collections containing both verse and prose poems, *Une Saison en enfer* and *Illuminations*. His work has had a tremendous impact on modern poetry. The images, sometimes startling and even incoherent, are unfailingly poetic. The following poem, written when Rimbaud was only sixteen, suggests his resistance to conformity in art as well as in life. He has kept only the rhyme and the twelve-syllable line **(l'alexandrin)** of the traditional sonnet. The tercets are absent; only the quatrains remain.[4]

[4] Voir le Chapitre préliminaire, pp. 4–5.

AVANT DE LIRE

Imagery Keep the title in mind as you read the poem. The word **sensation,** in French as in English, can express either a mental state or a physical feeling arising from stimulation of the senses. Underline in pencil the words, phrases, and images relating to the title. Let yourself feel what the poet feels: the prick of grass on your feet, for example, or the wind in your hair.

Scanning French verse You know that reading a poem aloud is essential to an appreciation of both its "meaning" and its beauty. As you read «Sensation», remember that French verse differs from the spoken language in the pronunciation of the mute **e.**[5] For example, you must give full syllabic value to the normally silent mute **e** in the verb **laisserai.** Underline in pencil all the other words in which the mute **e** must be pronounced in order to respect the twelve-syllable meter of the poem. Now read it aloud until the meter becomes automatic to you, remembering that this is the rhythmic effect Rimbaud intended.

Par les soirs bleus d'été, j'irai dans les sentiers,
Picoté° par les blés, fouler° l'herbe menue: *lightly stung / to tread on*
Rêveur, j'en sentirai la fraîcheur à mes pieds,
Je laisserai le vent baigner ma tête nue!

Je ne parlerai pas, je ne penserai rien.
Mais l'amour infini me montera dans l'âme;
Et j'irai loin, bien loin, comme un bohémien,° *gypsy*
Par la Nature—heureux comme avec une femme.

Commentaire du texte

1. Le vers quatre contient une métaphore.[6] Laquelle? Quelle impression crée-t-elle? Comment sert-elle à justifier le titre? Quelles autres sensations le poète évoque-t-il?
2. Pourquoi le poète se propose-t-il de ne pas parler, de ne rien penser? Comment la parole et la pensée pourraient-elles diminuer la fraîcheur ou l'intensité de toutes ces sensations?
3. A votre avis, de quel amour s'agit-il? de l'amour d'une personne? de l'amour de la nature? de l'amour de l'humanité? d'un sentiment de bienveillance plus général? Le poète aimera-t-il ou sera-t-il aimé? Commentez.

[5] Voir le Chapitre préliminaire, pp. 5–6.
[6] Voir le Chapitre préliminaire, pp. 3–4.

4. Quel rapport le dernier vers pourrait-il avoir avec le titre?
5. Pourrait-on intituler ce poème «Evasion»? Expliquez.
6. En quoi reconnaît-on dans ce poème le rêve d'un adolescent?
7. Expliquez pourquoi l'emploi du futur s'accorde avec le thème et les images du poème.

De la littérature à la vie

1. Comment aimez-vous vous promener? à pied? à bicyclette? en voiture? Préférez-vous vous promener à la campagne (au bord de la mer, à la montagne...) ou en ville (dans les vieux quartiers, dans les rues piétonnes, dans les jardins publics...)? Pourquoi? Avec qui aimez-vous flâner? seul? avec un(e) ami(e)?
2. Que cherchez-vous lorsque vous vous promenez? le silence et la paix d'un paysage sauvage? l'animation de la ville? l'aventure? l'évasion? Expliquez.

Henri Fantin-Latour: Un Coin de table (le poète Verlaine à gauche et Rimbaud à côté de lui)

CHAPITRE 7

Le vingtième siècle

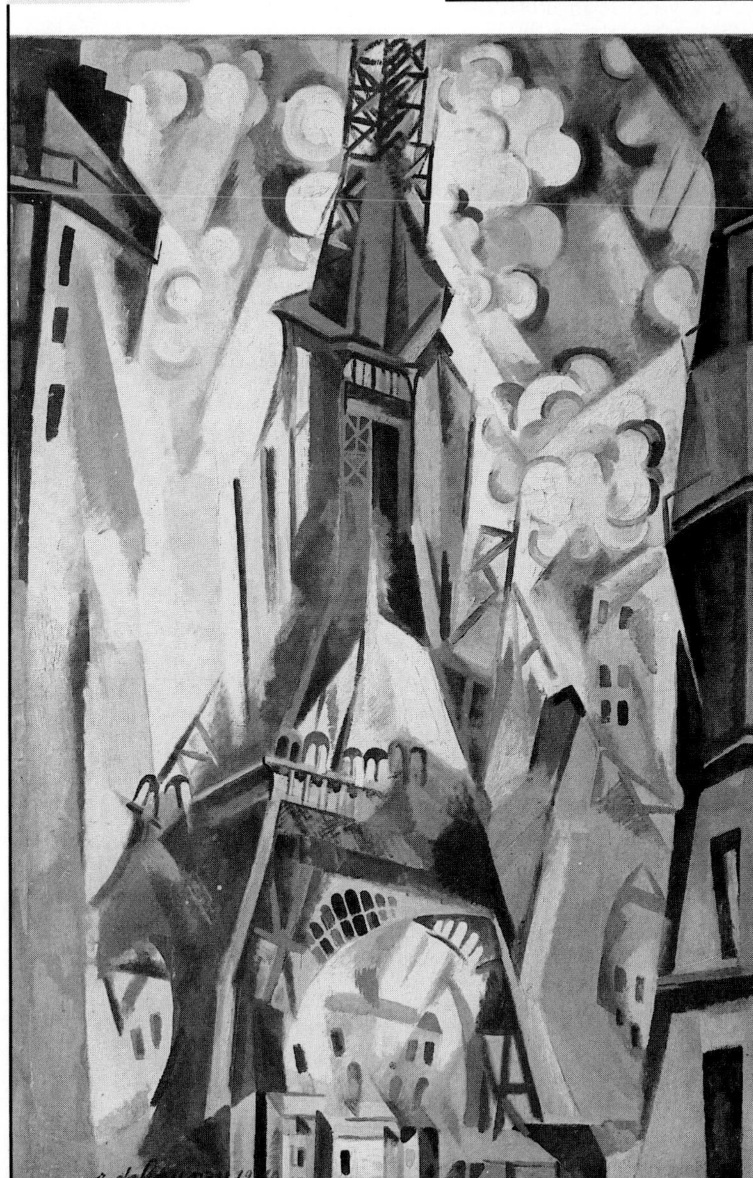

Robert Delaunay: La Tour Eiffel (1910–1911)

La première moitié du vingtième siècle a vu la France et l'Europe entière ravagées par deux guerres. Au moment de la mobilisation générale en 1914 le président français Poincaré lance au pays l'appel suivant: «... A cette heure il n'y a plus de partis. Il y a la France éternelle, la France pacifique et résolue. Il y a la patrie de la justice, tout entière unie dans le calme, la vigilance, et la dignité... »

Malgré l'héroïsme des soldats dans de nombreuses batailles, comme celle de la Marne, l'armée française ne peut pas empêcher que les Allemands arrivent jusqu'aux portes de Paris. Toutefois, la France sort victorieuse de cette guerre en 1918, mais elle a subi des pertes fort douloureuses: 1 400 000 morts et trois millions de blessés.

Pendant les vingt ans qui suivent, l'Europe doit faire face à l'énorme tâche de la reconstruction. Après une période de calme et de travail une nouvelle guerre mondiale, plus horrible que la précédente, éclate. En 1939 les armées allemandes envahissent la Pologne. La France et l'Angleterre déclarent la guerre à Hitler. Six mois plus tard les Allemands entrent en France, Paris est à nouveau menacé. Le 17 juin 1940 le maréchal Pétain, dans l'espoir de sauver le pays de la destruction totale, signe un accord avec les Allemands. La France est divisée en deux zones: le nord et la côte atlantique sont occupés par les Allemands qui font de Paris leur capitale en France; le sud est considéré «zone libre» avec Vichy comme siège du gouvernement de l'Etat français, dont Pétain est le chef. Il ne s'agit en effet que d'une liberté dérisoire puisque ce sont les forces d'Hitler qui imposent leur loi à toute la France.

Dans les pays occupés, des groupes d'action clandestins commencent à se former. A ce mouvement, qui prendra le nom de Résistance, participent la plupart des intellectuels français et beaucoup de communistes. Leur but est de collaborer avec les forces alliées, anglaises et américaines, à la destruction de l'Allemagne.

Le 6 juin 1944, les forces anglaises et américaines débarquent en Normandie. Quelques mois plus tard, les Allemands abandonnent Paris. Cette guerre, qui a causé d'incalculables souffrances à la France et à l'Europe, se terminera enfin le 8 mai 1945.

Les lectures de ce chapitre illustrent ces moments historiques de la France du vingtième siècle. «Le Château blanc» semble avoir été inspiré par les mots du président Poincaré: le personnage de la baronne de Chelles est un modèle de «calme, de vigilance, de dignité». Le passage de Simone de Beauvoir révèle l'inquiétude, l'ambiguïté et la soif de liberté qui ont dominé la société française pendant les années de l'occupation allemande.

Le Château blanc

RENE BAZIN

La vie de René Bazin (1853–1932) a été si calme qu'on peut dire qu'elle n'a pas d'histoire. Pendant presque quarante ans il est professeur de droit criminel à Angers. Il publie son premier roman, *Stéphanette,* en 1883, mais c'est *La Terre qui meurt* (1889) qui lui apporte son plus grand succès, couronné, quelques années plus tard, par son élection à l'Académie française. Les thèmes qui ont inspiré son œuvre sont la nature, la pureté de l'amour, le dévouement à Dieu et à la patrie. On peut retrouver l'essence de ces thèmes dans le conte «Le Château blanc» qui fait partie du recueil *Récits du temps de la guerre* publié en 1915.[1] La baronne de Chelles, secondée par son garde-chasse Bien-Aller, se montre courageuse face aux officiers allemands qui occupent son château.

AVANT DE LIRE

Le développement des personnages Les personnages qui retiennent notre attention sont souvent ceux qui montrent des qualités exceptionnelles. La baronne de Chelles fait preuve d'une force d'âme au-dessus du commun. A la première lecture, tâchez de vous faire une idée générale de son caractère. Marquez au crayon les mots ou les passages qui le révèlent. Notez, par exemple, le comportement de la baronne en présence des officiers allemands, ses rapports avec les domestiques Bien-Aller et la vieille Julie, sa réaction aux projets de l'ennemi, etc. Après avoir lu le passage en entier, choisissez cinq ou six adjectifs qui pourraient décrire la baronne. Vous pourrez confirmer ou modifier vos premières impressions lorsque vous relirez le texte.

Mots et expressions

à l'égard de in regard to, with respect to
avant-hier the day before yesterday
craindre to fear
le dévouement devotion, dedication
faillir + *infinitif* to almost + *verb*
filer to hurry away
le fusil gun
s'inquiéter (de) to worry (about)
s'installer to install oneself, make oneself at home
le mépris contempt, scorn
se mettre à l'abri to take shelter
les meubles (*m. pl.*) furniture
prévenir to inform, warn
tenter to attempt, try
voler to steal, rob

---

[1] Les divisions du conte «Le Château blanc» (texte abrégé) sont celles de l'éditeur.

Emplois

A. Trouvez l'équivalent de chaque expression.

1. essayer 2. mettre au courant 3. s'en aller vite 4. se mettre dans un endroit 5. se préoccuper de 6. prendre ce qui appartient à quelqu'un 7. le jour précédant hier 8. en ce qui concerne 9. le dédain 10. la disposition à servir, à sacrifier ses intérêts à une personne, à une cause 11. chaises, tables, lits...

B. Complétez le paragraphe avec les mots qui conviennent.

Le lieutenant s'avançait vers le camp ennemi. Courageux, il ne _____ rien. Soudain, il a entendu des coups de _____. Regardant de tous les côtés, il _____ derrière un arbre. Après quelques instants il a vu passer devant lui un bataillon ennemi. Heureusement, aucun des soldats ne l'avait vu. Peu à peu ils ont tous disparu. Le lieutenant respirait: il _____ tomber entre les mains de l'ennemi.

I.

Bien-Aller, tu es sûr?

—Madame la baronne, je les ai vus.

—Tu les as entendus, c'est évident; la bataille nous rompt les oreilles° depuis avant-hier; mais vus de tes yeux?

—A preuve,° madame la baronne, c'est mal placé, mais la balle a traversé ma culotte... Il faut laisser les chiens, madame, il faut partir!

[...] Les chiens du chenil, [...] excités par la présence du garde et de leur maîtresse [...], aboyaient, suppliaient et saluaient. Le roulement du canon, au loin, ne cessait pas. Madame de Chelles, une veuve de vrai deuil,° bien qu'elle fût° belle encore et d'humeur jeune, écouta un moment le bruit de la guerre, qui emplissait tout l'horizon au-dessus des bois du Tertre, et entendit nettement le crépitement° des coups de fusil, dans le grondement de la canonnade.

—Voilà la pluie, en effet, mon pauvre Bien-Aller. Tu as raison. Mais il est trop tard pour éviter l'orage. Je reste!

—Si madame m'avait écouté!

—C'est vrai. Je croyais... Tu vas te mettre à l'abri. Ils te fusilleraient,° les Allemands. Moi, je ne risque rien. Où iras-tu?

L'homme étendit° le bras dans la direction des bois.

—Ils ne connaîtront jamais ça° comme moi, répondit-il. J'ai des amis là-dedans.

Puis, abandonnant les formules,° afin de parler plus vite:

—Vous ne m'empêcherez pas de me tenir à votre disposition. Je vous verrai et vous ne me verrez pas. S'ils veulent vous faire un mauvais parti,° j'en tuerai deux, comme deux lapins. Si vous criez, en vous tournant du côté de la futaie° de Maucroix, je ne tarderai pas à venir, je vous en réponds,° à moins qu'ils ne m'aient découvert et....

Il fit le geste d'épauler.°

nous... *has been ear-splitting*

A... *Here is the proof*

veuve... *widow who sincerely mourned her husband's death*

être: subj. imparfait

craquement

tueraient

stretched out

les bois

formules de politesse

faire... maltraiter

forêt / je... vous pouvez compter sur moi

to shoulder a rifle

La Première Guerre mondiale: Des officiers français constatent les dégats des bombes dans un village en ruine.
CULVER PICTURES

—Au revoir, madame. Je vas° recommander toutes les bêtes à la vieille Julie; je vas prendre mon fusil; et puis vous ne me verrez plus, mais je serai toujours là.

Je... (forme paysanne) Je vais

Madame de Chelles tendit la main à Michel Tourte, dit° Bien-Aller, qui enfourcha° sa bicyclette, et grommela° en partant:

appelé
mounted / muttered

—Quand je pense qu'elle est restée pour ses chiens, quand tout le monde est parti! Une femme qui a le moyen°! Rester pour ses chiens!

de l'argent

Il fila par la petite allée [...] Une heure plus tard, les chevaux des uhlans° sortaient de tous les taillis;° quelques coups de feu, vers le sud, indiquaient que l'arrière-garde de quelque régiment français combattait encore et couvrait la retraite; le soir tombait; deux automobiles, roulant à toute allure,° arrivaient par la grande avenue qui coupe la forêt de l'est à l'ouest, et huit officiers casqués, bottés, gantés, montaient le perron° blanc, le revolver au poing.

Allemands
bois
vitesse
flight of steps

Sur le palier° extérieur, devant la porte fermée, madame de Chelles, bien droite et les regardant, souleva un peu vers eux l'ombrelle noire sur laquelle elle appuyait sa main, et dit:

landing

—Tant de revolvers sont inutiles, messieurs: je n'ai d'arme que cette ombrelle, et je suis seule dans le château, avec une vieille femme de charge° qui a soixante-douze ans.

femme... *governess*

Le général s'inclina, avec un sourire de chat féroce, et répondit:

—Vous déclarez deux habitants; je ne vous l'ai pas demandé; si j'en trouve un de plus, il sera fusillé.

Il ne trouva personne. Six des officiers [...] firent une perquisition en règle,° partagés entre la crainte d'une surprise, d'une mine, d'une tapisserie tout à coup soulevée par un traître, et l'admiration pour le mobilier du château. Ils s'installèrent dans les salons, confisquèrent la cuisine, et permirent à la châtelaine de dormir et de manger dans sa chambre, faveur insigne,° à laquelle ils ajoutèrent cette autre—qui leur parut de la plus haute courtoisie—de se servir de l'escalier d'honneur, c'est-à-dire de les rencontrer quelquefois, eux, les vainqueurs.

firent... *made a thorough search*
extraordinary

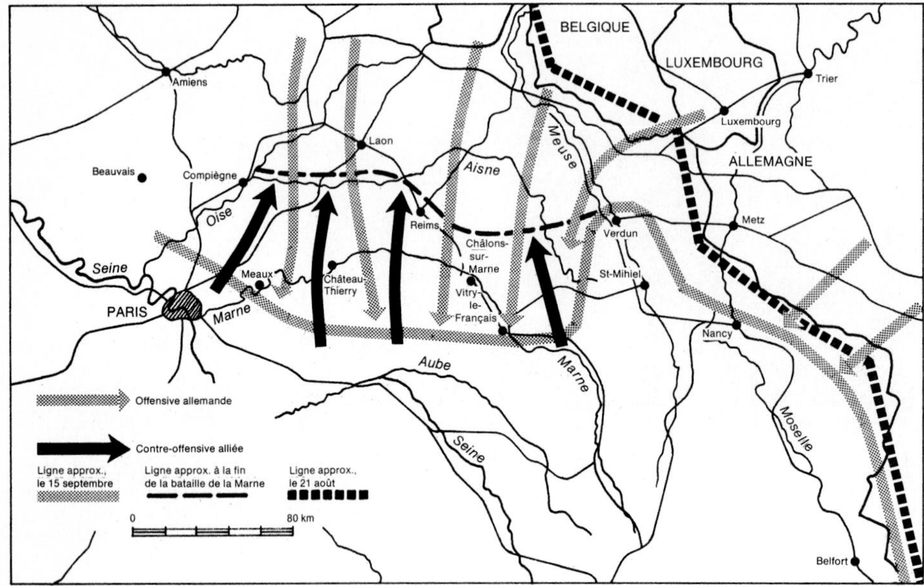

La bataille de la Marne, septembre 1914 CULVER PICTURES

C'était au début de septembre.

Ce que disait Bien-Aller n'était vrai que pour une faible part.° Si madame de Chelles n'était pas partie, c'est d'abord qu'elle° avait organisé le départ de la fermière de Maucroix et de ses deux filles, et que l'attelage,° une forte carriole tirée par un poulain,° n'était pas revenu. Elle devait apprendre, plus tard, que le cheval avait été tué, par un éclat d'obus,° à six kilomètres dans l'ouest. Les écuries étaient vides. Elle aurait eu le temps de gagner° à pied quelque village voisin, du côté où nos troupes se retiraient en combattant, et les avertissements ne lui avaient pas manqué.° Mais son parti était pris:° «C'est bien, je ne m'en irai pas!»

Elle avait passé les dernières vingt-quatre heures, aidée de Bien-Aller, à cacher des objets précieux dans les massifs,° dans les pelouses du parc et sur les chevrons de la charpente,° et, comme le garde insistait, au moment de traverser la forêt et d'aller aux nouvelles° du côté où l'on se battait: «Mon brave, avait-elle répondu, je suis décidée pour trente-six raisons dont voici la dernière: Eh bien! Je ne veux pas qu'ils tuent nos douze briquets;° je veux que mon fils, au retour de la guerre, retrouve au grand complet° son équipage de lièvre.»° C'était un mot de belle humeur° qui cachait son courage, et que le garde avait pris au sérieux.

pour... en partie
parce qu'elle
cart, wagon
jeune cheval
éclat... *shell splinter*
arriver à
les... *she had had plenty of warning* / son... elle était décidée
dans... *in the shrubbery*
rafters
aller... *to get news*
beagles
au... *in full count* / équipage... *pack of hounds*
un... *a joke*

Avez-vous compris?

1. Nous savons dès le début, sans que l'auteur le dise, que les deux personnages principaux appartiennent à deux classes sociales différentes. La façon dont ils s'adressent l'un à l'autre le signale. Expliquez.

2. De quelle guerre parle le texte? Qu'est-ce qui montre que la bataille est tout près?
3. Qui Bien-Aller a-t-il vu? Que conseille-t-il à Mme de Chelles?
4. La baronne parle de la pluie et d'un orage. Est-ce un vrai orage? Que veut-elle dire?
5. Que décide la baronne? A votre avis, pourquoi faut-il que Bien-Aller se mette à l'abri alors que Mme de Chelles ne risque rien?
6. Où Bien-Aller va-t-il se cacher? Pourquoi pense-t-il que les Allemands ne le trouveront pas?
7. Qu'est-ce qui prouve son dévouement pour la baronne?
8. Pourquoi, d'après Bien-Aller, la baronne reste-t-elle au château?
9. Qui arrive au château ce soir-là?
10. La baronne dit aux Allemands qu'ils n'auront rien à craindre d'elle. Quelles raisons leur en donne-t-elle?
11. Quel geste montre que le général allemand a une certaine éducation? Pourtant il menace la baronne. Que lui dit-il?
12. Qu'est-ce que les Allemands se permettent en s'installant dans le château? Quelles libertés laissent-ils à la baronne?
13. Quelles précautions la baronne et Bien-Aller ont-ils prises?
14. La baronne dit à Bien-Aller qu'elle reste au château à cause des chiens. Est-ce la seule raison? A votre avis, y a-t-il une raison plus profonde? Expliquez.

II.

La cour d'honneur, la grande avenue forestière, furent bientôt envahies. Les automobiles, les cavaliers, les patrouilles de soldats, les régiments même ne cessaient de passer devant la façade blanche et basse, aux fenêtres arrondies. Le premier soir, tous les officiers allemands s'enivrèrent° des vins et des liqueurs de la cave, et le second jour de même. Ils avaient demandé la clef, et se croyaient, dès lors,° tout permis. Dans les escaliers, dans le parc, ils ne saluaient pas madame de Chelles, mais s'ils devaient lui parler, ce qui arrivait presque à toute heure, pour lui réclamer de l'avoine, du foin, des lampes, des bougies, des draps,° ils prenaient une attitude obséquieuse et mécanique. [...] Le troisième jour, l'inventaire, sans doute, ayant été achevé, deux fourragères° furent remplies de meubles, de tentures,° de portraits de famille, et de linge° aussi, à destination de l'Allemagne. Le général ne commandait pas l'opération, mais il s'y intéressait. Ce même jour, madame de Chelles sortit, vers quatre heures après midi, et se dirigea vers la haute futaie,° du côté nord, qui portait le nom de Massif de Maucroix. A plus d'un kilomètre du château, au-delà des pelouses, à la lisière du cirque° de forêt, il y avait, de loin en loin, des bancs de bois.° Elle s'assit, et se mit à faire un passe-montagne° en laine blanche, afin que les surveillants° qui l'avaient suivie à distance, et qui coupaient des gaules° dans les bordures de noisetiers, n'eussent point de doute à son endroit. Elle

s'enivrèrent: *got drunk*
dès lors: ce moment-là
draps: *sheets*
fourragères: *wagons*
tentures / linge: *wall hangings / linens*
haute... *thicker part of the woods*
à... à la limite
bancs... *wooden benches / knitted hood*
sentries / poles

n'était pas là depuis un quart d'heure qu'une voix bien connue, en arrière, demanda doucement:

—Madame la baronne n'a pas eu de mal?

Elle ne se détourna pas, continua de travailler, et répondit:

—Non, mon ami, seulement peur pour toi.

—Et les briquets?

—Julie et moi, nous les nourrissons.

—Je les entends bien: ils font un hourvari,° à cause de ces bêtes puantes° qui sont partout dans le parc!

fuss / qui sentent mauvais

—Approche un peu, sans te montrer... je vais lancer un petit billet,° que j'ai écrit pour le commandant du poste français le plus voisin;° veux-tu le porter?

mot, lettre
proche

—Je crois que je réussirai; c'est-il pressé?°

c'est... (forme paysanne) est-ce pressé? est-ce urgent?

—Autant que possible avant demain matin. Je le préviens d'une attaque.

—Ça sera fait, madame la baronne.

Madame de Chelles lança en arrière la petite enveloppe lestée d'un grain de sable,° quelques feuilles remuèrent. [...]

lestée... *weighted with sand*

Le lendemain, l'attaque projetée et tentée, manqua.° Les officiers allemands ne cachèrent pas leur dépit. Ils parlèrent de «cette damnée malchance», tout haut, devant madame de Chelles, qui, évidemment, ne comprenait pas l'allemand, puisqu'elle ne répondait jamais quand on lui adressait la parole° en une autre langue que le français.

n'a pas réussi
adressait... parlait

Ce même jour, elle revint s'asseoir sur le même banc, et jeta une autre lettre pour le commandant de nos postes avancés, qui tenaient dur,° dans cette partie de la frontière de guerre. Mais, la troisième fois qu'elle voulut écrire, sur une table à coiffer° de sa chambre, elle faillit ne pas pouvoir signer le billet. Elle avait commencé ainsi: «Monsieur, les Allemands ont achevé le déménagement° de mon château. Il ne reste rien de précieux, je vous assure. L'état-major° que je loge a augmenté en nombre; ils sont au moins vingt officiers: tirez dessus!° le meilleur moment est... »

qui... *who were holding fast*
table... *dressing table*
stripping
high-ranking staff
tirez... *fire on the château*

Ici elle s'arrêta. La porte venait d'être brusquement ouverte. Un capitaine de cavalerie, immobile, regarda tout autour de la chambre, et ne vit pas la lettre commencée, ni l'encrier. Car madame de Chelles s'était levée. En même temps, elle enlevait son peigne d'écaille,° et criait:

peigne... *shell comb*

—Quel est le malotru° qui entre quand je me coiffe?

boor

Il sortit sans s'excuser.

Elle acheva la lettre, n'ajoutant que ces mots: «Entre six et neuf heures du soir», et descendit.

—Julie, dit-elle à la servante, tu iras coucher, cette nuit, et l'autre nuit,° à la ferme, n'importe où, mais pas ici.

l'autre... demain soir

—Et vous?

—Ne t'inquiète pas de moi.

Comme les jours précédents, la lettre fut emportée par le garde,° et, à travers la forêt, celui-ci° s'en alla. Madame de Chelles revint plus lentement que d'habitude, et sans plus travailler. Elle regardait le château, et puis le ciel, du côté de l'occident, où le canon tonnait toujours.

le... Bien-Aller
the latter

Comme elle approchait du perron, le même officier qui, deux heures plus tôt, avait ouvert la porte de la chambre, s'avança vers la châtelaine, et dit:

—Nous n'avons pas confiance: vous allez vous rendre à la porterie° là-bas, au bout du parc, où vous serez prisonnière, vous entendez°? gardée par nos soldats, vous entendez?

gatehouse / comprenez

Elle le considéra un instant, et répondit:

—Vous ne savez pas le service que vous me rendez, en me privant° de votre compagnie.

en... *by depriving me*

Il essaya de comprendre, ne comprit pas, appela deux uhlans, et remonta le perron blanc.

A neuf heures du soir, exactement, l'état-major au complet dînant dans le grand salon, une rafale d'obus° abattait° le château blanc.

Et le lendemain, c'était la Marne,° et la forêt était reprise.

rafale... *burst of shellfire* / *leveled*

river where a major German offensive was repulsed by the French

---

Avez-vous compris?

1. Comment les officiers allemands se comportent-ils dans le château? Quelle est leur attitude envers la baronne?
2. Que volent-ils dans le château? Que vont-ils en faire?
3. Au cours de sa promenade, que fait la baronne pour détourner l'attention des Allemands?
4. Qui parle à la baronne pendant qu'elle est assise sur le blanc? Qu'est-ce qu'ils complotent? Quel en est le résultat?
5. Pourquoi les Allemands n'hésitent-ils pas à parler de leurs projets devant Mme de Chelles?
6. Qu'est-ce qui se passe pendant que la baronne écrit son troisième message? Quelle faute de politesse l'officier allemand commet-il? Comment la baronne l'exploite-t-elle?
7. Qu'est-ce que Mme de Chelles explique au commandant français? Que lui suggère-t-elle?
8. Quelle précaution la baronne prend-elle à l'égard de sa servante? Où va-t-elle après? Pourquoi?
9. Quel ordre l'officier allemand donne-t-il à la baronne? Pour quelle raison?
10. Pourquoi l'ordre de l'officier représente-t-il une solution inespérée pour Mme de Chelles? Qu'y a-t-il d'ironique dans sa réponse?
11. Ce soir-là, que se passe-t-il au château blanc?

Commentaire du texte

1. Quelles actions de la baronne montrent sa dignité, son courage et son patriotisme? Quoique Bien-Aller ne soit pas aussi visible que Mme de Chelles, il témoigne des mêmes sentiments. Expliquez.
2. Analysez les rapports entre la baronne et son garde-chasse. Comment les décririez-vous?
3. Le portrait que fait l'auteur des Allemands et des Français est loin d'être objectif. Qu'est-ce qui révèle son attitude envers la France et les Français? Et envers les Allemands?

De la littérature à la vie

1. La baronne de Chelles n'hésite pas à sacrifier son beau château—elle aurait même sacrifié sa vie—pour que les officiers allemands soient éliminés. Que pensez-vous de sa décision? Qu'est-ce que vous êtes prêt(e) à sacrifier pour votre pays?
2. Le patriotisme est le thème central de ce conte. Avez-vous jamais pensé à ce que votre pays représente pour vous? Quels sentiments avez-vous vis-à-vis de votre patrie? Qu'est-ce que vous admirez? Qu'est-ce qui vous plaît moins?
3. On a appelé la Grande Guerre (la Première Guerre mondiale) «la guerre qui mettra fin à toutes les guerres». Qu'y avait-il d'ironique dans cette déclaration?

Un peu de grammaire: le subjonctif

Terminez les phrases suivantes. Attention aux modes que vous utiliserez.

1. Il faut que Bien-Aller...
2. Il est évident que la bataille...
3. La baronne craint que...
4. Bien-Aller s'est caché dans la forêt pour que...
5. Il est venu parler à la baronne sans que les Allemands...
6. Les Allemands permettent que Mme de Chelles...
7. La baronne écrit au commandant français afin qu'il...
8. Mme de Chelles ne veut pas que sa servante...
9. Les Allemands demandent que la baronne...
10. Je pense que la baronne de Chelles...

La Force de l'âge

SIMONE DE BEAUVOIR

Agrégée[2] de philosophie en 1929, alors qu'elle n'avait que vingt et un ans, Simone de Beauvoir (1908–1986) a été professeur jusqu'en 1943. Elle est connue pour ses romans, parmi lesquels il faut souligner *Le Sang des autres* (1944) et *Les Mandarins* (Prix Goncourt 1954), mais surtout pour ses essais. *Le Deuxième Sexe* (1949) a eu beaucoup d'influence sur l'étude de la condition féminine. C'est pourtant dans son autobiographie, *La Force de l'âge* (1960), qu'elle révèle tout son talent. Elle y donne une chronique passionnante et stimulante non seulement de son développement intérieur, mais aussi de la société française, telle qu'elle l'a vue à partir de ses premiers souvenirs d'enfance jusqu'à nos jours.

[2] **L'agrégation:** concours au niveau du doctorat qui assure à ceux qui sont admis (les agrégés) un poste dans l'enseignement secondaire ou universitaire.

Dans ce passage, tiré de *La Force de l'âge*, elle décrit un voyage à bicyclette avec son ami Jean-Paul Sartre dans le sud de la France, qui était alors «zone libre». Sartre avait réussi, en falsifiant son livret militaire, à s'évader d'un camp de prisonniers en Allemagne. Afin de traverser en cachette la ligne de démarcation, frontière entre la zone occupée et la zone libre, les deux voyageurs ont expédié vélos, bagages et tente à Roanne. C'est l'été 1942. Le nord de la France est occupé par les Allemands depuis 1940.[3]

AVANT DE LIRE

Aperçus historiques C'était en préparant l'agrégation que Simone de Beauvoir a rencontré Jean-Paul Sartre, écrivain-philosophe qui a exercé une influence énorme sur la pensée de notre époque. Ce passage nous permet de mieux connaître, en tant que personnes, ces deux écrivains célèbres. Ces quelques paragraphes sont comme un journal intime dans lequel de Beauvoir raconte non seulement le chemin qu'elle a parcouru avec Sartre mais aussi leurs impressions du voyage. Elle nous laisse donc un document précieux par son côté personnel, car ce qu'elle dit révèle beaucoup de son caractère et de celui de Sartre.

Vous trouverez à la page 115 la carte sur laquelle est tracé l'itinéraire qu'ont suivi de Beauvoir et Sartre. Notez que la ligne de démarcation divisait la France en deux zones, la zone occupée (par les Allemands) et la zone libre. La zone dite libre était en réalité le siège du gouvernement du Maréchal Henri Philippe Pétain, dont la capitale était Vichy. Pétain était partisan d'une collaboration totale avec les Allemands. Le Général de Gaulle, de son côté, dirigeait de Londres un mouvement clandestin, «la Résistance», pour lutter contre l'envahisseur. Consultez la carte pour pouvoir situer l'action tout en lisant le texte.

Les films et les livres sur la Deuxième Guerre mondiale décrivent généralement les champs de bataille et le conflit militaire. Dans ce passage il ne s'agit pas de combats, mais il y a de nombreuses allusions à l'effet produit par la guerre sur la vie de tous les jours. Le fait que de Beauvoir et Sartre doivent franchir en cachette la ligne de démarcation en est un exemple. Cherchez-en d'autres dans le texte.

Mots et expressions

à peine hardly, barely, scarcely
démobiliser to discharge (from military service)
franchir to cross (a border, river, etc.)
la paix peace
le pneu tire
la roue wheel
le trajet journey, distance covered
traverser to cross, pass through
valoir mieux to be better

[3] Les divisions du texte sont celles de l'éditeur.

Emplois

A. Trouvez l'équivalent de chaque expression.

1. passer d'un côté à l'autre 2. rendre à l'état civil 3. le parcours, l'itinéraire 4. l'absence de conflits 5. être préférable

B. Complétez les phrases avec les mots qui conviennent.

1. Afin de _____ la frontière entre deux pays, il faut avoir une pièce d'identité.
2. Quand j'apprenais à faire du vélo, j'avais une bicyclette à trois _____.
3. J'ai voulu faire du vélo mais c'était impossible parce que j'avais un _____ crevé.
4. Mais non, je n'ai pas fini mon travail; je l'ai _____ commencé.

I.

Il n'était pas très difficile, si on s'amenait° sans bagage, les mains dans les poches, de franchir la ligne de démarcation. Sartre décida que nous passerions nos vacances en zone libre; il pourrait ainsi se faire démobiliser;[4] mais surtout, il souhaitait établir des liaisons entre «Socialisme et Liberté»° et certaines gens de l'autre zone. [...] Nous prîmes° un billet pour Montceau-les-Mines: on nous avait donné l'adresse d'un café où nous trouverions un passeur.°

arrivait
un journal clandestin
prendre: passé simple
someone who smuggles people across a border

Le passeur avait été arrêté quelques jours plus tôt, nous dit le patron; mais sans doute pourrait-on s'arranger avec quelqu'un d'autre. Nous restâmes tout l'après-midi dans le café, regardant les gens aller et venir, avec au cœur un plaisant sentiment d'aventure. Vers le soir, une femme en noir, d'une quarantaine d'années, s'assit à notre table: pour un prix raisonnable, elle nous conduirait, cette nuit, à travers la campagne. Nous ne risquions pas grand-chose, mais pour elle l'affaire était plus sérieuse et elle multiplia les précautions. Nous la suivîmes en silence, à travers des prés, des bois à la fraîche odeur nocturne; elle écorcha° ses bas à des barbelés° et grommela beaucoup. De temps en temps, elle nous faisait signe de nous arrêter, de ne pas remuer. Soudain, elle nous dit que la ligne était franchie et nous dévalâmes à pas vifs° vers un village. L'auberge était pleine de gens qui venaient de «passer» comme nous; nous couchâmes sur des matelas, dans une chambre où dormaient déjà six personnes; un bébé criait. Mais quelle allégresse,° le lendemain matin, quand nous nous promenâmes sur la route, en attendant l'heure du train pour Roanne! Parce que j'avais enfreint un interdit,° il me semblait avoir reconquis la liberté.

tore / barbed wire
dévalâmes... *ran quickly down*
joie
j'avais... j'avais désobéi à la loi

A Roanne, nous lûmes dans un café les journaux de l'autre zone: ils ne valaient guère mieux que les nôtres. Nous récupérâmes nos bagages. [...] Je passai un long moment à les amarrer° sur nos bicyclettes. Celles-ci me donnaient de grandes inquiétudes. Il était à peu près impossible de se procurer des

attacher

[4] Tout acte officiel, tel que la démobilisation, devait s'effectuer en zone libre, siège du gouvernement français.

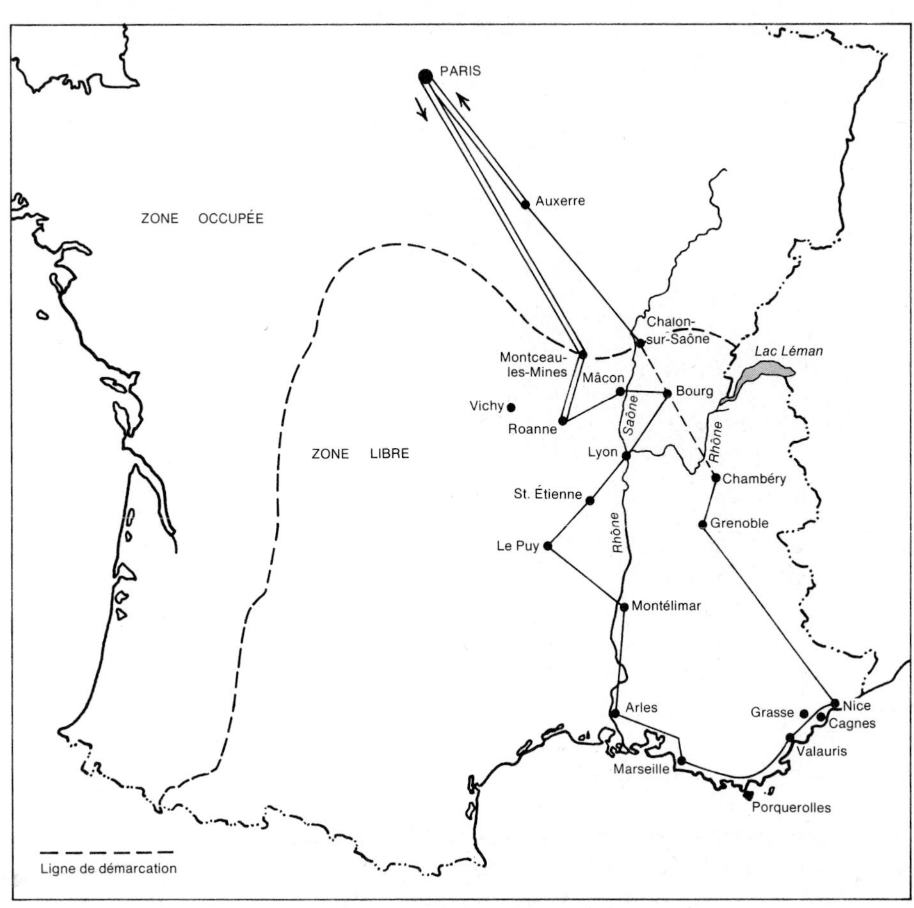

L'itinéraire de Simone de Beauvoir et Jean-Paul Sartre

pneus neufs; les nôtres étaient rapiécés° et gonflés de bizarres hernies;° les chambres à air° ne valaient guère mieux. A peine sortions-nous de la ville, la roue avant de Sartre s'aplatit.° Je ne comprends pas comment je m'étais embarquée dans cette aventure sans avoir appris à réparer, mais le fait est que je ne savais pas. Heureusement, un mécanicien se trouva là qui m'enseigna l'art de démonter° un pneu et de coller des rustines.° Nous repartîmes. Il y avait des années que Sartre n'avait pas fait de long trajet à bicyclette, et, au bout de quarante kilomètres, il était très mal en point;° nous couchâmes dans un hôtel. Il roula plus gaillardement° le lendemain et, au soir, nous plantâmes la tente dans une grande prairie, aux portes de Mâcon: cela non plus n'alla pas sans peine,° car nous n'étions ni l'un ni l'autre bien adroits. Néanmoins, au bout de quelques jours, nous dressions, nous démontions la tente en un tournemain.° Nous campions généralement à proximité d'une ville ou d'un village car, à la fin de ces journées champêtres,° Sartre était avide de se retremper° dans la fumée des bistrots. Il se fit démobiliser à Bourg; en examinant son livret maquillé,° l'officier tiqua:° «Vous ne deviez pas falsifier votre livret. —Alors quoi? Je devais rester en Allemagne? demanda Sartre. —Un livret militaire, on

patched / bulges
chambres... *inner tubes*
went flat
disassemble / coller... *to glue on patches*
mal... *in sad shape*
avec énergie
difficulté
en... très vite
à la campagne / se... *to reimmerse himself*
livret... *falsified service record / winced*

Un couple immortel: Jean-Paul Sartre et Simone de Beauvoir en 1959
GEORGES PIERRE/SYGMA

ne plaisante pas avec ça, dit l'officier. —Il fallait rester prisonnier?» répéta Sartre. L'officier haussa les épaules;° il n'osait pas aller au bout de sa pensée,° mais sa mimique signifiait clairement: «Pourquoi pas?» Il donna tout de même à Sartre sa feuille de démobilisation.

hausssa... *shrugged his shoulders* / aller... dire ce qu'il pensait

Nous nous promenâmes sur les collines rousses de Lyon: dans les cinémas, on projetait des films américains, et nous nous y précipitâmes. Nous traversâmes Saint-Etienne où il me montra l'ancienne maison de ses parents et nous descendîmes sur Le Puy. Sartre préférait de loin la bicyclette à la marche dont la monotonie l'ennuyait; à bicyclette, l'intensité de l'effort, le rythme de la course varient sans cesse. Il s'amusait à sprinter dans les côtes;° je m'essoufflai,° loin derrière lui; en plat, il pédalait avec tant d'indolence que deux ou trois fois il atterrit dans le fossé.° «Je pensais à autre chose», me dit-il. Il aimait comme moi la gaieté des descentes. Et puis le paysage bougeait° plus vite qu'à pied. Moi aussi, je troquai° volontiers mon ancienne passion° contre ces nouveaux plaisirs.

dans... *uphill* / *got winded*

atterrit... *landed in the ditch*

went by

traded / ancienne... (pour la marche)

Mais la grande différence entre ce voyage-ci et les précédents tenait surtout, pour moi, à mes dispositions intérieures: [...] je me sentais délicieusement libre; c'était déjà assez extraordinaire de rouler à côté de Sartre, en paix, sur ces routes des Cévennes. [...]

Avez-vous compris?

1. Pour quelles raisons Simone de Beauvoir et Jean-Paul Sartre ont-ils décidé de faire un voyage en zone libre?
2. Qui espéraient-ils trouver dans le café à Montceau-les-Mines? Pourquoi a-t-il fallu qu'ils attendent?
3. Comment sont-ils passés en zone libre? Qui les a aidés?
4. Décrivez leur première nuit en zone libre.

5. Quelles difficultés ont-ils rencontrées au début de leur voyage?
6. Quels endroits choisissaient-ils pour camper? Pourquoi?
7. Où Sartre s'est-il fait démobiliser? Comment l'officier a-t-il réagi quand Sartre lui a montré son livret falsifié? Comparez son attitude envers le règlement militaire avec celle de Sartre.
8. Pourquoi Sartre préférait-il la bicyclette à la marche?
9. Quel incident lui est arrivé plusieurs fois? Pourquoi?
10. Pour l'auteur, quelle était la différence entre ce voyage et les précédents?

II.

Sartre avait eu, par Cavaillès, l'adresse d'un de ses anciens camarades de Normale,° Kahn, qui participait à la résistance. Par de petites routes tortueuses, nous arrivâmes à un village perdu dans des châtaigneraies;° Kahn y passait ses vacances, avec une femme plaisante et tranquille, des enfants joyeux; ils hébergeaient° une fillette aux tresses brunes, aux yeux bleus, qui était la fille de Cavaillès.[5] Dans une grande cuisine au sol carrelé de rouge, nous avons mangé un repas savoureux avec, pour dessert, de grandes assiettées d'airelles.° Dans les bois, assis sur la mousse, Sartre et Kahn ont longuement causé. Je les écoutais, mais il était difficile de croire, dans cette lumière d'été, près de cette maison heureuse, que l'action et ses dangers eussent° une réalité. Les rires des enfants, la fraîcheur des baies° sauvages, l'amitié de cette journée défiaient toutes les menaces. Non, malgré ce que m'avaient enseigné ces deux années, j'étais incapable de soupçonner que bientôt, et pour toujours, Kahn serait arraché aux siens,° qu'un matin le père de la fillette brune serait adossé à° un mur et fusillé.

De la haute Ardèche à la vallée du Rhône, pendant toute une journée, la métamorphose du paysage me grisa: le bleu du ciel s'allégeait,° le sol s'asséchait, l'odeur des fougères° mourait dans la senteur des lavandes, la terre prenait des couleurs ardentes: ocre, rouge, violet. Les premiers cyprès apparurent, les premiers oliviers: toute ma vie, j'éprouvai° la même intense émotion quand, arrivant du cœur montagneux d'un pays, j'abordai° au bassin méditerranéen. Sartre fut sensible lui aussi aux beautés de cette descente. [...]

A Marseille, nous trouvâmes des chambres modestes, mais très jolies, qui donnaient sur le Vieux-Port. Nous refîmes avec émotion les promenades d'autrefois, du temps où le monde était en paix, du temps où la guerre menaçait. Les cinémas de la Canebière projetaient des films américains, et certains ouvraient dès 10 heures du matin. Il nous arriva d'aller à trois séances° dans une journée. Nous retrouvâmes comme de vieux amis très chers Edward Robinson, James Cagney, Bette Davis dans *Victoire sur la mort;* nous voyions n'importe quoi, tout à la joie de contempler des images d'Amérique. Le passé nous refluait au° cœur. [...]

Normale: Ecole normale supérieure
châtaigneraies: *chestnut groves*
hébergeaient: logeaient
airelles: *huckleberries*
eussent: avoir: imparfait subj.
baies: *berries*
arraché... *torn from his family* / adossé... *backed up to*
s'allégeait: devenait plus clair
fougères: *ferns*
éprouvai: *felt*
abordai: *approached*
séances: *showings*
refluait... *flowed back into*

[5] Ma mémoire m'a trompée, l'aînée des fillettes était elle aussi la fille de Pierre Kahn. Cavaillès n'a jamais eu d'enfant. [*note de l'auteur*]

[L]'automne s'annonçait sur les routes du Jura. Quand nous sortions de l'hôtel, le matin, une vapeur blanche cachait la campagne d'où montait déjà une odeur de feuilles mortes; peu à peu, le soleil la° déchirait, elle s'effilochait,° la chaleur nous transperçait, je sentais sur ma peau un grand bonheur d'enfance. Un soir sur une table d'auberge, Sartre se mit de nouveau à sa pièce. Non, il ne renonçait pas aux Atrides;° il avait trouvé le moyen d'utiliser leur histoire pour attaquer l'ordre moral, pour refuser les remords dont Vichy et l'Allemagne essayaient de nous infester, pour parler de la liberté. [...]

Colette Audry nous avait indiqué un village, près de Châlons, d'où on «passait» facilement. Je ne sais combien nous étions, au matin, arpentant° la grand-rue, visiblement dans le même dessein.° L'après-midi, nous nous retrouvâmes à plus de vingt, tous montés sur des bicyclettes, autour d'un passeur. Je reconnus un couple souvent aperçu au Flore:° un beau garçon blond, avec une légère barbe dorée, et une jolie fille, blonde elle aussi, une Tchèque. D'étroits sentiers, à travers bois, nous amenèrent à une route bordée de barbelés; nous nous glissâmes sous les fils,° et nous nous dispersâmes le plus vite possible. Je suppose que les sentinelles allemandes étaient de mèche,° car le passeur n'avait pris aucune précaution.

Je trouvai la Bourgogne très belle, avec ses vignobles richement colorés par l'automne; mais nous n'avions plus un sou en poche, et la faim nous tenailla° jusqu'à Auxerre où nous attendait un mandat;° dès que nous l'eûmes touché,° nous courûmes vers un restaurant: on nous servit tout juste° un plat d'épinards. Nous rentrâmes à Paris par le train.

la vapeur / *thinned out*

characters in a Greek tragedy reinterpreted by Sartre in Les Mouches

pacing up and down

le... la même intention

café in the Latin Quarter, later a meeting place for Existentialists

wires

de... *in cahoots*

tortured / *money order*

cashed / tout... seulement

Avez-vous compris?

1. A qui Sartre et Simone de Beauvoir ont-ils rendu visite?
2. Comment l'accueil de cette famille leur a-t-il fait oublier la guerre?
3. Quel allait être le destin de leur ami Kahn?
4. Pendant qu'ils se dirigeaient vers le sud, quels changements ont-ils remarqués dans le paysage?
5. A Marseille comment ont-ils occupé leur journée?
6. A quel aspect de l'automne Simone de Beauvoir s'est-elle montrée sensible dans le Jura? Expliquez.
7. Quel était le thème de la pièce de Sartre? Quel rapport avait-elle avec la France occupée?
8. Etaient-ils seuls à franchir la ligne de démarcation pour rentrer en zone occupée? Commentez. Pourquoi le passeur n'avait-il pris aucune précaution?
9. Qu'ont-ils fait à Auxerre?

Commentaire du texte

1. D'après ce passage, en quoi la France non occupée différait-elle de la France occupée? Quelles impressions avez-vous de la vie en France pendant la Deuxième Guerre mondiale?

2. Pourquoi les films américains ont-ils plu à Sartre et à Simone de Beauvoir? Que représentaient ces films pour deux Français de la zone occupée?
3. Décrivez Simone de Beauvoir et Jean-Paul Sartre d'après ce passage. A quoi prenaient-ils plaisir en voyageant? A quoi étaient-ils sensibles? A quels moments se sentaient-ils heureux, émus, déçus? Justifiez vos réponses.

De la littérature à la vie

1. Quels voyages avez-vous faits ou aimeriez-vous faire? Que faites-vous pour ne pas oublier vos voyages? Achetez-vous des cartes postales? Tenez-vous un journal intime? Prenez-vous des photos?...
2. D'après les histoires que vous avez entendues, les livres que vous avez lus, les films que vous avez vus, racontez un incident qui vous a frappé à propos de la Deuxième Guerre mondiale.

Activité

Bien que la Deuxième Guerre mondiale n'ait pas touché le sol américain, le pays en a été profondément affecté. Préparez un exposé oral dans lequel vous expliquerez à la classe une de ses conséquences dans la vie quotidienne des citoyens civils. Vous pourrez parler, par exemple,

1. de la crise de main-d'œuvre due à l'engagement militaire de milliers de jeunes gens.
2. du rationnement (d'aliments ainsi que d'autres produits) dû à la fabrication de matériel de guerre.
3. de la prise en charge par les femmes de certaines tâches qui revenaient traditionnellement aux hommes.
4. de la propagande faite par le gouvernement pour s'assurer de l'appui des citoyens.

CHAPITRE 8

Spectacles

Raoul Dufy: L'Opéra, Paris (c. 1924)

Bien que les origines de l'art dramatique en France remontent au Moyen Age, c'est le dix-septième siècle qui est considéré comme le siècle du théâtre par excellence, grâce au génie de Corneille, de Racine et de Molière. La fondation de la Comédie-Française date aussi de cette époque. Créé par Louis XIV, ce théâtre a toujours insisté sur le haut mérite littéraire des pièces jouées et sur la perfection technique de la mise en scène. Depuis trois siècles, la Comédie-Française a pour rôle de sauvegarder la grande tradition du théâtre classique.

La fin du dix-neuvième siècle voit apparaître un autre type de spectacle, plus commercial, moins sérieux peut-être, mais qui attire un public qui veut faire d'une soirée au théâtre un événement mondain. On l'appelle le «théâtre de boulevard».

Pourtant, ce genre de spectacle ne pouvait pas satisfaire un public exigeant. Au vingtième siècle des écrivains comme Paul Claudel, Jean Giraudoux, Jean Cocteau refusent de continuer la tradition du drame bourgeois et choisissent des thèmes de portée universelle, tels que la destinée de l'homme et le problème de son existence. Pendant la Deuxième Guerre mondiale, l'occupation allemande inspire *Les Mouches* à Jean-Paul Sartre et *Antigone* à Jean Anouilh.

Les années cinquante marquent le début du «théâtre de l'absurde». Ses auteurs—Eugène Ionesco, Arthur Adamov, Samuel Beckett, pour ne nommer que les plus célèbres—ne connaissent pas le succès tout de suite. Il faudra plusieurs années pour que leurs pièces soient comprises et acceptées par le grand public. Elles étaient jouées dans de petits théâtres du Quartier latin, ensuite elles ont été souvent représentées au Théâtre de France, célèbre pour son répertoire d'avant-garde.

Bien que Paris reste mondialement connu comme un centre important

Comédie-Française.

Comédie Française 1680

Racine

Matinée du
mercredi 22 mars 1989

BRITANNICUS

Tragédie en cinq actes et en vers de Jean Racine
Créée à l'Hôtel de Bourgogne le 13 décembre 1669

(1213e représentation)

Nouvelle présentation salle Richelieu
à partir du 4 février 1989

Mise en scène Jean-Luc Boutté
Décor et costumes Louis Bercut
Lumière Joël Hourbeigt
Réalisation sonore Jerôme Vicat-Blanc
Maquillage Catherine Nicolas
Assistante à la mise en scène Nathalie Léger
Assistant pour le décor et les costumes Patrick Gueriot
Avec
Françoise Seigner *Agrippine*
Simon Eine *Burrhus*, Nicolas Silberg *Narcisse*
Richard Fontana *Néron*, Alberte Aveline *Albine*
Catherine Sauval *Junie*, Thierry Hancisse *Britannicus*
et
Francis Darmon, Bernard Fructus, Franck Gourlat,
Pierre-François Kettler, Frédéric Sauzay, *gardes*

Durée du spectacle, 2 h 45 avec entracte

350e anniversaire de la naissance de Racine
La bibliothèque-musée de la Comédie-Française
présente, dans le Foyer du public, une exposition
de documents exceptionnels choisis
dans les collections.

d'art dramatique, le théâtre trouve actuellement son public partout dans le pays. Dans un effort de décentralisation culturelle, le gouvernement a donné son appui financier à plusieurs troupes théâtrales de province. Le Théâtre National Populaire s'est installé à Lyon et le festival d'Avignon attire en été un vaste public international.

Les deux extraits qui suivent, l'un tiré de Molière, l'autre de Ionesco, indiquent les goûts des Français pour le théâtre. Fiers de leur culture et de leurs traditions, ils admirent toujours les grands auteurs classiques, surtout Molière, qui est peut-être le plus aimé. Mais ils sont aussi attirés par la nouveauté, par tout ce qui prête à discussion, au défi intellectuel. Cela explique dans une certaine mesure pourquoi, malgré un essor difficile, le théâtre de l'absurde a pu s'affirmer à Paris.

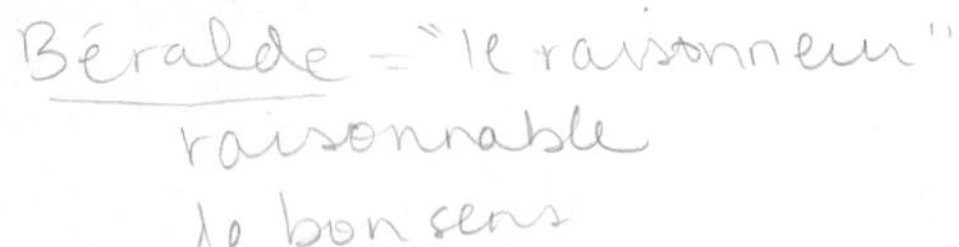

Le Malade imaginaire

MOLIERE

Jean-Baptiste Poquelin (1622–1673), fils d'un valet de chambre du roi, était censé exercer la charge de son père. Cependant, en 1643 (l'année où Louis XIV monte sur le trône), le jeune Jean-Baptiste s'associe à une troupe de comédiens ambulants et prend le nom de *Molière.* Il devient bientôt metteur en scène et dramaturge. *Tartuffe, L'Avare, Le Malade imaginaire, Les Femmes savantes* et *Le Misanthrope* sont parmi ses comédies les plus connues.

Le Malade imaginaire est la cinquième pièce dans laquelle Molière affiche son scepticisme envers la médecine. C'est aussi sa dernière pièce. Elle est représentée pour la première fois le 10 février 1673. Molière, qui souffre depuis plusieurs années d'une grave maladie de poitrine, y joue le rôle d'Argan. Quelques jours plus tard, lors de la quatrième représentation, Molière se sent très mal, mais refuse de quitter la scène. Rentré chez lui, il meurt le soir même.

AVANT DE LIRE

Analyse des personnages Molière a pour but de faire rire ses lecteurs tout en les invitant à réfléchir. Dans l'extrait qui suit, il met en scène deux personnages diamétralement opposés, Argan, malade imaginaire, et son frère Béralde, dont voici les caractères:

Argan, hypocondriaque crédule, est complètement subjugué par la prétendue autorité de ses médecins. Incapable de raisonner, il se fie aveuglément à la médecine pour la simple raison qu'elle est respectée de tout le monde.

Béralde, qui représente la raison et le bon sens, trouve les soins médicaux aussi dangereux qu'inutiles. Le meilleur remède, dit-il, est la nature qui, «quand nous la laissons faire, se tire doucement du désordre où elle est tombée».

C'est à vous maintenant de trouver des exemples dans le texte qui justifient ces portraits. En lisant, marquez au crayon les passages qui révèlent le caractère de chaque personnage. Par exemple, vous pourrez mettre un H à côté des passages qui montrent l'hypocondrie d'Argan, un C à côté de ceux qui révèlent sa crédulité, un R là où Béralde fait preuve de raison et de bon sens, etc.

Le français du XVIIe siècle La langue française a changé depuis le XVIIe siècle. Dans cet extrait il y a plusieurs mots et expressions démodés dont vous trouverez l'explication en marge.

> envoiera: forme démodée pour «enverra»
> se veut mêler: forme démodée pour «veut se mêler»

Ces expressions archaïques sont à éviter dans la langue moderne.

Mots et expressions

s'attaquer à to criticize
croire à to believe in
étendre to stretch, extend
se fier à to trust
gâter to spoil

guérir to cure, heal
l'ordonnance (*f.*) prescription
le remède remedy

le secours help, assistance
le soin care
avoir, prendre soin de to take care of

Emplois

A. Trouvez les mots de la même famille que les mots suivants.

1. ordonner
2. soigner
3. secourir
4. extension

B. Trouvez l'équivalent de chaque expression.

1. rendre la santé à
2. faire confiance à
3. critiquer
4. avoir la responsabilité de

C. Complétez les phrases avec les mots qui conviennent.

1. On dit que les grands-parents ____ toujours leurs petits-enfants.
2. Quand on est malade, on cherche ____ à sa maladie.
3. Est-ce que vous ____ la vie après la mort?

Acte 3, scène III

BERALDE: Est-il possible que vous serez toujours embéguiné° de vos apothicaires° et de vos médecins, et que vous vouliez être malade en dépit des gens et de la nature?

ARGAN: Comment l'entendez°-vous, mon frère?

BERALDE: J'entends, mon frère, que je ne vois point° d'homme qui soit moins malade que vous, et que je ne demanderais point une meilleure constitution que la vôtre. Une grande marque que vous vous portez bien et que vous avez un corps parfaitement bien composé, c'est qu'avec tous les soins que vous avez pris vous n'avez pu parvenir encore à gâter la bonté de votre tempérament,° et que vous n'êtes point crevé° de toutes les médecines° qu'on vous a fait prendre.

ARGAN: Mais savez-vous, mon frère, que c'est cela qui me conserve; et que monsieur Purgon dit que je succomberais, s'il était seulement trois jours sans prendre soin de moi?

BERALDE: Si vous n'y prenez garde,° il prendra tant de soin de vous, qu'il vous envoiera° en l'autre monde.

infatuated
pharmaciens
le comprenez
(litt.) pas
santé
(fam.) mort / mot démodé pour «médicaments»
n'y... n'y faites pas attention
forme démodée pour «enverra»

«C'est un bon impertinent que votre Molière, avec ses comédies! Et je le trouve bien plaisant d'aller jouer d'honnêtes gens comme les médecins!»: Le Malade imaginaire
CULVER PICTURES

ARGAN: Mais raisonnons un peu, mon frère. Vous ne croyez donc point à la médecine?

BERALDE: Non, mon frère, et je ne vois pas que, pour son salut,° il soit nécessaire d'y croire.

salut: salvation

ARGAN: Quoi! vous ne tenez° pas véritable une chose établie° par tout le monde et que tous les siècles ont révérée?

tenez / établie: considérez / acceptée

BERALDE: Bien loin de la tenir véritable, je la trouve, entre nous, une des plus grandes folies qui soient parmi les hommes; et, à regarder les choses en philosophe, je ne vois point une plus plaisante momerie,° je ne vois rien de plus ridicule, qu'un homme qui se veut mêler° d'en guérir un autre.

plaisante... ridiculous masquerade
se... forme démodée pour «veut se mêler»

ARGAN: Pourquoi ne voulez-vous pas,° mon frère, qu'un homme en puisse guérir un autre?

ne... n'acceptez-vous pas

BERALDE: Par la raison, mon frère, que les ressorts de notre machine° sont des mystères, jusques ici, où les hommes ne voient goutte;° et que la nature nous a mis au-devant des yeux des voiles trop épais pour y connaître quelque chose.

machine: corps
goutte: rien

ARGAN: Les médecins ne savent donc rien, à votre compte?

BERALDE: Si fait,° mon frère. Ils savent la plupart de fort belles humanités, savent parler en beau latin, savent nommer en grec toutes les maladies, les définir et les diviser; mais, pour ce qui est de° les guérir, c'est ce qu'ils ne savent pas du tout.

Si... Bien sûr
pour... when it comes to

ARGAN: Mais toujours faut-il demeurer d'accord° que, sur cette matière, les médecins en savent plus que les autres. [...] Il faut bien que les médecins croient leur art véritable, puisqu'ils s'en servent pour eux-mêmes.

demeurer... être du même avis

BERALDE: C'est qu'il y en a parmi eux qui sont eux-mêmes dans l'erreur populaire, dont-ils profitent; et d'autres qui en profitent sans y être. Votre monsieur Purgon, par exemple, n'y sait point de finesse;° c'est un homme tout médecin, depuis la tête jusqu'aux pieds; un homme qui croit à ses règles plus qu'à toutes les démonstrations° des mathématiques, et qui croirait du crime° à les vouloir examiner; qui ne voit rien d'obscur dans la médecine, rien de douteux, rien de difficile; [...] c'est de la meilleure foi du monde qu'il vous expédiera; et il ne fera, en vous tuant, que ce qu'il a fait à sa femme et à ses enfants, et ce qu'en un besoin° il ferait à lui-même.

finesse: subtlety
démonstrations: preuves
croirait... would think it a crime
en... en cas de besoin

ARGAN: C'est que vous avez, mon frère, une dent de lait° contre lui. Mais, enfin, venons au fait.° Que faire donc quand on est malade?

une... a childish grudge
venons... let's get to the point

BERALDE: Rien, mon frère.

ARGAN: Rien?

BERALDE: Rien. Il ne faut que demeurer en repos.° La nature, d'elle-même, quand nous la laissons faire, se tire doucement du désordre où elle est tombée. C'est notre inquiétude, c'est notre impatience qui gâte tout; et presque tous les hommes meurent de leurs remèdes, et non pas de leurs maladies.

demeurer... se reposer

ARGAN: Mais il faut demeurer d'accord, mon frère, qu'on peut aider cette nature par de certaines choses.

BERALDE: Mon Dieu, mon frère, ce sont de pures idées dont nous aimons à nous repaître;° et, de tout temps, il s'est glissé parmi les hommes de belles imaginations que nous venons à croire, parce qu'elles nous flattent et qu'il serait à souhaiter° qu'elles fussent° véritables. Lorsqu'un médecin vous parle d'aider, de secourir, de soulager la nature, de lui ôter ce qui lui nuit° et lui donner ce qui manque, de la rétablir et de la remettre dans une pleine facilité de ses fonctions; [...] et d'avoir des secrets pour étendre la vie à de longues années, il vous dit justement le roman de la médecine. Mais, quand vous en venez à° la vérité et à l'expérience, vous ne trouvez rien de tout cela; et il en est comme de° ces beaux songes, qui ne vous laissent au réveil que le déplaisir de les avoir crus.

> à... *to nourish ourselves on*
> il... *it is to be hoped* / subj. imparfait «d'*être*»
> lui... *harms it*
> en... arrivez à
> il... c'est pareil à

ARGAN: C'est à dire que toute la science du monde est renfermée dans votre tête, et vous voulez en savoir plus que tous les grands médecins de notre siècle.

BERALDE: Dans les discours et dans les choses, ce sont deux sortes de personnes que vos grands médecins. Entendez les parler, les plus habiles gens du monde; voyez les faire, les plus ignorants de tous les hommes.

ARGAN: Ouais°! vous êtes un grand docteur, à ce que je vois, et je voudrais bien qu'il y eût° ici quelqu'un de ces messieurs, pour rembarrer° vos raisonnements et rabaisser votre caquet.°

> (fam.) Oui!
> avoir: imparfait subj. / *rebut*
> rabaisser... *make you shut up*

BERALDE: Moi, mon frère, je ne prends point à tâche de combattre la médecine; et chacun, à ses périls et fortune,° peut croire tout ce qu'il lui plaît. Ce que j'en dis n'est qu'entre nous; et j'aurais souhaité de pouvoir° un peu vous tirer de l'erreur où vous êtes et, pour vous divertir, vous mener voir, sur ce chapitre,° quelqu'une des comédies de Molière.

> à... *at his own risk*
> souhaité... forme démodée pour «souhaité pouvoir»
> sujet

ARGAN: C'est un bon impertinent que votre Molière, avec ses comédies! et je le trouve bien plaisant° d'aller jouer° d'honnêtes gens comme les médecins!

> *presumptuous* / aller... se moquer

BERALDE: Ce ne sont point les médecins qu'il joue, mais le ridicule de la médecine.

ARGAN: C'est bien à lui à faire, de se mêler de contrôler la médecine! Voilà un bon nigaud,° un bon impertinent, de se moquer des consultations et des ordonnances, de s'attaquer au corps des médecins, et d'aller mettre sur son théâtre des personnes vénérables comme ces messieurs-là.

> fou

BERALDE: Que voulez-vous qu'il y mette, que° les diverses professions des hommes? On y met bien tous les jours les princes et les rois qui sont d'aussi bonne maison° que les médecins.

> sinon
> famille

ARGAN: Par la mort non de diable°! si j'étais que des médecins,° je me vengerais de son impertinence; et, quand il sera malade, je le laisserais mourir sans secours. Il aurait beau faire et beau dire,° je ne lui ordonnerais pas la moindre petite saignée,° le moindre petit lavement;° et je lui dirais: «Crève, crève; cela t'apprendra une autre fois à te jouer à la Faculté.°»

> Par... *What the devil!* / si... si j'étais médecin
> Il... *Regardless of what he might do or say*
> *blood-letting* / *enema*
> te... te moquer de la Faculté de médecine

BERALDE: Vous voilà bien en colère contre lui.

ARGAN: Oui, c'est un malavisé;° et, si les médecins sont sages, ils feront ce que je dis.

> une personne imprudente

BERALDE: Il sera encore plus sage que vos médecins, car il ne leur demandera point de secours.

ARGAN: Tant pis pour lui, s'il n'a point recours° aux remèdes.

> n'a... *does not resort*

BERALDE: Il a ses raisons pour n'en point vouloir, et il soutient que cela n'est permis qu'aux gens vigoureux et robustes, et qui ont des forces de reste° pour porter° les remèdes avec la maladie; mais que, pour lui, il n'a justement de la force que pour porter son mal.°

> de... en réserve / supporter, tolérer
> sa maladie

ARGAN: Les sottes raisons que voilà! Tenez, mon frère, ne parlons point de cet homme-là davantage; car cela m'échauffe la bile° et vous me donneriez mon mal.°

> m'échauffe... me met en colère
> vous... vous me rendriez malade

Avez-vous compris?

1. Selon Béralde, quelles sont les preuves de la bonne santé de son frère?
2. Qui est M. Purgon? Que dit-il à Argan? Quelle opinion Béralde a-t-il de lui?
3. Pourquoi Argan pense-t-il que la médecine est une science véritable? Qu'en pense Béralde? Pourquoi est-il de cet avis?
4. D'après Béralde, que savent les médecins? Qu'est-ce qu'ils sont incapables de faire?
5. Pourquoi Argan pense-t-il que les médecins croient leur art véritable? Comment Béralde réagit-il à cette observation? Que reproche-t-il à M. Purgon?
6. Selon Béralde, que faut-il faire quand on tombe malade? Expliquez ce qu'il dit à propos de la nature. D'après lui, de quoi meurent presque tous les hommes?
7. Béralde dit: «Lorsqu'un médecin vous parle d'aider... la nature... et d'avoir

des secrets pour étendre la vie à de longues années, il vous dit justement le roman de la médecine.» Expliquez en précisant le sens du mot «roman».

8. Pourquoi Béralde aimerait-il emmener son frère voir les comédies de Molière? Pourquoi Argan trouve-t-il Molière impertinent? Comment Béralde justifie-t-il Molière?
9. Que ferait Argan s'il était le médecin de Molière? D'après Béralde, que fera Molière s'il tombe malade? Pourquoi?
10. Comment pourrait-on rapprocher le titre de la pièce et la dernière réplique du passage étudié?

Commentaire du texte

1. Quelles faiblesses humaines Molière critique-t-il dans cette scène? Pour répondre à cette question, analysez les traits de caractère dont Argan fait preuve au cours du dialogue. Est-il hypocondriaque? superstitieux? crédule? Ou bien est-il raisonneur? calme? réfléchi? Se maîtrise-t-il ou est-il dominé par ses passions?
2. Comme la plupart des écrivains du siècle classique, Molière croyait à la raison, au bon sens, à la modération. D'après lui, il est inutile et même dangereux de vouloir intervenir dans les choses de la nature. Dans quelle mesure peut-on considérer Béralde comme le porte-parole de l'auteur?
3. Molière se moque des médecins de son époque. Après avoir lu cette scène, quelle impression avez-vous de la médecine au dix-septième siècle? Quel rapport y a-t-il entre le nom «Purgon» et l'un des remèdes préférés de l'époque?
4. Molière ne fait pas uniquement une satire des médecins; il ridiculise aussi ceux qui se fient aveuglément à la tradition et à l'autorité des savants. Trouvez les phrases ou les passages qui appuient cette constatation.
5. Quels aspects de cette satire sont encore valables de nos jours? Pour répondre à cette question, analysez le caractère des personnages, les sujets de discussion et le point de vue de l'auteur.
6. Bien que l'on ne voie pas Molière sur la scène, il est presque un personnage de la pièce. Béralde et Argan parlent de lui et de la satire qu'il fait de la médecine. Ironiquement, Molière est mort après la quatrième représentation du *Malade imaginaire,* dans laquelle il jouait le rôle d'Argan. Comment cela ajoute-t-il à la satire et au caractère poignant de cette scène?

De la littérature à la vie

1. Si Argan est hypocondriaque, qu'est-ce que cela veut dire? En quoi est-ce différent d'une maladie psychosomatique? Consultez un dictionnaire si besoin est.
2. Vous considérez-vous plutôt sensible à la maladie (prenez-vous des médicaments au moindre malaise?) ou avez-vous tendance à refuser d'admettre que vous êtes malade? Commentez.

3. Dans le cas d'une maladie incurable, pensez-vous que les médecins doivent laisser la nature suivre son cours, ou bien doivent-ils s'efforcer de prolonger la vie du malade à n'importe quel prix? Justifiez votre réponse.
4. Que faites-vous pour conserver votre santé? Quelles habitudes avez-vous qui risquent de la compromettre? Vivez-vous au jour le jour ou bien prenez-vous des précautions pour vous préparer un avenir meilleur? Pourquoi?

Sujet de débat

Comment envisagez-vous les responsabilités des médecins dans la société actuelle? Soutenez l'un des arguments suivants:

1. En choisissant leur profession, les médecins en ont accepté toutes les obligations; c'est-à-dire qu'ils doivent assumer leurs responsabilités en toute situation. La vie de leurs patients est entre leurs mains et s'ils font une erreur de jugement, on a le droit de les poursuivre en justice.
2. Bien que les médecins reçoivent une formation rigoureuse, on ne peut pas leur demander d'être parfaits. La médecine est une science inexacte et on consulte un médecin comme on consulte n'importe quel autre spécialiste, à ses risques et périls.

Le Nouveau Locataire

EUGENE IONESCO

Malgré la nouveauté de son contenu, le théâtre français de l'avant-guerre ne dépasse pas les limites de la vraisemblance et du réalisme représentés de façon traditionnelle. La fin de la Deuxième Guerre mondiale, dont les horreurs ont remis en question les valeurs traditionnelles, marque une nouvelle étape dans le théâtre français. C'est dans les années cinquante que naît le théâtre de l'absurde, qui refuse un réalisme superficiel et opte pour une irréalité qui se manifeste tant dans la forme que dans le fond. Il réexamine la fonction de la parole qui, souvent dépourvue de sens et de profondeur, est un obstacle à la communication véritable. Les dramaturges soulignent avec humour l'absurdité de la condition humaine et ridiculisent les stéréotypes du langage bourgeois. Pour eux, la bourgeoisie représente non pas une classe sociale mais toute personne qui ne sait pas penser par elle-même.

Dans son livre *Notes et contre-notes* Ionesco[1] écrit qu'il s'est rendu compte pour la première fois de sa vocation théâtrale en apprenant l'anglais. Ce qui

[1] Voir l'introduction au chapitre 1, et la note biographique à la page 10.

l'avait frappé c'était la banalité du langage dans les manuels de grammaire. L'apprentissage d'une langue étrangère lui a donc révélé «les automatismes du langage, du comportement des gens, le parler pour ne rien dire, le parler parce qu'il n'y a rien à dire de personnel, l'absence de vie intérieure, la mécanique du quotidien.... »

Dans la première partie de *Le Nouveau Locataire,* la Concierge reçoit le Monsieur, qui vient louer un appartement récemment évacué. Se contredisant sans cesse, parlant à son nouveau locataire de gens qu'il ne connaît pas, elle passe d'un sujet à l'autre, sans transition logique. Bavarde et curieuse, elle s'oppose au Monsieur, taciturne et distant. Les quelques propos qu'il prononce sont mal interprétés par la Concierge, dont les tirades sont ponctuées de lieux communs («on ne sait jamais», «tout le monde ne peut pas», «le temps passe»...). En tant que moyen de communication, la parole perd toute sa valeur.

AVANT DE LIRE

Analyse d'un personnage Vous connaissez peut-être des gens comme la Concierge, dont le discours décousu est un tissu d'incohérences comiques. Elle ne cesse de s'interrompre pour parler de quelque chose d'autre pour enfin reprendre ce dont elle a parlé il y a quelques instants. Notez, par exemple, le passage suivant, tiré de la première partie du texte. Dans les répliques de la Concierge, nous avons souligné les mots que l'on peut considérer comme essentiels, c'est-à-dire ceux qui animent le dialogue ou qui représentent une suite logique à ce qui les précède.

LE MONSIEUR: Madame la Concierge?

LA CONCIERGE: (*se retourne et, mettant la main sur son cœur, elle crie*) Aaaah! Aaah! Aaah! (*Elle hoquette.*) Pardon Monsieur, j'ai le hoquet! (*Le Monsieur demeure immobile.*) Vous venez d'entrer?

LE MONSIEUR: Oui, Madame.

LA CONCIERGE: Je voulais voir si Gustave, ou bien Georges, ou bien un autre était dans la cour!... C'est pour aller chez Monsieur Clérence. Enfin!... Bref, vous êtes arrivé, alors?

LE MONSIEUR: Vous le voyez, Madame.

LA CONCIERGE: Je ne vous attendais pas pour aujourd'hui... Je croyais que vous deviez venir demain... Vous êtes le bienvenu. Avez-vous bien voyagé? Pas fatigué? Ce que vous m'avez fait peur! Vous avez sans doute fini plus tôt que vous ne croyiez! C'est ça. C'est parce que je ne m'y attendais pas. (*Elle hoquette.*) C'est le hoquet. C'est la surprise.

Notez ce que dit la Concierge au début. Puisqu'elle hoquette, il est normal qu'elle demande pardon au Monsieur. Elle n'a pas besoin pourtant de lui demander s'il vient d'entrer; c'est évident.

Regardez maintenant la deuxième réplique de la Concierge. Le Monsieur ignore l'identité de ces trois hommes; pour lui donc, comme pour le spectateur, ses paroles sont dénuées de sens. La Concierge continue d'ailleurs en posant au Monsieur une question tout à fait inutile et qui ne fait que répéter ce qu'elle a déjà demandé.

Examinez la dernière réplique de la Concierge. Elle explique pourquoi elle est surprise de voir le Monsieur et lui adresse quelques remarques de politesse, ce qui est normal. C'est pourtant après qu'elle commence à divaguer en reprenant l'histoire du hoquet.

En lisant le reste du passage, essayez de dégager l'essentiel de ce que dit la Concierge. Soulignez au crayon les mots qui ont un rapport avec l'action principale ou qui entretiennent le dialogue. Lorsque vous relirez le texte, examinez les passages non-soulignés. Sont-ils importants? Pourquoi?

Mots et expressions

l'ascenseur (*m.*) elevator
s'attendre à to expect
bavard(e) talkative
la bêtise foolishness
déménager to move (from one dwelling to another)
dire des bêtises to say foolish things
dire du mal de to speak ill of
enlever to remove, take off
s'entendre to get along with one another
le (la) gérant(e) manager
le locataire tenant
susceptible easily offended, touchy
tenir sa parole to keep one's word

Emplois

A. Trouvez l'équivalent de chaque expression.

1. une personne qui loue un logement
2. qui parle beaucoup
3. la sottise
4. transporter des objets d'un logement dans un autre
5. qui se vexe facilement
6. ôter

B. Complétez les phrases avec les mots qui conviennent.

1. Pour monter au sixième étage, on doit prendre ____.
2. Au travail, il vaut mieux ____ avec ses collègues.
3. Vous avez tort de ____ eux. Ils sont gentils.
4. Elle ____; je ne comprenais rien.
5. C'est une surprise. Je ne ____ pas ____ cela.
6. Aux Etats-Unis, on appelle ____ les gardiens d'immeuble.
7. On peut lui faire confiance; il ____ toujours ____.

Acte 1, scène I

Au lever du rideau, assez grand tintamarre:° on entend, en provenance des coulisses,° des bruits de voix, de marteaux, des bribes de refrains,° des cris d'enfants, des pas dans les escaliers. Cependant que le vacarme° continue et que la Concierge est penchée très fort° par la fenêtre, entre par la gauche, silencieusement, le Monsieur, d'âge moyen, petite moustache noire, tout de sombre vêtu.° […]

bruit
en… *coming from the wings* / des… *little fragments of songs*
bruit
penchée… *leaning way out*
habillé

LE MONSIEUR: Madame la Concierge?

LA CONCIERGE: (*se retourne et, mettant la main sur son cœur, elle crie*) Aaaah! Aaah! Aaah! (*Elle hoquette.*°) Pardon Monsieur, j'ai le hoquet! (*Le Monsieur demeure immobile.*) Vous venez d'entrer?

hiccups

LE MONSIEUR: Oui, Madame.

LA CONCIERGE: Je voulais voir si Gustave, ou bien Georges, ou bien un autre était dans la cour!… C'est pour aller chez Monsieur Clérence. Enfin!… Bref, vous êtes arrivé, alors?

LE MONSIEUR: Vous le voyez, Madame.

LA CONCIERGE: Je ne vous attendais pas pour aujourd'hui… je croyais que vous deviez venir demain… Vous êtes le bienvenu. Avez-vous bien voyagé? Pas fatigué? Ce que vous m'avez fait peur! Vous avez sans doute fini plus tôt que vous ne croyiez! C'est ça. C'est parce que je ne m'y attendais pas. (*Elle hoquette.*) C'est le hoquet. C'est la surprise. Tout est en ordre. Heureusement que vos prédécesseurs, oui, les locataires qui étaient là avant vous, ont tout déménagé à temps. […] C'étaient de bien braves° gens. Ils me racontaient tout. Oh, moi, j'ai l'habitude des confidences. Je suis discrète! La vieille dame, elle, ne travaillait pas. Elle n'a jamais rien fait de sa vie. Je faisais leur ménage, elle avait quelqu'un pour les commissions,° quand elle venait pas c'était encore moi! (*Elle hoquette.*) La surprise! Vous m'avez fait peur! C'est que je ne vous attendais que demain. Ou après-demain. […] Enfin, ils étaient bien gentils. Et vous? Dans le commerce? Employé? Rentier°? Retraité°? Oh, pas encore retraité, vous êtes encore trop jeune, on ne sait jamais, il y en a qui se retirent plus tôt, quand on est fatigué, n'est-ce pas, et qu'on a les moyens,° tout le monde ne peut pas, tant mieux pour ceux qui peuvent! Vous avez de la famille?

gentilles
courses
Stockholder / *Retired*
financial means

LE MONSIEUR: (*déposant sa valise et son pardessus par terre*) Non, Madame.

LA CONCIERGE: Déposez votre valise, Monsieur. C'est du bon cuir, ne vous fatiguez pas. Mettez-la où vous voulez. Tiens, j'ai plus le hoquet, c'est passé la surprise! Enlevez donc votre chapeau. (*Le Monsieur enfonce légèrement son chapeau sur sa tête.*)

LA CONCIERGE: C'est pas la peine° d'enlever votre chapeau, Monsieur. Mais, oui, vous êtes chez vous. La semaine dernière c'était pas encore

C'est… *It's not worth the trouble*

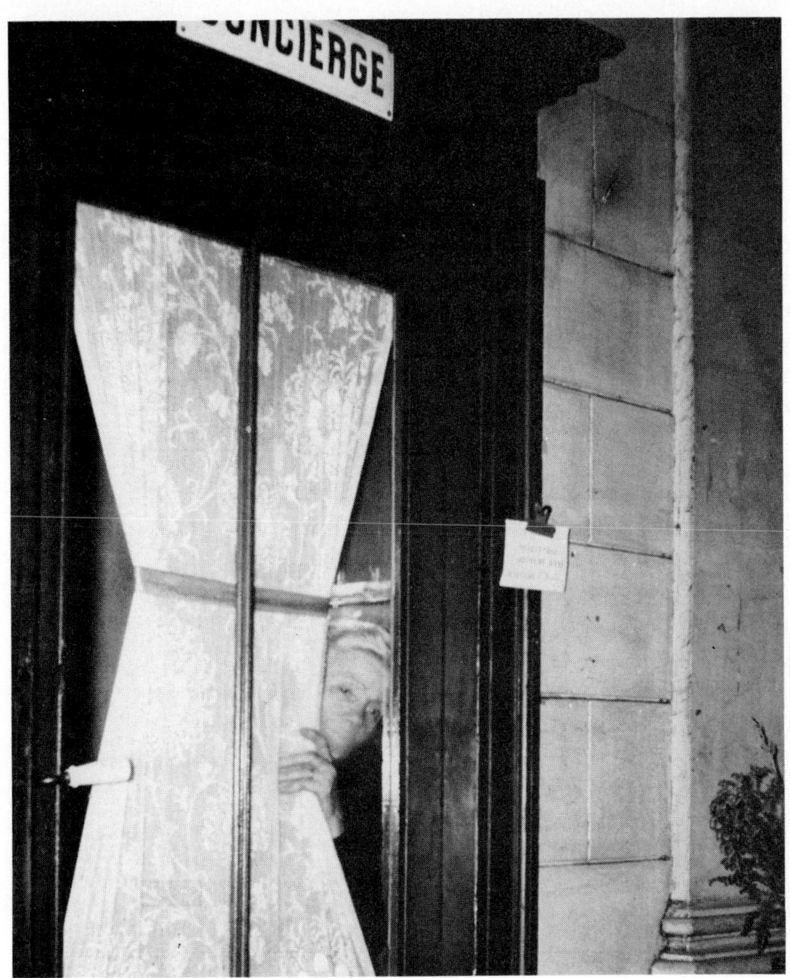

La concierge: Le Nouveau Locataire RENE MALTETE/RAPHO/PHOTO RESEARCHERS, INC.

chez vous,° comme ça change, c'était chez eux, que voulez-vous, on vieillit, c'est l'âge, maintenant vous êtes chez vous, c'est pas moi qui dirai le contraire, moi ça me regarde° pas, on est très bien ici, une bonne maison, ça fait vingt ans, hein, ça fait bien loin déjà... (*Le Monsieur, sans mot dire, fait plusieurs pas dans la pièce vide qu'il inspecte du regard, ainsi que les murs, les portes, le placard; il a maintenant les mains derrière le dos. Elle continue.*) Ooh, Monsieur, ils ont tout laissé en bon état! Des gens propres, des personnes distinguées, quoi, enfin, ils avaient des défauts, comme vous et moi, ils n'étaient pas aimables, et pas bavards, pas bavards, ils m'ont jamais rien dit grand-chose, que des bêtises, lui, le vieux, ça allait à peu près,° elle, pas du tout, elle a jeté son chat par la fenêtre, c'est tombé sur la tête du gérant, heureusement pas sur mes fleurs, ça a fait «pif» et

c'était... *it wasn't your place yet*

concerne

ça... *he wasn't so bad*

lui, il la battait, si c'est croyable, Monsieur, dans notre siècle, c'est leur affaire, moi je me mêle pas de ça, une fois je suis montée, il cognait dessus,° [...]enfin, ils ne sont plus là, faut pas en dire du mal, ils sont comme morts, pas tout à fait, d'autant plus qu'il n'y a pas de quoi,° ils étaient bien aimables, j'ai pas eu à m'en plaindre, sauf pour le jour de l'an°... Oh, ne craignez rien, Monsieur, c'est solide, la maison, c'est pas d'hier,° on n'en fait plus comme ça aujourd'hui... Vous serez bien ici... Oh, pour ça... les voisins sont bien gentils, c'est la concorde, c'est toujours très calme, jamais j'ai appelé ici la police, sauf au troisième, c'est un inspecteur, il crie tout le temps, il veut arrêter tout le monde...

il... *he was hitting her*

d'autant... *all the more because there is no reason (to speak ill of them)*

jour... *New Year's Day*

c'est... *it wasn't built yesterday*

LE MONSIEUR: (*montrant du doigt*) Madame, la fenêtre!... (*Sa voix est égale et terne.*°)

égale... *even and flat*

LA CONCIERGE: Ah, mais oui, Monsieur! Je veux bien faire votre ménage. Je ne demande pas cher, Monsieur. On s'entendra, vous n'aurez pas les assurances à payer...

LE MONSIEUR: (*même geste, même calme*) La fenêtre, Madame!

LA CONCIERGE: Ah, oui, Monsieur, pardon, j'oubliais. (*Elle ferme la fenêtre; le vacarme diminue un peu.*)... Vous savez, Monsieur, une parole en amène une autre et le temps passe... (*Le Monsieur continue ses vérifications.*)

LA CONCIERGE: J'ai fermé votre fenêtre, vous voyez, c'est comme vous avez voulu, ça ferme facilement. (*Le Monsieur vérifie la fermeture de la fenêtre, examine la fenêtre elle-même.*) Ça donne sur la cour, c'est pourtant clair,° vous voyez, c'est parce que c'est le sixième...

bien éclairé

LE MONSIEUR: Il n'y avait rien de libre au rez-de-chaussée.

LA CONCIERGE: Ah, je vous comprends, vous savez, pas facile le sixième, la maison n'a pas d'ascenseur...

LE MONSIEUR: (*plutôt pour lui*) Ça n'est pas pour ça. Je ne suis pas fatigué, Madame.

LA CONCIERGE: Ah! alors, c'est pourquoi, Monsieur? Vous n'aimez pas le soleil? C'est vrai, ça fait mal aux yeux! A partir d'un certain âge, on peut s'en dispenser,° ça brunit trop la peau...

s'en... vivre sans soleil

LE MONSIEUR: Non, Madame.

LA CONCIERGE: Pas trop, c'est vrai, pas trop... Vous n'avez pas dans quoi vous coucher° ce soir? Je peux vous prêter un lit! (*Depuis quelques instants, le Monsieur, toujours examinant la pièce, calcule les endroits où il va disposer les meubles qui vont arriver; du doigt, il montre, pour lui-même, les emplacements; il sort de sa poche un ruban-mètre, mesure.*) Je vais vous aider à placer vos meubles, ne vous en faites pas,° je vous donnerai des idées, ça ne manque pas,° c'est pas la première fois, puisque je vais faire votre ménage, c'est pas aujourd'hui qu'ils vont venir vos meubles, ils vont pas les apporter si vite, allez, je la connais leur galerie,° des marchands quoi, ils sont comme ça, tous comme ça...

dans... *anything to sleep in*

ne... ne vous inquiétez pas / ça... j'en ai beaucoup

je... *I know their game*

LE MONSIEUR: Si, Madame.

LA CONCIERGE: Vous croyez qu'ils vont les apporter aujourd'hui, vos meubles? Tant mieux pour vous, moi ça m'arrange,° j'ai pas de lit à vous prêter, mais ça m'étonnerait, comme je les connais, ah là, là, j'en ai vu, c'est pas les premiers,° ils ne viendront pas, ils ne viendront pas, c'est samedi, ah non c'est mercredi, j'ai un lit pour vous... puisque je fais votre ménage... (*Elle veut ouvrir la fenêtre.*)

° me convient
° c'est... *they are not the first ones I've had to deal with*

LE MONSIEUR: Pardon, Madame!

LA CONCIERGE: Qu'est-ce qu'il y a? (*Elle fait de nouveau semblant d'ouvrir la fenêtre.*) Je veux appeler Georges pour qu'il dise à Gustave d'aller voir Monsieur Clérence...

LE MONSIEUR: Laissez la fenêtre, Madame.

LA CONCIERGE: C'est parce que Monsieur Clérence voudrait bien savoir si Monsieur Eustache qui est l'ami de Monsieur Gustave, de Georges aussi, puisqu'ils sont un peu parents,° pas tout à fait, mais un peu...

° un... *sort of related*

LE MONSIEUR: Laissez la fenêtre, Madame.

LA CONCIERGE: Bon, bon, bon, bon! J'ai compris, vous ne voulez pas, j'aurais pas fait de mal, c'est votre droit, votre fenêtre, pas la mienne, je n'en veux pas, j'ai compris, vous commandez, comme vous voudrez, j'y touche plus, vous êtes propriétaire de l'appartement, pour pas bien cher, bref, ça ne me regarde pas, la fenêtre avec, elle est à vous, tout s'achète avec de l'argent, c'est ça la vie, moi je dis rien, je ne me mêle pas, c'est votre affaire, faudra descendre les six étages pour chercher Gustave, une pauvre vieille femme, ah là, là, les hommes sont capricieux, ça ne pense à rien du tout,° mais moi je vous obéis, vous savez, je veux bien, ça ne me gêne pas, je suis même contente, je vais faire votre ménage, je serai comme qui dirait° votre domestique, n'est-ce pas, Monsieur, c'est entendu?

° ça... ils oublient tout
° comme... pour ainsi dire

LE MONSIEUR: Non, Madame.

LA CONCIERGE: Comment, Monsieur?

LE MONSIEUR: Je n'ai pas besoin de vos services, Madame.

LA CONCIERGE: Ça c'est trop fort! C'est pourtant vous qui m'avez priée,° c'est malheureux,° j'ai pas eu de témoin, je vous ai cru sur parole, je me suis laissé faire°... je suis trop bonne...

° *begged*
° dommage
° je... *I let myself be led along*

LE MONSIEUR: Non, Madame, non. Ne m'en veuillez pas.°

° Ne... *Don't hold it against me.*

LA CONCIERGE: Mais alors! (*On frappe à la porte de gauche.*)

LE MONSIEUR: Les meubles!

LA CONCIERGE: Je vais ouvrir. Ne vous dérangez pas, c'est à moi d'ouvrir, pour vous servir, je suis votre domestique. (*Elle veut aller ouvrir la porte, le Monsieur s'interpose, l'arrête.*)

LE MONSIEUR: (*toujours très calme*) N'en faites rien, Madame, je vous en prie! (*Il va vers la porte à gauche, l'ouvre, tandis que la Concierge, les mains sur les hanches, s'exclame:*)

LA CONCIERGE: Ah, ça, par exemple! Ils vous enjôlent,° ils vous promettent tout, et ils ne tiennent pas leur parole!

° *coax, wheedle*

Avez-vous compris?

1. Pourquoi la Concierge est-elle surprise de voir le Monsieur? Selon elle, quel jour devait-il venir?
2. Quelle sorte de gens étaient les anciens locataires? Quelles habitudes avaient-ils? Quels étaient leurs rapports avec la Concierge?
3. Quelles questions la Concierge pose-t-elle au Monsieur? De quelle manière le Monsieur manifeste-t-il sa ferme intention de garder ses distances vis-à-vis de la Concierge?
4. Comment réagit le Monsieur quand la concierge lui dit d'enlever son chapeau? Que lui dit-elle après?
5. Comment la deuxième description des anciens locataires contraste-t-elle avec la première?
6. Racontez l'épisode du chat.
7. Expliquez: «... ils sont comme morts, pas tout à fait... ».
8. Comment la Concierge se contredit-elle au sujet de la maison et des locataires?
9. Selon la Concierge, quels sont les avantages et les inconvénients d'un appartement au sixième étage?
10. Comment la Concierge veut-elle aider le Monsieur? Que veut-elle lui prêter?
11. Pourquoi la Concierge pense-t-elle que les meubles n'arriveront pas comme prévu?
12. Comment se contredit-elle au sujet du lit?
13. Pourquoi la Concierge veut-elle rouvrir la fenêtre? Commentez ses justifications et expliquez-en le comique.
14. Quand le Monsieur lui dit de laisser la fenêtre, en quoi la Concierge se montre-t-elle susceptible?
15. Le Monsieur refuse les services de la Concierge. Comment réagit-elle? Comment justifie-t-elle sa réaction?
16. Quand les meubles arrivent, sur quoi la Concierge insiste-t-elle? Comment réagit le Monsieur? Pourquoi la Concierge se sent-elle insultée?

Commentaire du texte

1. Dans les grandes villes françaises le personnage de la Concierge est presque une institution. Il s'agit en général d'une femme âgée, bavarde, curieuse, qui souvent se mêle trop des affaires des autres. Elle est chargée de faire le nettoyage des escaliers, elle distribue le courrier et, en échange de ces travaux, elle occupe gratuitement un appartement au rez-de-chaussée. Elle est au courant de tout ce qui se passe dans l'immeuble, rien ne lui échappe. Si Ionesco n'a pas donné de nom à la Concierge, c'est peut-être parce qu'elle est le stéréotype de la profession, elle représente toutes les concierges. Quels sont les détails qui la rendent typique?
2. Comment voyez-vous le caractère du Monsieur et celui de la Concierge d'après leur comportement?
3. La Concierge se sert très souvent de phrases toutes faites comme, par exemple, «nous n'avons pas tous les mêmes goûts», «on sait jamais», «tout

le monde ne peut pas». Relevez d'autres exemples de banalités dans le texte.

4. La Concierge dit que les anciens locataires étaient «de bien braves gens», «des gens propres», «des personnes distinguées». Ce sont là encore des expressions toutes faites. Pourquoi la Concierge les emploie-t-elle, alors qu'en fait elle affirme le contraire?
5. On fait preuve de mauvaise foi quand on fait tomber sur une autre personne la responsabilité de ses propres actions. A propos de quel incident la Concierge fait-elle preuve de mauvaise foi?
6. La façon de parler de la Concierge montre que ce n'est pas une personne cultivée. Quelles fautes de grammaire fait-elle? Donnez-en des exemples.
7. Selon Ionesco, souvent les gens parlent pour ne rien dire. Comment le montre-t-il dans cette scène?
8. Cette scène vous semble-t-elle amusante ou y avez-vous trouvé aussi un côté amer? Expliquez.

De la littérature à la vie

1. Si vous deviez monter (*stage*) *Le Nouveau Locataire,* à quel type d'acteurs confieriez-vous les rôles de la Concierge et du Monsieur? Comment seraient-ils habillés? Quel décor choisiriez-vous? Quelle sorte de publicité imagineriez-vous pour cette représentation...?
2. Y a-t-il un équivalent de la concierge aux Etats-Unis? Quelles caractéristiques les gérants d'appartements ont-ils en commun?

Un peu de grammaire: le pronom relatif

Référez-vous au texte pour compléter les phrases suivantes en utilisant un pronom relatif. (Utilisez autant de pronoms différents que possible.)

1. La Concierge est une personne...
2. Elle dit que les anciens locataires étaient des gens...
3. La vieille dame...
4. Les anciens locataires avaient un chat...
5. La Concierge dit qu'elle ne se mêle pas de...
6. Elle se décrit comme une pauvre vieille femme...
7. Le Monsieur est un homme...
8. Il calcule les endroits où il va placer ses meubles...

CHAPITRE 9

Sports et loisirs

Louis Auguste Lepere: Le Ballon qui tombe au prè Saint-Gervais (1910)

Pour les Français, les grandes vacances sont une institution. Il va sans dire que tout le monde veut les prendre en été, et particulièrement pendant les trois premières semaines du mois d'août. Les touristes ont la joie de se promener dans un Paris presque sans circulation, mais ils ont aussi la surprise de trouver neuf fois sur dix les boutiques et les restaurants fermés.

Pour beaucoup de Français, partir en vacances veut simplement dire quitter l'appartement en ville et s'installer dans un hôtel à la campagne ou au bord de la mer. On cherche de plus en plus le silence et la tranquillité des endroits isolés, mais trop souvent on se retrouve avec des milliers de gens qui recherchent la même chose. C'est pour cette raison que le Club Méditerranée a eu tant de succès dès sa fondation en 1949. Le Club a établi des «villages» sur les plages les moins fréquentées, d'abord, comme son nom l'indique, de la mer Méditerranée, ensuite dans beaucoup d'autres pays et récemment dans les montagnes du Colorado.

Selon la saison, les Français pratiquent la chasse et la pêche; les jeunes font du ski ou jouent au tennis, et des gens de tout âge sont les spectateurs enthousiastes des matchs de football. Malgré la grande popularité du «Tour de France», seuls les coureurs qui désirent y participer pratiquent sérieusement le cyclisme.

La pêche sous-marine est un sport relativement récent qui doit une grande partie de sa popularité à l'océanographe Jacques-Yves Cousteau. Les films qu'il a tournés sur la flore et la faune sous-marines ont paru sur les écrans de la télévision dans le monde entier. Les plongeurs qu'on voit un peu partout sur les côtes rocheuses de la mer Méditerranée ont peut-être au fond du cœur des rêves plus ambitieux... Dans son livre *Le Monde du silence,* d'où est tiré l'extrait de ce chapitre, Jacques-Yves Cousteau révèle le côté périlleux de ses recherches sur le comportement des requins.

Pendant l'été de 1961, *Réalités,* une grande revue française, a demandé à la journaliste Muriel Reed de faire un séjour au Club Méditerranée de Corfou pour étudier l'ambiance toute particulière du Club. L'article dont vous allez lire un extrait est le résultat de cette expérience.

Le Monde du silence

JACQUES-YVES COUSTEAU

Jacques-Yves Cousteau (1910–) est né à Saint-André-de-Cubzac (Gironde). Après ses études à l'Ecole Navale, il commence sa carrière d'officier de marine. En 1943 il perfectionne avec Emile Gagnan un scaphandre autonome (*aqualung*) qui permet de plonger jusqu'à cent mètres de profondeur et d'y rester pendant une heure. Ses premiers documentaires filmés sur la faune sous-marine datent de 1946. Ses films et ses livres ont fait connaître au grand public les trésors, la beauté et les dangers du «monde sans soleil». M. Cousteau a reçu d'innombrables prix aussi bien que le titre de Docteur ès Sciences *honoris causa* de l'université de Californie à Berkeley et de Brandeis University.

L'extrait ci-dessous est tiré du plus célèbre de ses livres, *Le Monde du silence,* publié en 1953. Cousteau et son ami Dumas se sont éloignés de leur bateau, l'Elie-Monnier, pour filmer les évolutions d'un requin qui a l'air assez amical. Mais, à l'apparition de deux autres requins, il change vite d'attitude.

AVANT DE LIRE

Cousteau parle ici d'une rencontre avec trois requins: un requin gris et deux grands bleus. Pour suivre l'action, il faut savoir de quel(s) requin(s) il s'agit à chaque instant. Soyez attentif au comportement du requin gris par rapport à celui des bleus. Trouvez le passage où le gris change d'attitude.

Cet extrait tire une grande partie de son intérêt et de son suspense du fait que c'est une histoire vraie. Essayez de vous mettre à la place de Cousteau et de Dumas. Imaginez la peur qu'ils ressentent face au danger. Notez les moyens dont ils se servent pour essayer d'éloigner le requin gris et après pour se défendre contre les trois bêtes. Précisez l'importance du poisson pilote par rapport à l'action.

Mots et expressions

agiter to shake; to wave
s'éloigner to move off, go away
épuisé(e) exhausted
mordre to bite
le museau muzzle, snout
la plongée (sous-marine) (scuba, deep-sea) diving
plonger to dive
le plongeur diver
la queue tail
le requin shark

Emplois

Complétez le paragraphe avec les mots qui conviennent.

L'hiver dernier j'ai passé mes vacances aux Antilles. Je me considérais comme un _____ exceptionnel. Un jour, pendant que je _____, j'ai vu un gros _____ s'approcher de moi. Il avait un énorme _____; je croyais qu'il allait me _____. Pour lui faire peur, j' _____ les bras mais bien vite j'ai été trop _____ pour continuer. Finalement, le requin _____ d'un grand coup de _____. J'ai décidé de ne plus faire de _____ à cet endroit-là.

Face aux requins

Mon camarade suit l'animal, l'approche, le prend par la queue, partagé entre le désir de tirer fort [...] et la crainte qu'il ne se retourne pour mordre. Il lâche donc prise° et calque ses évolutions sur celles du requin.° Il lui faut nager aussi vite qu'il en est capable pour ne pas se laisser distancer par l'animal qui, lui, avance presque sans bouger. La bête n'a pas l'air de s'intéresser beaucoup à nous, mais son petit œil immobile nous fixe.

Il... *So he lets go* / calque... imite les mouvements du requin

Notre requin gris nous a peu à peu entraînés à vingt mètres de profondeur. Alors Dumas pointe son doigt vers le bas. Apparaissant dans le bleu sombre, à la limite de la visibilité, deux autres requins montent lentement vers nous. Ils sont beaucoup plus grands, ils dépassent quatre mètres. Ils sont plus effilés,° plus bleus, plus sauvages d'apparence. Ils s'installent au-dessous de nous: ils n'ont pas de poissons pilotes.°

fins et longs

poissons... petits poissons qui accompagnent les requins

Notre vieil ami, le requin gris, se rapproche de nous, réduisant le rayon

Face à un requin JEFF ALBERTSON / STOCK, BOSTON

des cercles qu'il décrit. Mais il paraît toujours maniable. Le mécanisme qui le faisait tourner autour de nous comme les aiguilles d'une montre semblait au point,° et ses pilotes restaient en place. Nous étions parvenus,° jusqu'ici, à maîtriser notre peur, nous n'y pensions plus. L'apparition des deux grands bleus nous rappelle durement à la réalité.

au... *well regulated* / étions... avions réussi

Nous nous creusons désespérément la mémoire,° Dumas et moi, pour y retrouver des conseils sur la manière d'effrayer les requins.

Nous... *We wrack our brains*

«Gesticulez», dit un sauveteur;° et nous faisons de grands gestes désordonnés. Nous avons un peu honte: le gris n'a pas daigné sourire.

rescuer

«Envoyez-leur un jet de bulles», dit un scaphandrier à casque.° Dumas attend que le requin ait atteint le point le plus proche de sa trajectoire et souffle de toutes ses forces: le requin ne réagit pas.

scaphandrier... *diver (in diving suit)*

«Criez aussi fort que possible», dit Hans Hass. Nous poussons des hurlements jusqu'à en perdre la voix. Le requin paraît sourd.

«Des tablettes d'acétate de cuivre° fixées à la ceinture empêcheront les requins d'approcher», dit un officier instructeur de l'aviation américaine. Nous en avons mis deux, et notre ami nage à travers le bouillon° de cuivre sans sourciller.° Son œil glacé nous jauge° comme une conscience. Il a l'air de savoir ce qu'il veut: le temps travaille pour lui.

acétate... *copper acetate*

nuage

avoir peur / nous... *sizes us up*

Il se produit alors un petit incident affreux. Le minuscule poisson pilote, qui nage devant le museau du requin, s'envole de son perchoir et frétille° vers Dumas. Il papillonne° tout contre son masque et mon ami secoue la tête comme pour se débarrasser d'un moustique. Mais en vain. Dumas se sent marqué, il est devenu une succursale° du requin.

wriggles

flutters

offshoot

Je sens mon camarade se rapprocher instinctivement de moi. Je vois sa main chercher son poignard de ceinture et dégainer.° Au-delà du couteau et de la caméra, le requin gris s'éloigne un peu, comme pour prendre son élan,° se retourne, et vient droit sur nous.

unsheathe (it)

comme... *as if to gather momentum*

Nous battre au couteau avec un requin, c'est dérisoire,° mais le moment est venu où couteau et caméra sont notre dernier moyen de défense. Sans réfléchir, je brandis la caméra comme un bouclier,° j'appuie sur le levier de déclenchement,° et je me trouve en train de filmer la bête qui fonce sur moi. Le museau plat ne cesse de grandir; bientôt il n'y a plus au monde qu'une gueule. La colère m'envahit. De toutes mes forces, je pousse la caméra en avant et frappe en plein sur le museau. Je sens le déplacement d'eau d'un grand coup de queue, un corps lourd passe près de moi en un éclair,° et le requin se retrouve à quatre mètres, indemne,° inexpressif, décrivant lentement autour de nous sa ronde obstinée.°

ridicule

shield

levier... *release lever*

en... très vite

unscathed

sa... *his relentless circling*

Les deux requins bleus montent sans cesse et entrent dans la danse. Il est grand temps de rentrer. Nous faisons surface et sortons nos têtes de l'eau. Horreur! l'Elie-Monnier est à trois cents mètres sous le vent.° Il a perdu notre trace. Nous agitons frénétiquement les bras, mais le bateau ne répond pas. Nous flottons en surface avec la tête en dehors; c'est la meilleure méthode pour se faire dévorer. Des jambes qui pendent peuvent être cueillies° comme des saucissons à un mât de cocagne.[1] Je regarde vers le bas: le trois requins se diri-

sous... *downwind*

plucked

---

[1] **mât de cocagne:** dans un carnaval, long poteau de bois recouvert de graisse auquel on doit grimper afin de décrocher des gourmandises suspendues au sommet.

gent vers nous en une attaque concertée. Nous plongeons et nous leur faisons front,° ils reprennent leur manœuvre d'encerclement. Tant que nous sommes à deux ou trois mètres de profondeur, ils hésitent à s'approcher de nous. Nous esquissons° une retraite vers le bateau. Malheureusement, sans point de repère,° ni boussole° de poignet, il est impossible de faire dix mètres en ligne droite.

Nous pensons avant tout à nos jambes, et nous improvisons une formation défensive, en restant côte à côte, mais tête-bêche,° afin que chacun de nous puisse surveiller les pieds de l'autre. A tour de rôle,° l'un de nous monte en flèche° vers la surface et agite les bras pendant quelques secondes, tandis que l'autre le protège en adoptant une attitude aussi agressive que possible. Tandis que Dumas lance un nouvel appel désespéré, un des requins bleus s'approche tout près de ses pieds. Je crie. Dumas se retourne et plonge, résolument, face à la bête, qui s'écarte et revient à son carrousel.° Quand nous montons pour regarder, nous sommes étourdis par toutes ces girations sous l'eau, et il nous faut tourner la tête comme une lanterne de phare° pour tâcher de retrouver l'Elie-Monnier.

Nous sommes presque à bout de force; le froid nous gagne. J'estime qu'il y a plus d'une demi-heure que nous sommes sous l'eau. Bientôt notre provision d'air sera épuisée. Après ce sursis,° nous abandonnerons nos embouts,° nous nous débarrasserons de nos scaphandres° et nous remonterons en surface, nous acharnant à° nous protéger tant bien que mal par des plongées libres. Notre fatigue sera décuplée,° tandis que nos formidables adversaires resteront à leur aise, inlassables, indestructibles. Mais l'attitude des requins change. Ils s'agitent, font un dernier tour de piste° et disparaissent. Nous n'y pouvons croire. Nous nous regardons. Une ombre passe sur nous: c'est le canot de l'Elie-Monnier. Les requins se sont enfuis à son approche.

face
commençons
reference / compass
head to foot
A... l'un après l'autre
en... tout droit
sa ronde
lighthouse
reprieve / air hoses
aqualungs
acharnant... essayant furieusement de
sera... *will increase tenfold*
tour... *lap (around the divers)*

Avez-vous compris?

1. Expliquez les sentiments partagés de Dumas lorsqu'il prend le requin gris par la queue. Pourquoi doit-il faire des efforts pour suivre l'animal?
2. Où le requin gris entraîne-t-il les deux plongeurs? Que voient-ils monter vers eux? Comparez les requins bleus avec le gris. Quel effet l'apparition des requins bleus a-t-elle sur les plongeurs?
3. Cousteau et Dumas s'efforcent de se rappeler différentes manières d'effrayer les requins. Enumérez-les en expliquant les résultats qu'obtiennent les plongeurs quand ils essaient d'appliquer ces conseils.
4. Le poisson pilote qui accompagne le requin gris s'approche de Dumas. Pourquoi cet incident est-il «affreux»? Quel effet a-t-il sur l'animal?
5. Quels moyens de défense les plongeurs ont-ils à leur disposition? Comment le requin réagit-il quand Cousteau le frappe sur le museau?
6. Comment les plongeurs essaient-ils d'échapper au danger? Que découvrent-ils quand ils remontent à la surface? Pourquoi est-il dangereux d'y rester?
7. Que font Cousteau et Dumas lorsque les trois requins se dirigent vers eux? Comment les bêtes réagissent-elles? Que font ensuite les plongeurs pour se défendre et se protéger?

Commentaire du texte

1. Cousteau est un spécialiste de la vie sous-marine. Que vous a-t-il appris sur les requins?
2. Qu'est-ce qui donne du suspense au récit (choix des détails, emploi de la première personne et du présent...)?
3. Comment qualifieriez-vous le ton du récit? (dramatique? léger? amusant?...)

De la littérature à la vie

1. Les océans ont toujours fasciné les êtres humains. Qu'est-ce qui vos attire en particulier: exploration d'un monde inconnu, beauté de la faune et de la flore sous-marines, recherche de trésors perdus... ?
2. Cousteau a consacré sa vie à l'exploration de la nature. D'après vous, quelle est la valeur d'un tel travail pour l'amélioration des connaissances humaines?
3. Pourquoi fait-on du sport? Quelle leçon peut-on tirer des sports? confiance en soi? connaissance de ses limites? réactions face au danger? esprit de corps dans les sports d'équipe? attraits de la nature?...

Un peu de grammaire

Si vous aviez le choix, où et comment passeriez-vous votre temps libre? Pourquoi?

Chez les gentils membres du Club Méditerranée

MURIEL REED

Muriel Reed (1924–1965) est née à Paris de mère française et de père américain. Après ses études à l'université de Swarthmore aux Etats-Unis, elle rentre en France et y habite jusqu'à sa mort. Pendant quinze ans elle travaille pour *Réalités,* une des revues les plus élégantes de France. Ses articles sur la société française sont remarquables par la profondeur de l'analyse et par la vivacité du style.

AVANT DE LIRE

L'utopie ou l'illusion? Dans «Chez les gentils membres du Club Méditerranée», l'auteur raconte ses impressions du Club Med à Corfou. Méfiante au départ, Muriel Reed est vite captivée par l'accueil chaleureux et l'ambiance cordiale du Club. Elle ne tarde pourtant pas à constater que les apparences peuvent être trompeuses. Cherchez dans le texte les contrastes entre les apparences et la réalité, et notez-les en suivant le modèle ci-dessous. Après avoir lu le passage en entier et fait votre liste, comparez ce que vous avez trouvé avec les exemples relevés par vos camarades de classe. (Nous avons commencé la liste pour vous.)

Les niveaux de langue L'un des aspects les plus intéressants du texte est l'emploi de différents niveaux de langage. Le style soigné ou littéraire alterne avec un style plus familier. Notez, par exemple, les deux phrases suivantes:

> Des G. O. (Gentils Organisateurs) vinrent au-devant de nous à ski nautique et nous saluèrent... —Ah, mon vieux, dit un grand barbu à son voisin, moi, l'accueil du club, chaque fois ça me fout la larme à l'œil.

L'emploi du passé simple (vinrent, saluèrent, dit) signale le style littéraire. Les expressions «mon vieux» et «ça me fout la larme à l'œil» appartiennent plutôt au langage familier et populaire. Cherchez d'autres passages dans le texte où l'auteur passe du style littéraire au style familier.

APPARENCES	REALITE
Accueil chaleureux (on serrait les nouveaux G.M. dans les bras)	Les G.O. font des commentaires sur les clients dans leur dos.

Mots et expressions

l'accueil (*m.*) welcome
l'ambiance (*f.*) atmosphere
maigre thin, skinny
la méfiance distrust
s'occuper de to take care of, attend to
le renseignement piece of information
la réussite success
le souci worry, care
le surlendemain two days later, day after the next day
le tutoiement familiar form of address using **tu**

Emplois

A. Trouvez les noms qui correspondent aux verbes suivants.

1. renseigner
2. réussir
3. tutoyer
4. accueillir
5. se méfier

B. Complétez les phrases avec les mots qui conviennent.

1. On trouve une ____ cordiale au Club Med.
2. Les organisateurs du Club Med ____ de tout.
3. Ce n'est que quand je pars en vacances que je peux oublier mes ____.
4. Ce n'était pas le lendemain mais le ____ de notre arrivée que nous avons fait une excursion dans les environs.
5. C'est une petite femme très ____; elle ne pèse que quarante kilos.

[...] Le Club Méditerranée est le plus grand et le plus étonnant de tous les «clubs» de vacances. Il existe depuis 1949 et, en douze ans, a fondé douze «villages» d'été et d'hiver, en Corse, en Afrique, en Italie, en Grèce, etc. Il compte aujourd'hui 180 000 Gentils Membres (G.M.) fort attachés à leur Club. [...] Sa réussite est telle que des sociologues l'ont étudiée et ont conclu que le Club avait réussi à édifier° une société idéale et nouvelle, basée sur la joie, la liberté et les sentiments de cordialité, de confiance, de franche camaraderie.

Personnellement, tout ce qui est obligatoirement grégaire, «bon copain», «esprit club», me hérisse comme un cactus,° et c'est avec la plus vive méfiance que j'avais contemplé mes futurs «potes»,° attroupés° sur le quai de la Gare de Lyon. Chargés de fourre-tout,° de sacs de couchage, culottés° de blue-jeans, ils avaient l'air assez déguenillés,° genre saucisson, vin rouge et chanson à boire° (en fait, c'était des gens qui savaient comment s'habiller pour passer deux jours en train et c'est moi qui étais grotesque). Mais le voyage se passa dans le calme. Les G. M. étaient vraiment gentils. [...]

Ce n'est que le surlendemain de notre départ qu'après une nuit en bateau nous arrivâmes à Corfou. [...]

Des G.O. (Gentils Organisateurs) vinrent au-devant de nous° à ski nautique et nous saluèrent. Sur le ponton° du Club, nous commencions à distinguer une foule grouillante.°

«Ah, mon vieux, dit un grand barbu° à son voisin, moi, l'accueil du Club, chaque fois ça me fout° la larme à l'œil.» L'accueil était en effet adorable. Vêtus de paréos à ramages,° une foule de filles et de garçons bronzés nous acclamaient, chantaient, nous lançaient des couronnes de fleurs. A peine avions-nous mis pied à terre qu'ils nous serraient dans leurs bras comme des vieux amis et que, comble de gentillesse,° ils s'emparaient de nos valises les plus lourdes en criant «Venez, venez bouffer.»° Assez émus, nous nous laissions embrasser et entraîner vers le restaurant de plein air° où, sous les oliviers, nous attendait un bon petit déjeuner et un speech d'accueil charmant prononcé par le «chef de Village», qui, à Corfou, est une belle jeune femme plantureuse° nommée Didy. Encore un peu étourdis mais le cœur réchauffé par cet accueil,

créer

me... *makes me bristle*

(pop.) copains / rassemblés

Chargés... *Loaded with duffel bags / dressed*

ragged / genre... allusion à des habitudes peu raffinées de voyage

au-devant... nous rencontrer

dock

swarming

homme avec une barbe

ça... (pop.) ça me met

paréos... *floral-printed wraparounds*

comble... *height of courtesy*

(fam.) manger

de... *outdoor*

buxom

Panneau des activités au Club Med
MIMI FORSYTH / MONKMEYER

nous avons passé le reste de la journée dans l'euphorie à acquérir notre premier coup de soleil° sur la plage. Et le soir, entre deux danses et deux séries de jeux sur la piste° du Club, c'est avec ferveur que j'ai tressé de hideuses couronnes (je suis maladroite) pour le convoi de G.M. qui arrivait le lendemain.

coup... *sunburn*
dance floor

Dès l'aube, j'étais sur le ponton, mon paréo neuf tortillé comme un vieux torchon° (j'ai dit que j'étais maladroite), mais l'âme cordiale, les bras chargés de fleurs, soufflant dans une trompette en bois. L'animateur du Club, Jean-Paul Richez, nous encourageait:

tortillé... *twisted like an old dishrag*

«Gueulez un bon coup,° les enfants! Et haut les bras, haut les mains comme à un hold-up!»

Gueulez... (fam.) Criez très fort

Les nouveaux G.M. étaient aussi attendris° que nous l'avions été la veille.° Cependant, j'entendis quelques Gentils Organisateurs discuter à mi-voix:

touchés / le jour avant

«Ils ont l'air aussi caves° que ceux d'hier.

(pop.) bêtes

—Ça, oui. Et les bonnes femmes,° hum... Côté nanas,° on n'est pas gâté.»

(fam.) *dames* / (pop.) côté... *as far as chicks are concerned*

[...] Quand on pense au Club, on se demande si l'ambiance est très... enfin très libre... Elle l'est, bien sûr, mais pas plus en somme que partout ailleurs entre filles et garçons. [...]

Tandis que je me maquillais, un jeune homme à mon côté se rasait en chantant «Et, pendant ce temps-là, la Méditerranée...» Il s'interrompit pour me dire:

«Viens un peu ici, ma grande.° Ton paréo est foutu comme l'as de

ma... (fam.) mon amie

pique.° Tu permets? Voilà: un bon nœud sec° sur les nénés° tu drapes ici et te voilà parée°... Et pendant ce temps-là la Méditerranée... »

Il m'assena° sur les fesses une tape cordiale et recommença tranquillement à se raser.

J'appris plus tard que ce jeune homme passe à Paris pour être assez snob et qu'il est un des espoirs du Quai d'Orsay.° Nous étions tellement heureux (je dirai pourquoi plus tard) et tellement dépaysés que nos mœurs, et même notre langage, changeaient en vingt-quatre heures.

[...] Moi-même, quoiqu'un peu lente à la détente,° au bout de huit jours, à table, je prenais des initiatives, j'empoignais louche et soupière° et clamais: «Alors, m'sieurs dames, qui veut de la fripe°?» Tous les Français se tiennent bien à table, si bien que je n'avais aucune idée à qui je m'adressais. Sauf que je finis par remarquer que celui ou celle qui me répondait: «Moi, s'il vous plaît», était généralement ouvrier fondeur° ou demoiselle des P.T.T.,° tandis que celui qui rétorquait «Petite mère, t'as les portugaises ensablées° j'ai dit que la soupe ça me fait vomir», était souvent soit un sénateur, soit un médecin ou un architecte.

Car nous formions un groupe très mélangé. Y dominaient les petits et petites employés. Mais on y trouvait aussi des membres des professions libérales.° Tout le monde coexistait avec enthousiasme et il est exact qu'au bout de huit jours on se tutoyait volontiers et on se parlait facilement avec une sorte de tendresse.

[...] Dans notre «société idéale», au bout d'une dizaine de jours, je constatai quelques failles.° Certes° tout le monde s'aimait et la fille la plus laide qui, en ville, devait souffrir de la solitude, était ici accueillie, intégrée tout au moins à un groupe d'autres filles. Mais notre gentillesse était à fleur de peau.° Certes nous adorions le cuisinier et les jeunes filles grecques qui nous servaient de si bons repas (car ils étaient très bons), qui se précipitaient pour emplir de vin nos pichets à peine vides (car le vin est à discrétion° au village). Nous les adorions, mais nous ne leur adressions jamais la parole. D'autre part, un jour je pris part à une promenade à dos d'âne.° Chaque âne était fermement tenu en main par un petit garçon grec. Poussant des cris énergiques, ces petits garçons nous menèrent en courant à travers champs et bois jusqu'à une guinguette° de village. Ils étaient adorables à la fois de gaîté et de gentillesse et quand notre guide grec nous proposa de leur acheter des bonbons, nous le fîmes avec joie. «Pauvres petits loupiots,° ils sont si maigres, ça fait plaisir de les gâter un peu», dit une grosse dame en gavant° son enfant ânier° de loukhoums° et de chocolats.

C'est alors que surgirent trois autres petits garçons venus d'on ne sait où, encore plus maigres et déguenillés. Ils regardaient les friandises, sans rien dire mais avec une envie évidente. Tous les G.M. les toisèrent° froidement.

«Ah! non», dit la grosse dame en ramassant ses plaques de chocolat, «rien pour ceux-là; ils ne sont pas des nôtres.°»

Au fond, nous étions d'un égoïsme féroce parce qu'au bout de huit jours de séjour au Club nous retombions en enfance. Il arrive, paraît-il, que les G.O. entre eux «bouffent du° G.M.», c'est-à-dire en parlent avec condescendance. En effet, les G.O., généralement très jeunes et très dynamiques, sont

foutu... mal mis / *hard* / (fam.) seins
all decked out
gave me

Quai... Ministère des Affaires Etrangères

lente... (fam.) *slow to loosen up*
louche... *ladle and soup tureen*
(fam.) soupe

ouvrier... *metal worker* / Postes, Télégraphes, Téléphones
t'as... (pop.) tu es sourde?

professions... médecins, avocats, etc.

fautes / Certainement
à... superficielle
à... gratuit
promenade... *donkey ride*
café en plein air
(fam.) enfants
stuffing / enfant... *child donkey-leader* / bonbons asiatiques
les... *eyed them up and down*
ne... ne font pas partie de notre groupe
bouffent... (pop.) parlent mal du

avec tact et mine de rien° les bonnes d'enfants° des G.M. Tout au long du voyage ils s'occupaient de nos valises, de nos repas, de nos billets, nous facilitaient les formalités de la douane, allant jusqu'à° nous distribuer des petites lettres: «Chers amis, vous avez rendez-vous avec le soleil mais aussi avec la douane grecque. Faites ceci, faites cela... » Au village également, nous n'avions pas le moindre souci: pas de ménage, pas de cuisine, à peine l'embarras du choix° entre les divers plaisirs que nous proposait le Club. D'autre part, les G.O. savaient si bien créer une atmosphère de cordialité tutoyeuse° que nous nous empressions° d'oublier nos âges, nos professions, nos soucis et jusqu'à° nos noms de famille. Nous étions «Michou» ou «Marinette», et nous jouions dans notre jardin d'enfants. Comme à des enfants, il fallait d'ailleurs nous répéter trois fois, quatre fois chaque renseignement, chaque horaire. Le soir, sur la piste de danse, nous jouions à des jeux d'enfants, nous disputant des patates° ou nous battant à coups de polochon.° Le fait que nous vivions dans un cadre très beau et que nous avions l'impression «d'en avoir vraiment pour notre argent»° ajoutait à notre affection pour le Village. Nous n'aimions pas quitter ce paradis et ceux qui revenaient de Delphes ou d'Athènes disaient: «Ah! rien ne vaut notre Village!»

mine... sans en avoir l'air / bonnes... *governesses*

allant... *going so far as to*

l'embarras... le problème de choisir

familière

dépêchions / même

pommes de terre / battant... *having a pillow fight*

«d'en... » *of getting our money's worth*

La veille de mon départ pour la «grande excursion de 49 semaines à Paris», «Jacquot», un G.M. avocat [...] , s'était amusé «comme un grand fou» à faire un numéro,° coiffé d'un couvercle de poubelle et armé d'un balai. Convulsée de rire, je lui tapais dans le dos en lui disant: «Ah, l'esprit club, on peut dire que tu l'as, toi!» Quelques semaines plus tard, à Paris, j'eus à consulter un avocat. A ma surprise et à ma joie, dans le cabinet° de Maître° G... je me retrouvai en face de «Jacquot».

faire... faire le clown

bureau / titre donné aux avocats

«Jacquot! Dans mes bras, mon pote! lui dis-je.

—Ah! c'est cette bonne Muriel, dit-il assez distant. Quel plaisir... Que puis-je pour vous? Je suis malheureusement assez pressé... »

Il était encore bronzé mais visiblement il n'avait déjà plus l'«esprit club».

Avez-vous compris?

1. Dites ce que vous savez du Club Méditerranée. Pourquoi les sociologues s'y sont-ils intéressés?
2. Expliquez le manque d'enthousiasme de la part de l'auteur le jour du départ.
3. Décrivez ses compagnons de voyage.
4. Par qui et comment les voyageurs sont-ils accueillis à Corfou? Trouvez des phrases dans le texte qui indiquent la réaction de l'auteur à cet accueil.
5. Pourquoi le groupe est-il sur le ponton le lendemain? Pourquoi Muriel Reed commence-t-elle à mettre en question la «sincère» cordialité des organisateurs?
6. Qui Muriel Reed trouve-t-elle à son côté pendant qu'elle se maquille? Comment cet homme se comporte-t-il? Quelle sorte de personne est-ce? Comment le savez-vous?

7. En quoi la façon de se tenir à table est-elle un exemple de la transformation des mœurs et du langage des G.M.? A quelles classes sociales appartiennent-ils?
8. Muriel Reed cite deux exemples pour montrer que, malgré l'apparent égalitarisme, la gentillesse des G.M. n'est que superficielle. Expliquez.
9. Quels sont les rapports réels entre les membres et les organisateurs? Dans quelle mesure les G.M. sont-ils responsables de l'organisation et du succès de leurs vacances? Pourquoi Muriel Reed a-t-elle l'impression de retomber en enfance? Justifiez vos réponses.
10. Qu'est-ce que la «grande excursion de 49 semaines à Paris»? Qu'arrive-t-il la veille du départ de l'auteur?
11. Décrivez le changement d'attitude du jeune avocat lorsque l'auteur le retrouve à Paris.

Commentaire du texte

1. Quels changements psychologiques l'auteur a-t-elle remarqués en elle et chez les membres du Club? Comment les explique-t-elle?
2. Comment Muriel Reed réagit-elle à la familiarité (argot, tutoiement...) du Club? En quoi le langage transforme-t-il les rapports sociaux chez ces vacanciers? Donnez plusieurs exemples.
3. Présentez le point de vue et les conclusions de l'auteur sur le Club Méditerranée. Que considère-t-elle comme positif? négatif? A votre avis, son article est-il objectif ou subjectif? Expliquez.

De la littérature à la vie

1. Les conventions sociales ont-elles tendance à disparaître quand on est en vacances? Justifiez votre réponse. Agissez-vous différemment lorsque vous n'êtes pas dans votre environnement habituel (avec des inconnus, en voyage...)? Pourquoi?
2. Pour quelles raisons se fait-on des amis plus facilement quand on est en vacances? Comment une amitié de vacances naît-elle et de quoi a-t-elle besoin pour durer?
3. Quels peuvent être les avantages des vacances en groupe? Quels en sont les inconvénients?
4. Le niveau de langue compte beaucoup dans les rapports sociaux des Français. Par exemple, on parle respectueusement à ses parents; on n'appelle pas les personnes que l'on connaît peu par leurs prénoms; on n'utilise pas d'argot avec ses supérieurs; dans le monde du travail, on évite la familiarité (avec ses collègues, ses professeurs, les commerçants...). Quelles sont les règles de politesse dans votre pays? Quel système préférez-vous et pourquoi?

Activité

Les Français ne renoncent pas volontiers à des vacances en famille. Voici plusieurs sortes de vacances typiquement françaises: louer une maison au bord de la mer ou à la montagne pendant un mois; installer sa caravane ou sa tente sur un terrain de camping; passer une partie de l'été chez un membre de la famille; faire des voyages organisés exotiques (en particulier, pour les gens aisés). D'après ce modèle, décrivez plusieurs sortes de vacances typiquement américaines.

Le français dans le monde

Papa Ibra Tall (peintre sénégalais): La Forêt aux souvenirs (1962, détail)

En Europe, le français ne se parle pas seulement en France mais aussi en Belgique, au Luxembourg et dans une partie de la Suisse. Outre-mer, on le parle aux Antilles, au Québec, dans les anciennes colonies françaises d'Afrique et dans certains pays d'Extrême-Orient.

Bien que l'influence linguistique et culturelle française sur les littératures d'outre-mer remonte au dix-huitième et au dix-neuvième siècles, celles-ci n'ont trouvé leur véritable expression qu'au vingtième siècle.

Pendant les années de l'entre-deux-guerres, plusieurs écrivains noirs, venus du monde entier, ont fait de Paris leur centre de rencontre. Il y avait parmi eux trois grands poètes: le Sénégalais Léopold Senghor, le Martiniquais Aimé Césaire et le Guyanais Léon Damas. C'est justement Césaire qui a employé

LITTÉRATURE
FRANCOPHONE

S E U I L

pour la première fois en 1939 le mot «négritude» dont il a donné cette définition: «La négritude est la simple reconnaissance d'être noir et l'acceptation de ce fait, de notre destin de noir, de notre histoire, de notre culture.» Les écrivains d'Afrique noire ont choisi de s'exprimer en français, parce qu'il n'existe pas de langue littéraire négro-africaine et pour en établir une, il aurait fallu attendre au moins deux générations.

Le roman canadien-français a fait son début au commencement du dix-neuvième siècle. Il s'agissait surtout de récits d'amour et d'aventure, liés par les thèmes et par la forme aux grands courants du romantisme français. Plus tard, à la fin du dix-neuvième et pendant la première partie du vingtième siècle, le roman s'est développé, mais il s'est aussi figé sur le thème de l'attachement à la terre et aux traditions. Après la guerre (1945), les écrivains canadiens ont essayé de sortir du «roman paysan» et d'aborder des thèmes universels—le travail dans les villes et dans les grands espaces, la solitude, la condition féminine. Ils se sont surtout efforcés de prendre conscience de ce que signifie tout simplement «être canadien» en dehors de toute influence française ou anglaise.

La littérature canadienne contemporaine partage donc avec les autres littératures francophones le refus d'imiter passivement les civilisations colonisatrices et l'exigence de s'affirmer, de se définir en tant que Canadien, Antillais, Africain.

Cette prise de position ne signifie pas forcément le refus de ces civilisations. Au contraire, les écrivains d'outre-mer semblent souhaiter une forme d'équilibre qui permette à chaque culture de garder ou de redécouvrir ses valeurs et ses traditions.

Le premier texte est tiré du roman *La Petite Poule d'eau* (1950), par Gabri-

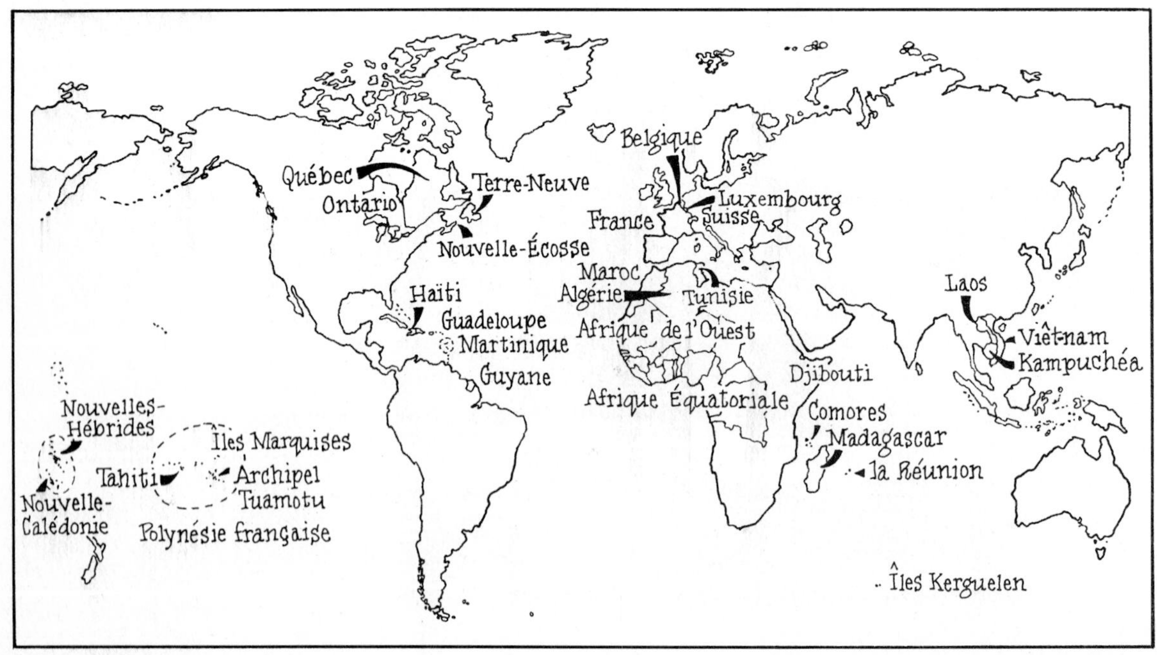

Les pays francophones

elle Roy. Si l'auteur canadien rend hommage à la civilisation française, elle souligne aussi le fait que les anciens colons français sont maintenant devenus des Canadiens. Le deuxième extrait est tiré du roman africain *Dramouss* (1966). Malgré son long séjour en France, le protagoniste du roman de Camara Laye n'a jamais oublié les coutumes et les traditions de son pays. Le poème «A mon mari», par Yambo Ouologuem, fait partie du recueil *Nouvelle Somme de poésie du monde noir* (1966). Il tourne en ridicule ceux qui adoptent certains usages européens parce qu'ils ont honte de leurs origines et de leur héritage. En cela, ils ressemblent beaucoup au bourgeois qui veut devenir gentilhomme.

La Petite Poule d'eau

GABRIELLE ROY

Gabrielle Roy (1909–1983) est née à Saint-Boniface, Manitoba. Elle fait ses études à l'Ecole Normale de Winnipeg et s'intéresse beaucoup au théâtre. En 1937 elle part pour l'Europe afin d'étudier l'art dramatique à Paris et à Londres. Son premier roman *Bonheur d'occasion* lui attire l'attention du public international et lui vaut le prestigieux Prix Fémina (1945).

L'extrait ci-dessous est tiré de *La Petite Poule d'eau,* paru en 1950. Dans ce roman, Gabrielle Roy peint de façon émouvante la vie et les valeurs d'un couple canadien d'origine française. Luzina Bastien et Hippolyte Tousignant ont quitté le sud du Manitoba pour s'installer dans une partie isolée de la province qui s'appelle la Petite Poule d'Eau. C'est là où, loin du confort moderne, ces pionniers du vingtième siècle élèvent leurs enfants et cultivent la terre. Luzina exige quand même que les enfants apprennent à lire, à écrire et qu'ils suivent un programme d'études régulier. Elle écrit au gouverneur de la région et obtient qu'une institutrice soit envoyée chez eux. Hippolyte bâtit une petite cabane, tout près de la maison, qui sert d'école aux enfants Tousignant.

C'est le premier jour d'école. La maîtresse, qui donne une leçon de géographie et d'histoire, essaie de rendre ses élèves conscients de leurs origines françaises. Luzina, qui trouve un prétexte pour écouter sous la fenêtre de l'école, est vite captivée par les beaux récits que raconte Mlle Côté.[1]

AVANT DE LIRE

Le plan du texte Il est utile de parcourir un texte avant de lire chaque mot. Cela permet d'avoir une vue d'ensemble avant d'en analyser les détails. Nous avons divisé l'extrait suivant en deux parties. Lisez rapidement chacune en essayant de trouver un titre ou une

[1] Les divisions du texte sont celles de l'éditeur.

phrase qui en résume le sujet. Vous pourrez vérifier vos premières impressions lorsque vous relirez attentivement le passage en entier.[2]

Faites très attention au deuxième paragraphe de la lecture, dans lequel l'auteur caractérise Luzina. Cette description vous aidera à apprécier la manière dont Luzina réagit à ce qui se passe dans la salle de classe. Après avoir lu le passage en entier, complétez ce portrait de Luzina en y ajoutant, par exemple, des détails sur son attitude envers Mademoiselle Côté et envers ses enfants.

Mots et expressions

l'ancêtre (*m.*) ancestor
attirer to attract
féliciter to congratulate
la honte shame
avoir honte (de) to be ashamed (of)
l'humeur (*f.*) disposition, mood
mal à l'aise ill at ease
obéir à to obey
rêvasser to daydream
supporter to bear, tolerate

Emplois

A. Trouvez le contraire de chaque expression.

1. repousser
2. à l'aise
3. ne pas tolérer
4. la fierté
5. un descendant

B. Complétez le paragraphe avec les mots qui conviennent.

L'autre jour, pendant que je rentrais du bureau, je ____. J'étais de bonne ____ car mon patron m' ____ sur mon travail. Je roulais assez vite lorsqu'un agent de police m'a arrêté pour me dire qu'il fallait ____ la limitation de vitesse.

I.

L'école était commencée depuis environ une heure. De temps en temps, de sa cuisine, Luzina entendait une explosion de petites voix; vers neuf heures et demie, un éclat de rire lui parvint, un vrai petit fou rire d'enfants à l'école, nerveux, agité et subitement réprimé;° mais, le plus souvent, elle eut beau guetter,° marcher sur la pointe des pieds, s'avancer jusqu'à sa porte ouverte, elle ne saisissait° aucun bruit.

repressed
eut... *watched in vain*
ne... n'entendait

[2] Voir Avant de lire à la page 11.

Luzina n'était pas de ces femmes que dérange beaucoup le tapage des enfants. Les nerfs tranquilles, l'humeur rêveuse et portée au beau,° elle l'oubliait facilement en se racontant des histoires. Ces histoires comportaient évidemment des incidents, des drames assez sinistres même, mais c'était uniquement pour le plaisir d'en avoir raison à la fin et de tout voir s'arranger dans son cœur.° Quelquefois, elle imaginait des malheurs irréparables: Hippolyte se noyait subitement; elle restait veuve avec neuf enfants; deux de ses fils tournaient mal et épousaient des sauvagesses;° mais tout cela n'était inventé qu'en vue du soulagement° qu'obtenait toujours Luzina lorsque, sortant de ses histoires macabres, elle voyait à quel point aucune ne tenait debout.° Les bruits habituels, le criaillement des poules et des enfants, favorisaient cette évasion de Luzina. Ce matin, c'était le silence qui la dérangeait.

portée... *with a penchant for all things beautiful*
d'en... *of having (the stories) end the way she wanted*
Indiennes
relief
aucune... aucune (histoire) n'était possible

Que pouvaient-ils faire maintenant à l'école? Qu'est-ce qui les avait fait rire tous, un instant auparavant? Mais surtout, à quelle occupation pouvaient-ils se livrer° dans un tel silence?

se... *to engage in*

Vers dix heures et demie, Luzina eut besoin de copeaux° pour alimenter° son four où cuisait un gâteau à la mélasse, et elle s'en alla tout naturellement ramasser ceux qui étaient tombés du rabot° d'Hippolyte tout autour de l'école. Loin d'elle, l'idée d'épier° la maîtresse. Luzina était bien déterminée à respecter l'indépendance de Mademoiselle Côté. Ce matin même, elle croyait avoir tranché° une fois pour toutes cette question du partage de l'autorité dans l'île de la Petite Poule d'Eau. «A l'école, avait prononcé Luzina, vous obéirez aveuglément à votre maîtresse.» Elle ne serait pas de ces femmes qui tiennent pour° leurs enfants contre la maîtresse, les plaignent° d'une petite correction reçue et nuisent ainsi au° prestige de l'autorité.

shavings / *feed (fuel)*
carpenter's plane
Loin... *Far be it from her to spy on*
décidé
tiennent... sont du côté de
les... *sympathize with them*
nuisent... *undermine*

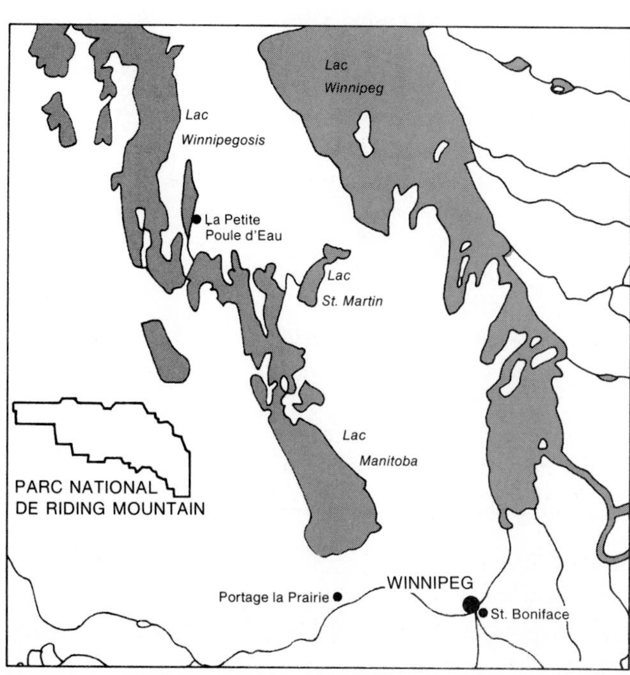

Le Manitoba et la Petite Poule d'Eau

Le dos penché, la tête rentrée dans les épaules, elle s'apprêtait à° dépasser le coin de l'école sans être vue par la fenêtre ouverte, lorsqu'une question bien précise cloua Luzina sur place.°

s'apprêtait... se préparait à

cloua... fit arrêter Luzina

—Dans quelle province vivons-nous? voulait savoir Mademoiselle Côté.

Quelle question! Luzina s'apprêtait à répondre. Il se trouvait une souche,° tout contre l'école, exactement sous la fenêtre ouverte. Luzina s'y laissa choir.°

stump

tomber

—Quel est le nom de notre province? répéta Mademoiselle Côté.

Aucun enfant ne répondait.

Luzina commença de se sentir mal à l'aise. «Bande de petits ignorants!» pensa Luzina. «Vous devriez pourtant savoir cela.» Ses lèvres formaient la réponse, en détachaient les syllabes. Toute sa volonté était tendue à° la faire passer dans l'esprit des écoliers. «Si c'est pas une honte, pas même savoir où on vit!»

Toute... *Her whole being was bent on*

Une voix s'éleva enfin, défaillante, peureuse:°

défaillante... faible, timide

—La Poule d'Eau, Mademoiselle.

Luzina avait reconnu la voix de Pierre.

«Si c'est pas honteux, un grand garçon de onze ans! se dit Luzina. Je m'en vas lui en faire° des Poule d'Eau quand il va revenir à la maison, celui-là!»

Je... (Je m'en vais...) *I'll show him*

La maîtresse continuait avec patience.

—Non, Pierre, la Poule d'Eau est le nom de cette région seulement. Encore, je ne sais pas trop si c'est le véritable nom géographique. C'est plutôt, je crois, une expression populaire. Mais je demande le nom de la grande province dans laquelle est comprise la Poule d'Eau et bien d'autres comtés. Quelle est cette province?

Aucune illumination ne frappait l'esprit des écoliers Tousignant.

—C'est une très grande province, les aida encore un peu plus Mademoiselle Côté. Elle est presque aussi grande à elle seule que toute la France. Elle part des Etats-Unis et va jusqu'à la baie d'Hudson.

—Le Manitoba!

C'était Edmond qui venait de lancer le mot. Sa petite voix pointue° avait pris l'accent même de la victoire. De l'autre côté du mur de l'école, Luzina était tout aussi fière. Son gras visage rose s'attendrissait.° Edmond vraiment! Une petite graine° qui n'avait pas encore huit ans! Où est-ce qu'il avait appris celui-là que l'on vivait dans le grand Manitoba? Il avait le nez partout° aussi, cet Edmond, fureteur,° toujours occupé à écouter les grandes personnes. Luzina lui accorda une vaste absolution.

shrill

softened

Une... *A little tyke*

avait... était très curieux

nosy

—Très bien, approuvait la maîtresse. Cette province est en effet le Manitoba. Mais elle est comprise ainsi que huit autres provinces dans un très grand pays qui se nomme...

—Le Canada, offrit Pierre sur un ton de voix humble, comme s'excusant.

—Mais oui, mais oui, très bien, Pierre. Puisque nous habitons le Canada, nous sommes des... Cana... des Canadi...

—Des Canadiens, trouva Pierre.

—C'est cela, c'est très bien, le félicita Mademoiselle.

Luzina convint° que Pierre s'était quelque peu racheté.° Tout de même: aller dire qu'on vivait dans la province de la Poule d'Eau. Quel enfant imbécile!

admitted / redeemed

—Nous sommes des Canadiens, poursuivait la maîtresse, mais nous sommes surtout des Canadiens français. Il y a bien longtemps, il y a plus de trois cents ans, le Canada n'était habité que par des Peaux-Rouges.° Le roi de France envoya alors un Français découvrir le Canada. Il se nommait Jacques Cartier.

Indiens

Le soleil réchauffait Luzina, bien à l'abri du vent,° le dos contre le mur de l'école. Elle avait croisé les mains. Ravie, elle écoutait la belle, vieille, vieille histoire, qu'elle avait connue un jour et, par la suite, presque oubliée. C'était beau! Plus beau encore que dans les livres à l'entendre raconter par la maîtresse avec tout ce talent, cette jeunesse fervente qu'elle y mettait. Luzina avait envie de rire, de pleurer.

à... protégée du vent

—Les premiers colons furent des Français... le gouverneur de Montréal, Maisonneuve... Celui de Québec se nommait Champlain... les explorateurs du Nouveau-Monde, presque tous étaient des Français: Iberville, des Groseilliers, Pierre Radisson. Le Père Marquette et Louis Joliet avaient découvert le chemin des Grands Lacs. La Vérendrye était allé à pied jusqu'aux Rocheuses.° Cavelier de la Salle avait navigué jusqu'à l'embouchure° du Mississippi. Tout ce pays était à la France.

les montagnes Rocheuses

entrée dans la mer

—La Poule d'Eau aussi? demanda Edmond.

—La Poule d'Eau aussi, acquiesça la maîtresse en riant.

Bien sûr, la France était maîtresse de tout le pays! En bonne écolière, Luzina suivait attentivement la leçon, mais elle était tout de même plus avancée que les enfants; sa mémoire, délivrée de soucis ménagers, affranchie° de presque toute sa vie, déterrait° des dates, certaines batailles qu'elle retrouvait avec délices. Tout en écoutant, Luzina avait même commencé de mener° pour son propre compte le récit du passé.

set free

unearthed

faire

Avez-vous compris?

1. Qu'est-ce que Luzina essaie d'entendre de sa cuisine le premier jour d'école?
2. Décrivez Luzina. Quel tempérament a-t-elle? Quel genre d'histoires aime-t-elle se raconter pendant qu'elle s'occupe de la maison? Pourquoi aime-t-elle imaginer des malheurs?
3. Pourquoi le silence la dérange-t-il ce matin-là?
4. Quelle est son attitude à propos de l'indépendance et de l'autorité de Mlle Côté dans son rôle de maîtresse d'école?
5. Quel prétexte amène Luzina près de l'école?
6. Pourquoi Luzina s'arrête-t-elle brusquement sous la fenêtre de l'école? A quelle question les enfants ne peuvent-ils pas répondre? Quelle est la réaction de Luzina?
7. En quoi la réponse de Pierre n'est-elle pas correcte?
8. Qu'est-ce qui rend Luzina fière d'Edmond? Pourquoi est-elle surprise qu'il sache la bonne réponse?
9. Comment Pierre se rachète-t-il?
10. Sur quel aspect de leur passé la maîtresse essaie-t-elle d'attirer l'attention des écoliers? Quels événements et personnages historiques évoque-t-elle?

11. Comment Luzina réagit-elle lorsqu'elle entend raconter l'histoire des Canadiens français? Montrez le rapport entre sa réaction et son tempérament tel que l'auteur le présente au début.

Séduite par les beaux récits que raconte Mlle Côté, Luzina se laisse aller à la rêverie. Se représentant l'histoire des familles Bastien et Tousignant, elle s'identifie aux premiers Canadiens français. Comme eux, elle travaille avec Hippolyte à civiliser cette région presque inhabitée, ce qui lui donne l'impression de suivre les traces non seulement de ses propres ancêtres, mais aussi de tous ceux qui ont colonisé le pays.

II.

Certainement, parmi ces premiers colons venus de France, il y avait eu des Tousignant et des gens de sa famille à elle, des Bastien. Luzina s'était laissé dire° que les colons français avaient été triés sur le volet;° qu'aucun bandit ou paresseux n'avait pu se glisser° dans leur nombre. Tous du bon monde.° Ils s'étaient établis dans ce que l'on appelait autrefois le Bas-Canada et qui devait plus tard être compris dans la province de Québec. Les Tousignant et les Bastien en étaient.° Mais, aventuriers et courageux tels que les voyait Luzina en ce moment, quelques-uns de ces Tousignant et de ces Bastien du Bas-Canada avaient émigré à l'Ouest, jusqu'au Manitoba. Déjà, ils étaient loin, bien loin de leur endroit d'origine. Mais attendez! dit Luzina à voix haute. Il s'était trouvé° une Bastien et un Tousignant de Manitoba qui avaient dans le

s'était... avait cru / triés... *screened*
se... *to infiltrate* / bon... gens respectables

en... en faisaient partie

Il... Il y avait eu

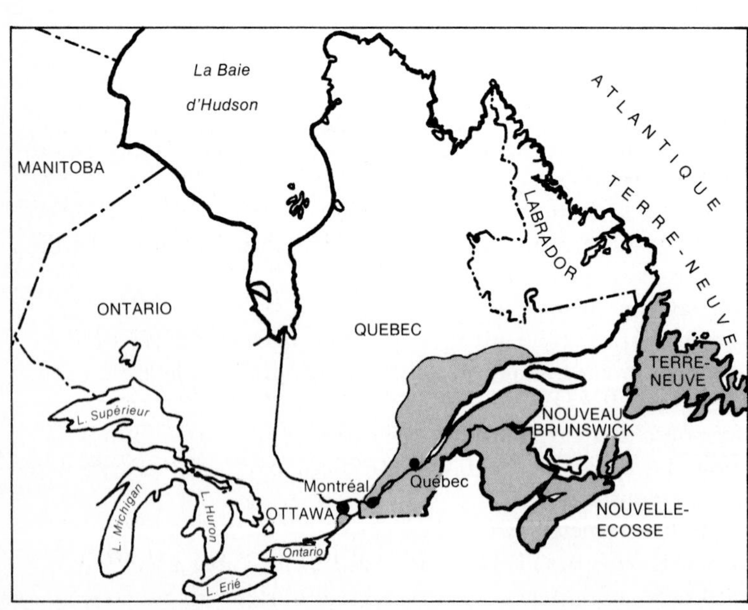

Régions francophones de Canada

sang le goût des ancêtres, coureurs° de bois et coureurs de plaine. On n'allait plus à l'Ouest, dans ce temps, mais il restait le Nord. Pas de chemin de fer, pas de route, presque pas d'habitations; ils avaient été attirés par le Nord. Pas de communications, pas d'électricité, pas d'école, cela les avait tentés. Comment expliquer cette folie d'ailleurs,° puisque, à peine installés dans le Nord, ils s'étaient mis à l'œuvre pour lui donner la ressemblance d'ailleurs! Ils avaient quitté des villages tout établis, elle Saint-Jean-Baptiste sur la rivière Rouge, Hippolyte son beau village de Letellier; et, depuis ce temps-là, ils travaillaient à changer le Nord, ils travaillaient à y amener les coutumes, l'air, l'abondante vie du Sud. Peut-être étaient-ils de ces bâtisseurs de pays dont Mademoiselle parlait avec tant de chaleur. Ah! si tel était le cas, Luzina n'en pourrait supporter la gloire sans pleurer un peu. Son œil s'humecta.° Elle ne pouvait pas soutenir d'entendre les trop beaux récits. Ceux qui étaient tristes non plus. Mais c'étaient les plus beaux qui en définitive jouaient davantage avec son cœur. Elle écrasa° une petite larme au coin de sa paupière gonflée.°

hunters, trappers

cette... *this longing for distant places*

became moist

brushed away / paupière... *puffy eyelid*

Oh, mais attendez encore! D'être venu à la Poule d'Eau n'était pas le mieux de l'histoire. La plus belle partie de l'histoire, c'était d'être rejoint dans l'île de la Petite Poule d'Eau par les ancêtres, les anciens Tousignant, les Bastien inconnus, le Bas-Canada, l'histoire, la France, La Vérendrye, Cavelier de la Salle. Luzina renifla.° C'était cela le progrès, bien plus grand que la vieille Ford du facteur, les catalogues du magasin. Comment dire! Les vents pourraient hurler six mois de l'année sans dérougir;° la neige pourrait ensevelir° la maison jusqu'au toit; et c'était comme si les Tousignant, dans leur île, ne seraient plus jamais seuls.

sniffled

s'arrêter / *to bury*

—Mon gâteau! pensa Luzina.

Elle fuyait fâchée contre elle-même, rouge jusqu'au front et perdant des copeaux de son tablier.° Quelle sorte de femme était-elle pour négliger ainsi son devoir! A chacun sa tâche dans la vie: à la maîtresse d'expliquer, aux enfants d'apprendre; et à elle, Luzina, de les servir.

apron

Avez-vous compris?

1. Racontez l'histoire des ancêtres de Luzina (Bastien) et d'Hippolyte (Tousignant). Dans quelle partie du Canada se sont-ils d'abord établis? Où ont-ils émigré ensuite? Quels traits de caractère Luzina leur attribue-t-elle?
2. Pourquoi Luzina estime-t-elle qu'elle et son mari ont le goût des ancêtres dans le sang? Qu'est-ce qui les a attirés vers le Nord? A peine installés dans la région, à quoi travaillent-ils? Comment Luzina s'explique-t-elle cette attitude contradictoire?
3. Pourquoi pleure-t-elle? Quelles sortes de récits la touchent le plus?
4. Qu'est-ce qui la rend particulièrement fière d'être venue à la Petite Poule d'Eau? Pourquoi a-t-elle l'impression que les Tousignant ne seront plus jamais seuls?
5. Pourquoi a-t-elle tout à coup honte d'avoir oublié son gâteau? Quel est, d'après elle, son devoir? D'après ce détail, quelle idée vous faites-vous de son caractère?

Commentaire du texte

1. Luzina est «d'humeur rêveuse et portée au beau». Dans quelles parties du récit ces traits de caractère se manifestent-ils? Quelles autres facettes de sa personnalité pouvez-vous relever?
2. Luzina a le goût du drame: elle invente des histoires dramatiques; elle est facilement émue; elle s'identifie aux premiers colons venus de France. A votre avis, quelle carrière aurait-elle choisie si elle ne s'était pas mariée ou si elle n'avait pas eu autant d'enfants?
3. Caractérisez Luzina en tant que mère. Analysez la conception qu'elle se fait de son devoir, sa réaction aux réponses de ses enfants et son intention de respecter l'autorité de Mlle Côté.
4. Comment Luzina idéalise-t-elle l'histoire de ses propres ancêtres? De quoi est-elle fière? Comment voit-elle son rôle et celui de sa famille dans l'histoire du Canada?
5. Mlle Côté raconte aux petits Tousignant l'histoire des Canadiens français. Elle en parle avec enthousiasme, mais c'est le récit de Luzina qui rend cette histoire vivante et humaine. Expliquez pourquoi.
6. Les romanciers révèlent souvent, consciemment ou inconsciemment, leur attitude envers leurs personnages. Gabrielle Roy décrit Luzina avec affection et humour. Trouvez des exemples dans le texte qui justifient cette constatation.

De la littérature à la vie

1. Qu'y a-t-il chez Luzina qui vous touche? Pouvez-vous vous identifier à elle? Aimez-vous rêvasser? Quels besoins psychologiques les rêveries satisfont-elles?
2. Qu'est-ce qui peut pousser un homme et une femme à partir à l'aventure pour vivre dans des lieux tout à fait isolés? Si on vous proposait de faire une telle expérience, quelles seraient vos raisons d'accepter ou de refuser?
3. Que savez-vous de vos ancêtres, de ce qui les a amenés à l'endroit où ils se sont installés? Avez-vous l'impression de marcher dans la voie qu'ils ont tracée ou poursuivez-vous d'autres buts? Expliquez.

Activité

1. Préparez une rédaction ou un exposé sur un aspect (une région, un personnage, un événement...) de l'influence française sur l'Amérique du Nord. Si vous faites un exposé en classe, trouvez des cartes ou des photos qui rendront votre présentation plus intéressante.
2. Tâchez de vous représenter mentalement l'école Tousignant: un petit bâtiment à une pièce où tous les élèves, les petits et les grands, se réunissent avec une seule maîtresse. Vous savez peut-être que de telles écoles jouaient autrefois un rôle important dans l'éducation américaine et canadienne et qu'il en existe toujours quelques-unes dans des endroits isolés. A votre avis, quels sont les avantages ou les inconvénients d'un tel système? Discutez-en avec des camarades de classe.

ramouss

CAMARA LAYE

Camara Laye (1928–1980) est né à Karoussa en Haute-Guinée. Il fait ses études au collège Poiret de Conakry où il montre un certain talent pour les mathématiques. Grâce à une bourse, il part en France où il est admis au Centre Ecole Automobile d'Argenteuil, près de Paris. Pour gagner sa vie, il travaille à la chaîne aux usines Simca. C'est pendant cette période qu'il connaît le découragement, l'isolement et la pauvreté dont souffrent tant d'étudiants et de travailleurs africains en Europe. Son premier livre, *L'Enfant noir,* naît de son besoin de retrouver la chaleur et l'amour de sa terre natale. La publication de ce livre lui vaut à l'âge de vingt-six ans le Prix International du Roman Français. Deux ans après, il rentre définitivement en Afrique. Le président de la Haute-Guinée lui confie la direction du Centre de Recherches et d'Etudes. Ce poste permet à l'écrivain d'achever son livre *Dramouss,* dans lequel il envisage un programme de réformes sociales pour son pays. Mais la publication du livre est interdite; *Dramouss* sort à Paris en 1966 et son auteur est obligé de prendre la voie de l'exil. Grâce à la généreuse hospitalité de Léopold Senghor, Camara Laye s'établit au Sénégal. *Le Maître à parole,* son dernier livre, est une étude sur la tradition orale du conte africain.

Dans la première partie du roman *Dramouss,* Camara Laye, sous le nom de Fatoman, raconte son retour en Haute-Guinée après six ans d'absence. Il y retrouve Mimie, la jeune institutrice avec qui il s'était fiancé avant son départ et qu'il épouse aussitôt. Quelques jours après, les nouveaux mariés vont rendre visite aux parents de Fatoman, qui habitent Karoussa.

Mots et expressions

la case hut
dépendre de to depend on
entendre dire que to hear (it said) that
éprouver to feel, experience (sensation, pain, etc.)
exiger to require, demand
l'impuissance (*f.*) helplessness
jouir de to enjoy; to be in full possession of

Emplois

Répondez aux questions suivantes.

1. Quels sentiments éprouvez-vous quand vous retrouvez des amis après un certain temps?
2. Dans quels pays ou quelles régions trouve-t-on des cases?
3. Jouissez-vous d'une bonne santé?
4. Quelles qualités exigez-vous de vos amis?

5. D'après vous, de quoi dépend le bonheur?
6. Regrettez-vous parfois vos difficultés à résoudre vos problèmes?
7. Avez-vous déjà entendu dire que rien ne vaut son chez soi?

[...] Nous gagnâmes° notre «concession».°

Ma mère, qui se tenait à l'entrée du vestibule, n'eut aucun mal à nous apercevoir. Sur le seuil, on eût dit° qu'elle attendait une visiteuse. Mais peut-être prenait-elle l'air, simplement. Et avant même que je n'eusse le temps de libérer° nos deux porteurs et de ranger nos valises dans une case, la «concession» fut envahie par nos voisines, car elles avaient été averties de notre arrivée par les cris de joie de ma mère. Elles ne tardèrent pas° à improviser une danse, qui, très vite, prit de l'ampleur.° L'une après l'autre, les femmes se détachaient de la ronde pour nous serrer la main, dans des éclats de rire sans retenue.°

reached / plot of land with several huts on it, all belonging to a single family
on... il semblait
avant... (imparfait subj.) *before I had a chance to dismiss*
Elles... *They didn't hesitate*
prit... *became more animated*
sans... *unbridled*

Nous serrâmes ainsi d'innombrables mains, nous répondîmes à d'innombrables salutations.

—Bonne arrivée! s'écriaient-elles le plus souvent, donnant libre cours à leur allégresse.° Vos camarades se portent-ils bien? Vos amis, vos maîtres et connaissances jouissent-ils d'une bonne santé?

joie

La tradition exigeait que nous répondions à chacune, dans l'ordre même des questions posées:

—Oui, très bien! Tout va bien là-bas. Nos maîtres, nos amis et connaissances vous saluent. Ils jouissent d'une bonne santé.

Au bout d'un certain temps, cependant, nous nous avisâmes° que nous ne nous conformions plus strictement à la règle de civilité, parce que nous étions fatigués, parce que nous avions quitté Conakry à l'aube et qu'il était vingt heures.

nous nous... *we realized*

Nous prîmes congé° du groupe, non sans discrétion, et pénétrâmes dans la case de ma mère. Et les voisines, ces danseuses si souples, aux joyeuses improvisations, ne tardèrent pas à rejoindre leur domicile. Mon père s'était joint à nous. Et puis, je ne sais pas, je ne sais plus, dans quel état je me trouvais à cet

Nous... *We took leave*

L'Afrique, où le progrès rencontre la tradition (Port de Conakry en République de Guinée) CARL FRANK / PHOTO RESEARCHERS, INC.

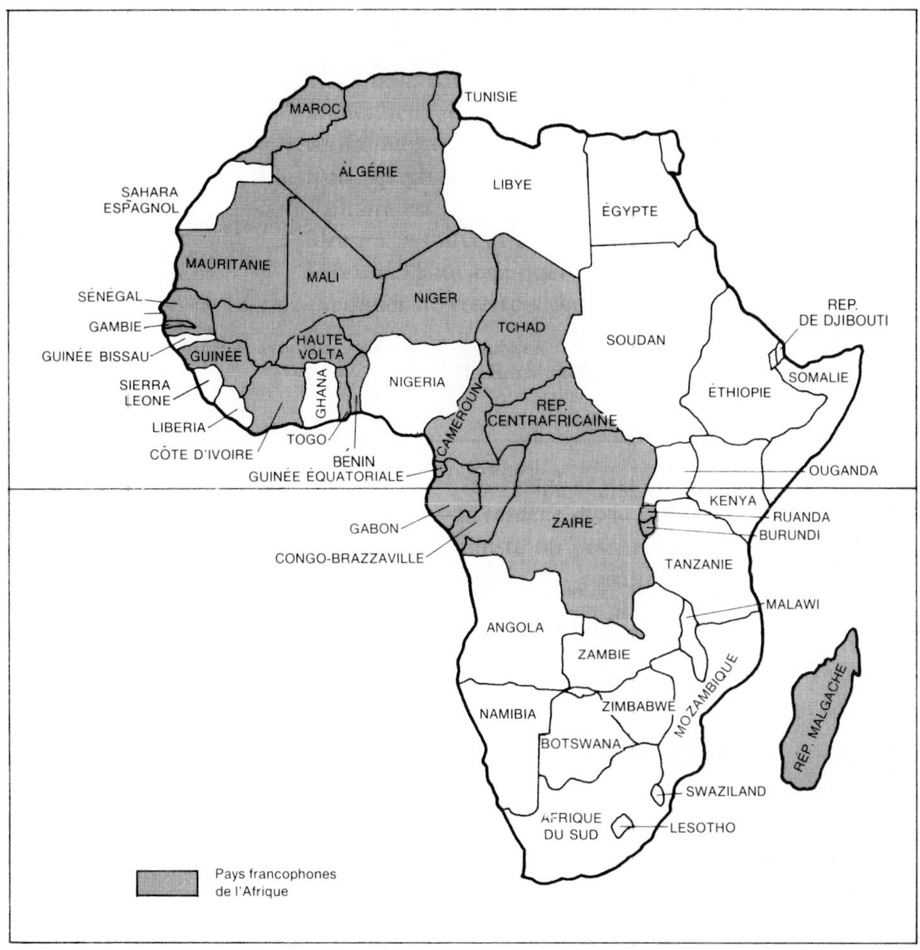

Pays francophones de l'Afrique

instant. J'étais heureux, sans doute, d'avoir retrouvé les miens;° j'étais triste aussi, affreusement frappé de les voir vieillis, marqués par l'âge et par l'âpreté° d'une pénible existence. Je pensai subitement à la mort. Mais ma conscience me répondit que la mort n'est pas toujours fonction de l'âge. M'avisant que j'étais pour le moment, et peut-être pour longtemps encore, incapable pécuniairement° de porter secours à° mes parents, des larmes subitement noyèrent mes yeux. Me voyant désolé, ils se mirent eux aussi à pleurer. Mais certainement pas pour les mêmes raisons que moi. Moi je pleurais sur mon impuissance. J'aurais souhaité disposer de° plus de moyens matériels, pour les en faire profiter. Mais eux, ne pleuraient-ils pas de joie? La joie de retrouver leur fils, l'aîné des fils, devenu si grand, et à présent marié. [...]

les... ma famille
hardship
financièrement / porter... aider
disposer... avoir

Mimie assistait à cette scène, troublée et la tête baissée.

Ma mère, soudain, leva la tête pour la regarder...

—Belle-Fille, murmura-t-elle, ta mère se porte-t-elle bien?

—Oui, Belle-Mère.

—Et les frères et sœurs sont-ils en bonne santé?

—Oui. Ils vous saluent.

—Et toi, Belle-Fille, comment vas-tu?

—Je ne sais pas, Belle-Mère, répondit-elle tristement.

—Es-tu triste?

—Oh non! fit-elle d'un air mécontent.

—N'es-tu pas contente d'être venue me voir? demanda ma mère dans un sourire.

—Si!... Si!

—Alors, pourquoi cette mine d'enterrement°? cette... ce visage triste

Mimie réfléchit un moment, puis répondit timidement:

—J'aurais voulu ne pas quitter Maman aussi vite.

—Mais ne l'avais-tu donc pas déjà quittée assez longtemps?

—Si, si, Belle-Mère. Pendant quatre ans.

—Alors, sois brave, ma fille. Ta nostalgie te passera.

Puis, après quelques minutes de silence, d'un ton maternel elle ajouta:

—Repose-toi. Tu trouveras auprès de° moi le même accueil et la même affection que chez ta mère. auprès... chez, avec

—Je n'en doute pas, s'écria Mimie, l'air heureux.

Mon père, plus calme, qui n'avait pas pris une part active à la discussion, était sorti. Et déjà ma mère ne pleurait plus. Les sanglots avaient cessé. Mimie, de son côté s'était de nouveau parfaitement résignée. Je me mis à questionner ma mère:

—As-tu reçu ma récente lettre?

—Oui. Mais tu avais oublié d'indiquer la date de ton arrivée. Aussi° regrettons-nous de n'avoir pas pu aller chercher notre belle-fille à la gare. Alors

—Je l'ai fait sciemment,° ne voulant pas que vous vous dérangiez pour nous. exprès

—Crois-tu que cela nous dérange?

—Non, Mère, mais la discrétion!... J'aime la discrétion. Te souviens-tu de l'époque où tu m'appelais *Saadéni?*

—Il y a longtemps de cela!

—Et pourquoi m'avais-tu baptisé *Saadéni?*

—Parce que tu aimais la solitude. Tu es toujours aussi solitaire?

Mimie, amusée par les taquineries que je faisais à ma mère, souriait gentiment.

—A présent, j'aime la foule, dis-je pour l'apaiser.

—Hé! cria-t-elle tout à coup, dis-moi, Fatoman, tu mangeais bien là-bas?

—Très bien, répondis-je.

Mais cette réponse ne semblait pas la satisfaire, et elle s'inquiétait toujours.

—C'est une femme qui préparait tes repas?

—Une femme? Non! C'était moi-même.

—Faire la cuisine toi-même, comme une femme?

Mimie et moi, nous éclatâmes de rire, trouvant amusante cette réplique° de ma mère. Mais, à la réflexion, nous l'estimâmes raisonnable, car, durant sa vie, elle n'avait jusqu'alors jamais entendu dire qu'un homme eût fait° la cuisine pour lui-même. remarque / eût... *would do*

—Oui, Belle-Mère, expliqua Mimie avec un sourire complaisant,° là-bas la cuisine n'est pas un art exclusivement réservé aux femmes. gentil

—Alors, toi, ma fille, tu laisseras ton mari faire la cuisine pour lui-même? Si tu ne te dévoues° pas, comment tes enfants auront-ils de la chance dans la vie? Tu le sais, la chance des enfants dépend, d'après nos traditions, du dévouement de la femme envers son mari.

te... *devote yourself (to your duties)*

—Belle-Mère, ne sois pas inquiète! Désormais Fatoman ne s'approchera pas de la cuisine. A présent, je suis là.

—Mère, interrompis-je, n'aurais-tu pas un peu d'eau chaude pour nous? Nous voudrions nous débarbouiller.°

nous... nous laver

—Si. L'eau est dans le *tata.*° Allez, allez maintenant vous laver, puis manger et vous coucher.

tub made of tightly woven reeds

A tour de rôle, nous nous débarbouillâmes à l'eau tiède, avant de gagner la case qui nous était attribuée. Harassée,° Mimie s'endormit aussitôt. Quant à moi, j'avais beau me contraindre° à dormir, le film de ma vie, des six années passées loin de ma terre natale, resurgissait du tréfonds° de mon être. Au lieu de dormir, je restais les yeux fixés sur la charpente° et sur le toit de chaume, éclairés par la lueur chiche° de la lampe-tempête;° et les souvenirs, cette nuit-là, affluaient dans ma mémoire et me brouillaient° la vue. Le film tournait, tournait...

Très fatiguée

j'avais... *no matter how hard I tried to force myself*

depth

framework

faint / *storm lantern*

blurred

Avez-vous compris?

1. Comment se manifeste la joie générale à l'arrivée de Fatoman et de son épouse? Comment les voisines les accueillent-elles? Quelles questions leur posent-elles? Qu'est-ce qui est exigé par la tradition?
2. Quels sentiments Fatoman éprouve-t-il en retrouvant ses parents? Qu'est-ce qui le rend triste malgré la joie du retour? Pourquoi pleure-t-il? et sa famille?
3. Comment la mère de Fatoman essaie-t-elle d'établir le contact avec sa belle-fille? Pourquoi Mimie est-elle troublée? Que lui dit la mère de Fatoman pour la rassurer?
4. Quelles raisons Fatoman donne-t-il de son silence au sujet de la date de leur arrivée?
5. Quels souvenirs de l'enfance de Fatoman sont évoqués? Pensez-vous qu'il a changé?
6. Qu'est-ce qui choque la mère de Fatoman dans sa vie d'étudiant? Pourquoi?
7. Comment la mère voit-elle le rôle de la femme à la maison?
8. Malgré la fatigue du voyage quelles pensées empêchent Fatoman de trouver le sommeil?

Commentaire du texte

1. Fatoman et Mimie ont subi une influence européenne tout en restant profondément africains. Par quels détails peut-on le comprendre?
2. Comparez le comportement du père et de la mère de Fatoman. D'après le texte, quelle est l'importance des femmes dans la vie familiale?

3. Dans ce passage, on peut percevoir des différences entre l'Europe et l'Afrique. Quelles règles de politesse faut-il observer dans le pays de Fatoman? Quelle est votre impression des rapports entre parents et enfants?

De la littérature à la vie

1. Quels sentiments avez-vous eus la première fois que vous êtes rentré(e) chez vous après une absence plus ou moins longue? Comment vos réactions envers votre famille ont-elles changé quand vous êtes devenu(e) adulte? Quels changements vos rapports avec vos parents ont-ils subis?
2. Les relations entre voisins diffèrent d'une région à l'autre ou d'une culture à l'autre. Comment expliquez-vous ces différences? Dans votre pays, dans quelle mesure la vie familiale est-elle partagée par les voisins?
3. Michel de Montaigne (seizième siècle) a écrit que quand on voyage il faut se débarrasser des «lunettes» de son village. Pourquoi ce conseil est-il précieux pour comprendre un milieu différent de celui d'où l'on vient?

Un peu de grammaire: adjectifs et pronoms indéfinis

En vous aidant du texte et du vocabulaire essentiel, traduisez les phrases suivantes.

1. Fatoman's mother had no trouble seeing her son and daughter-in-law when they arrived at the hut.
2. Several of the neighbors greeted Fatoman and Mimie and asked them some questions.
3. Tradition required that they answer each one of them.
4. Everyone was happy to see the young couple.
5. Unfortunately, certain thoughts prevented Fatoman from sleeping.

A mon mari

YAMBO OUOLOGUEM

Yambo Ouologuem est né au Mali en 1940. Très doué, il se distingue dans ses études de littérature et de sociologie qu'il poursuit à Paris. Il se fait connaître grâce à sa chronique romanesque *Le Devoir de violence* qui reçoit en 1968 le Prix Renaudot. Sa veine parodique peut se transformer en satire mordante et parfois féroce de l'Europe comme de l'Afrique. Le poème «A mon mari», au ton doux-amer, présente, en microcosme, les thèmes qui animent l'œuvre de cet écrivain prometteur.

AVANT DE LIRE

La structure du poème Ouologuem évoque une Afrique en voie de transformation profonde et qui voit peu à peu disparaître son héritage culturel devant la présence européenne. Dans ce poème, une femme s'adresse à son mari, lui faisant remarquer les changements que la culture européenne a apportés dans leur vie de tous les jours. Elle oppose son point de vue à celui de son mari. Pour vous aider à préciser l'attitude de chacun, nous avons commencé le schéma suivant. Comme vous voyez, la femme préfère le nom africain de son mari aux noms français qu'il a adoptés. En lisant le poème, complétez le schéma sur une feuille de papier en y notant d'autres contrastes que vous trouverez. Après avoir lu le poème en entier, vérifiez votre schéma en le comparant avec ceux de vos camarades de classe.

LA FEMME	LE MARI
nom africain de son mari	noms français
______________________	______________________
______________________	______________________
______________________	______________________

Tu t'appelais Bimbircokak
Et tout était bien ainsi
Mais tu devins Victor-Emile-Louis-Henri-Joseph
Et achetas un service de table°

J'étais ta femme
Tu m'appelas ton épouse
Nous mangions ensemble
Tu nous séparas autour d'une table

Calebasse° et louche°
Gourde° et couscous°
Disparurent du menu oral°
Que me dictait ton commandement paterne°

Nous sommes modernes précisais-tu

Chaud chaud chaud est le soleil
A la demande° des tropiques
Mais ta cravate ne quitte
Point ton cou menacé d'étranglement

Et puisque tu boudes° quand je te rappelle ta situation
Eh bien n'en parlons plus mais je t'en prie
Regarde-moi
Comment me trouves-tu

service... *set of dishes*

large gourd / ladle

Flask / crushed wheat dish served with meat and vegetables

du... conservation quotidienne / *paternalistic*

A... Comme d'habitude

pout

Nous mangeons des raisins du lait pasteurisé du pain d'épice°
D'importation
Et mangeons peu

Ce n'est pas ta faute
Tu t'appelais Bimbircokak
Et tout était bien ainsi
Tu es devenu Victor-Emile-Louis-Henri-Joseph
Ce qui

Autant qu'il m'en souvienne
Ne rappelle point ta parenté
Roqueffelère°
(Excuse mon ignorance je ne m'y connais pas° en finances et en Fétiches)

Mais vois-tu Bimbircokak
Par ta faute
De sous-développée je suis devenue sous-alimentée.

pain... *cake similar to gingerbread*

with Rockefeller

je... je ne suis pas une experte

Commentaire du texte

1. Que signifie, pour le couple, le fait que le mari ait changé de nom?
2. Quels personnages historiques portent ces prénoms français?
3. Analysez les changements que le nouveau nom a apportés dans la maison.
   a. Quelle différence y a-t-il entre «femme» et «épouse»?
   b. Comment les habitudes de manger de ce couple africain ont-elles changé?
   c. Le mari a supprimé certains mots de la conversation de tous les jours. Quelle attitude ou quel trait de caractère cela révèle-t-il?
   d. Qu'est-ce que la femme a à reprocher à son mari en ce qui concerne sa manière de s'habiller?
   e. Que représentent les trois aliments (vers 22)? Pourquoi mangent-ils peu?
   f. Que suggère le nom de Roqueffelère? D'après vous, pour quelle raison la femme déclare-t-elle son ignorance des finances et des «Fétiches»? Si l'ironie, au sens large du terme, veut dire une disposition moqueuse, qu'y a-t-il d'ironique dans l'attitude de la femme? Quels autres exemples d'ironie trouvez-vous dans ce poème?
4. Que peut-on conclure quant aux rapports entre le mari et la femme? A votre avis, pourquoi le poète a-t-il choisi d'adopter l'optique de la femme? Quels traits de caractère observez-vous chez elle?
5. Le poète semble opposer deux façons de vivre, l'africaine et l'européenne. Quel est en réalité le vrai objet de sa critique?
6. Quand on n'a pas assez à manger, on devient «sous-alimenté». Dans ce poème, faut-il prendre le mot à la lettre? Quels autres sens peut-il avoir?
7. Expliquez l'emploi du passé simple par rapport à l'imparfait dans ce poème. Quels autres temps sont employés et pour quelles raisons?

8. La répétition est un procédé littéraire qui sert à mettre en valeur un mot ou une idée. Quel est l'effet de la répétition de l'adjectif «chaud» (vers 14)? Aux vers 26 à 28 le poète reprend les mots qui ouvrent le poème. Quelle est la valeur de cette répétition?

De la littérature à la vie

1. Quand vous vous trouvez dans un milieu différent du vôtre, qu'il s'agisse de nationalité, d'âge, d'éducation, de niveau social ou intellectuel, d'ethnie, etc., quelle est votre attitude? Etes-vous prêt à tout accepter? Préférez-vous rester fidèle à vos habitudes, à vos traditions? Vous donnez-vous la peine de chercher un compromis?
2. D'après vous, lorsqu'une femme se marie, doit-elle prendre le nom de son mari ou garder son nom de jeune fille? Pourquoi? Quelles autres raisons pourrait-on avoir pour changer de nom? Suffit-il de changer de nom pour changer d'identité? Justifiez votre réponse.
3. En s'industrialisant, les pays du tiers-monde intègrent dans leurs cultures des usages nouveaux, différents des leurs. Les conflits qui en résultent sont-ils inévitables? Si oui, comment les éviter? Comment les résoudre?

Femmes marocaines en tenue de sortie HUBERTUS KANUS/PHOTO RESEARCHERS, INC.

Les beaux-arts

Honoré Daumier:
Connoisseurs
(c. 1862–1864)

Dans ce chapitre chaque texte met en scène un peintre. Bien que le cadre soit très différent, chaque artiste fait face à un problème dont il trouve la cause et la solution dans son art.

Dans «La Naissance d'un maître», André Maurois nous invite à réfléchir au rôle des critiques dans le monde de l'art contemporain. Qu'est-ce qui fait le succès d'un artiste: le talent ou les goûts à la mode? Comme Maurois le suggère, cette question se pose pour l'artiste aussi bien que pour le public.

«Comment Wang-Fô fut sauvé» de Marguerite Yourcenar se situe dans la Chine ancienne. Vous verrez dans ce conte que l'idée de la création artistique se prête à une interprétation inattendue.

La Naissance d'un maître

ANDRE MAUROIS

André Maurois (1885–1967), après ses études dans le nord de la France, travaille pendant dix ans dans l'entreprise textile familiale. Sa parfaite connaissance de l'anglais lui permet de remplir les fonctions d'interprète et d'agent de liaison lors de la Première Guerre mondiale. Après le succès de son roman *Les Silences du Colonel Bramble* (1919), il se consacre entièrement à la littérature. En 1938 il est élu à l'Académie française, suite à ses travaux biographiques sur Shelley, Disraeli, Byron et Voltaire. En 1940, il émigre aux Etats-Unis où il enseigne à Princeton ainsi que dans d'autres universités américaines.

André Maurois est aussi l'auteur de plusieurs ouvrages historiques sur la France, l'Angleterre et les Etats-Unis. Son talent de narrateur élégant, lucide, pénétrant et gentiment ironique se révèle particulièrement dans ses *Contes*. «La Naissance d'un maître» est parmi les plus connus et les plus aimés.

AVANT DE LIRE

Le ton Pour bien comprendre un texte, il faut en apprécier le ton. Cela permet de reconnaître le véritable point de vue de l'auteur et son attitude envers son sujet. Par exemple, le ton peut être léger, sérieux, moqueur, satirique, ironique,[1] caustique, etc. Essayez de préciser le ton du passage suivant en notant surtout:

- l'opinion de Paul-Emile Glaise sur ce qu'un artiste doit faire pour se faire remarquer
- Madame Kosnevska: son comportement, ses opinions sur l'art et les mots qu'elle répète
- l'Ecole «idéo-analytique» et le rôle qu'elle joue dans la carrière du peintre Pierre Douche
- les réflexions des gens qui assistent au vernissage
- la phrase répétée par Douche
- l'attitude du peintre à la fin du conte

Après avoir lu le passage en entier, comparez vos impressions avec celles de vos camarades de classe.

Mots et expressions

insondable fathomless
mépriser to hold in contempt; to scorn
le métier trade
la nature morte still life
nier to deny
l'orgueil (*m.*) pride, arrogance
secouer to shake
le vernissage opening (of an art show)

Emplois

A. Trouvez l'équivalent de chaque expression.

1. le contraire de l'humilité
2. agiter
3. immense, infini
4. le contraire d'estimer

B. Complétez le paragraphe suivant avec les mots qui conviennent.

J'ai assisté au _____ de l'exposition de ce jeune peintre. De tous ses tableaux, j'ai préféré la _____ aux pommes. On ne saurait _____ qu'il connaît son _____.

Le peintre Pierre Douche achevait une nature morte, fleurs dans un pot de pharmacie, aubergines° dans une assiette, quand le romancier, Paul-Emile Glaise, entra dans l'atelier. Glaise contempla pendant quelques minutes son ami qui travaillait, puis dit fortement:

° *eggplants*

[1] L'ironie peut être définie comme une manière de se moquer (de quelqu'un ou de quelque chose) en disant le contraire de ce qu'on veut faire entendre. La satire est une moquerie aussi, mais dans une intention critique.

André Maurois UPI/BETTMANN NEWSPHOTOS

—Non.

L'autre, surpris, leva la tête, et s'arrêta de polir° une aubergine.

—Non, reprit Glaise, crescendo,° non, tu n'arriveras jamais. Tu as du métier,° tu as du talent, tu es honnête. Mais ta peinture est plate, mon bonhomme. Ça n'éclate pas, ça ne gueule pas.° Dans un salon de cinq mille toiles, rien n'arrête devant les tiennes le promeneur° endormi... Non, Pierre Douche, tu n'arriveras jamais. Et c'est dommage.

perfectionner

élevant la voix

Tu... Tu sais ce que tu fais

ça... (*pop.*) ça ne crie pas

celui qui regarde les tableaux

—Pourquoi? soupira l'honnête Douche. Je fais ce que je vois: je n'en demande pas plus.

—Il s'agit bien de cela: tu as une femme, mon bonhomme, une femme et trois enfants. Le lait vaut dix-huit sous le litre, et les œufs coûtent un franc pièce. Il y a plus de tableaux que d'acheteurs, et plus d'imbéciles que de connaisseurs. Or, quel est le moyen, Pierre Douche, de sortir de la foule inconnue?

—Le travail?

—Sois sérieux. Le seul moyen, Pierre Douche, de réveiller les imbéciles, c'est de faire des choses énormes.° Annonce que tu vas peindre au Pôle Nord. Promène-toi vêtu en° roi égyptien. Fonde une école. Mélange dans un chapeau des mots savants: extériorisation dynamique, et compose des manifestes. Nie le mouvement, ou le repos; le blanc, ou le noir; le cercle, ou le carré. Invente la peinture néo-homérique,° qui ne connaîtra que le rouge et le jaune, la peinture cylindrique, la peinture octaédrique, la peinture à quatre dimensions...

exagérées

vêtu... habillé comme un

imitant le style grec

A ce moment, un parfum étrange et doux annonça l'entrée de Mme Kosnevska. C'était une belle Polonaise dont Pierre Douche admirait la grâce. Abonnée° à des revues coûteuses qui reproduisaient à grands frais des chefs-

A subscriber

d'œuvre d'enfants de trois ans, elle n'y trouvait pas le nom de l'honnête Douche et méprisait sa peinture. S'allongeant sur un divan, elle regarda la toile commencée, secoua ses cheveux blonds, et sourit avec un peu de dépit:°

mépris, dédain

—J'ai été hier, dit-elle, de son accent roulant et chantant, voir une exposition d'art nègre de la bonne époque. Ah! la sensibilité, le modelé,° la force de ça!

relief

Le peintre retourna pour elle un portrait dont il était content.

—Gentil, dit-elle du bout des lèvres,° et, roulante, chantante, parfumée, disparut.

du... avec dédain

Pierre Douche jeta sa palette dans un coin et se laissa tomber sur le divan:

—Je vais, dit-il, me faire inspecteur d'assurances, employé de banque, agent de police. La peinture est le dernier des métiers. Le succès, fait par des badauds,° ne va qu'à des faiseurs.° Au lieu de respecter les maîtres, les critiques encouragent les barbares. J'en ai assez, je renonce.

fait... *defined by idle critics* / peintres inférieurs

Paul-Emile, ayant écouté, alluma une cigarette et réfléchit assez longuement.

—Veux-tu, dit-il enfin, donner aux snobs et aux faux artistes la dure leçon qu'ils méritent? Te sens-tu capable d'annoncer en grand mystère et sérieux à la Kosnevska, et à quelques autres esthètes, que tu prépares depuis dix ans un renouvellement de ta manière°?

renouvellement... changement de ton style

—Moi? dit l'honnête Douche étonné.

René Magritte: Le Château des Pyrénées G.D. HACKETT

—Ecoute... Je vais annoncer au monde, en deux articles bien placés,° que tu fondes l'Ecole idéo-analytique. Jusqu'à toi, les portraitistes, dans leur ignorance, ont étudié le visage humain. Sottise! Non, ce qui fait vraiment l'homme, ce sont les idées qu'il évoque en nous. Ainsi le portrait d'un colonel, c'est un fond bleu et or que barrent° cinq énormes galons,° un cheval dans un coin, des croix dans l'autre. Le portrait d'un industriel, c'est une cheminée d'usine, un poing° fermé sur une table. Comprends-tu, Pierre Douche, ce que tu apportes au monde, et peux-tu me peindre en un mois vingt portraits idéo-analytiques?

bien... dans des revues appropriées

que... décoré par / *stripes*

fist

Le peintre sourit tristement.

—En une heure, dit-il, et ce qui est triste, Glaise, c'est que cela pourrait réussir.

—Essayons.

—Je manque de bagout.°

manque... *don't have the gift of gab*

—Alors, mon bonhomme, à toute demande d'explication, tu prendras un temps, tu lanceras une bouffée° de pipe au nez du questionneur, et tu diras ces simples mots: «Avez-vous jamais regardé un fleuve?»

la fumée qui sort de la pipe

—Et qu'est-ce que cela veut dire?

—Rien, dit Glaise, aussi° le trouveront-ils très beau, et quand ils t'auront bien découvert, expliqué, exalté, nous raconterons l'aventure et jouirons de leur confusion.

par conséquent

Deux mois plus tard, le vernissage de l'Exposition Douche s'achevait en triomphe. Chantante, roulante, parfumée, la belle Mme Kosnevska ne quittait plus son nouveau grand homme.

—Ah, répétait-elle, la sensibilité! le modelé, la force de ça! Quelle intelligence! Quelle révélation! Et comment, cher, êtes-vous parvenu à ces synthèses étonnantes?

Le peintre prit un temps, lança une forte bouffée de pipe, et dit: «Avez-vous jamais, chère madame, regardé un fleuve?»

Les lèvres de la belle Polonaise, émues,° promirent des bonheurs roulants et chantants.

touchées

En pardessus à col de lapin, le jeune et brillant Lévy-Cœur discutait au milieu d'un groupe: «Très fort! disait-il, très fort! Pour moi, je répète depuis longtemps qu'il n'est pas° de lâcheté pire que de peindre d'après un modèle. Mais, dites-moi, Douche, la révélation? D'où vient-elle? De mes articles?»

il... il n'y a pas

Pierre Douche prit un temps considérable, lui souffla au nez une bouffée triomphante, et dit: «Avez-vous jamais, monsieur, regardé un fleuve?

—Admirable! approuva l'autre, admirable!»

A ce moment, un célèbre marchand de tableaux, ayant achevé le tour de l'atelier, prit le peintre par la manche et l'entraîna° dans un coin.

led him away

—Douche, mon ami, dit-il, vous êtes un malin.° On peut faire un lancement de ceci. Réservez-moi votre production. Ne changez pas de manière avant que je ne vous le dise, et je vous achète cinquante tableaux par an... Ça va?

rusé, intelligent

Douche, énigmatique, fuma sans répondre.

Lentement, l'atelier se vida. Paul-Emile Glaise alla fermer la porte derrière le dernier visiteur. On entendit dans l'escalier un murmure admiratif qui s'éloignait. Puis, resté seul avec le peintre, le romancier mit joyeusement ses mains dans ses poches et partit d'un éclat de rire formidable. Douche le regarda avec surprise.

—Eh bien! mon bonhomme, dit Glaise, crois-tu que nous les avons eus°? As-tu entendu le petit° au col de lapin? Et la belle Polonaise? Et les trois jolies jeunes filles qui répétaient: «Si neuf! si neuf!» Ah! Pierre Douche, je croyais la bêtise humaine insondable, mais ceci dépasse mes espérances.

nous... (*fam.*) nous les avons trompés
petit homme

Il fut repris d'une crise de rire invincible. Le peintre fronça le sourcil,° et, comme des hoquets convulsifs agitaient l'autre, dit brusquement:

fronça... *frowned*

—Imbécile!

—Imbécile! cria le romancier furieux. Quand je viens de réussir la plus belle charge° que depuis Bixiou°... »

hoax / personnage d'un roman de Balzac connu pour ses ruses

Le peintre parcourut des yeux avec orgueil les vingt portraits analytiques et dit avec la force que donne la certitude:

—Oui, Glaise, tu es un imbécile. Il y a quelque chose dans cette peinture... Le romancier contempla son ami avec une stupeur infinie.

—Celle-là est forte°! hurla-t-il. Douche, souviens-toi. Qui t'a suggéré cette manière nouvelle?

Celle-là... *That's a good one!*

Alors Pierre Douche prit un temps, et tirant de sa pipe une énorme bouffée:

—As-tu jamais, dit-il, regardé un fleuve?...

Avez-vous compris?

1. Qu'est-ce que Pierre Douche est en train de peindre quand Glaise entre dans l'atelier?
2. Quelle est la réaction de Glaise en voyant la toile de son ami? Quelles qualités trouve-t-il chez Douche en tant que peintre? Pourquoi, selon lui, Douche n'a-t-il pas de succès?
3. Pour se faire remarquer, dit Glaise, il faut faire «des choses énormes». Quels exemples en donne-t-il?
4. Décrivez Mme. Kosnevska. Pourquoi méprise-t-elle la peinture de Douche? Comment son mépris se fait-il sentir? Quel genre d'art admire-t-elle?
5. Pourquoi Douche voudrait-il changer de métier?
6. Quels conseils Glaise donne-t-il à son ami? Comment va-t-il l'aider? Qu'est-ce que l'école «idéo-analytique»? Quels exemples Glaise en donne-t-il?
7. Qu'est-ce que Douche doit répondre à ceux qui lui demandent une explication de ses tableaux idéo-analytiques? En quoi cette réponse pourra-t-elle impressionner les questionneurs?
8. Quel effet la nouvelle manière du peintre a-t-elle sur les gens qui assistent au vernissage? Donnez une réponse détaillée en exprimant les réactions de plusieurs de ces personnes.
9. Pourquoi Glaise rit-il après le départ des visiteurs?
10. Quel changement se manifeste dans l'esprit du peintre? Qu'est-ce qui rend son ami furieux? Qui a le dernier mot?

Commentaire du texte

1. André Maurois fait-il une satire de la peinture moderne ou bien des gens qui se laissent subjuguer par ce qui est à la mode? Justifiez votre réponse.
2. Avec très peu de détails Maurois a réussi à faire de Pierre Douche un personnage réel et vivant. Qu'est-ce que le tableau qu'il est en train de peindre au début du conte suggère quant à sa personnalité? Quelles nuances de sens l'adjectif «honnête» implique-t-il? Pourquoi ce mot est-il le plus approprié pour décrire le peintre au début? A votre avis, son attitude change-t-elle vraiment? Expliquez.
3. Expliquez l'ironie de la phrase «Avez-vous jamais regardé un fleuve?». Quelle valeur a-t-elle dans ce conte?
4. Quelle sorte de gens Mme Kosnevska représente-t-elle? Notez que l'auteur emploie la répétition pour rendre le portrait de ce personnage ironique et comique. Trouvez les expressions répétées et expliquez-en l'ironie et l'humour.
5. L'idée d'un portrait idéo-analytique est-elle vraiment ridicule ou pourrait-on la prendre au sérieux? Justifiez votre point de vue.

De la littérature à la vie

1. Quand il s'agit de juger la valeur d'une œuvre d'art, attachez-vous beaucoup d'importance aux opinions des critiques ou bien préférez-vous suivre votre propre intuition? Expliquez.
2. Qu'admirez-vous dans une œuvre d'art? la composition? le sujet? les couleurs? la représentation de la réalité? l'abstraction? Pourquoi?
3. Beaucoup de gens mettent la photographie sur le même plan artistique que la peinture, surtout en ce qui concerne le portrait. Quelle est votre opinion à ce sujet? Qu'est-ce que la peinture peut faire que la photographie ne peut pas faire et vice versa?

Un peu de grammaire: les pronoms interrogatifs

Pour chaque phrase, posez la question qui correspond à l'expression en italique.

1. Mme Kosnevska admire *«l'art nègre de la bonne époque»*.
2. Douche doit donner *aux snobs et aux faux artistes* la leçon qu'ils méritent.
3. C'est *Glaise* qui conseille à Douche de fonder «l'école idéo-analytique».
4. D'après Glaise, *«l'école idéo-analytique»* séduira le public.
5. La question «Avez-vous jamais regardé un fleuve?» doit être accompagnée d'*une bouffée de pipe*.
6. C'est *la bêtise des visiteurs* qui fait rire Douche.
7. Pris au piège de son succès, Douche traite *son ami* d'imbécile.
8. Maurois fait une satire de *ceux qui prétendent connaître l'art*.

Comment Wang-Fô fut sauvé

MARGUERITE YOURCENAR

Marguerite Yourcenar (1903–1988) est née Crayencour (d'où l'anagramme qui sera son nom de plume) à Bruxelles, de père français et de mère belge. Dix jours après sa naissance, sa mère meurt. Peu après, Michel de Crayencour s'installe en France avec sa fille, à qui il assure une solide formation intellectuelle, fondée sur les langues et la littérature classiques et modernes et enrichie par de nombreux voyages. Il lui apprend le grec et le latin et lui fait lire, en version originale, les chefs-d'œuvre de langue française, anglaise, grecque et latine.

La vocation littéraire de Marguerite Yourcenar s'affirme de bonne heure: à l'âge de dix-neuf ans, elle a déjà produit deux volumes en vers, *Le Jardin des chimères* (1921) et *Les Dieux ne sont pas morts* (1922). Entre 1929 et 1939, elle public neuf livres, parmi lesquels il faut signaler son premier roman, *Alexis ou le traité du vain combat* (1929) et *Nouvelles orientales* (1938). Lorsque la guerre éclate en 1939, elle se trouve aux Etats-Unis, où elle finit par s'établir définitivement, dans Mount Desert Island au large du Maine, devenant citoyenne américaine en 1947. De 1940 à 1950, elle enseigne la littérature française et l'histoire de l'art à Sarah Lawrence College et à Hartford Junior College. A partir de 1951, elle se consacre entièrement à la littérature, en multipliant les honneurs. Son roman historique, *Mémoires d'Hadrien* (1951), lui attire l'attention du public international et lui vaut le Prix Femina-Vacaresco. En 1968, elle reçoit le Prix Femina pour *L'œuvre au noir*. Elle est élue à l'Académie royale belge de langue et de littérature françaises en 1970 et, en 1980, à l'Académie française, la première femme à y être reçue.

L'œuvre de Marguerite Yourcenar est remarquable par son originalité et sa diversité. Romancière, conteuse, essayiste, poète et dramaturge, cette grande dame des lettres françaises nous laisse aussi plusieurs traductions, dont des œuvres de Henry James et de Virginia Woolf, des poèmes grecs et un recueil de Negro Spirituals.

Comment Wang-Fô fut sauvé (*Nouvelles orientales*) s'inspire d'un apologue taôiste de la vieille Chine. Dans l'extrait suivant, tiré de la fin du conte, on trouve deux thèmes qui reviennent souvent chez Marguerite Yourcenar: la coexistance du réel et de l'imaginaire et le pouvoir créateur de l'art.[2]

AVANT DE LIRE

Avant d'étudier le texte a fond, parcourez chaque partie et essayez de répondre aux questions suivantes.

- Au premier paragraphe quelle question Wang-Fô pose-t-il? Quelle

[2] Les divisions du texte sont celles de l'éditeur.

est, en bref, la réponse que lui donne l'Empereur dans les paragraphes suivants?

- De quoi ou de qui Wang-Fô est-il sauvé et comment?
- Y a-t-il un rapport entre le titre du conte et les thèmes annoncés dans l'introduction à l'œuvre de Yourcenar?

Vous êtes prêt(e) maintenant à examiner le texte plus attentivement afin de confirmer ou de changer vos premières impressions.

Mots et expressions

apercevoir to see, perceive; **s'apercevoir (de, que)** to notice, become aware (of, that)
le canot rowboat
le crépuscule dusk, twilight
effacer to erase, obliterate
s'effacer to fade, disappear
l'esquisse (*f.*) sketch
étendre to spread
s'étendre to stretch (out)
la grotte cave
(in)achevé(e) (un)finished
(se)pencher to bend, lean over
le pinceau paintbrush
le premier plan (d'un tableau) foreground (painting)
la tache spot, stain
tacher to spot, stain
la toile canvas, painting

Emplois

A. Trouvez l'équivalent de chaque expression.

1. Un petit bateau 2. l'outil principal d'un peintre 3. fini, terminé 4. disparaître 5. un tableau 6. appliquer sur une surface 7. remarquer 8. s'incliner, se baisser 9. la première forme d'un dessin ou d'un tableau 10. la lumière qui suit le soleil couchant 11. devenir plus long 12. une caverne

B. Complétez les phrases avec les mots qui conviennent.

1. Connaissez-vous la Symphonie ____ de Schubert? On ne sait pas pourquoi il ne l'a pas terminée.
2. Cette table est sale; il y a des ____ partout.
3. Il ____ sa tête vers le petit garçon, qui parlait tout bas.
4. Le peintre a peint un visage au ____ du tableau. Derrière, il n'y a que des arbres et un lac.
5. Je ne vois pas très clair, mais j' ____ au loin une montagne.
6. ____ ce qui est écrit au tableau, s'il vous plaît.
7. Il faut que tu sois tout propre. Fais attention à ne pas ____ tes vêtements.

Le vieux peintre Wang-Fô et son disciple Ling vagabondent sur les routes du royaume de Han. Wang-Fô, dont les tableaux sont très demandés, refuse de se faire payer ou de s'encombrer de biens matériels, car il aime «l'image des choses, et non les choses elles-

mêmes». Son esprit artiste transforme tout ce qu'il voit en beauté, voire° la mort. Ling, jeune homme riche qui a tout sacrifié pour suivre son maître, mendie° pour subvenir à leurs besoins, heureux de le faire, car Wang-Fô lui a fait cadeau «d'une âme° et d'une perception neuves». C'est grâce au peintre que Ling a connu la beauté des objets les plus communs.

Un soir, les deux vagabonds arrivent à la ville impériale. Le lendemain matin, ils sont arrêtés par des soldats qui les conduisent au palais jusque dans la salle du trône. Wang-Fô, innocent de tout crime, s'adresse à l'Empereur.

même / demande de l'argent aux passants / *soul*

I.

—Dragon Céleste, dit Wang-Fô prosterné,° je suis vieux, je suis pauvre, je suis faible. Tu es comme l'été; je suis comme l'hiver. Tu as Dix Mille Vies;[3] je n'en ai qu'une, et qui va finir. Que t'ai-je fait? On a lié mes mains, qui ne t'ont jamais nui.°

—Tu me demandes ce que tu m'as fait, vieux Wang-Fô? dit l'Empereur.

Sa voix était si mélodieuse qu'elle donnait envie de pleurer. Il leva sa main droite, que les reflets du pavement° de jade faisaient paraître glauque° comme une plante sous-marine, et Wang-Fô, émerveillé par la longueur de ces doigts minces, chercha dans ses souvenirs s'il n'avait pas fait de l'Empereur, ou de ses ascendants,° un portrait médiocre qui mériterait la mort.

bowing low / fait de mal / *tiles* / *sea-green* / ancêtres

. . .

—Tu me demandes ce que tu m'as fait, vieux Wang-Fô? reprit l'Empereur en penchant son cou grêle° vers le vieil homme qui l'écoutait. Je vais te le dire. Mais, comme le venin d'autrui ne peut se glisser° en nous que par nos neuf ouvertures,° pour te mettre en présence de tes torts, je dois te promener le long des corridors de ma mémoire, et te raconter toute ma vie. Mon père avait rassemblé une collection de tes peintures dans la chambre la plus secrète du palais, car il était d'avis que les personnages des tableaux doivent être soustraits° à la vue des profanes,° en présence de qui ils° ne peuvent baisser les yeux. C'est dans ces salles que j'ai été élevé, vieux Wang-Fô, car on avait organisé autour de moi la solitude pour me permettre d'y grandir. Pour éviter à ma candeur° l'éclaboussure° des âmes humaines, on avait éloigné de moi le flot° agité de mes sujets futurs, et il n'était permis à personne de passer devant mon seuil,° de peur que l'ombre de cet homme ou de cette femme ne s'étendît° jusqu'à moi. Les quelques vieux serviteurs qu'on m'avait octroyés° se montraient le moins possible; les heures tournaient en cercle; les couleurs de tes peintures s'avivaient° avec l'aube° et pâlissaient avec le crépuscule. La nuit, quand je ne parvenais° pas à dormir, je les regardais, et, pendant près de dix ans, je les ai regardées toutes les nuits. Le jour, assis sur un tapis dont je savais par cœur le dessin, reposant mes paumes vides sur mes genoux de soie jaune,[4]

maigre / se... pénétrer / les ouvertures du corps / cachés / gens ordinaires / les personnages des tableaux / innocence / *stain, blot* / foule, multitude / *threshold* / s'étendre: (imparfait subj.) / donnés / devenaient plus intenses / heure du lever du soleil / réussissais

[3] Cette formule est l'équivalent de l'expression «Vive l'Empereur!».

[4] La couleur jaune représente la couleur impériale en Chine.

Marguerite Yourcenar GAMMA

je rêvais aux joies que me procurerait l'avenir. Je me représentais le monde, le pays de Han au milieu, pareil à la plaine monotone et creuse de la main que sillonnent° les lignes fatales des Cinq Fleuves. Tout autour, la mer où naissent les monstres, et, plus loin encore, les montagnes qui supportent le ciel. Et, pour m'aider à me représenter toutes ces choses, je me servais de tes peintures. Tu m'as fait croire que la mer ressemblait à la vaste nappe° d'eau étalée° sur tes toiles, si bleue qu'une pierre en y tombant ne peut que se changer en saphir, que les femmes s'ouvraient et se refermaient comme des fleurs, pareilles aux créatures qui s'avancent, poussées par le vent, dans les allées° de tes jardins, et

pareil... *lined, like the palm of one's hand, with*

sheet / étendue

petits chemins

Pi Lang-shih: Deux personnages traversant un pont (Dynastie sung)

que les jeunes guerriers à la taille mince qui veillent° dans les forteresses des frontières étaient eux-mêmes des flèches qui pouvaient vous transpercer le cœur. A seize ans, j'ai vu se rouvrir les portes qui me séparaient du monde: je suis monté sur la terrasse du palais pour regarder les nuages, mais ils étaient moins beaux que ceux de tes crépuscules. J'ai commandé ma litière:° secoué sur des routes dont je ne prévoyais ni la boue ni les pierres, j'ai parcouru les provinces de l'Empire sans trouver tes jardins pleins de femmes semblables à des lucioles,° tes femmes dont le corps est lui-même un jardin. Les cailloux des rivages° m'ont dégoûté des océans; le sang des suppliciés° est moins rouge que la grenade° figurée sur tes toiles; la vermine des villages m'empêche de voir la beauté des rizières;° la chair des femmes vivantes me répugne comme la viande morte qui pend aux crocs° des bouchers, et le rire épais° de mes soldats me soulève le cœur. Tu m'as menti, Wang-Fô, vieil imposteur: le monde n'est qu'un amas° de taches confuses, jetées sur le vide par un peintre insensé,° sans cesse effacées par nos larmes.° Le royaume de Han n'est pas le plus beau des royaumes, et je ne suis pas l'Empereur. Le seul empire sur lequel il vaille la peine de régner est celui où tu pénètres, vieux Wang, par le chemin des Mille Courbes et des Dix Mille Couleurs. Toi seul règnes en paix sur des montagnes couvertes d'une neige qui ne peut fondre, et sur des champs de narcisses qui ne peuvent pas mourir. Et c'est pourquoi, Wang-Fô, j'ai cherché quel supplice te serait réservé, à toi dont les sortilèges° m'ont dégoûté de ce que je possède, et donné le désir de ce que je ne posséderai pas. Et pour t'enfermer dans le seul cachot° dont tu ne puisses sortir, j'ai décidé qu'on te brûlerait les yeux, puisque tes yeux, Wang-Fô, sont les deux portes magiques qui t'ouvrent ton royaume. Et puisque tes mains sont les deux routes aux dix embranchements° qui te mènent au cœur de ton empire, j'ai décidé qu'on te couperait les mains. M'as-tu compris, vieux Wang-Fô?

En entendant cette sentence, le disciple Ling arracha de sa ceinture un couteau ébréché et se précipita sur l'Empereur. Deux gardes le saisirent. Le Fils du Ciel sourit et ajouta dans un soupir:

—Et je te hais aussi, vieux Wang-Fô, parce que tu as su te faire aimer. Tuez ce chien.

Ling fit un bond en avant pour éviter que son sang ne vînt° tacher la robe du maître. Un des soldats leva son sabre, et la tête de Ling se détacha de sa nuque, pareille à une fleur coupée. Les serviteurs emportèrent ses restes,° et Wang-Fô, désespéré, admira la belle tache écarlate° que le sang de son disciple faisait sur le pavement de pierre verte.

L'Empereur fit un signe, et deux eunuques essuyèrent° les yeux de Wang-Fô.

stand guard
litter
fire flies
plages / gens torturés
pomegranate
champs de riz
hooks / coarse
masse / fou
tears
enchantements
(*prison*) *cell*
branch roads
venir: imparfait subj.
ses... son cadavre
rouge
séchèrent

Avez-vous compris?

1. Quels contrastes Wang-Fô établit-il entre lui-même et l'Empereur? Comment décririez-vous son attitude envers son souverain? Quelle question Wang-Fô lui pose-t-il?
2. D'écrivez l'Empereur: sa voix, ses doigts, sa main droite. Quelle impression vous donne l'image de la plante sous-marine?

3. Qu'est-ce que Wang-Fô cherche à se rappeler? D'après ce détail, quelle idée vous faites-vous du pouvoir de l'Empereur et de ses rapports avec ses sujets?
4. L'Empereur explique à Wang-Fô que pour lui faire connaître ses torts, il doit lui raconter sa vie. Qu'est-ce que son père avait rassemblé dans la chambre la plus secrète du palais? Pourquoi?
5. Comment et pourquoi a-t-on assuré que le jeune Empereur grandisse dans la solitude? Pourquoi n'était-il permis à personne de passer devant son seuil? A votre avis, que signifie ce détail?
6. Qu'est-ce qui tenait lieu de compagnons au jeune homme? Que regardait-il chaque nuit? A quoi rêvait-il? Comment se représentait-il le monde?
7. Qu'est-il arrivé à l'Empereur à l'âge de seize ans? Qu'a-t-il vu et fait qui lui a ouvert les yeux sur le monde réel? Comment a-t-il réagi? Quelles déceptions a-t-il éprouvées? Que reproche-t-il à Wang-Fô? Selon lui, quel est le seul empire sur lequel il vaille la peine de regner? Pourquoi?
8. Comment Wang-Fô sera-t-il puni? Pourquoi l'Empereur a-t-il choisi de le punir de cette manière? Répondez en expliquant les métaphores[5] par lesquelles l'Empereur décrit les yeux et les mains de l'artiste. Quel est le royaume ou l'empire de Wang-Fô? En quoi ses yeux sont-ils les portes qui lui ouvrent son royaume? A quelles parties du corps les dix embranchements correspondent-ils?
9. Comment Ling réagit-il à la sentence prononcée par l'Empereur? Pourquoi ce dernier fait-il tuer le disciple du peintre?
10. Racontez la mort de Ling. Comment fait-il preuve d'affection pour son maître? Qu'y a-t-il de poétique dans la description de sa mort? Précisez les sentiments de Wang-Fô. Que suggère la juxtaposition des mots «désespéré» et «admira»?

L'Empereur dit à Wang-Fô de sécher ses larmes. Il doit garder les yeux clairs pour accomplir une dernière tâche. L'Empereur a dans sa collection des œuvres du peintre une toile inachevée où l'on voit tracés la mer, le ciel et des rochers. Avant de se soumettre à l'aveuglement, Wang-Fô doit terminer le tableau, sinon l'Empereur fera brûler toutes ses œuvres, laissant Wang-Fo «pareil à un père dont on a massacré les fils et détruit les espérances de postérité».

II.

Sur un signe du petit doigt de l'Empereur, deux eunuques apportèrent respectueusement la peinture inachevée où Wang-Fô avait tracé l'image de la mer et du ciel. Wang-Fô sécha ses larmes et sourit, car cette petite esquisse lui rappelait sa jeunesse. Tout y attestait° une fraîcheur d'âme à laquelle Wang-Fô ne montrait

---

[5] Voir le chapitre préliminaire, pages 3–4.

pouvait plus prétendre, mais il y manquait cependant quelque chose, car à l'époque où Wang l'avait peinte, il n'avait pas encore assez contemplé de montagnes, ni de rochers baignant dans la mer leurs flancs nus, et ne s'était pas assez pénétré de la tristesse du crépuscule. Wang-Fô choisit un des pinceaux que lui présentait un esclave et se mit à étendre sur la mer inachevée de larges coulées° bleues. *strokes*

. . .

Wang commença par teinter de rose le bout de l'aile d'un nuage posé sur une montagne. Puis il ajouta à la surface de la mer de petites rides° qui ne faisaient que rendre plus profond le sentiment de sa sérénité. Le pavement de jade devenait singulièrement humide, mais Wang-Fô, absorbé dans sa peinture, ne s'apercevait pas qu'il travaillait assis dans l'eau. *ripples*

Le frêle° canot grossi sous les coups de pinceau du peintre occupait maintenant tout le premier plan du rouleau de soie.° Le bruit cadencé° des rames° s'éleva soudain dans la distance, rapide et vif comme un battement d'aile. Le bruit se rapprocha, emplit doucement toute la salle, puis cessa, et des gouttes tremblaient, immobiles, suspendues aux avirons du batelier.° Depuis longtemps, le fer rouge destiné aux yeux de Wang s'était éteint sur le brasier du bourreau.° Dans l'eau jusqu'aux épaules, les courtisans, immobilisés par l'étiquette,° se soulevaient sur la pointe des pieds. L'eau atteignit enfin au niveau du cœur impérial. Le silence était si profond qu'on eût entendu tomber des larmes.

fragile
rouleau... tableau / rythmique
oars
avirons... *boatman's oars*
brasier... *executioner's coals*
par... *as etiquette required*

C'était bien Ling. Il avait sa vieille robe de tous les jours, et sa manche droite portait encore les traces d'un accroc° qu'il n'avait pas eu le temps de réparer, le matin, avant l'arrivée des soldats. Mais il avait autour du cou une étrange écharpe° rouge.

tear
scarf

Wang-Fô lui dit doucement en continuant à peindre:

—Je te croyais mort.

—Vous vivant, dit respectueusement Ling, comment aurais-je pu mourir?

Et il aida le maître à monter en barque.° Le plafond de jade se reflétait sur l'eau, de sorte que Ling paraissait naviguer à l'intérieur d'une grotte. Les tresses° des courtisans submergés ondulaient à la surface comme des serpents, et la tête pâle de l'Empereur flottait comme un lotus.

canot
braids

—Regarde, mon disciple, dit mélancoliquement Wang-Fô. Ces malheureux vont périr, si ce n'est déjà fait. Je ne me doutais pas° qu'il y avait assez d'eau dans la mer pour noyer un Empereur. Que faire?

Je... Je ne croyais pas

—Ne crains rien, Maître, murmura le disciple. Bientôt, ils se trouveront à sec et ne se souviendront même pas que leur manche ait jamais été mouillée.° Seul, l'Empereur gardera au cœur un peu d'amertume marine. Ces gens ne sont pas faits pour se perdre à l'intérieur d'une peinture.

wet

Et il ajouta:

—La mer est belle, le vent bon, les oiseaux marins font leur nid. Partons, mon Maître, pour le pays au-delà des flots.°

au-delà... *beyond the waves*

—Partons, dit le vieux peintre.

Wang-Fô se saisit du gouvernail,° et Ling se pencha sur les rames. La cadence des avirons emplit de nouveau toute la salle, ferme et régulière comme le bruit d'un cœur. Le niveau de l'eau diminuait insensiblement autour des grands rochers verticaux qui redevenaient des colonnes. Bientôt, quelques rares flaques° brillèrent seules dans les dépressions du pavement de jade. Les robes des courtisans étaient sèches, mais l'Empereur gardait quelques flocons d'écume° dans la frange de son manteau.

rudder

puddles

flocons... *wisps of foam*

Le rouleau achevé par Wang-Fô restait posé sur la table basse. Une barque en occupait tout le premier plan. Elle s'éloignait peu à peu, laissant derrière elle un mince sillage° qui se refermait sur la mer immobile. Déjà, on ne distinguait plus le visage des deux hommes assis dans le canot. Mais on apercevait encore l'écharpe rouge de Ling, et la barbe de Wang-Fô flottait au vent.

(boat's) wake

La pulsation des rames s'affaiblit, puis cessa, oblitérée par la distance. L'Empereur, penché en avant, la main sur les yeux, regardait s'éloigner la barque de Wang qui n'était déjà plus qu'une tache imperceptible dans la pâleur du crépuscule. Une buée° d'or s'éleva et se déploya° sur la mer. Enfin, la barque vira autour d'un rocher qui fermait l'entrée du large°; l'ombre d'une falaise tomba sur elle; le sillage s'effaça de la surface déserte, et le peintre Wang-Fô et son disciple Ling disparurent à jamais sur cette mer de jade bleu que Wang-Fô venait d'inventer.

mist / se... *spread*

open sea

Avez-vous compris?

1. Comment Wang-Fô réagit-il en voyant son tableau inachevé? En quoi y reconnaît-il une œuvre de sa jeunesse? Pourquoi pense-t-il qu'il y manque quelque chose?
2. Quelles retouches Wang-Fô fait-il à son tableau? Quels sentiments éprouve-t-il en peignant? De quoi ne s'aperçoit-il pas?
3. Quel objet voit-on au premier plan du tableau? Quel bruit s'élève soudain au loin? Quel phénomène inattendu se produit dans la salle?
4. Qui est dans le canot? Qu'est-ce que cet homme a autour du cou? A votre avis, quelle en est la signification? Quelles paroles échange-t-il avec Wang-Fô? Que font les deux hommes ensuite?
5. Pourquoi Ling paraît-il naviguer à l'intérieur d'une grotte? Quelles images Yourcenar emploie-t-elle pour décrire l'Empereur et ses courtisans?
6. Wang-Fô pense que les gens submergés vont périr, mais selon Ling, il n'y a rien à craindre. Quelle en est la raison? Comment interprétez-vous ce qu'il dit?
7. Qu'est-ce que Ling propose à Wang-Fô de faire? Qu'entend-on de nouveau dans la salle? Quel effet le départ des deux hommes a-t-il sur le niveau de l'eau? Comment la salle change-t-elle d'aspect? Dans quel état l'Empereur et les courtisans se trouvent-ils maintenant?
8. Racontez la fin du conte. Où est le tableau? Où se trouvent Wang-Fô et Ling par rapport à l'Empereur et aux courtisans? Que deviennent le peintre et son disciple?

Commentaire du texte

1. Dans la deuxième partie du texte, le réel et l'imaginaire se confondent. Expliquez comment les personnages font partie tantôt du monde réel, tantôt du tableau. A votre avis, que suggère la coexistence du réel et de l'imaginaire?
2. Dans son Post-scriptum à *Nouvelles orientales,* Marguerite Yourcenar décrit Wang-Fô comme «perdu et sauvé à l'intérieur de son œuvre». A votre avis, que veut-elle dire?
3. Comment Marguerite Yourcenar évoque-t-elle la Chine ancienne dans ce conte? Qu'y a-t-il dans ce passage qui permet d'y reconnaître sa source orientale? Réfléchissez à ce qu'il y a dans le texte qui est étranger à la culture occidentale; par exemple, la manière dont le jeune Empereur est élevé. Pourquoi l'Empereur est-il appelé Dragon Céleste? Que suggère ce nom quant à l'attitude du peuple chinois envers l'Empereur? (Pour les Chinois, le dragon représente une présence positive et bienfaisante; il symbolise la bonne fortune.)
4. L'une des qualités les plus remarquables de ce conte est le style imagé par lequel l'auteur réussit à créer des effets visuels frappants. Relevez les images qui vous ont frappé(e) en identifiant les comparaisons et les métaphores.[6]

De la littérature à la vie

1. C'est grâce à son art que Wang-Fô échappe à son destin: il invente une mer sur laquelle il disparaît. Faut-il être artiste pour trouver dans l'art un moyen d'échapper à la réalité? Oubliez-vous vos préoccupations en regardant un bon film ou en écoutant de la musique? Qu'est-ce qui vous aide à échapper aux soucis de tous les jours?
2. On a caché à l'Empereur la réalité. A votre avis, vaut-il mieux tout révéler aux enfants—la laideur ainsi que la beauté des choses? Ou devrait-on plutôt leur cacher la violence, la mort, et les déceptions de la vie? Faut-il les tenir à l'écart de ceux qui pourraient les faire souffrir? Commentez.
3. L'Empereur reproche à Wang-Fô de lui avoir menti. Le monde, dit-il, n'est pas une série de beaux tableaux, il «n'est qu'un amas de taches confuses, . . . sans cesse effacées par nos larmes». Qu'en pensez-vous? Comment concevez-vous le monde? Croyez-vous que tout mène à une fin logique et juste? que tout se fait pour une raison? Trouvez-vous de la beauté partout, comme Wang-Fô? Ou êtes-vous plutôt de l'avis de l'Empereur, que le monde est sans ordre et que la vie est triste?
4. Ling se dévoue entièrement pour Wang-Fô, lui sacrifiant même sa vie. Un tel geste de dévouement serait-il admiré dans la culture occidentale? Commentez. Citez des exemples de la littérature ou des films.

---

[6] Voir le chapitre préliminaire, pages 3–4.

Activités

1. Trouvez à la bibliothèque des livres sur la peinture chinoise et choisissez un artiste ou un tableau que vous trouvez intéressant. Partagez vos impressions avec vos camarades de classe.
2. Les Chinois considèrent l'art comme très important. La calligraphie chinoise, par exemple, est non seulement un moyen de communication, mais aussi une forme d'art. Groupez-vous par quatre et discutez du rôle de l'art pour votre génération. Quelle importance l'art a-t-il pour les jeunes d'aujourd'hui? Quelles sont les formes d'art les plus appréciées? la peinture? la sculpture? la musique? le cinéma? la photographie?... Pourquoi, à votre avis? Partagez vos conclusions avec toute la classe.

CHAPITRE 12
La France et les Etats-Unis

Fernand Léger: Etude pour une peinture murale cinématique, pour le bâtiment international du centre Rockefeller (1939–1940)

Quelle image vous faites-vous de la France? Vous avez peut-être des souvenirs de voyage à Paris ou dans la province; mais à travers les textes que vous avez étudiés, vous avez certainement aussi découvert de nouvelles valeurs, de nouvelles manières de vivre et de penser.

La lecture, en effet, ouvre souvent des horizons plus larges encore que le voyage. A travers une subjectivité autre que la sienne—c'est-à-dire, celle de l'auteur—on prend conscience d'une nouvelle réalité. C'est pourquoi, entre autres, les littératures de différents pays s'influencent mutuellement. La littérature est comme un pont qui relie une culture à l'autre. Par exemple, vous savez peut-être que Edgar Allan Poe, Mark Twain, William Faulkner, Ernest Hemingway—pour ne citer que les plus illustres—ont été reconnus en France. De même, certains auteurs français sont célèbres dans tout le monde occidental. Même si vous n'avez pas lu leurs œuvres, vous connaissez les noms de Montaigne, Descartes, Voltaire, Sartre, Camus, Simone de Beauvoir.

Les textes qui suivent abordent un thème qui a fasciné tous les grands intellectuels français: la condition humaine. La morale que Voltaire exprime dans *Candide* n'est-elle valable que pour le dix-huitième siècle? Le problème essentiel que pose Camus dans *L'Hôte* n'a-t-il de sens qu'en France?

Ces dernières lectures sont donc une invitation à la réflexion sur certaines questions universelles, lesquelles ont été posées par les hommes de tout pays, de toute époque. Elles vous aideront, en même temps, à pénétrer plus profondément certains aspects de la pensée française.

andide

VOLTAIRE

Pamphlétaire mordant, brillant conteur, poète médiocre et faible dramaturge, Voltaire (de son vrai nom François-Marie Arouet) domine et incarne à la fois l'Age des Lumières. Cette époque, qui comprend toute la partie centrale du dix-huitième siècle, est caractérisée par une confiance souveraine dans la raison humaine et dans le progrès scientifique fondé sur l'expérience.

Voltaire est né à Paris en 1694. Son père, notaire aisé, le fait éduquer chez les Jésuites. Après ses études, il commence à travailler comme clerc et fréquente l'aristocratie parisienne. Il se fait tout de suite remarquer par son esprit critique et impertinent qui l'entraîne d'ailleurs dans plusieurs mésaventures. Dans les *Lettres philosophiques* il fait l'éloge de la liberté politique, religieuse et intellectuelle de la Grande-Bretagne. C'est une critique à peine voilée des institutions françaises. Les *Lettres philosophiques* sont condamnées par le Parlement et Voltaire doit quitter Paris. Pendant dix ans il vit au château de Cirey; il y écrit des tragédies, des poèmes satiriques et prépare d'importants travaux historiques. De retour à Paris, il retombe en disgrâce. En 1750 il accepte l'invitation du roi Frédéric de Prusse, mais finit par se disputer avec lui. Après d'autres pérégrinations, il s'installe à Ferney, tout près de la frontière suisse. Ses propres expériences et le tremblement de terre de Lisbonne (novembre 1755) lui inspirent *Candide* (1759), son plus célèbre conte philosophique. Voltaire y expose le rôle du hasard et le problème du mal dans le monde. Après la mort de Louis XV, le nouveau régime lui permet de faire une rentrée triomphale à Paris en 1778. Affaibli, peut-être par l'émotion, il meurt quelques mois plus tard.

AVANT DE LIRE

Dans *Candide, ou l'Optimisme,* Voltaire s'attaque à l'optimisme des disciples de Leibnitz (mathématicien et philosophe allemand, 1646–1716), qui croyaient à une harmonie préétablie de l'univers. A cette philosophie idéaliste, Voltaire oppose un monde incohérent, gouverné par le hasard.

Une des questions fondamentales posées dans ce conte est la suivante: dans quelles conditions l'être humain peut-il faire son bonheur? En lisant le texte, notez une réponse possible pour chacun des personnages ci-dessous en complétant le schéma.

Le derviche refuse de se poser des questions auxquelles il n'y a pas de réponse.

Le bon vieillard ______________________________

Martin ______________________________

Pangloss ______________________________

Candide ______________________________

Mots et expressions

convenir (de; que) to agree (on, about; that)
le mal (*pl.* **maux**) evil
maudire to curse
la sagesse wisdom
le sort fate
soutenir to maintain, uphold
se taire to be silent, hold one's tongue

Emplois

A. Trouvez l'équivalent de chaque expression.

1. le destin 2. ne pas parler 3. les jugements de bon sens 4. exprimer sa colère contre (quelqu'un ou quelque chose)

B. Complétez les phrases suivantes avec les mots qui conviennent.

1. C'est vrai; j'en _____.
2. «De deux _____ il faut choisir le moindre.»
3. Ce philosophe _____ ses théories par des arguments raisonnables.

Le jeune Candide est élevé au château du baron de Thunder-Ten-Tronckh sous la direction du précepteur Pangloss, qui ne cesse de répéter la célèbre formule de Leibnitz: «Tout est pour le mieux dans le meilleur des mondes possibles.» Amoureux de Cunégonde, fille du baron, Candide est chassé du «paradis terrestre». Il a de nombreuses aventures qui le portent à douter de plus en plus de la philosophie de Pangloss. S'il connaît la richesse, il n'échappe point à la misère; s'il rencontre des sages et des gens vertueux, il constate le triomphe du mal, dont souffrent également innocents et méchants.

A la fin du récit, nous le trouvons en Turquie avec quelques-unes des personnes que le sort a mises sur son chemin et qui, comme lui, ont connu le malheur: Cunégonde, vieillie et enlaidie et qui presse Candide de l'épouser; une vieille femme qui a pris soin de Cunégonde; Pangloss qui, malgré tout, n'a pas renoncé à son optimisme; Martin, pessimiste incurable et Cacambo, valet de Candide.

A la recherche d'un meilleur destin, Candide s'installe avec ses compagnons dans une métairie (farm). *C'est là où se situe l'action de l'extrait suivant, tiré du dernier chapitre.*

Il était tout naturel d'imaginer qu'après tant de désastres Candide, marié avec sa maîtresse° et vivant avec le philosophe Pangloss, le philosophe Martin, le prudent Cacambo et la vieille, ayant d'ailleurs rapporté tant de diamants de la patrie des anciens Incas, mènerait la vie du monde la plus agréable; mais... sa femme, devenant tous les jours plus laide, devint acariâtre° et insupportable; la vieille était infirme et fut encore de plus mauvaise humeur que Cunégonde. Cacambo, qui travaillait au jardin et qui allait vendre des légumes à Constantinople, était excédé° de travail et maudissait sa destinée. Pangloss était au désespoir de ne pas briller dans quelque université d'Allemagne. Pour Martin, il était fermement persuadé qu'on est également mal partout; il prenait les choses en patience. Candide, Martin et Pangloss disputaient° quelquefois de métaphysique et de morale...

Quand on ne disputait pas, l'ennui était si excessif que la vieille osa un jour leur dire: «Je voudrais savoir lequel est le pire, ou d'être violée° cent fois par des pirates nègres, d'avoir une fesse coupée, de passer par les baguettes° chez les Bulgares, d'être fouetté et pendu dans un auto-da-fé,° d'être disséqué, de ramer en galère,° d'éprouver enfin toutes les misères par lesquelles nous

maîtresse: bien-aimée
acariâtre: de mauvaise humeur
excédé: excessivement fatigué
disputaient: discutaient
violée: *raped*
passer... *run the gauntlet*
auto-da-fé: exécution d'hérétiques pendant l'Inquisition
ramer... *row in a galley (slave ship)*

P.G. Langlois: Voltaire (1785, d'après le tableau de De la Tour, 1731) CULVER PICTURES

avons tous passé, ou bien de rester ici à ne rien faire?[1]—C'est une grande question», dit Candide.

Ce discours fit naître de nouvelles réflexions, et Martin surtout conclut que l'homme était né pour vivre dans les convulsions de l'inquiétude, ou dans la léthargie de l'ennui. Candide n'en convenait pas, mais il n'assurait rien. Pangloss avouait qu'il avait toujours horriblement souffert; mais, ayant soutenu une fois que tout allait à merveille, il le soutenait toujours, et n'en croyait rien.[...]

Il y avait dans le voisinage un derviche° très fameux, qui passait pour le meilleur philosophe de la Turquie; ils allèrent le consulter; Pangloss porta la parole° et lui dit: «Maître, nous venons vous prier de nous dire pourquoi un aussi étrange animal que l'homme a été formé.—De quoi te mêles-tu? dit le derviche, est-ce là ton affaire?—Mais, mon révérend père, dit Candide, il y a horriblement de mal sur la terre.—Qu'importe,° dit le derviche, qu'il y ait du mal ou du bien? Quand Sa Hautesse envoie un vaisseau en Egypte, s'embarrasse-t-elle° si les souris qui sont dans le vaisseau sont à leur aise ou non?—Que faut-il donc faire? dit Pangloss.—Te taire, dit le derviche.—Je me flattais, dit Pangloss, de raisonner un peu avec vous des effets et des causes, du meilleur des mondes possibles, de l'origine du mal, de la nature de l'âme et de l'harmonie préétablie.°» Le derviche, à ces mots, leur ferma la porte au nez.[2]

membre d'un ordre religieux musulman

porta... *was the spokesman*

What does it matter

se préoccupe-t-elle

effets... résumé satirique des théories de Leibnitz

[1] La vieille énumère quelques-uns des malheurs que le groupe a subis. *[note de l'éditeur]*

[2] Détail révélateur en ce qui concerne l'attitude de Voltaire envers toute prétention à expliquer l'univers et l'existence humaine. Comparez l'épisode du derviche avec ces vers du «Poème sur le désastre de Lisbonne», que Voltaire a composé en 1756:
Que peut donc de l'esprit la plus vaste étendue?
Rien: le livre du sort se ferme à notre vue. *[note de l'éditeur]*

Pendant cette conversation, la nouvelle s'était répandue qu'on venait d'étrangler à Constantinople deux vizirs du banc° et le mufti,° et qu'on avait empalé plusieurs de leurs amis. Cette catastrophe faisait partout un grand bruit° pendant quelques heures. Pangloss, Candide et Martin, en retournant à la petite métairie, rencontrèrent un bon vieillard qui prenait le frais° à sa porte sous un berceau° d'orangers. Pangloss, qui était aussi curieux que raisonneur, lui demanda comment se nommait le mufti qu'on venait d'étrangler. «Je n'en sais rien, répondit le bonhomme, et je n'ai jamais su le nom d'aucun mufti ni d'aucun vizir. J'ignore absolument l'aventure dont vous me parlez; je présume qu'en général ceux qui se mêlent des affaires publiques périssent quelquefois misérablement, et qu'ils le méritent; mais je ne m'informe jamais de ce qu'on fait à Constantinople; je me contente d'y envoyer vendre les fruits du jardin que je cultive.» Ayant dit ces mots, il fit entrer les étrangers dans sa maison; ses deux filles et ses deux fils leur présentèrent plusieurs sortes de sorbets° qu'ils faisaient eux-mêmes, du kaïmak piqué d'écorces de cédrat confit,° des oranges, des citrons, des limons, des ananas, des pistaches, du café de Moka qui n'était point mêlé avec le mauvais café de Batavia et des îles. Après quoi les deux filles de ce bon musulman parfumèrent les barbes de Candide, de Pangloss et de Martin.

vizirs... *the Sultan's advisors* / ecclésiastique musulman
grand... *great stir*
l'air frais
arbor
sherbets
kaïmak... *cream flavored with candied citron peel*

«Vous devez avoir, dit Candide au Turc, une vaste et magnifique terre?—Je n'ai que vingt arpents,° répondit le Turc; je les cultive avec mes enfants; le travail éloigne° de nous trois grands maux, l'ennui, le vice et le besoin.»

acres
keeps away

Candide, en retournant dans sa métairie, fit de profondes réflexions sur le discours du Turc. Il dit à Pangloss et à Martin: «Ce bon vieillard me paraît s'être fait un sort bien préférable à celui des six rois avec qui nous avons eu l'honneur de souper.—Les grandeurs,° dit Pangloss sont fort dangereuses, selon le rapport de tous les philosophes: car enfin [...] vous savez comment périrent [...] Richard II d'Angleterre, Edouard II, Henri VI, Richard III, Marie Stuart, Charles Ier, les trois Henri de France, l'empereur Henri IV?[3] Vous savez...—Je sais aussi, dit Candide, qu'il faut cultiver notre jardin.—Vous avez raison, dit Pangloss: car, quand l'homme fut mis dans le jardin d'Eden, il y fut mis *ut operareteur eum,* pour qu'il travaillât;° ce qui prouve que l'homme n'est pas né pour le repos.—Travaillons sans raisonner, dit Martin, c'est le seul moyen de rendre la vie supportable.»

Les... *Greatness*
travailler: imparfait subj.

Toute la petite société entra dans ce louable dessein,° chacun se mit à exercer ses talents. La petite terre rapporta° beaucoup. Cunégonde était à la vérité bien laide; mais elle devint une excellente pâtissière; [...] et Pangloss disait quelquefois à Candide: «Tous les événements sont enchaînés° dans le meilleur des mondes possibles; car enfin, si vous n'aviez pas été chassé d'un beau château à grands coups de pied dans le derrière pour l'amour de Mlle Cunégonde, si vous n'aviez pas été mis à l'Inquisition, si vous n'aviez pas couru l'Amérique à pied, si vous n'aviez pas donné un bon coup d'épée au baron, si vous n'aviez pas perdu tous vos moutons du bon pays d'Eldorado, vous ne mangeriez pas ici des cédrats confits et des pistaches.—Cela est bien dit, répondit Candide, mais il faut cultiver notre jardin.»

louable... *praiseworthy project*
yielded
linked together

---

[3] Candide et Martin avaient soupé à Venise avec six rois détrônés et exilés. Tous les monarques européens dont parle Pangloss ont subi un destin malheureux. *[note de l'éditeur]*

Avez-vous compris?

1. Pourquoi Candide, entouré de ses compagnons, n'a-t-il pas encore trouvé le bonheur?
2. De quoi Candide, Martin et Pangloss discutaient-ils parfois?
3. Quelles réflexions sur leur existence la vieille a-t-elle faites un jour?
4. A quelle conclusion le discours de la vieille a-t-il amené Martin? Quel argument Pangloss persistait-il à soutenir? En quoi son raisonnement était-il illogique?
5. Quelles explications Pangloss et Candide ont-ils demandées au derviche turc? Comment le derviche a-t-il réagi? Que pensait-il des problèmes qui les préoccupaient? Comment a-t-il terminé l'interview?
6. Que s'était-il passé à Constantinople?
7. Quelle question Pangloss a-t-il posée au bon vieillard? Qu'est-ce que celui-ci a répondu? Que pensait-il de ceux qui se mêlent des affaires publiques?
8. Comment les enfants du vieillard ont-ils accueilli les visiteurs?
9. A quoi sert le travail, selon le vieillard?
10. Quelle impression le discours du vieillard a-t-il faite sur Candide?
11. Qu'a dit Pangloss à propos des grandeurs? Quels exemples historiques a-t-il cités pour soutenir son argument? Pourquoi, à son avis, Dieu a-t-il mis l'homme dans le jardin d'Eden?
12. Quelle solution Candide et ses compagnons ont-ils trouvée au problème de leur existence?
13. Que disait Pangloss à Candide de temps en temps? Pourquoi Pangloss pensait-il que Candide n'avait pas souffert en vain? Comment Candide a-t-il réagi au raisonnement de Pangloss?

Commentaire du texte

1. Expliquez la sagesse du derviche et celle du vieillard. Montrez de quelle manière l'une seconde l'autre.
2. Montrez que bien que Candide renonce à l'optimisme de Pangloss, il n'adopte pas un pessimisme stérile mais plutôt une philosophie de l'action.

3. Comment interprétez-vous, au sens littéral et au sens métaphorique,[4] la formule: «il faut cultiver notre jardin»?
4. Comme d'autres philosophes du dix-huitième siècle, Voltaire s'intéressait au bonheur terrestre. Il cherchait des solutions pratiques aux problèmes de ce monde, croyant qu'il fallait améliorer la condition matérielle des gens. Dans quelle mesure ce passage justifie-t-il cette constatation?
5. Voltaire est célèbre pour son esprit (*wit*), qu'il a mis au service de ses idées. Il a souvent employé la simplification, l'exagération et la réduction à l'absurde pour critiquer ceux avec qui il n'était pas d'accord. Trouvez des exemples de ces trois procédés comiques dans le passage étudié.

De la littérature à la vie

1. A la fin du récit, Pangloss est encore convaincu que «à quelque chose malheur est bon»,[5] comme dit le proverbe. Que pensez-vous de cette attitude?
2. Etes-vous optimiste ou pessimiste? Comment réagissez-vous quand les choses ne se passent pas comme vous l'auriez souhaité?
3. Avez-vous tendance à être philosophe? Cherchez-vous à comprendre certains événements inattendus qui se produisent dans votre vie? Croyez-vous que tout ce qui se passe soit dû au hasard ou qu'une puissance supérieure fixe le cours des événements, ou encore que vous soyez maître de votre destin?
4. Croyez-vous à la morale du travail? Quelles satisfactions pensez-vous trouver dans le travail que vous faites ou que vous envisagez de faire? Quels avantages et quels inconvénients pourrait-on trouver dans la vie contemplative par rapport à la vie active?

Un peu de grammaire: la voix active

Mettez les phrases suivantes à la voix active.

MODELE: Candide a été élevé par le baron de Thunder-Ten-Tronckh. → Le baron de Thunder-Ten-Tronckh a élevé Candide.

1. Candide a été chassé du «paradis terrestre» par le baron.
2. Il avait été instruit par Pangloss.
3. Le derviche est considéré comme le meilleur philosophe de la Turquie.
4. La nouvelle s'était répandue de la mort de deux vizirs et du mufti.
5. Candide, Martin et Pangloss ont été accueillis par le bon vieillard.
6. Ils ont été servis par ses enfants.

---

[4] Voir le chapitre préliminaire, pages 3–4.

[5] Tout événement pénible comporte quelque compensation.

7. Selon le vieillard, l'ennui, le vice et le besoin sont éloignés par le travail.
8. Les six rois dont parle Pangloss ont été exilés.
9. Selon Pangloss, l'homme a été mis par Dieu dans le jardin d'Eden pour travailler.
10. «Il faut cultiver notre jardin» peut signifier que toutes nos ressources personnelles doivent être utilisées.

L'Hôte

ALBERT CAMUS

Fils d'un paysan d'Alsace et d'une humble femme d'origine espagnole presque analphabète, Albert Camus (1913–1960) est né à Mondovi, petite ville algérienne. Ayant perdu son père à la bataille de la Marne à l'âge de deux ans, Albert est élevé par sa mère, qui s'installe à Alger où elle fait des ménages pour subvenir à ses propres besoins et à ceux de ses deux enfants. Camus obtient une bourse pour aller au lycée et plus tard s'inscrit à l'université pour préparer un diplôme de philosophie mais, atteint de tuberculose, il ne peut poursuivre ses études ni faire son service militaire. En 1939 il part pour la France. Pendant la Deuxième Guerre mondiale, il participe au mouvement de Résistance en écrivant pour la presse clandestine. En 1957 il reçoit le prix Nobel de littérature. Trois ans plus tard il est tué dans un accident de voiture.

L'œuvre de Camus comprend des pièces de théâtre, des romans, des nouvelles et des essais philosophiques. «L'Hôte» fait partie du recueil *L'Exil et le royaume* (1957). Comme dans la plupart des œuvres de Camus, l'action se situe en Algérie.

L'occupation de l'Algérie par la France remonte à la première partie du dix-neuvième siècle. Dès cette époque, des milliers de colons français s'installent dans le pays. Ils sont en minorité par rapport à la population arabe, mais ils jouent un rôle très important dans l'économie du pays. En 1954 des groupes de nationalistes arabes déclenchent une insurrection contre la France. Le conflit dure plusieurs années et se termine en 1962 avec l'indépendance de l'Algérie.

Les intellectuels français, dont la plupart soutiennent la cause arabe, s'attendent à ce que Camus se prononce en faveur de l'indépendance. Mais l'écrivain, dont la position à l'égard de la question algérienne est des plus difficiles, garde le silence. Si, idéologiquement, il soutient le droit des Arabes à l'indépendance, il ne peut ignorer, étant lui-même fils de colons français, ni leur travail, ni les aspects positifs de la civilisation française dans le pays.

Les trois personnages de «L'Hôte» semblent refléter la complexité de la question algérienne, telle que Camus l'a vécue. Mais le conte explore aussi d'autres thèmes que l'on retrouve dans toute l'œuvre de Camus: l'absurdité de vivre dans un monde hostile, la solitude de l'homme face à la société et les problèmes qu'il doit affronter quand tout semble ambigu et contradictoire. Le titre même du conte annonce déjà cette ambiguïté, puisque le mot *hôte* désigne à la fois celui qui reçoit ou celui qui est reçu.[6]

AVANT DE LIRE

Vous sentez-vous responsable des autres êtres humains? Quelle est votre responsabilité à l'égard de vos semblables et de la société? Que feriez-vous si, pour ne pas manquer à vos principes moraux, vous deviez désobeir à l'autorité judiciaire, surtout si c'était à vous de décider de la vie de quelqu'un et que l'une et l'autre alternative comportaient des risques?

C'est face à un tel dilemme moral que se trouve Daru, instituteur dans une école isolée du désert algérien. Balducci, gendarme et ami de Daru, lui confie un prisonnier arabe que Daru est censé livrer aux autorités. Tout en réfléchissant à ce que vous feriez à sa place, marquez au crayon les passages qui révèlent son conflit intérieur: ses sentiments contradictoires à l'égard de l'Arabe et de son crime; sa compassion, qui alterne avec sa peur, etc.

Après avoir lu le conte en entier, comparez ce que vous avez trouvé avec les passages relevés par vos camarades. Groupez-vous par quatre et désignez quelqu'un dans chaque groupe qui fera un résumé de tous les exemples trouvés par l'équipe.

Mots et expressions

ailleurs elsewhere
bouger to move, stir
la corde rope
d'ailleurs besides, moreover
la haine hatred
lier to tie, bind
livrer to deliver, hand over
pénible hard; tedious
la piste trail; track
le poêle stove
la sécheresse drought

Emplois

A. Trouvez le contraire de chaque expression.

1. facile ou agréable
2. libérer
3. ici, dans cet endroit
4. rester immobile
5. l'amour
6. l'humidité

[6] Les divisions du texte sont celles de l'éditeur.

B. Complétez les phrases avec les mots qui conviennent.

1. Le gendarme _____ les mains du prisonnier avec une _____.
2. Pour traverser le désert, ils ont suivi une _____ qui _____ était à peine visible.
3. Il avait un _____ à charbon qui chauffait bien.

I.

L'instituteur regardait les deux hommes monter vers lui. L'un était à cheval, l'autre à pied. Ils n'avaient pas encore entamé le raidillon° abrupt qui menait à l'école, bâtie au flanc d'une colline. Ils peinaient,° progressant lentement dans la neige entre les pierres, sur l'immense étendue du haut plateau désert. De temps en temps, le cheval bronchait° visiblement. On ne l'entendait pas encore mais on voyait le jet de vapeur qui sortait alors de ses naseaux.° L'un des hommes, au moins, connaissait le pays. Ils suivaient la piste qui avait pourtant disparu depuis plusieurs jours sous une couche° blanche et sale. L'instituteur calcula qu'ils ne seraient pas sur la colline avant une demi-heure. Il faisait froid; il rentra dans l'école pour chercher un chandail.

entamé... *started up the short (and steep) trail*
faisaient de gros efforts
stumbled
nostrils
layer

Il traversa la salle de classe, vide et glacée. Sur le tableau noir les quatre fleuves de France, dessinés avec quatre craies de couleurs différentes, coulaient° vers leur estuaire depuis trois jours. La neige était tombée brutalement à la mi-octobre après huit mois de sécheresse, sans que la pluie eût apporté une transition et la vingtaine d'élèves qui habitaient dans les villages disséminés sur le

had been flowing

Albert Camus (à droite) s'entretient avec son acteur principal Jean-Louis Barrault (à gauche) de sa pièce L'Etat de siège THE BETTMANN ARCHIVE plateau ne venaient plus. Il fallait attendre le beau temps. Daru ne chauffait plus que l'unique° pièce qui constituait son logement, attenant à° la classe, et ouvrant aussi sur le plateau à l'est. Une fenêtre donnait encore, comme celles de la classe, sur le midi.° De ce côté, l'école se trouvait à quelques kilomètres de l'endroit où le plateau commençait à descendre vers le sud. Par temps clair, on pouvait apercevoir les masses violettes du contrefort° montagneux où s'ouvrait la porte du désert.

la seule / attenant... *adjoining*
sud
range, ridge

Un peu réchauffé, Daru retourna à la fenêtre d'où il avait, pour la première fois, aperçu les deux hommes. On ne les voyait plus. Ils avaient donc attaqué° le raidillon. Le ciel était moins foncé:° dans la nuit, la neige avait cessé de tomber. Le matin s'était levé sur une lumière sale qui s'était à peine renforcée à mesure que° le plafond de nuages remontait. A deux heures de l'après-midi, on eût° dit que la journée commençait seulement. Mais cela valait mieux que ces trois jours où l'épaisse neige tombait au milieu des ténèbres incessantes, avec de petites sautes° de vent qui venaient secouer la double porte de la classe. Daru patientait alors de longues heures dans sa chambre dont il ne sortait que pour aller sous l'appentis,° soigner les poules et puiser dans° la provision de charbon. Heureusement, la camionnette de Tadjid, le village le plus proche au nord, avait apporté le ravitaillement° deux jours avant la tourmente. Elle reviendrait dans quarante-huit heures.

commencé à monter / sombre
à... *as*
aurait
petites... petits coups
shed / puiser... *to draw from*
nourriture

Il avait d'ailleurs de quoi soutenir un siège,° avec les sacs de blé qui encombraient la petite chambre et que l'administration lui laissait en réserve pour distribuer à ceux de ses élèves dont les familles avaient été victimes de la sécheresse. En réalité, le malheur les avait tous atteints° puisque tous étaient pauvres. Chaque jour, Daru distribuait une ration aux petits. Elle leur avait manqué,° il le savait bien, pendant ces mauvais jours. Peut-être un des pères ou des grands frères viendrait ce soir et il pourrait les ravitailler en grains. Il fallait faire la soudure° avec la prochaine récolte, voilà tout. Des navires de blé arrivaient maintenant de France, le plus dur était passé. Mais il serait difficile d'oublier cette misère, cette armée de fantômes haillonneux° errant dans le soleil, les plateaux calcinés° mois après mois, la terre recroquevillée° peu à peu, littéralement torréfiée,° chaque pierre éclatant en poussière sous le pied. Les moutons mouraient alors par milliers et quelques hommes, çà et là, sans qu'on puisse toujours le savoir.

de... *enough supplies to hold out for a long time*
touchés
Elle... *They had missed it*
faire... *to tide them over*
ragged
brûlés / *shriveled*
burned to a crisp

Devant cette misère, lui qui vivait presque en moine° dans son école perdue, content d'ailleurs du peu qu'il avait, et de cette vie rude,° s'était senti un seigneur, avec ses murs crépis,° son divan étroit, ses étagères de bois blanc, son puits, et son ravitaillement hebdomadaire en eau et en nourriture. Et, tout d'un coup, cette neige, sans avertissement, sans la détente° de la pluie. Le pays était ainsi, cruel à vivre, même sans les hommes, qui, pourtant, n'arrangeaient rien.° Mais Daru y était né. Partout ailleurs, il se sentait exilé.

en... une existence monastique
austère
rough-cast
repos
n'arrangeaient... *didn't help matters any*

Il sortit et avança sur le terre-plein° devant l'école. Les deux hommes étaient maintenant à mi-pente.° Il reconnut dans le cavalier, Balducci, le vieux gendarme qu'il connaissait depuis longtemps. Balducci tenait au bout d'une corde un Arabe qui avançait derrière lui, les mains liées, le front baissé. Le gendarme fit un geste de salutation auquel Daru ne répondit pas, tout entier occupé à regarder l'Arabe vêtu d'une djellabah° autrefois bleue, les pieds dans

courtyard
à... *halfway up the slope*
loose Arab garment

des sandales, mais couverts de chaussettes en grosse laine grège,° la tête coiffée d'un chèche° étroit et court. Ils approchaient. Balducci maintenait sa bête au pas° pour ne pas blesser l'Arabe et le groupe avançait lentement.

A portée de voix, Balducci cria: «Une heure pour faire les trois kilomètres d'El Ameur ici!» Daru ne répondit pas. Court et carré° dans son chandail épais, il les regardait monter. Pas une seule fois, l'Arabe n'avait levé la tête. «Salut, dit Daru, quand ils débouchèrent° sur le terre-plein. Entrez vous réchauffer.» Balducci descendit péniblement de sa bête, sans lâcher la corde. Il sourit à l'instituteur sous ses moustaches hérissées. Ses petits yeux sombres, très enfoncés° sous le front basané,° et sa bouche entourée de rides, lui donnaient un air attentif et appliqué. Daru prit la bride, conduisit la bête vers l'appentis, et revint vers les deux hommes qui l'attendaient maintenant dans l'école. Il les fit pénétrer° dans sa chambre. «Je vais chauffer la salle de classe, dit-il. Nous y serons plus à l'aise.» Quand il entra de nouveau dans la chambre, Balducci était sur le divan. Il avait dénoué la corde qui le liait à l'Arabe et celui-ci s'était accroupi° près du poêle. Les mains toujours liées, le chèche maintenant poussé en arrière, il regardait vers la fenêtre. Daru ne vit d'abord que ses énormes lèvres, pleines, lisses,° presque négroïdes; le nez cependant était droit, les yeux sombres, pleins de fièvre. Le chèche découvrait un front buté° et, sous la peau recuite° mais un peu décolorée par le froid, tout le visage avait un air à la fois inquiet et rebelle qui frappa Daru quand l'Arabe, tournant son visage vers lui, le regarda droit dans les yeux. «Passez à côté, dit l'instituteur, je vais vous faire du thé à la menthe.— Merci, dit Balducci. Quelle corvée! Vivement la retraite.°»Et s'adressant en arabe à son prisonnier: «Viens, toi.» L'Arabe se leva et, lentement, tenant ses poignets joints devant lui, passa dans l'école.

Avec le thé Daru apporta une chaise. Mais Balducci trônait° déjà sur la première table d'élève et l'Arabe s'était accroupi contre l'estrade du maître, face au poêle qui se trouvait entre le bureau et la fenêtre. Quand il tendit le verre de thé au prisonnier, Daru hésita devant ses mains liées. «On peut le délier, peut-être.—Sûr, dit Balducci. C'était pour le voyage.» Il fit mine° de se lever. Mais Daru, posant le verre sur le sol, s'était agenouillé près de l'Arabe. Celui-ci, sans rien dire, le regardait faire de ses yeux fiévreux. Les mains libres, il frotta° l'un contre l'autre ses poignets gonflés,° prit le verre de thé et aspira le liquide brûlant, à petites gorgées° rapides.

«Bon, dit Daru. Et comme ça, où allez-vous?»

Balducci retira sa moustache du thé: «Ici, fils.

—Drôles d'élèves! Vous couchez ici?

—Non. Je vais retourner à El Ameur. Et toi, tu livreras le camarade à Tinguit. On l'attend à la commune mixte.°»

Balducci regardait Daru avec un petit sourire d'amitié.

«Qu'est-ce que tu racontes, dit l'instituteur. Tu te fous de moi?°

—Non, fils. Ce sont les ordres.

—Les ordres? Je ne suis pas...» Daru hésita; il ne voulait pas peiner° le vieux Corse. «Enfin, ce n'est pas mon métier.

—Eh! Qu'est-ce que ça veut dire? A la guerre, on fait tous les métiers.

—Alors, j'attendrai la déclaration de guerre!»

laine... *raw wool*
scarf or head covering
au... *at a walk*
stocky
emerged
deep-set / bronzé
entrer
crouched
smooth
stubborn-looking / burned through
Vivement... *I can hardly wait to retire*
presided, as on a throne
semblant
rubbed / swollen
à... *in small gulps*
commune... *municipality administered jointly by the French and the Arabs*
Tu... (*pop.*) Tu te moques de moi?
to hurt (the feelings of)

Balducci approuva de la tête.

«Bon. Mais les ordres sont là et ils te concernent aussi. Ça bouge,° paraît-il. On parle de révolte prochaine. Nous sommes mobilisés, dans un sens.»

Ça... *Something's brewing*

Daru gardait son air buté.

«Ecoute, fils, dit Balducci. Je t'aime bien, il faut comprendre. Nous sommes une douzaine à El Ameur pour patrouiller dans le territoire d'un petit département et je dois rentrer. On m'a dit de te confier ce zèbre° et de rentrer sans tarder. On ne pouvait pas le garder là-bas. Son village s'agitait, ils voulaient le reprendre. Tu dois le mener à Tinguit dans la journée de demain. Ce n'est pas une vingtaine de kilomètres qui font peur à un costaud° comme toi. Après, ce sera fini. Tu retrouveras tes élèves et la bonne vie.»

confier... donner ce type

husky fellow

Derrière le mur, on entendit le cheval s'ébrouer et frapper du sabot.° Daru regardait par la fenêtre. Le temps se levait° décidément, la lumière s'élargissait sur le plateau neigeux. Quand toute la neige serait fondue, le soleil régnerait de nouveau et brûlerait une fois de plus les champs de pierre. Pendant des jours, encore, le ciel inaltérable déverserait° sa lumière sèche sur l'étendue solitaire où rien ne rappelait l'homme.

frapper... *stomp his hoof*

Le temps... *The weather was clearing up*

would pour out

«Enfin, dit-il en se retournant vers Balducci, qu'est-ce qu'il a fait?» Et il demanda, avant que le gendarme ait ouvert la bouche: «Il parle français?

—Non, pas un mot. On° le recherchait depuis un mois, mais ils° le cachaient. Il a tué son cousin.

La police / les Arabes

—Il est contre nous?

—Je ne crois pas. Mais on ne peut jamais savoir.

—Pourquoi a-t-il tué?

—Des affaires de famille, je crois. L'un devait du grain à l'autre, paraît-il. Ça n'est pas clair. Enfin, bref, il a tué le cousin d'un coup de serpe.° Tu sais, comme au mouton, zic!...»

sickle

Balducci fit le geste de passer une lame° sur sa gorge et l'Arabe, son attention attirée, le regardait avec une sorte d'inquiétude. Une colère subite vint à Daru contre cet homme, contre tous les hommes et leur sale méchanceté, leurs haines inlassables, leur folie du sang.

blade

Mais la bouilloire° chantait sur le poêle. Il resservit du thé à Balducci, hésita, puis servit à nouveau l'Arabe qui, une seconde fois, but° avec avidité. Ses bras soulevés entrebâillaient° maintenant la djellabah et l'instituteur aperçut sa poitrine maigre et musclée.

kettle

boire: passé simple

ouvraient légèrement

«Merci, petit, dit Balducci. Et maintenant, je file.»

Il se leva et se dirigea vers l'Arabe, en tirant une cordelette de sa poche.

«Qu'est-ce que tu fais?» demanda sèchement Daru.

Balducci, interdit,° lui montra la corde.

disconcerted

«Ce n'est pas la peine.»

Le vieux gendarme hésita:

«Comme tu voudras. Naturellement, tu es armé?

—J'ai mon fusil de chasse.

—Où?

—Dans la malle.

—Tu devrais l'avoir près de ton lit.

—Pourquoi? Je n'ai rien à craindre.

—Tu es sonné,° fils. S'ils se soulèvent, personne n'est à l'abri, nous sommes tous dans le même sac.°

—Je me défendrai. J'ai le temps de les voir arriver.»

Balducci se mit à rire, puis la moustache vint soudain recouvrir les dents encore blanches.

«Tu as le temps? Bon. C'est ce que je disais. Tu as toujours été un peu fêlé.° C'est pour ça que je t'aime bien, mon fils était comme ça.»

Il tirait en même temps son revolver et le posait sur le bureau.

«Garde-le, je n'ai pas besoin de deux armes d'ici El Ameur.»

Le revolver brillait sur la peinture noire de la table.

Quand le gendarme se retourna vers lui, l'instituteur sentit son odeur de cuir et de cheval.

«Ecoute, Balducci, dit Daru soudainement, tout ça me dégoûte, et ton gars° le premier. Mais je ne le livrerai pas. Me battre, oui, s'il le faut. Mais pas ça.»

Le vieux gendarme se tenait° devant lui et le regardait avec sévérité.

«Tu fais des bêtises, dit-il lentement. Moi non plus, je n'aime pas ça. Mettre une corde à un homme malgré les années, on ne s'y habitue pas et même, oui, on a honte. Mais on ne peut pas les laisser faire.

—Je ne le livrerai pas, répéta Daru.

—C'est un ordre, fils. Je te le répète.

—C'est ça. Répète-leur ce que je t'ai dit: je ne le livrerai pas.»

Balducci faisait un visible effort de réflexion. Il regardait l'Arabe et Daru. Il se décida enfin.

«Non. Je ne leur dirai rien. Si tu veux nous lâcher, à ton aise,° je ne te dénoncerai pas. J'ai l'ordre de livrer le prisonnier: je le fais. Tu vas maintenant me signer le papier.

—C'est inutile. Je ne nierai pas que tu me l'as laissé.

—Ne sois pas méchant avec moi. Je sais que tu diras la vérité. Tu es d'ici, tu es un homme. Mais tu dois signer, c'est la règle.»

Daru ouvrit son tiroir, tira une petite bouteille carrée d'encre violette, le porte-plume de bois rouge avec la plume *sergent-major*° qui lui servait à tracer les modèles d'écriture et il signa. Le gendarme plia soigneusement le papier et le mit dans son portefeuille. Puis il se dirigea vers la porte.

«Je vais t'accompagner, dit Daru.

—Non, dit Balducci, ce n'est pas la peine d'être poli. Tu m'as fait un affront.»

Il regarda l'Arabe, immobile, à la même place, renifla d'un air chagrin et se détourna vers la porte: «Adieu, fils», dit-il. La porte battit derrière lui. Balducci surgit° devant la fenêtre puis disparut. Ses pas étaient étouffés° par la neige. Le cheval s'agita derrière la cloison, des poules s'effarèrent. Un moment après, Balducci repassa devant la fenêtre tirant le cheval par la bride. Il avançait vers le raidillon sans se retourner, disparut le premier et le cheval le suivit. On entendit une grosse pierre rouler mollement. Daru revint vers le prisonnier qui n'avait pas bougé, mais ne le quittait pas des yeux. «Attends», dit l'instituteur en arabe, et il se dirigea vers la chambre. Au moment de passer le seuil,° il se ravisa, alla au bureau, prit le revolver et le fourra° dans sa poche. Puis, sans se retourner, il entra dans sa chambre.

(*fam.*) fou

dans... *in the same boat*

(*fam.*) fou

ton... (*fam.*) *your guy* (*this fellow of yours*)

se... était debout

Si... *If you want to let us down, go ahead*

brand name of a pen used in calligraphy

appeared / *muffled*

threshold

stuck

Avez-vous compris?

1. Décrivez l'acheminement des deux hommes vers l'école.
2. Quel sujet Daru était-il en train d'enseigner aux élèves? Pourquoi ne viennent-ils plus à l'école?
3. Que fait Daru pendant le mauvais temps? De quoi doit-il s'occuper? Par quel moyen reçoit-il les provisions?
4. Quelle forme de secours l'administration française apporte-t-elle aux Arabes? Pourquoi Daru ne peut-il plus leur distribuer leurs rations? Quels malheurs la sécheresse a-t-elle causée à la terre, aux gens et aux animaux?
5. Dans quelle mesure Daru se sent-il privilégié vis-à-vis des Arabes? Relevez la phrase qui signale son attachement à ce pays «cruel à vivre».
6. Décrivez Balducci et l'Arabe. Comment sont-ils physiquement? Dans quelle langue se parlent-ils? Comparez le comportement des deux hommes.
7. Quel accueil Daru réserve-t-il aux visiteurs? Quels détails montrent que son hospitalité s'étend jusqu'à l'Arabe?
8. Pourquoi Balducci a-t-il amené le prisonnier chez Daru? Quels ordres a-t-il reçus? Comment Daru réagit-il au rôle envisagé pour lui par l'administration?
9. Pour quelles raisons ne voulait-on pas garder l'Arabe au village? Pourquoi l'a-t-on arrêté? Quel sentiment Daru éprouve-t-il après avoir écouté l'explication du gendarme?
10. Qu'est ce que Daru empêche Balducci de faire? Selon celui-ci, qu'est-ce que Daru devrait faire pour se protéger? Contre qui? Pourquoi Daru pense-t-il qu'il n'est pas en danger?
11. Daru se déclare prêt à se battre mais non pas à livrer l'Arabe aux autorités. Quelle est la réaction de Balducci? Qu'est-ce qui montre que son devoir officiel est incompatible avec ses instincts moraux?
12. Au sujet de quoi Balducci et Daru se disputent-ils? Comment cette dispute se termine-t-elle? Qu'est-ce qui révèle l'affection mutuelle des deux hommes malgré le conflit de leurs opinions?
13. Que fait Daru avant d'entrer dans sa chambre?

II.

Longtemps, il resta étendu sur son divan à regarder le ciel se fermer° peu à peu, à écouter le silence. C'était ce silence qui lui avait paru pénible les premiers jours de son arrivée, après la guerre. Il avait demandé un poste dans la petite ville au pied des contreforts° qui séparent du désert les hauts plateaux. Là, des murailles° rocheuses, vertes et noires au nord, roses ou mauves au sud, marquaient la frontière de l'éternel été. On l'avait nommé à un poste plus au nord, sur le plateau même. Au début, la solitude et le silence lui avaient été durs sur ces terres ingrates, habitées seulement par des pierres. Parfois, des sillons° faisaient croire à des cultures,° mais ils avaient été creusés pour mettre au jour° une certaine pierre, propice à° la construction. On ne labourait ici que pour récolter des cailloux. D'autres fois, on grattait quelques copeaux de

se... *close in*

foothills

murs

furrows / faisaient... *gave the impression that the land was cultivated*

pour... *to unearth* /

propice... bonne pour

terre,° accumulée dans des creux, dont on engraisserait° les maigres jardins des villages. C'était ainsi, le caillou seul couvrait les trois quarts de ce pays. Les villes y naissaient, brillaient,° puis disparaissaient; les hommes y passaient, s'aimaient ou se mordaient à la gorge,° puis mouraient. Dans ce désert, personne, ni lui ni son hôte n'étaient rien. Et pourtant, hors de ce désert, ni l'un ni l'autre, Daru le savait, n'auraient pu vivre vraiment.

copeaux… *thin layers of earth* / enricherait
flourished
se… *were at each other's throats*

Quand il se leva, aucun bruit ne venait de la salle de classe. Il s'étonna de cette joie franche° qui lui venait à la seule° pensée que l'Arabe avait pu fuir° et qu'il allait se retrouver seul sans avoir rien à décider. Mais le prisonnier était là. Il s'était seulement couché de tout son long° entre le poêle et le bureau. Les yeux ouverts, il regardait le plafond. Dans cette position, on voyait surtout ses lèvres épaises qui lui donnaient un air boudeur.° «Viens», dit Daru. L'Arabe se leva et le suivit. Dans la chambre, l'instituteur lui montra une chaise près de la table, sous la fenêtre. L'Arabe prit place sans cesser de regarder Daru.

spontanée / *mere* / *to run away*
de… *at full length*
sullen

«Tu as faim?

—Oui», dit le prisonnier.

Daru installa deux couverts. Il prit de la farine et de l'huile, pétrit° dans un plat une galette° et alluma le petit fourneau à butagaz.° Pendant que la galette cuisait, il sortit pour ramener de l'appentis du fromage, des œufs, des dattes et du lait condensé. Quand la galette fut cuite, il la mit à refroidir sur le rebord de la fenêtre, fit chauffer du lait condensé étendu° d'eau et, pour finir, battit les œufs en omelette. Dans un de ses mouvements, il heurta° le revolver enfoncé° dans sa poche droite. Il posa le bol, passa dans la salle de classe et mit le revolver dans le tiroir de son bureau. Quand il revint dans la chambre, la nuit tombait. Il donna de la lumière et servit l'Arabe: «Mange», dit-il. L'autre prit un morceau de galette, le porta vivement à sa bouche et s'arrêta. «Et toi? dit-il.

kneaded
flat bread / fourneau… *gas stove*
dilué
brushed against / *stuffed deep*

Bédouins bien protégés du vent et du froid dans l'aride Sahara J-P CHARBONNIER / PHOTO RESEARCHERS, INC.

—Après toi. Je mangerai aussi.»

Les grosses lèvres s'ouvrirent un peu, l'Arabe hésita, puis il mordit résolument dans la galette.

Le repas fini, l'Arabe regardait l'instituteur.

«C'est toi le juge?

—Non, je te garde jusqu'à demain.

—Pourquoi tu manges avec moi?

—J'ai faim.»

L'autre se tut.° Daru se leva et sortit. Il ramena un lit de camp de l'appentis, l'étendit entre la table et le poêle, perpendiculairement à son propre lit. D'une grande valise qui, debout dans un coin, servait d'étagère à dossiers,° il tira deux couvertures qu'il disposa° sur le lit de camp. Puis il s'arrêta, se sentit oisif,° s'assit sur son lit. Il n'y avait plus rien à faire ni à préparer. Il fallait regarder cet homme. Il le regardait donc, essayant d'imaginer ce visage emporté de fureur.° Il n'y parvenait° pas. Il voyait seulement le regard à la fois sombre et brillant, et la bouche animale.

se taire: passé simple
servait... *served as a filing cabinet*
laid out
inactif, inoccupé
emporté... *overcome with rage* / arrivait

«Pourquoi tu l'as tué?» dit-il d'une voix dont l'hostilité le surprit.

L'Arabe détourna son regard.

«Il s'est sauvé.° J'ai couru derrière lui.»

Il... *He ran away*

Il releva les yeux sur Daru et ils étaient pleins d'une sorte d'interrogation malheureuse.

«Maintenant, qu'est-ce qu'on va me faire?

—Tu as peur?»

L'autre se raidit,° en détournant les yeux.

se... *stiffened*

«Tu regrettes?»

L'Arabe le regarda, bouche ouverte. Visiblement il ne comprenait pas. L'irritation gagnait° Daru. En même temps, il se sentait gauche et emprunté° dans son gros corps, coincé° entre les deux lits.

overcame / mal à l'aise
jammed

«Couche-toi là, dit-il avec impatience. C'est ton lit.»

L'Arabe ne bougeait pas. Il appela Daru:

«Dis!»

L'instituteur le regarda.

«Le gendarme revient demain?

—Je ne sais pas.

—Tu viens avec nous?

—Je ne sais pas. Pourquoi?»

Le prisonnier se leva et s'étendit à même° les couvertures, les pieds vers la fenêtre. La lumière de l'ampoule électrique lui tombait droit dans les yeux qu'il ferma aussitôt.

s'étendit... *stretched out on*

«Pourquoi?» répéta Daru, planté devant le lit.

L'Arabe ouvrit les yeux sous la lumière aveuglante et le regarda en s'efforçant de ne pas battre les paupières.°

battre... *blink*

«Viens avec nous», dit-il.

Au milieu de la nuit, Daru ne dormait toujours pas. Il s'était mis au lit après s'être complètement déshabillé: il couchait nu habituellement. Mais quand il se trouva sans vêtements dans la chambre il hésita. Il se sentait vulnérable, la tentation lui vint de se rhabiller. Puis il haussa les épaules; il en avait vu d'autres° et, s'il le fallait, il casserait en deux son adversaire. De son lit, il pouvait l'observer, étendu sur le dos, toujours immobile et les yeux fermés sous la lumière violente. Quand Daru éteignit,° les ténèbres semblèrent se congeler d'un coup.° Peu à peu, la nuit redevint vivante dans la fenêtre où le ciel sans étoiles remuait doucement. L'instituteur distingua bientôt le corps étendu devant lui. L'Arabe ne bougeait toujours pas, mais ses yeux semblaient ouverts. Un léger vent rôdait° autour de l'école. Il chasserait peut-être les nuages et le soleil reviendrait.

il... *he had seen worse*
éteindre: passé simple
semblèrent... *seemed to thicken all of a sudden*
soufflait

Dans la nuit, le vent grandit. Les poules s'agitèrent un peu, puis se turent. L'Arabe se retourna sur le côté, présentant le dos à Daru et celui-ci crut l'entendre gémir.° Il guetta° ensuite sa respiration, devenue plus forte et plus régulière. Il écoutait ce souffle si proche et rêvait sans pouvoir s'endormir. Dans la chambre où, depuis un an, il dormait seul, cette présence le gênait. Mais elle le gênait aussi parce qu'elle lui imposait une sorte de fraternité qu'il refusait dans les circonstances présentes et qu'il connaissait bien: les hommes, qui partagent les mêmes chambres, soldats ou prisonniers, contractent un lien étrange° comme si, leurs armures quittées° avec les vêtements, ils se rejoignaient chaque soir, par-dessus leurs différences, dans la vieille communauté du songe° et de la fatigue. Mais Daru se secouait,° il n'aimait pas ces bêtises, il fallait dormir.

moan / paid close attention to
contractent... *establish a strange bond* / leurs... *their defenses dropped*
rêves / se... *shook off those thoughts*

Un peu plus tard pourtant, quand l'Arabe bougea imperceptiblement, l'instituteur ne dormait toujours pas. Au deuxième mouvement du prisonnier, il se raidit, en alerte. L'Arabe se soulevait lentement sur les bras, d'un mouvement presque somnambulique. Assis sur le lit, il attendit, immobile, sans tourner la tête vers Daru, comme s'il écoutait de toute son attention. Daru ne bougea pas: il venait de penser que le revolver était resté dans le tiroir de son bureau. Il valait mieux agir tout de suite. Il continua cependant d'observer le prisonnier qui, du même mouvement huilé,° posait ses pieds sur le sol, attendait encore, puis commençait à se dresser° lentement. Daru allait l'interpeller° quand l'Arabe se mit en marche, d'une allure° naturelle cette fois, mais extraordinairement silencieuse. Il allait vers la porte du fond qui donnait sur l'appentis. Il fit jouer le loquet° avec précaution et sortit en repoussant la porte derrière lui, sans la refermer. Daru n'avait pas bougé: «Il fuit, pensait-il seulement. Bon débarras!»° Il tendit pourtant l'oreille.° Les poules ne bougeaient pas: l'autre était donc sur le plateau. Un faible bruit d'eau lui parvint alors dont il ne comprit ce qu'il était qu'au moment où° l'Arabe s'encastra de nouveau° dans la porte, la referma avec soin, et vint se recoucher sans un bruit. Alors Daru lui tourna le dos et s'endormit. Plus tard encore, il lui sembla entendre, du fond de son sommeil, des pas furtifs autour de l'école. «Je rêve, je rêve!» se répétait-il. Et il dormait.

slithery
se... se lever
lui parler / façon
Il... *He lifted the door latch*
Bon... *Good riddance!* / Il... *He listened carefully*
dont... *which he did not understand until*
s'encastra... *reappeared*

Quand il se réveilla, le ciel était découvert;° par la fenêtre mal jointe entrait un air froid et pur. L'Arabe dormait, recroquevillé° maintenant sous les couvertures, la bouche ouverte, totalement abandonné.° Mais quand Daru le secoua, il eut un sursaut terrible, regardant Daru sans le reconnaître avec des yeux fous et une expression si apeurée que l'instituteur fit un pas en arrière. «N'aie pas peur. C'est moi. Il faut manger.» L'Arabe secoua la tête et dit oui. Le calme était revenu sur son visage, mais son expression restait absente et distraite.

sans nuage
curled up
off his guard

Le café était prêt. Ils le burent, assis tous deux sur le lit de camp, en mordant leurs morceaux de galette. Puis Daru mena l'Arabe sous l'appentis et lui montra le robinet° où il faisait sa toilette. Il rentra dans la chambre, plia les couvertures et le lit de camp, fit son propre lit et mit la pièce en ordre. Il sortit alors sur le terre-plein en passant par l'école. Le soleil montait déjà dans le ciel bleu; une lumière tendre et vive inondait° le plateau désert. Sur le raidillon, la neige fondait par endroits. Les pierres allaient apparaître de nouveau. Accroupi au bord du plateau, l'instituteur contemplait l'étendue déserte. Il pensait à Balducci. Il lui avait fait de la peine, il l'avait renvoyé,° d'une certaine manière, comme s'il ne voulait pas être dans le même sac. Il entendait encore l'adieu du gendarme et, sans savoir pourquoi, il se sentait étrangement vide et vulnérable. A ce moment, de l'autre côté de l'école, le prisonnier toussa.° Daru l'écouta, presque malgré lui, puis, furieux, jeta un caillou qui siffla dans l'air avant de s'enfoncer dans la neige. Le crime imbécile de cet homme le révoltait, mais le livrer était contraire à l'honneur; d'y penser seulement le rendait fou d'humiliation. Et il maudissait à la fois les siens° qui lui envoyaient cet Arabe et celui-ci qui avait osé tuer et n'avait pas su s'enfuir. Daru se leva, tourna en rond sur° le terre-plein, attendit, immobile, puis entra dans l'école.

faucet

was flooding

l'avait… *had sent him away*

coughed

his own people, the French

tourna… *paced around*

L'Arabe, penché sur le sol cimenté de l'appentis, se lavait les dents avec deux doigts. Daru le regarda, puis: «Viens», dit-il. Il rentra dans la chambre, devant le prisonnier. Il enfila une veste de chasse° sur son chandail et chaussa des souliers de marche. Il attendit debout que l'Arabe eût remis° son chèche et ses sandales. Ils passèrent dans l'école et l'instituteur montra la sortie à son compagnon. «Va», dit-il. L'autre ne bougea pas. «Je viens», dit Daru. L'Arabe sortit. Daru rentra dans la chambre et fit un paquet avec des biscottes, des dattes et du sucre. Dans la salle de classe, avant de sortir, il hésita une seconde devant son bureau, puis il franchit le seuil de l'école et boucla° la porte. «C'est par là», dit-il. Il prit la direction de l'est, suivi par le prisonnier. Mais, à une faible distance de l'école, il lui sembla entendre un léger bruit derrière lui. Il revint sur ses pas, inspecta les alentours de la maison: il n'y avait personne. L'Arabe le regardait faire, sans paraître comprendre. «Allons», dit Daru.

Il… *He put on a hunting jacket*

eût… *had put on again*

bolted

Ils marchèrent une heure et se reposèrent auprès d'une sorte d'aiguille calcaire.° La neige fondait de plus en plus vite, le soleil pompait aussitôt les flaques,° nettoyait à toute allure° le plateau qui, peu à peu, devenait sec et vibrait comme l'air lui-même. Quand ils reprirent la route, le sol résonnait sous leurs pas. De loin en loin, un oiseau fendait° l'espace devant eux avec un cri joyeux. Daru buvait, à profondes aspirations, la lumière fraîche. Une sorte d'exaltation naissait en lui devant le grand espace familier, presque entièrement jaune maintenant, sous sa calotte° de ciel bleu. Ils marchèrent encore une heure, en descendant vers le sud. Ils arrivèrent à une sorte d'éminence aplatie,° faite de rochers friables. A partir de là, le plateau dévalait,° à l'est vers une plaine basse où l'on pouvait distinguer quelques arbres maigres et, au sud, vers des amas° rocheux qui donnaient au paysage un aspect tourmenté.

aiguille… *limestone pinnacle*

pompait… *was quickly drying up the puddles* / à… très vite

was piercing

dome

éminence… *flattened elevation*

descendait

outcroppings

Daru inspecta les deux directions. Il n'y avait que le ciel à l'horizon, pas un homme ne se montrait. Il se tourna vers l'Arabe, qui le regardait sans comprendre. Daru lui tendit un paquet: «Prends, dit-il. Ce sont des dattes, du pain, du sucre. Tu peux tenir deux jours.° Voilà mille francs aussi.» L'Arabe prit le paquet et l'argent mais il gardait ses mains pleines à hauteur de la

Tu… C'est assez pour deux jours.

poitrine,° comme s'il ne savait que faire de ce qu'on lui donnait. «Regarde maintenant, dit l'instituteur, et il lui montrait la direction de l'est, voilà la route de Tinguit. Tu as deux heures de marche. A Tinguit, il y a l'administration et la police. Ils t'attendent.» L'Arabe regardait vers l'est, retenant toujours contre lui le paquet et l'argent. Daru lui prit le bras et lui fit faire, sans douceur, un quart de tour vers le sud. Au pied de la hauteur où ils se trouvaient, on devinait un chemin à peine dessiné. «Ça, c'est la piste qui traverse le plateau. A un jour de marche d'ici, tu trouveras les pâturages et les premiers nomades. Ils t'accueilleront et t'abriteront, selon leur loi.» L'Arabe s'était retourné maintenant vers Daru et une sorte de panique se levait sur son visage: «Ecoute», dit-il. Daru secoua la tête: «Non, tais-toi. Maintenant, je te laisse.» Il lui tourna le dos, fit deux grands pas dans la direction de l'école, regarda d'un air indécis l'Arabe immobile et repartit. Pendant quelques minutes, il n'entendit plus que son propre pas, sonore sur la terre froide, et il ne détourna pas la tête. Au bout d'un moment pourtant, il se retourna. L'Arabe était toujours là, au bord de la colline, les bras pendants maintenant, et il regardait l'instituteur. Daru sentit sa gorge se nouer.° Mais il jura d'impatience, fit un grand signe,° et repartit. Il était déjà loin quand il s'arrêta de nouveau et regarda. Il n'y avait plus personne sur la colline.

chest
sentit... *felt his throat tighten*
geste

Daru hésita. Le soleil était maintenant assez haut dans le ciel et commençait de lui dévorer le front. L'instituteur revint sur ses pas, d'abord un peu incertain, puis avec décision. Quand il parvint à la petite colline, il ruisselait de sueur.° Il la gravit à toute allure et s'arrêta, essoufflé, sur le sommet. Les champs de roche, au sud, se dessinaient° nettement sur le ciel bleu, mais sur la plaine, à l'est, une buée de chaleur° montait déjà. Et dans cette brume° légère, Daru, le cœur serré,° découvrit l'Arabe qui cheminait° lentement sur la route de la prison.

ruisselait... *was dripping with perspiration*
se... *stood out*
une... *steamy heat / haze*
heavy / marchait

Un peu plus tard, planté devant la fenêtre de la salle de classe, l'instituteur regardait sans la voir la jeune lumière bondir° des hauteurs du ciel sur toute la surface du plateau. Derrière lui, sur le tableau noir, entre les méandres des fleuves français s'étalait,° tracée à la craie par une main malhabile,° l'inscription qu'il venait de lire: «Tu as livré notre frère. Tu paieras.» Daru regardait le ciel, le plateau et, au-delà, les terres invisibles qui s'étendaient jusqu'à la mer. Dans ce vaste pays qu'il avait tant aimé, il était seul.

leap
stood out / maladroite

Avez-vous compris?

1. Par quels détails l'auteur souligne-t-il l'aspect hostile du paysage? Quels sentiments contraires Daru a-t-il vis-à-vis du désert?
2. Pourquoi Daru aurait-il préféré que l'Arabe s'enfuie?
3. Quel repas Daru prépare-t-il? Comment se manifeste son hospitalité à l'égard de l'Arabe? Comment celui-ci réagit-il?
4. Comment l'Arabe explique-t-il son crime? Comment réagit-il lorsque Daru lui demande s'il le regrette? Expliquez l'irritation de Daru.
5. Qu'est-ce qui montre que l'Arabe se fie instinctivement à Daru? En effet, que dit-il à l'instituteur?
6. Quelles pensées empêchent Daru de trouver le sommeil? Pourquoi la

présence de l'Arabe dans la chambre le gêne-t-elle? Expliquez la «fraternité» qu'elle impose et la raison pour laquelle Daru la refuse.

7. Quelles pensées lui viennent à l'esprit quand il entend l'Arabe se lever pendant la nuit? Pourquoi ce dernier est-il sorti? Pourquoi, à votre avis, ne s'est-il pas enfui? Qu'est-ce que Daru croit entendre plus tard dans la nuit? Comment se l'explique-t-il?
8. Comment Daru se sent-il quand il pense au départ de Balducci? Précisez ses sentiments contradictoires concernant le crime de l'Arabe.
9. Le prisonnier ne veut pas sortir de l'école. Qu'est-ce qui le rassure? Pourquoi Daru revient-il sur ses pas après être sorti?
10. Racontez la marche des deux hommes. Décrivez le paysage et le jeu de lumière. A votre avis, pourquoi Daru ressent-il une «sorte d'exaltation»?
11. Que donne-t-il à l'Arabe avant de le quitter? Comment oblige-t-il l'Arabe à assumer la responsabilité de son propre destin? Comment l'Arabe réagit-il?
12. Quel sentiment Daru éprouve-t-il lorsqu'il voit l'Arabe se diriger vers la prison?
13. Quels mots Daru trouve-t-il écrits au tableau? Qui les y a tracés? Quel sentiment cette inscription éveille-t-elle en lui?

Commentaire du texte

1. Les trois personnages représentent trois attitudes différentes à l'égard de la société et de l'individu. Comparez leurs attitudes envers l'autorité et envers la responsabilité de chaque individu vis-à-vis des autres et de lui-même.
2. Pourquoi l'Arabe n'a-t-il pas de nom? Relevez les passages qui insistent sur le côté animal de ce personnage. Pourquoi Camus le représente-t-il sous cet aspect? Quel est le rapport entre cet aspect du personnage et son manque de remords? Comment interprétez-vous le choix que fait l'Arabe à la fin du conte?
3. Etudiez le thème de l'absurdité de la condition humaine dans «L'Hôte». Réfléchissez à la solitude physique et morale de Daru, aux aspects contradictoires et ambigus de son univers. Montrez que malgré l'absurdité du monde qui l'entoure, Daru essaie de donner un sens à sa vie en suivant sa conscience et en faisant face à ses responsabilités.

De la littérature à la vie

1. A votre avis, quelles responsabilités vis-à-vis des autres a-t-on?
2. Dans quelle mesure est-on libre de choisir sa destinée?

Activité

Imaginez la suite de l'histoire. Qu'est-ce qui arrive à Daru? Echappe-t-il à la mort?...

Appendice: Le passé simple

In order to appreciate literary texts, recognition of the **passé simple** is essential. Following is a brief summary of the forms of this literary past tense:

Regular verbs

parler		choisir	
je parl**ai**	nous parl**âmes**	je chois**is**	nous chois**îmes**
tu parl**as**	vous parl**âtes**	tu chois**is**	vous chois**îtes**
il / elle / on parl**a**	ils / elles parl**èrent**	il / elle / on chois**it**	ils / elles chois**irent**

attendre	
j' attend**is**	nous attend**îmes**
tu attend**is**	vous attend**îtes**
il / elle / on attend**it**	ils / elles attend**irent**

Auxiliary verbs

avoir		être	
j' eus	nous eûmes	je fus	nous fûmes
tu eus	vous eûtes	tu fus	vous fûtes
il / elle / on eut	ils / elles eurent	il / elle / on fut	ils / elles furent

Irregular verbs

devoir		faire	
je dus	nous dûmes	je fis	nous fîmes
tu dus	vous dûtes	tu fis	vous fîtes
il / elle / on dut	ils / elles durent	il / elle / on fit	ils / elles firent

mettre		pouvoir	
je mis	nous mîmes	je pus	nous pûmes
tu mis	vous mîtes	tu pus	nous pûtes
il / elle / on mit	ils / elles mirent	il / elle / on put	ils / elles purent

prendre		savoir	
je pris	nous prîmes	je sus	nous sûmes
tu pris	vous prîtes	tu sus	vous sûtes
il / elle / on prit	ils / elles prirent	il / elle / on sut	ils / elles surent

venir		vivre	
je vins	nous vînmes	je vécus	nous vécûmes
tu vins	vous vîntes	tu vécus	vous vécûtes
il / elle / on vint	ils / elles vinrent	il / elle / on vécut	ils / elles vécurent

voir	
je vis	nous vîmes
tu vis	vous vîtes
il / elle / on vit	ils / elles virent

A noter: All forms of the *passé simple* of irregular verbs used in the text are given in the Lexique.

Lexique

This vocabulary contains French words and expressions used in this text together with the meanings appropriate to the contexts in which they appear. Cognates, articles, most pronouns, possessive adjectives, numbers, and a few unusual words or phrases already glossed in the margins are not included. An asterisk (*) indicates words beginning with an aspirate **h.**

Abbreviations

adj. adjective
adv. adverb
conj. conjunction
def. art. definite article
dem. demonstrative
fam. familiar
f. feminine
fut. future
imperf. imperfect
imperf. subj. imperfect subjunctive
indef. indefinite
inf. infinitive
interrog. interrogative
m. masculine
n. noun
o. obsolete, no longer in general use
p.p. past participle
p.s. passé simple
pl. plural
pop. non-standard
pref. prefix
prep. preposition
pron. pronoun
rel. relative
s. singular

à *prep.* at; in; to
abaisser to lower; **abaisser le regard (sur)** to look down (on); **s'abaisser (sur)** to fall (on)
abandonné(e) *adj.* relaxed; off one's guard
abandonner to leave; to abandon
abattre to knock down
l'abbaye (*f.*) abbey
abîmer to damage, spoil
abondant(e) *adj.* plentiful
abonné(e) (à) *adj.* subscribed (to)
abord: d'abord *adv.* at first; first (of all)
abordable *adj.* approachable
aborder to approach; to deal with (*a question, subject*)
aboyer to bark
l'abri (*m.*) shelter; **à l'abri de** sheltered from; **se mettre à l'abri** to take shelter; to protect oneself
abriter to shelter
abrupt(e) *adj.* steep
absent(e) *adj.* absent; distracted, vacant (*expression*)
l'absolution (*f.*) absolution, pardon
l'abstraction (*f.*) abstraction, abstract idea
abstrait(e) *adj.* abstract
absurde *adj.* absurd; **l'absurde** (*m.*) absurd
l'absurdité (*f.*) absurdity
académique *adj.* academic
acariâtre *adj.* cantankerous
l'accent (*m.*) accent; **mettre l'accent sur** to emphasize
l'acceptation (*f.*) acceptance
accepter to accept; to agree to
les accessoires (*m. pl.*) objects in the background
acclamer to greet with cheers
accomplir to fulfill
l'accord (*m.*) agreement; **être d'accord** to agree; **demeurer d'accord** (*o.*) to agree
l'accordéon (*m.*) accordion
accorder to grant; **s'accorder** to be in harmony, in keeping with; to allow oneself
accort(e) *adj.* clever (*o.*)
accourir to come running
s'accroupir to crouch
l'accueil (*m.*) welcome, reception
accueillir to welcome, greet
accumulé(e) *adj.* heaped up
l'accusé(e) defendant
l'acétate (de cuivre) (*m.*) (copper) acetate
s'acharner (à) to try desperately (to)
l'acheminement (*m.*) advance
s'acheminer (vers) to make one's way (toward)
acheter to buy
l'acheteur (-euse) buyer
achever (de) to finish; **achever d'ahurir quelqu'un** to really dumbfound someone
acquérir to get; to acquire
acquiescer to agree
acquis *p.p. of* **acquérir**
acre *adj.* bitter
l'acrobatie (*f.*) acrobatics
l'acte (*m.*) act; deed
l'acteur (-trice) actor (actress)
actualité: d'actualité current, present-day
actuel(le) *adj.* present-day
adieu *excl.* farewell
l'adjectif (*m.*) adjective
admettre to admit; to acknowledge
admiratif (-ive) *adj.* admiring
admis *p.p. of* **admettre**
adossé(e) (à) *adj.* backed up (to)
adoucir to soften
l'adresse (*f.*) address
adresser to address; **adresser la parole à, s'adresser à** to speak directly to
adroit(e) *adj.* skillful
aérien(ne) *adj.* aerial
affaiblir to weaken
l'affaire (*f.*) matter, affair; business; transaction, deal; **les affaires** (*pl.*) business; affairs; dealings; personal belongings; **avoir affaire à** to have to deal with; **une bonne affaire** a good deal
affaissé(e) *adj.* sagging
affecter to affect
l'affiche (*f.*) poster
afficher to display
affirmatif (-ive) *adj.* affirmative
affirmer to affirm, maintain;

s'affirmer to assert oneself; to establish oneself
affluer to flow
affranchir to set free
affreusement *adv.* awfully
affreux (-euse) *adj.* awful
l'affront (*m.*) insult
affronter to face
afin: afin de *prep.* in order to; **afin que** *conj.* so that
africain(e) *adj.* African
l'Afrique (*f.*) Africa
agacer to irritate, bother
l'âge (*m.*) age; **le Moyen Age** Middle Ages
âgé(e) *adj.* old; aged
s'agenouiller to kneel (down)
agir to behave, act; **agir en** to behave, act like; **s'agir de** to be a question of; **il s'agit bien de cela!** as if that's the point!
agité(e) *adj.* excited
agiter to shake; to wave; **s'agiter** to become excited
l'Agrégation (*f.*) highest competitive examination for teachers in France
l'agrégé(e) one who has passed the **Agrégation**
agricole *adj.* agricultural
ahurir to bewilder, dumbfound
l'aide (*f.*) help
aider to help
aigre *adj.* sour; bad-tempered
l'aiguille (*f.*) hand (*of a clock or watch*); pinnacle
l'aile (*f.*) wing
ailleurs *adv.* elsewhere; **d'ailleurs** besides, moreover; anyway
aimable *adj.* nice, amiable
aimer to love; to like; **aimer bien** to like, be fond of
l'aîné(e) oldest child
ainsi *adv.* thus; in this or that way; like this or that; **ainsi que** *conj.* (just) as; as well as
l'air (*m.*) air; look, manner, appearance; impression; **au grand air** outdoors; **avoir l'air (de)** to seem; to look (like, as though); **la chambre à air** inner tube
l'airelle (*f.*) huckleberry
l'aise (*f.*) ease, comfort; **à l'aise** at ease; **à son aise** at ease; well-off; **à ton aise!** please yourself! just as you like! **mal à l'aise, mal à son aise** ill-at-ease
aisé(e) *adj.* easy; well-to-do
ajouter to add
les alentours (*m. pl.*) surroundings
l'alerte (*f.*) alarm; **en alerte** on guard
l'alexandrin (*m.*) alexandrine (*twelve-syllable line of poetry*)
Alger Algiers
l'Algérie (*f.*) Algeria
algérien(ne) *adj.* Algerian
aligné(e) *adj.* lined up
l'aliment (*m.*) food
alimenter to feed, nourish
l'allée (*f.*) lane
s'alléger to become lighter
l'allégresse (*f.*) cheerfulness, joy
l'Allemagne (*f.*) Germany
allemand(e) *adj.* German
aller to go; **allons! (allez!)** come on! hurry up!; **s'en aller** to go away; **se laisser aller à** to give way to; to drift into
allié(e) *adj.* allied; **l'allié(e)** ally
allonger to extend; **s'allonger** to stretch out
allumer to light
l'allure (*f.*) walk; bearing; manner; **à toute allure** at full speed
l'allusion (*f.*) allusion; **faire allusion à** to refer to
alors *adv.* then (*at that time*); then (*in that case*); so, therefore; **alors que** *conj.* whereas; **ça, alors!** *excl.* wow! **(et) alors?** what then? so what?
l'alpinisme (*m.*) mountaineering, mountain climbing
l'Alsace (*f.*) Alsace
amarrer to tie on
l'amas (*m.*) outcropping
l'ambiance (*f.*) atmosphere
ambigu(ë) *adj.* ambiguous
l'ambiguïté (*f.*) ambiguity
l'âme (*f.*) soul; heart
l'amélioration (*f.*) improvement
améliorer to improve
amener to lead; to bring; **s'amener** (*pop.*) to arrive
amer (-ère) *adj.* bitter
l'amertume (*f.*) bitterness
l'ami(e) friend; **le/la petit(e) ami(e)** boyfriend (girlfriend)
amical(e) *adj.* friendly
l'amitié (*f.*) friendship
l'amour (*m.*) love
amoureux (-euse) *adj.* in love; **les amoureux** (*m. pl.*) lovers; **tomber amoureux (-euse)** to fall in love
l'ampleur (*f.*) fullness; **prendre de l'ampleur** to become animated
l'ampoule (*f.*) light bulb
amusant(e) *adj.* amusing
amuser to amuse; **s'amuser** to have fun
l'an (*m.*) year; **le jour de l'an** New Year's Day
analphabète *adj.* illiterate
l'ananas (*m.*) pineapple
l'ancêtre (*m.*) ancestor
ancien(ne) *adj.* old; former; **l'ancien(ne)** person who lived long ago
l'âne (*m.*) donkey
l'ange (*m.*) angel
anglais(e) *adj.* English
l'Angleterre (*f.*) England
l'ânier (*m.*) donkey driver
animal(e) *adj.* animal-like, animalistic
l'animateur (*m.*) social director
l'animation (*f.*) animation, liveliness
animé(e) *adj.* lively
animer to give life
annamite *adj.* Vietnamese
l'année (*f.*) year
annoncer to announce
annuel(le) *adj.* annual
anormal(e) *adj.* unusual
antillais(e) *adj.* West Indian
les Antilles (*f. pl.*) West Indies
l'antiquité (*f.*) antiquity
l'antithèse (*f.*) antithesis
antithétique *adj.* antithetical
anxieux (-euse) *adj.* anxious
l'août (*m.*) August
apaiser to appease; to calm; **s'apaiser** to calm down
apercevoir to see; **s'apercevoir** to realize
aperçu *p.p. of* **apercevoir**
aperçut *p.s. of* **apercevoir**
apeuré(e) *adj.* frightened
aplati(e) *adj.* flattened
s'aplatir to go flat
l'apologue (*m.*) fable
l'apothicaire (*m.*) pharmacist
apparaître to appear
l'apparence (*f.*) appearance
apparent(e) *adj.* visible; conspicuous
l'apparition (*f.*) appearance
l'appartement (*m.*) apartment
appartenir à to belong to
apparu *p.p. of* **apparaître**
apparurent *p.s. of* **apparaître**
l'appel (*m.*) appeal, call

appeler to call; **s'appeler** to be called, named
l'appellation (*f.*) name
l'appentis (*m.*) shed
appétissant(e) *adj.* appetizing
appliqué(e) *adj.* diligent; serious
appliquer to apply
apporter to bring (*something*); to give, provide
l'appréciation (*f.*) assessment, appraisal
apprécier to assess, appraise
apprendre to learn; to teach
l'apprentissage (*m.*) learning experience
s'apprêter to get ready
les apprêts (*m. pl.*) preparations
appris *p.p., p.s. of* **apprendre**
l'approche (*f.*) approach
approcher to come near, approach
approprié(e) *adj.* appropriate
approuver to approve; **approuver de la tête** to nod approval
l'appui (*m.*) support
appuyer (sur) to press (on); to rest (*something*) (on); to support (*argument, reasoning*); **s'appuyer (sur)** to lean (on)
après *adv.* later; afterward
après *prep.* after; **d'après** according to
après-demain *adv.* day after tomorrow
l'après-midi (*m.*) afternoon
l'âpreté (*f.*) harshness; hardship
l'aquarelle (*f.*) watercolor
arabe *adj.* Arab; **l'Arabe** (*m., f.*) Arab
l'araignée (*f.*) spider
l'arbre (*m.*) tree
l'arc (*m.*) arch
l'archange (*m.*) archangel
l'architecte (*m.*) architect
ardent(e) *adj.* flaming; fiery
l'argent (*m.*) money; silver
l'argot (*m.*) slang
l'aristocratie (*f.*) aristocracy
l'arme (*f.*) weapon
armé(e) (de) *adj.* armed (with); equipped (with)
l'armée (*f.*) army
l'armoire (*f.*) closet; wardrobe
armorié(e) *adj.* engraved
l'armure (*f.*) armor; defense
l'arpent (*m.*) (about an) acre
arpenter to pace up and down
arracher (à) to tear away (from)
arranger to suit; to help; **s'arranger** to work out all right; to come to an agreement or arrangement; to get settled (*to do something*)
arrêter to stop; to arrest; **s'arrêter** to stop
arrière: en arrière *adv.* behind; back(ward)
l'arrière-garde (*f.*) rear guard
l'arrivée (*f.*) arrival
arriver to arrive; to happen; to succeed
arrondi(e) *adj.* rounded
l'arsenal (*m.*) naval shipyard
l'art (*m.*) art; **les beaux-arts** (*pl.*) fine arts
l'artichaut (*m.*) artichoke
l'article (*m.*) article
l'artiste (*m., f.*) artist
artistique *adj.* artistic
l'as (*m.*) ace
l'ascenseur (*m.*) elevator
l'aspect (*m.*) aspect, appearance
l'aspiration (*f.*) aspiration; breath
aspirer to swallow; to gulp
l'assaisonnement (*m.*) seasoning
s'assécher to dry up
assener to give, deal (*a blow*)
s'asseoir to sit (down)
assez *adv.* enough; sufficiently; rather; **avoir assez de** to be fed up with
l'assiette (*f.*) dish
l'assiettée (*f.*) plate(ful)
assimiler to assimilate; to absorb
assis *p.p. of* **asseoir**
assister à to attend; to be present, witness
assit *p.s. of* **asseoir**
associer (à) to associate (with)
s'assombrir to darken
l'assortiment (*m.*) assortment
l'assurance (*f.*) self-confidence; insurance
assurer to assure; to affirm; to assert; **s'assurer (de)** to make sure (of)
l'atelier (*m.*) studio
l'athéisme (*m.*) atheism
attaché(e) (à) *adj.* attached (to); devoted (to)
l'attachement (*m.*) attachment; fondness
s'attacher à to cling to
attaquer to attack; to tackle (*an obstacle, a difficulty*); **s'attaquer à** to criticize
atteindre to reach; to affect
atteint *p.p. of* **atteindre**
atteint(e) (de) *adj.* suffering (from)
l'attelage (*m.*) cart, wagon
attenant(e) *adj.* adjoining
attendre to wait for; **s'attendre à** to expect
attendri(e) *adj.* touched
s'attendrir to soften
attentif (-ive) *adj.* attentive, careful
atterré(e) *adj.* stunned
atterrir to land
attirer to attract; to lure, entice
l'attitude (*f.*) attitude; bearing
l'attrait (*m.*) appeal, attraction
attraper to catch; to take in, fool
attrayant(e) *adj.* attractive, appealing
attribuer to assign
attrister to sadden
attroupé(e) *adj.* gathered (together)
l'aube (*f.*) dawn
l'auberge (*f.*) inn
l'aubergine (*f.*) eggplant
aucun(e) (*with* **ne** *expressed or understood*) *indef. adj., pron.* none, not any
audacieux (-ieuse) *adj.* daring, bold
au-devant de: venir au-devant de *prep.* to come to meet
augmenter to increase
aujourd'hui *adv.* today; at the present time
auparavant *adv.* earlier
auprès de *prep.* next to; close to; with
aussi *adv.* as; so; also; therefore, consequently; **aussi bien** just as well, just as easily; **aussi bien que** as well as, besides
aussitôt *adv.* as soon as; immediately
autant *adv.* as much, as many; **aimer autant** (+ *inf.*) to just as soon (*do something*); **autant que** as much as, as far as; **d'autant plus que** all the more (so) because
l'auteur (*m.*) author
l'authenticité (*f.*) authenticity
l'autobiographie (*f.*) autobiography
l'auto-da-fé (*m.*) *trial and execution of heretics during the Inquisition*

l'automate (*m.*) robot
automatique *adj.* automatic
l'automatisme (*m.*) automatic functioning
l'automne (*m.*) autumn
autonome *adj.* autonomous; **le scaphandre autonome** aqualung
autour de *prep.* around
autre *indef. adj., pron.* other; another
autrefois *adv.* in the past
autrement *adv.* differently, in a different way
avant *adv.* before(hand); earlier; **avant tout** first of all; above all; **en avant** in front; outstretched (*hand*)
avant *prep.* before
l'avantage (*m.*) advantage
l'avant-bras (*m.*) forearm
avant-dernier (-ière) *adj.* next to last
l'avant-guerre (*m. or f.*) prewar years
avant-hier *adv.* day before yesterday
l'avare (*m., f.*) miser
l'avarice (*f.*) avarice, miserliness
avec *prep.* with
l'avenir (*m.*) future
aventureux (-euse) *adj.* adventurous
l'aventurier (-ière) adventurer
l'aversion (*f.*) aversion, loathing
averti(e) *adj.* informed
avertir to inform; to warn
l'avertissement (*m.*) notice; warning
aveuglant(e) *adj.* blinding
l'aveugle (*m., f.*) blind person
aveuglément *adv.* blindly
l'aviation (*f.*) air force
avide *adj.* eager
l'avidité (*f.*) eagerness
l'avion (*m.*) airplane
l'aviron (*m.*) oar
l'avis (*m.*) opinion; **s'aviser** to be come aware of, realize
aviver to revive; **s'aviver** to become brighter (*colors*)
l'avocat(e) lawyer
l'avoine (*f.*) oats
avoir to have; to get; **avoir affaire à** to have to deal with; **avoir à se plaindre (de)** to have cause to complain (about); **avoir assez de** to be fed up with; **avoir beau** (+ *inf.*) to (*do something*) in vain; **avoir besoin de** to need; **avoir du mal** (+ *inf.*) to have trouble (*doing something*); **avoir envie de** to want; to feel like; **avoir faim** to be hungry; **avoir honte (de)** to be ashamed (of); **avoir l'air (de)** to seem; to look (like; as though); **avoir peur** to be afraid; **avoir quelqu'un** to trick, take in someone; **avoir raison (tort)** to be right (wrong) **avoir recours à** to resort to; **avoir soif** to be thirsty; **avoir soin de** to take care of; **en avoir pour son argent** to get one's money's worth; **il y a** there is, are; ago (*with time reference*)
avouer to confess; to admit

le badaud idle critic
le bagage luggage
le bagout glibness, gift of gab
la bague ring (*jewelry*)
baguette: passer par les baguettes to run the gauntlet
la baie bay; berry
baigné(e) *adj.* soaked
baigner to bathe
le bain bath
baiser to kiss
le baiser kiss
baisser to lower
le balai broom
la ballade ballad (*short narrative poem*)
la balle ball; bullet; husk
le ballon ball
la banalité triteness
le banc bench; seat; administrative division (*of government*)
la bande troop, gang
la banque bank
baptiser to baptize; to name
le barbare barbarian
la barbe beard
les barbelés (*m. pl.*) barbed wire
le barbu bearded man
le/la baron(ne) baron (baroness)
la barque rowboat
barrer to cross (with stripes)
bas(se) *adj.* low; lower; **le bas** lower part; bottom (*of the sea*); stocking; **à voix basse** in (a) hushed voice(s); **en bas** down below; **ici-bas** on earth, in this world; **tout bas** softly, inaudibly; **(tout) là-bas** (all the way) over there
basané(e) *adj.* swarthy
le Bas-Canada southern Canada
basé(e) *adj.* based
bas-normand *adj.* from southern Normandy; **le Bas-Normand** inhabitant of southern Normandy
la Basse-Normandie southern Normandy
le bassin basin
le/la batelier (-ière) boatman (woman)
bâtisseur: le bâtisseur de pays colonizer
battre to beat, strike, hit; to slam (*door*); to thresh (*grain*); to bat (*eyes*); **se battre** to fight
battu *p.p. of* **battre**
bavard(e) *adj.* talkative
beau (bel, belle) *adj.* beautiful; **le beau** the beautiful; **avoir beau** (+ *inf.*) to (*do something*) in vain; **faire beau** to be nice (weather); **porté(e) au beau** with a penchant for all things beautiful
beaucoup *adv.* very, a great deal; **beaucoup de** much, many
le beau-père father-in-law
la beauté beauty
les beaux-arts (*m. pl.*) fine arts
le bébé baby
le bégonia begonia
la Belgique Belgium
la belle-fille daughter-in-law
bellement *adv.* elegantly
la belle-mère mother-in-law
le berceau arbor
le besoin need; **avoir besoin de** to need; **en un besoin** (*o.*) in case of necessity; **si besoin est** if necessary
le/la bêta(sse) (*fam.*) stupid (person), numbskull, nitwit
la bête beast, animal
bête *adj.* (*fam.*) silly, stupid
la bêtise silliness, nonsense; **dire des bêtises** to talk nonsense; **faire des bêtises** to do silly things
le beurre butter
le biais slant; **passer de biais** to go through sideways
la bibliothèque library
la bicyclette bicycle
le bien possession; money, fortune; good; happiness (*o.*)
bien *adv.* well; very (much); quite; indeed; **aussi bien** just

as well, just as easily; **aussi bien que** as well as, besides; **bien de** (+ *def. art.*) many, a great deal of; **bien que** although; **bien sûr, bien entendu** of course; **eh bien!** well! **ou bien** or; **savoir bien** to know full well; **tant bien que mal** somehow or other
bientôt *adv.* soon
la **bienveillance** benevolence, kindness
bienvenu(e): être le/la bienvenu(e) to be welcome
la **bière** beer
le **bijou** jewel
le/la **bijoutier (-ière)** jeweler
la **bile** bile; **échauffer la bile** to rouse anger, rile
le **billet** ticket; note
la **bimbeloterie** knickknacks
biographique *adj.* biographical
la **biscotte** dry bread (*similar to Melba toast*)
le **bistrot** café
bizarre *adj.* strange, odd
blanc (blanche) *adj.* white
blanchi(e) *adj.* whitened; **blanchi(e) à la chaux** whitewashed
le **blé** wheat
le/la **blessé(e)** injured person
blesser to hurt; to wound; to offend
bleu(e) *adj.* blue; **le bleu** blue (*color*)
le **bloc** block; **se tourner d'un bloc** to turn completely around
blond(e) *adj.* blond
la **bobinette** latch
le **bock** glass of beer
le/la **bohémien(ne)** Bohemian; gypsy
boire to drink
le **bois** wood; forest
boiteux (-euse) *adj.* lame
le **bol** bowl
bon(ne) *adj.* good; **de bonne heure** early; **le bon vivant** person who enjoys (the pleasures of) life
le **bonbon** candy
bondir to spring; to leap
le **bonheur** happiness; delight; **par bonheur** fortunately, luckily
le **bonhomme** fellow, chap; **mon bonhomme** my good fellow
la **bonne** maid, domestic; **la bonne d'enfant** governess
bonnement *adv.* simply
le **bonnet** cap; hat
la **bonté** goodness, kindness
le **bord** side; edge; **le bord de la mer** seashore
bordé(e) (de) bordered (with)
la **bordure** edge
botté(e) *adj.* wearing boots
la **bottine** boot
la **bouche** mouth; **l'eau à la bouche** (*f.*) (his) mouth watered
la **bouchée** mouthful
le/la **boucher (-ère)** butcher
boucler to lock, bolt
le **bouclier** shield
bouder to sulk, pout
boudeur (-euse) *adj.* sullen
la **boue** mud
la **bouffée** puff (of smoke)
bouffer (*fam.*) to eat; **bouffer de** (*fam.*) to say nasty things about
bouger to move; to stir; to bat (*eyelashes*)
la **bougie** candle
la **bouilloire** kettle
le **bouillon** bubble (*given off by boiling liquid*); cloud
la **boulette de chair** meatball
bourgeois(e) *adj.* middle-class; **le/la bourgeois(e)** middle-class person
la **bourgeoisie** middle class
la **Bourgogne** Burgundy
le **bourreau** executioner
la **bourse** scholarship
la **bousculade** jostle; pushing and shoving
bousculé(e) *adj.* startled
bousculer to shuffle (*papers*)
la **boussole** compass
le **bout** end; extremity; tip; **au bout de** at the end of (*place*); after (*time*); **être à bout de force** to have no strength left
la **bouteille** bottle
la **boutique** shop
le/la **boutiquier (-ière)** shopkeeper
la **boutonnière** buttonhole
les **boyaux** (*m. pl.*) entrails; bowels
brandir to brandish, flourish
le **bras** arm; **l'avant-bras** forearm
le **brasier** coals
brave: mon brave my good fellow
brave *adj.* (*preceding noun*) good, nice; (*following noun*) brave
bref *adv.* in short
la **bribe** fragment
la **bride** bridle
brillant(e) *adj.* brilliant
briller to shine; to flourish
la **brique** brick
le **briquet** beagle
broncher to stumble
bronzé(e) *adj.* suntanned
le **brouhaha** hubbub
brouiller to blur
broyer to crush
le **bruit** noise
brûlant(e) *adj.* burning hot
brûler to burn
la **brume** haze
brumeux (-euse) *adj.* misty; foggy
brun(e) *adj.* brown
brunir to darken; to tan
brusque *adj.* sudden
brusquement *adv.* suddenly
brutal(e) *adj.* rough
brutalement *adv.* brutally
bu *p.p. of* **boire**
le **bûcheron** woodcutter
la **buée** vapor, steam
le **buffet** buffet, sideboard
le/la **Bulgare** Bulgarian
le **bureau** office; desk
burent *p.s. of* **boire**
but *p.s. of* **boire**
le **but** goal, objective
butagaz: le fourneau à butagaz gas stove
buté(e) *adj.* stubborn, stubborn-looking
se **buter** to go up to (*someone*)

ça *pron.* that; it; **ça, alors!** wow!
ça et là here and there
la **cabane** cabin
le **cabaret** cabaret; tavern
le **cabinet** office; study; **les cabinets** (*pl.*) lavatory
cacher to hide
cachette: en cachette secretly
le **cachot** prison cell
le **cadeau** gift
cadencé(e) *adj.* rhythmic
le **cadre** surroundings
le **café** café; coffee; **au café** at the café; over coffee
le **cahier** notebook
le **caillou** stone
calcaire *adj.* of limestone
calciné(e) *adj.* scorched
le **calcul** calculation; calculus; self-interest
calculer to calculate; to estimate; to determine
la **calebasse** gourd (*scooped out and dried*)
calme *adj.* calm; cool; peaceful; **le calme** calmness; peacefulness; composure
la **calotte** dome
calquer to copy; to pattern

le/la **camarade** friend, companion
la **camaraderie** camaraderie, good-fellowship
le **camée** cameo
la **caméra** movie camera
la **camionnette** van
le **camp** camp; **le lit de camp** cot
campagnard(e) *adj.* country
la **campagne** country; countryside
canadien(ne) *adj.* Canadian; **le/la Canadien(ne)** Canadian
la **canaille** scoundrel
le **canapé** couch
le **cancre** (*fam.*) dunce
la **candeur** innocence
la **canne** cane
le **canon** cannon
la **canonnade** (heavy) gunfire
le **canot** dinghy, rowboat
le **caoutchouc** rubber
le **capitaine** captain
la **capitale** capital
capiteux (-euse) *adj.* heady
le **caprice** whim
capricieusement *adv.* capriciously
capricieux (-ieuse) *adj.* flighty
captivé(e) *adj.* fascinated, enthralled
le **caquet** chatter, prattle; **rabaisser le caquet de (quelqu'un)** to make (someone) shut up
car *conj.* for, because
le **caractère** character; personality
caractériser to characterize
la **caractéristique** characteristic
la **caravane** trailer
le **carnaval** carnival
la **carotte** carrot
le **carré** square
carré(e) *adj.* square; squat, stocky
carrelé(e) *adj.* tiled
la **carrière** career
la **carriole** cart
le **carrosse** carriage
le **carrousel** circling
la **carte** card; map; **la carte postale** postcard
le **cas** case; **en tout cas** at any rate
la **case** hut
le **casier** shelf
le **casque** helmet; **le scaphandrier à casque** deep-sea diver
casqué(e) *adj.* wearing a helmet
casser to break
la **casserole** saucepan
la **cause** cause; **à cause de** because
causer to cause; to chat
caustique *adj.* caustic
cauteleux (-euse) *adj.* cunning, wily
la **cavalerie** cavalry
le **cavalier** rider
la **cave** cellar
cave *adj.* (*pop.*) silly, stupid
ce (cet, cette) *dem. adj.* this; that
céder to give; to let (*someone*) have (*something*)
le **cédrat** citron
la **ceinture** belt
célèbre *adj.* famous
la **célébrité** fame
la **centaine** about one hundred
central(e) *adj.* main, principal; middle
le **centre** center
cependant *adv.*, *conj.* however; **cependant que** *conj.* while
le **cercle** circle
la **cérémonie** ceremony
certain(e) *indef. adj., pr*[illegible] certain; some
certes *adv.* certainly; admittedly
cesse: sans cesse continuously; constantly
cesser to cease, stop
chacun(e) *indef. pron.* each (one)
le **chagrin** chagrin, vexation, annoyance; **chagrin(e)** *adj.* sad
la **chaîne** chain; **travailler à la chaîne** to work on an assembly line
la **chair** meat; flesh
la **chaire** teacher's desk
la **chaise** chair
la **chaleur** heat
chaleureux (-euse) *adj.* friendly
la **chambre** room; bedroom; **la chambre à air** inner tube; **la femme de chambre** maid; **la robe de chambre** bathrobe
le **champ** field
champêtre *adj.* (in the) country
la **chance** (good) luck
le **chandail** sweater
le **changement** change
changer to change
la **chanson** song
chantant(e) *adj.* lilting; singsong
chanter to sing
le/la **chanteur (-euse)** singer
le **chapeau** hat
le **chaperon** hood; **le petit chaperon rouge** Little Red Riding Hood
le **chapitre** chapter; **sur ce chapitre** on this point, subject
chaque *indef. adj.* each, every
le **charbon** coal
la **charge** responsibility; hoax; **la femme de charge** governess; **la prise en charge** assumption of responsibility
chargé(e) (de) in charge (of); loaded (with)
se **charger de** to see to, take care of
charmant(e) *adj.* charming
le **charme** charm
la **charpente** framework; rafters
la **charrette** cart
la **chasse** hunting; **le garde-chasse** gamekeeper
chasser to hunt; to drive away
le/la **chat(te)** cat
la **châtaigneraie** chestnut grove
le **château** castle, manor, stately home
le/la **châtelaine(e)** lord (lady) of a manor
chaud(e) *adj.* warm, hot; **avoir chaud** to be warm, hot
chauffer to heat
le **chaume** straw
la **chaumière** thatched hut
chausser to put on one's shoes
la **chaussette** sock
la **chaussure** shoe
la **chaux** lime; **blanchi(e) à la chaux** whitewashed
le **chèche** head covering worn by Arabs in North Africa
le **chef** leader; **le chef de gouvernement** head of state
le **chef-d'oeuvre** masterpiece
le **chemin** road; path; **le chemin de fer** railroad
la **cheminée** chimney
cheminer to walk (along)
la **chemise** shirt
le **chenil** kennel
cher (chère) *adj.* dear; expensive; **coûter cher** to cost a lot; **demander cher** to ask for a lot of money; **mon (ma) cher (chère)** my dear, dearest
chercher to look (for); **aller chercher** to go get, pick up; **cercher à** (+ *inf.*) to try to (*do something*)
cherra *fut.* (*o.*) *of* **choir**
le **cheval** horse; **le cheval de bois** wooden barrier
les **cheveux** (*m. pl.*)hair
la **cheville** ankle
la **chevillette** latch
le **chevron** rafter
chez *prep.* at; in the house, place of; among; in
chic! *excl.* (*fam.*) great! terrific!
chicanier (-ière) *adj.* quibbling
chiche *adj.* weak, faint

le/la **chien(ne)** dog
choir to fall; **se laisser choir** to collapse
choisir to choose
le **choix** choice
choquer to shock
la **chose** thing; **quelque chose** something; **ne... grand-chose** not (very) much
le **chou** cabbage
chouette *adj.* neat, nice; **le/la chouette** neat one
la **chronique** chronicle
le **chuchotement** whispering
chuchoter to whisper
la **chute** fall
le **cidre** cider
le **ciel** sky; heaven
la **ciguë** hemlock
cimenté(e) *adj.* of cement
le **cinéma** cinema, movie theater
cinquante: les années cinquante (*f. pl.*) the fifties
cinquième: en cinquième in a class of students ages 12–13
la **circonstance** circumstance
circulaire *adj.* circular
la **circulation** traffic
circuler to circulate, move about
ciselé(e) *adj.* chiseled
citer to cite; to quote
le/la **citoyen(ne)** citizen
le **citron** lemon
civil(e) *adj.* civilian
la **civilisation** civilization
civiliser to civilize
la **civilité** politeness
clair(e) *adj.* clear; well-lit
clairement *adv.* clearly
clamer to proclaim
clandestin(e) *adj.* clandestine, secret; underground
claquer une gifle to slap
la **clarté** light; brightness; **pleine clarté** broad daylight
la **classe** class; **la rentrée des classes** start of the new school term
la **clef** key
le **clerc** clerk
le/la **client(e)** client
le **clin d'œil** wink
le **clocheton** pinnacle
la **cloison** partition, interior wall
clouer to nail
cocagne: le mât de cocagne greased pole (*climbed at carnivals to reach prizes*)
le **cochon** pig; **le pâté de cochon** pork pâté
le **coeur** heart
coexister to coexist
le **coffre** chest; **manger comme un coffre** to eat like a pig
cogner (dessus) to hit (*something, someone*)
coiffé(e) de *adj.* wearing (a hat, etc.); **être coiffé(e)** to have one's hair done
se **coiffer** to do one's hair; **la table à coiffer** dressing table
le **coin** corner; place, spot
coincé(e) *adj.* jammed
le **col** collar
la **colère** anger; **en colère** angry
collaborer to collaborate
le **collège** secondary school
le/la **collègue** colleague
coller to glue (on); to stick
la **colline** hill
le **colon** colonist, settler
colonisateur (-trice) *adj.* colonizing
coloniser to colonize, settle
la **colonne** column; pillar
coloré(e) *adj.* colored
se **colorer (de)** to be colored, tinged (with)
colossal(e) *adj.* colossal, gigantic
le **colza** colza (*a type of grain*)
combattre to fight
combien *adv.* how; **combien de** how much, how many
le **comble** height
la **comédie** comedy (*play*)
le **comique** comic; comic aspect
le **commandant** commanding officer
le **commandement** order
commander to order
comme *adv., conj.* as, like; since, seeing that
le **commentaire** commentary
commenter to comment (on)
le/la **commerçant(e)** merchant
le **commerce** business
commercial(e) *adj.* commercial
commettre to commit; to make; **commettre (quelqu'un) au soin de** to put (someone) in charge of
le **commis** clerk
la **commission** errand
commun(e) *adj.* common; **le lieu commun** commonplace (expression, idea), cliché
la **communauté** community
la **commune** municipality
le/la **communiste** communist
la **compagnie** company; companionship; group
le **compagnon** companion
la **comparaison** comparison, simile
comparer to compare
le **compartiment** compartment
le/la **compatriote** compatriot
compère (*m.*) **le Loup** Brother Wolf
complaisant(e) *adj.* kind, considerate; flattering
complet (-ète) *adj.* complete; **complet: au (grand) complet** in full count; **la farine complète** whole-grain flour
complètement *adv.* completely, entirely, altogether
la **complexité** complexity
le/la **complice** accomplice
compliqué(e) complicated
comploter to plot
le **comportement** behavior
comporter to include, consist of; **se comporter** to behave
composer to compose
comprendre to understand; to include
compris(e) *adj.* included
le **compromis** compromise; **passer un compromis** to make a compromise
le **compte** account; **à votre compte** as far as you are concerned; **pour son compte** for one's own benefit; **se rendre compte de** to realize; **sur mon compte** concerning me; **tout compte fait** all things considered
compter to count; to include; to intend; to expect; **compter sur** to count on
le **compte-rendu** report (*of a book, speech, proceedings*)
le **comptoir** counter
le **comté** county
concerner to concern; **en ce qui concerne** with regard to, concerning
concerté(e) *adj.* concerted
la **concession** concession (*land and dwellings belonging to one family*)
le/la **concierge** caretaker of an apartment house
conclu *p.p. of* **conclure**
conclure to conclude
la **concorde** harmony
le **concours** competitive examination
concret (ète) *adj.* concrete
condamné(e) *adj.* condemned
condensé(e) *adj.* condensed
la **condescendance** condescension

condescendant(e) *adj.* condescending
conduire to lead; to drive
conduisit *p.s. of* **conduire**
la **conduite** behavior
la **confiance** confidence; trust, faith; self-confidence; **avoir confiance, faire confiance à** to trust
la **confidence** confidence, secret
confier to entrust
confirmé(e) *adj.* confirmed
confisquer to take over
confit(e) *adj.* candied
le **conflit** conflict; war
se **confondre** to merge, become confused
se **conformer (à)** to conform (to)
le **confort** comfort
confortable *adj.* comfortable
confusément *adv.* dimly
la **confusion** embarrassment
le **congé** leave; **prendre congé de** to take leave of
se **congeler** to thicken
la **connaissance** acquaintance; knowledge
le/la **connaisseur (-euse)** connoisseur
connaître to know; **se connaître à, en** to know (a lot) about, be an expert in
connu *p.p. of* **connaître**
connus *p.s. of* **connaître**
consacrer to devote
la **conscience** conscience; consciousness; **prendre conscience de** to become aware of
consciencieux (-ieuse) *adj.* conscientious
conscient(e) *adj.* conscious
le **conseil** advice
conseiller to advise
consentir to consent; to agree
la **conséquence** consequence
conservateur (-trice) *adj.* conservative
conserver to maintain; to keep; to retain; to preserve
la **consigne** (long) detention
consister à (+ *inf.*) to consist in (*doing something*)
consoler to comfort
constant(e) *adj.* constant
la **constatation** statement; observation; fact
constater to note, notice
consterné(e) *adj.* dismayed
constituer to constitute; to form
construire to build
construisit *p.s. of* **construire**
la **consultation** (medical) consultation, advice
consulter to consult
le **conte** short story; tale; **le conte de fées** fairy tale
contemplatif (-ive) *adj.* contemplative
contempler to contemplate
contemporain(e) *adj.* contemporary
contenir to contain
content(e) *adj.* content, happy
se **contenter de** to be satisfied with
le **contenu** contents
le/la **conteur (-euse)** storywriter
le **contexte** context
continuer to continue
contracter un lien to establish a bond
contradictoire *adj.* contradictory
se **contraindre (à)** to force oneself (to)
le **contraire** opposite; contrary; **au contraire** on the contrary
la **contrariété** disappointment
le **contrat** contract
contre *prep.* against; **en colère, fâché(e) contre** angry with (*someone*); **aversion** (*f.*) **contre** aversion to, loathing for; **par contre** on the other hand; **se buter contre** to go up to
se **contredire** to contradict oneself
contrefaire to alter; to disguise
le **contrefort** range, ridge (of mountains); **les contreforts** (*pl.*) foothills
contribuer to contribute
contrôler to examine, monitor
convaincu(e) *adj.* earnest; having conviction
convenir to be appropriate; **convenir à** to suit, be suitable for; **convenir de/que** to agree on/that
convint *p.s. of* **convenir**
le **convoi** convoy
convoité(e) *adj.* coveted
convulsé(e) *adj.* convulsed; **convulsé(e) de rire** convulsed with laughter
convulsif (-ive) *adj.* convulsive
le/la **copain (copine)** pal
le **copeau** wood shaving; thin layer
copier to copy; **copier sur (quelqu'un)** to copy from (someone)
le **coq** rooster; **la crête de coq** cockscomb
le **corbeau** crow
la **corde** rope
la **cordelette** string
cordial(e) *adj.* cordial, friendly, warm
la **cordialité** cordiality, friendliness
le/la **cordonnier (-ière)** shoemaker
la **corne** horn
la **corniche** cornice
le **corps** body; **le corps des médecins** medical profession; **l'esprit de corps** (*m.*) team spirit
correct(e) *adj.* correct
la **correction** correction; punishment
la **correspondance** correspondence (*letters*); connection (*subway*)
correspondre à to fit, be appropriate to
corriger to correct
la **Corse** Corsica; **le/la Corse** Corsican (person)
la **corvée** drudgery, disagreeable task
le **costaud** husky fellow
le **costume** suit
la **côte** coast; rib; **côte à côte** side by side
le **côté** side; aspect; direction; **à côté de** beside; **côté nanas** as far as chicks are concerned; **de ce (l'autre) côté** on this (the other) side; **de côté** to the side; **de son côté** for his, her part; **de tous les côtés** on all sides, everywhere; **du côté de** in the direction of, toward; **du côté où** in the direction where; **passer à côté** to go next door, to the adjoining room
le **coteau** hill(side)
la **côtelette** chop (*of meat*)
le **cou** neck
couchage: le sac de couchage sleeping bag
couchant: le soleil couchant setting sun
la **couche** layer
couché(e) *adj.* lying in bed
coucher to sleep; **se coucher** to go to bed
le **coucher de soleil** sunset
la **coulée** flow, stream
couler to flow
la **couleur** color
les **coulisses** (*f. pl.*) wings (*of a theater*)

le couloir corridor; gallery
le coup blow: **d'un coup, tout à coup, tout d'un coup** suddenly; **le coup d'épée** sword thrust; **le coup de feu** gunshot; **le coup de fusil** rifle shot; **le coup de pied** kick; **le coup de queue** flick of the tail; **le coup de soleil** dose of sun; **le coup de tonnerre** thunderclap; **tenir le coup** to hold out; **tout à/en un coup** (*o.*) at the same time
coupable *adj.* guilty
couper to cut (off)
la cour courtyard
courageux (-euse) *adj.* courageous
le courant current; trend; **être au courant de** to know about; **mettre (quelqu'un) au courant de** to tell (someone) about; to bring (someone) up to date on
le coureur runner; **le coureur de bois, de plaine** hunter, trapper
courir to run; **courir le monde** to gad about the world
la couronne crown; **la couronne de fleurs** (floral) wreath
couronné(e) *adj.* crowned
le courrier mail
le courroux wrath
le cours course; coursework; **au cours de** during, in the course of; **donner libre cours à** to give free rein to; **laisser (quelque chose) suivre son cours** to let (something) run its course
la course race
court(e) *adj.* short
le courtier wheat dealer
la courtoisie courtesy
couru *p.p. of* courir
courûmes *p.s. of* **courir**
le couscous *dish made of crushed wheat, usually served with meat and vegetables*
le/la cousin(e) cousin
le coussin cushion
le couteau knife
le/la coutelier (-ière) cutler (*one who makes cutlery*)
coûter to cost
coûteux (-euse)*adj.* costly
la coutume custom
le couvent convent
le couvercle lid
le couvert place setting
couvert *p.p. of* **couvrir**
la couverture blanket
couvrir to cover
cracher to spit
la craie chalk
craindre to fear
la crainte fear
craquer to break open
la cravate necktie
crédule *adj.* credulous, gullible
la crédulité gullibility
créer to create; **se créer quelque chose** to create something for oneself
la crème cream
crépi(e) *adj.* rough-cast
le crépitement crackling (*sound*)
le crépuscule dusk, twilight
crescendo *adv.* becoming louder
la crête de coq cockscomb
creuser to dig; **se creuser la mémoire** to rack one's brains
creux (-euse) *adj.* hollow; **le creux** pit
crevé(e) *adj.* burst; punctured, flat (*tire*)
crever (*fam.*) to die
le cri cry; shout
le criaillement squawking
crier to scream; to shout
le/la criminel(le) criminal
la crise crisis; **la crise de rire** fit of laughter
critique *adj.* critical; **la critique** criticism; **le/la critique** critic (*of literature, art*); **l'esprit** (*m.*) **critique** criticizing mind, critical attitude
croire to believe; **croire à** to believe in; **faire croire à** to give the impression of; **se croire tout permis** to think one can do anything one wishes
croiser to cross
la croix cross
croquer to munch, crunch
la croûte scab
croyable *adj.* believable
cru *p.p. of* **croire**
cru(e) *adj.* harsh (light)
cruel(le) *adj.* cruel; harsh
crus *p.s. of* **croire**
crut *p.s. of* **croire**
le cubisme cubism
cueillir to pick; to gather; to pluck
le cuir leather
cuire to cook
la cuisine kitchen; cooking; **faire la cuisine** to cook
cuit *p.p. of* **cuire**
cuit(e) de soleil *adj.* suntanned
cuivre copper
cuivré(e) *adj.* metallic
la culotte breeches
culotté(e) (de) *adj.* dressed (in)
cultivé(e) *adj.* cultured
la culture culture; agriculture; **les cultures** (*pl.*) land under cultivation
curieux (-euse)) *adj.* curious; strange
le cyclisme cycling
cylindrique *adj.* cylindrical
cynique *adj.* cynical
le cyprès cypress

d'abord *adv.* at first; first (of all)
la dame lady
damné(e) *adj.* damned
le dancing dance hall
dans *prep.* in; into; within
la danse dance
le/la danseur (-euse) dancer
dater to date
la datte date (*fruit*)
davantage *adv.* more
de *prep.* of; from; about; in; on
se débarbouiller to wash up
débarquer to land
débarras: bon débarras good riddance
se débarrasser de to get rid of, rid oneself of
le débat debate
déboucher to spill out; to emerge
debout *adv.* standing (up, on end); **debout!** stand up! **tenir debout** to be real
débraillé(e) *adj.* seedy
se débrouiller to manage
le début beginning
débuter to start
décapiter to behead
la déception disappointment
décevant(e) *adj.* deceiving; disappointing
déchirer to break through
décidé(e) *adj.* determined
décidément *adv.* decidely
décider (de) to decide; **se décider à** to make up one's mind to
la déclaration declaration; statement
déclarer to declare; to state; to admit to
le déclenchement (shutter) release
déclencher to launch
la déclinaison declension (*inflected forms of Latin nouns and adjectives*)

décoloré(e) *adj.* discolored
déconcerté(e) *adj.* taken aback
le **décor** decor
découragé(e) *adj.* discouraged
le **découragement** discouragement
découvert *p.p. of* **découvrir**
découvert(e) *adj.* uncovered; cleared (*sky*)
découvrir to discover; to uncover; to reveal
découvrit *p.s. of* **découvrir**
décrire to describe
décrocher to unhook, unfasten
déçu(e) *adj.* disappointed
décuplé(e) *adj.* (increased) tenfold
dédaigneux (-euse) *adj.* disdainful
le **dédain** disdain, scorn
le **dédale** maze; intricacy
dedans *adv.* inside; **là-dedans** in there
dédommager to make amends
défaillant(e) *adj.* weak, faint
le **défault** fault; weakness
défendre to defend
la **défense** defense
le **défenseur** defender, champion
le **défi** challenge
la **défiance** mistrust, distrust
défier to challenge; to defy
définitif (-ive) *adj.* definitive; **en définitive** when all is said and done
la **définition** definition
définitivement *adv.* for good, permanently
dégainer to draw, unsheath (*a knife*)
déglutir to swallow
dégonfler to deflate
le **dégoût** disgust; distaste
dégoûter to fill with disgust
déguenillé(e) *adj.* ragged
dehors *adv.* outside; **en dehors** outside; **en dehors de** apart from
déjà *adv.* already
déjeuner to have lunch
le **déjeuner** lunch; **le petit déjeuner** breakfast
delà: au-delà de, par delà beyond
le **délai** delay
délicat(e) *adj.* delicate
les **délices** (*f. pl.*) delight, pleasure
délicieusement *adv.* delightfully
délicieux (-euse) *adj.* delightful; delicious
délier to untie
la **délivrance** relief; liberation
délivré(e) *adj.* freed
demain *adv.* tomorrow
la **demande** request; **à la demande de** as is customary in
la **démarcation** demarcation
le **déménagement** moving; stripping
déménager to move (*from one dwelling to another*)
démesuré(e) *adj.* immense
la **demeure** residence, dwelling place
demeurer to live; to remain; **demeurer d'accord** (*o.*) to agree
demi(e) *adj.* half; **la demi-heure** half an hour; **le demi-pensionnaire** *day student in boarding school who takes the noon meal at school;* **le demi-sommeil** half-asleep
la **démobilisation** discharge from military service
démobiliser to discharge from military service
démodé(e) *adj.* outmoded, no longer in use
la **demoiselle** young lady; **la demoiselle des P.T.T.** P.T.T. employee
le **démon** devil
la **démonstration** proof
démonter to remove; to take down
démontrer to show
dénoncer to denounce
dénouer to untie
la **dent** tooth; **avoir une dent (de lait) contre** to have, hold a (childish) grudge against
la **dentelle** lace
le **départ** departure; **au départ** at the outset
le **département** department (*administrative division*)
dépasser to go beyond; to measure more than
dépaysé(e) *adj.* disoriented; out of one's element
dépendre (de) to depend (on)
la **dépense** expense
dépenser to spend (*money*)
le **dépit** vexation; spite; **en dépit de** in spite of
le **déplacement** shifting
le **déplaisir** displeasure
se **déployer** to spread out; **se déployer en éventail** to fan out
déposer to put down
les **dépossédés** (*m. pl.*) students ousted from their seats
dépourvu(e) *adj.* devoid of
depuis *prep.* since (*a specific point in time*); for (*duration of time*); **depuis... jusqu'à** from. . .to
déranger to bother; to disturb; **se déranger** to bother, trouble oneself
le **dérère** *baby talk for* **le derrière**
dérisoire *adj.* ridiculous, laughable
dernier (-ière) *adj.* last
dérougir to let up
se **dérouler** to progress; to take place
dérouté(e) *adj.* confused, bewildered
le **derrière** behind, bottom
derrière *prep.* behind
le **derviche** *member of a Moslem religious order*
dès *prep.* since; from; **dès lors** from that time on, since then; **dès que** as soon as
le **désastre** disaster
descendre to go down; to go downstairs; to get off (*a train, subway, horse*); to stay at (*a hotel*); to slope down (*hill, plateau*); to go toward the south
la **descente** descent; going down; going toward the south
désert(e) *adj.* deserted; lonely
désespéré(e) *adj.* desperate
désespérément *adv.* desperately
le **désespoir** despair
déshabillé: en son déshabillé without one's clothes on
se **déshabiller** to undress
déshonorant(e) *adj.* dishonorable, discrediting
désigner to indicate, designate; **se désigner** to call attention to oneself
la **désillusion** disillusion(ment)
le **désir** desire
désirer to desire, wish
désolé(e) *adj.* sad; distressed; sorry
désordonné(e) *adj.* uncoordinated (*movement*)
le **désordre** disorder
désormais *adv.* from now on
despotique *adj.* despotic, authoritarian
le **dessein** intention; project
le **dessin** drawing
dessiner to draw; to trace; **se dessiner** to stand out
dessous *adv.* under; **au-dessous de** below; under (neath); **ci-dessous** below

dessus *adv.* above; on (it); **au-dessus de** above; **par-dessus** over; **tirer dessus** to shoot at something
le destin destiny; fate
la destination destination; **à destination de** bound for, to be sent to
la destinée destiny; fate
détacher to separate; **se détacher (de)** to break away (from); to be different (from); to stand out
le détail detail
détaillé(e) *adj.* detailed
la détente relaxation; relief; **lent(e) à la détente** slow to loosen up
déterminé(e) *adj.* determined
déterrer to unearth
détourner to turn (away); to divert; **se détourner** to turn around
la détresse hardship
détrôné(e) *adj.* dethroned
détruire to destroy
détruit *p.p. of* **détruire**
le deuil mourning; **de vrai deuil** sincerely mourning
dévaler to fall away sharply (*terrain*); to rush down
devant *prep.* before, in front of
développé(e): sous-développé(e) underdeveloped
devenir to become
devenu *p.p. of* **devenir**
déverser to pour out
deviner to guess; to make out
devins *p.s. of* **devenir**
devint *p.s. of* **devenir**
devoir to have to, must; to owe
le devoir duty; **les devoirs** (*pl.*) homework
dévorer to devour
le dévouement devotion; dedication
se dévouer to devote oneself (*to one's duties*)
le dextre right hand
le diable devil; **que diable!** what the devil!
le diamant diamond
la dictée dictation
dicter to dictate
le dicton common saying
le dieu god; **mon dieu** my goodness, goodness gracious
différent(e) *adj.* different; **différents (-es)** (*pl., before the noun*) various; several
différer (de) to be different (from)
digérer to digest
digne *adj.* worthy
la dignité dignity
le dimanche Sunday
diminuer to diminish; to reduce, lessen
la dinde turkey (hen)
le dindon turkey (cock)
dîner to dine; to have dinner
le dîner dinner
le diplôme (*academic*) degree
dire to say; to tell; **c'est-à-dire** that is (to say), in other words; **comme qui dirait** so to speak; **dire du mal de** to speak ill of; **dis!** hey! **entendre dire que** to hear it said that; **est-ce dit?** is it agreed? **il va sans dire** it goes without saying; **se laisser dire** to tell oneself; **vouloir dire** to mean
diriger to direct, manage, run; **se diriger (vers)** to make one's way (toward)
le discernement discernment, judgment
le discours speech
discret (-ète) *adj.* discreet
la discrétion discretion; **à discrétion** unlimited, as much as one wants
discuter to discuss; to talk
disparaître to disappear
disparu *p.p. of* **disparaître**
disparurent *p.s. of* **disparaître**
disparut *p.s. of* **disparaître**
se dispenser de to do without
se disperser to scatter
la disponibilité availability
disposer to arrange; to lay out; **disposer de** to possess; to have at one's disposal, have the use of
la disposition inclination; frame of mind; **à sa disposition** at one's disposal, to be used as one wishes; **à votre disposition** at your service
disputer de (*o.*) to discuss; **se disputer** to quarrel; to fight over
disséminé(e) *adj.* scattered
disséqué(e) *adj.* dissected
dissimuler to conceal
la distance distance; **garder ses distances** to keep one's distance
distancer to outrun; **se laisser distancer** to fall behind
distant(e) *adj.* distant, aloof, stand-offish
distinctement *adv.* distinctly
distingué(e) *adj.* distinguished
distinguer to distinguish; to perceive, make out
distraire to distract
distrait(e) *adj.* distracted; inattentive
dit *p.p., p.s. of* **dire**
dit *adj.* called
le divan couch
divers(e) *adj.* different; various
divertir to entertain
diviniser to deify
la divinité deity
diviser to divide
la dizaine about ten
la djellabah *garment worn by Arabs*
le documentaire documentary film
le dodo (*fam.*) sleep
le doigt finger; **se donner les doigts** to shake hands
le domaine domain
le/la domestique servant
le domicile domicile, residence
dominant(e) *adj.* dominant, main
le dominateur conqueror
dominer to dominate; to be in the majority
dommage: c'est dommage it is too bad, a pity
donc *conj.* therefore, so, then
donner to give; **donner sur** to look out on
doré(e) *adj.* golden; blond
dormir to sleep
le dos back; **la promenade à dos d'âne** donkey ride
le dossier file, dossier; **l'étagère à dossiers** (*f.*) filing cabinet
la douane customs
doucement *adv.* gently; softly
doucereux (-euse) *adj.* smooth-tongued
la douceur sweetness; gentleness
la douche shower
doué(e) *adj.* gifted
la douleur distress; pain; suffering
douloureux (-euse) *adj.* sad
le doute doubt
douter (de) to doubt
douteux (-euse) *adj.* doubtful; uncertain
doux (douce) *adj.* sweet; soft; **doux-amer (douce-amère)** bittersweet
la douzaine about twelve
dramatique *adj.* dramatic; **l'art** (*m.*) **dramatique** drama
le dramaturge playwright

le drame play; catastrophe, tragedy; **le drame larmoyant** sob story, tear jerker
le drap sheet
draper to drape
dressé(e) sur set against; **dressé(e) comme un pic** rising like a high peak
dresser to raise; to set up; **dresser une liste** to make out a list; **se dresser** to stand up
le droit law; right; **avoir le droit de** to have the right to
droit(e) *adj.* right; straight; upright, erect;
la droite right-hand side; **à/de droite** on the right; **par la droite** from the right-hand side
drôle: un drôle de strange; funny
dû *p.p. of* **devoir**
dû (due) (à) *adj.* due (to)
duper to dupe, fool, trick
dur *adv.* hard; **tenir dur** to hold fast
dur(e) *adj.* hard
durant *prep.* during
durement *adv.* harshly
durer to last
dynamique *adj.* dynamic

l'eau (*f.*) water; **l'eau à la bouche** (his) mouth watered
l'eau-de-vie (*f.*) brandy
éblouir to dazzle
ébréché(e) *adj.* nicked, chipped
s'ébrouer to snort
l'écaille (*f.*) shell; **le peigne d'écaille** tortoise-shell comb
écarlate *adj.* scarlet
l'écart (*m.*): **tenir (quelqu'un) à l'écart de** to keep (someone) away from
s'écarter to move aside
l'échange (*m.*) exchange; **en échange de** in return for
échanger to exchange
échapper (à) to escape, get away (from); **laisser échapper (une parole)** to utter (a word)
l'écharpe (*f.*) scarf
échauffer to heat up, warm up; **échauffer la bile** to rouse anger, rile
l'échelle (*f.*) ladder; scale
l'éclaboussure (*f.*) stain, blot
l'éclair (*m.*) flash
l'éclairage (*m.*) lighting
éclairer to light
l'éclat (*m.*) splinter; burst; **l'éclat d'obus** shell-splinter; **l'éclat de rire** outburst of laughter
éclatant(e) *adj.* vivid
éclater to break; to break out; to burst; to shatter; **ça n'éclate pas** it has no spark; **éclater de rire** to burst out laughing
l'éclopé (*m.*) disabled man
l'école (*f.*) school
l'écolier (-ière) school child, pupil
économe *adj.* thrifty
l'économie (*f.*) economy; **les économies** (*pl.*) savings; **faires des économies** to save money
économique *adj.* economical
l'écorce (*f.*) rind, peel
écorcher to tear
s'écouler to pass
écouter to listen (to)
l'écran (*m.*) screen
écraser to brush away (a tear); to run over (with a car); **se faire écraser** to get run over
s'écrier to cry out; to exclaim
l'écriture (*f.*) writing; penmanship; handwriting
l'écrivain (*m.*) writer
écrivit *p.s. of* **écrire**
l'écume (*f.*) foam
l'écurie (*f.*) stable
édifier to build; to establish
l'éditeur (-trice) editor
l'éducation (*f.*) education; breeding, upbringing
éduquer to educate
effacer to erase, obliterate; **s'effacer** to fade, disappear
s'effarer to become frightened
effarouché(e) *adj.* aghast
s'effectuer to be carried out
l'effet (*m.*) effect; **en effet** indeed
effilé(e) *adj.* slender
s'effilocher to thin out
s'efforcer de to strive, do one's utmost
effrayer to frighten
égal(e) *adj.* equal; even; **l'égal(e)** equal; **ça m'est égal** it is all the same to me
également *adv.* equally; also, as well; likewise
l'égard (*m.*) regard; courtesy, consideration; **à l'égard de** in regard to, with respect to; **à son égard** in regard to him/her
l'égoïsme (*m.*) selfishness
l'Egypte (*f.*) Egypt
égyptien(ne) *adj.* Egyptian
eh *excl.* hey; **eh bien** well
élan: prendre de l'élan to take a running start; **prendre son élan** to gather momentum
s'élargir to spread
l'élastique (*m.*) rubber band
l'élection (*f.*) election
l'électricité (*f.*) electricity
électrique *adj.* electric
élégant(e) *adj.* elegant; **une élégante concession** a generous concession
l'élément (*m.*) element, component
l'élevage (*m.*) breeding, raising of livestock
l'élève (*m., f.*) pupil
élevé(e) *adj.* elevated, high; **bien (mal) élevé(e)** well-(ill-) mannered
élever to raise; to bring up; **s'élever** to arise; to be heard (*voice*)
éliminer to eliminate
l'éloge (*m.*) praise
éloigné(e) *adj.* distant; far from
éloigner to keep away; **s'éloigner** to go, move away; to move off
élu(e) *adj.* elected
s'embarquer (dans) to embark (on, upon)
embarras: l'embarras du choix (*m.*) problem of choosing
embarrassant(e) *adj.* embarrassing
embarrassé(e) *adj.* embarrassed
s'embarrasser to be concerned
embéguiné(e) *adj.* (*o.*) infatuated
embêté(e) *adj.* (*fam.*) annoyed, aggravated
embêter (*fam.*) to bother, annoy, pester; to worry
l'embouchure (*f.*) mouth (*of a river*)
l'embout (*m.*) air hose
l'embranchement (*m.*) branch road
embrasser to kiss; to embrace
s'embrouiller to get confused
émerger to emerge
émerveillé(e) *adj.* amazed
émigrer to emigrate
l'éminence (*f.*) elevation; knoll
l'emmêlement (*m.*) tangle
emmener to take away, along
l'émotion (*f.*) emotion
émouvant(e) *adj.* moving
empaler to impale

s'emparer de to seize
empêcher to prevent
l'empereur (*m.*) emperor
empêtré(e) *adj.* awkward
l'emplacement (*m.*) location
emplir to fill
l'emploi (*m.*) job; use; **l'emploi du temps** schedule
l'employé(e) employee; clerk
employer to use
empoigner to grab
emporté(e) *adj.* taken away; **emporté(e) de fureur** overcome with rage
emporter to take away, along; to carry away, along
s'empresser de to be eager to; to hasten to
emprunté(e) *adj.* ill-at-ease
emprunter to borrow
ému(e) *adj.* moved, touched; passionate
en *prep.* in; at; to
s'encastrer: s'encastrer de nouveau to reappear
enceinte *adj.* (*f.*) pregnant
l'encerclement (*m.*) encircling
enchaîné(e) *adj.* linked together
l'enchantement (*m.*) spell
enchanter to fascinate
l'enchevêtrement (*m.*) tangle
l'enclos (*m.*) enclosure
encombrer to clutter
encore *adv.* again; still; yet (*in negative clauses*); **encore?** what else? **encore plus** even more; **encore un(e)** one more
l'encre (*f.*) ink
l'encrier (*m.*) inkwell
endormi(e) *adj.* asleep; uninterested
s'endormir to fall asleep
s'endormit *p.s. of* **s'endormir**
l'endroit (*m.*) place; **par endroits** here and there
endurer to endure
l'énergie (*f.*) energy
énergique *adj.* energetic; emphatic; strong
énervé(e) *adj.* irritated
l'enfance (*f.*) childhood
l'enfant (*m., f.*) child
enfantin(e) *adj.* of children, children's
l'enfer (*m.*) hell
s'enfermer to lock oneself up
enfiler to put on, slip on (*clothes*)
enfin *adv.* at (long) last; finally; in short, in a word; in fact; after all; well
enfoncé(e) *adj.* deep-set (*eyes*); stuffed deep (*in a pocket, etc.*)
enfoncer to stick, stuff (*in a pocket*); **enfoncer son chapeau sur sa tête** to pull one's hat down over one's head; **s'enfoncer dans** to plunge into; to disappear into
enfourcher to mount; to sit astride
enfreindre to break (*a law*)
enfreint *p.p. of* **enfreindre**
s'enfuir to run away, flee
l'engagement (*m.*) enlistment
engendrer to engender, produce
s'engouffrer (dans) to rush (*into*)
l'engourdissement (*m.*) numbness
engraisser to fertilize; to enrich
énigmatique *adj.* enigmatic
s'enivrer to get drunk
enjôler to coax, wheedle
enlaidi(e) *adj.* grown, become ugly
enlever to remove, take off; to take away; to pick up
l'ennemi (*m.*) enemy; **ennemi(e)** *adj.* enemy
l'ennui (*m.*) boredom; problem
ennuyé(e) *adj.* annoyed, irritated; bored
ennuyer to bore; to bother; **s'ennuyer** to become bored; to worry; **s'ennuyer à mourir** to be bored stiff
énorme *adj.* enormous; outrageous
enrhumé: être enrhumé(e) to have a cold
ensablé(e) *adj.* filled with sand; **avoir les portugaises ensablées** (*pop.*) to be deaf
l'enseignement (*m.*) teaching (*profession*)
enseigner to teach
l'ensemble (*m.*) ensemble, whole; series
ensemble *adv.* together
ensevelir to bury
ensuite *adv.* next; then; afterward
entamer to start up
l'entassement (*m.*) accumulation
entendre to hear; to understand; to intend; **bien entendu** of course; **c'est entendu** it is agreed; **entendre dire que** to hear it said that; **entendre par** to mean; **s'entendre** to agree; to get along with one another
enterré(e) *adj.* buried
l'enterrement (*m.*) burial; **la mine d'enterrement** long face
l'enthousiasme (*m.*) enthusaism
enthousiasmé(e) *adj.* excited
enthousiaste *adj.* enthusiastic
entier (-ière) *adj.* entire, whole; **tout entier (-ière)** entirely, completely
entièrement *adv.* entirely
entourer to surround
les entrailles (*f. pl.*) bowels, entrails
entraîner to drag; to lead along, away
entre *prep.* between; among; **entre autres** among other things; **tomber entre les mains de** to fall into the hands of
entrebâiller to open halfway
entremêlé(e) (de) *adj.* mingled (with)
l'entreprise (*f.*) firm
entrer (dans) to enter, come in, go in
entretenir (quelqu'un de) to talk (to someone about)
l'entretien (*m.*) upkeep
entrevoir to perceive
énumérer to enumerate
envahir to invade; to overcome
l'enveloppe (*f.*) envelope
envers *prep.* toward; regarding
l'envie (*f.*) desire; longing; **avoir envie de** to want; to feel like
environ *adj.* about
environnant(e) *adj.* surrounding
l'environnement (*m.*) environment, surroundings
envisager to view; to envisage
s'envoler to take off
envoyer to send
épais(se) *adj.* thick
l'épaisseur (*f.*) thickness;
s'épaissir thicken
s'épanouir to bloom
épargner à to spare
éparpillé(e) *adj.* scattered
épater to amaze
l'épaule (*f.*) shoulder
épauler to raise to one's shoulder (*gun*)
l'épée (*f.*) sword
éperdu(e) *adj.* bewildered
l'épice (*f.*) spice; **le pain d'épice** *cake similar to gingerbread*
épier to spy on
les épinards (*m. pl.*) spinach

l'épisode (*m.*) episode
épistolaire *adj.* epistolary
l'époque (*f.*) era, time
épouser to marry
l'époux (-ouse) spouse
épris(e) *adj.* infatuated
éprouver to feel, experience (*sensation, emotion*)
épuisé(e) *adj.* exhausted
équilibré(e) *adj.* stable
l'équilibre (*m.*) equilibrium, balance; balancing acts
l'équipage de lièvre (*m.*) pack of hounds
l'équipe (*f.*) team
l'équipement (*m.*) equipment
l'équivalent (*m.*) equivalent
errer to wander, roam
l'erreur (*f.*) error, mistake
l'escalier (*m.*) stairway; **l'escalier roulant** escalator
escarpé(e) *adj.* steep
esclave (de) *adj.* (a) slave (to, of)
l'escrime (*f.*) fencing
l'espace (*m.*) space
espagnol(e) *adj.* Spanish
l'espérance (*f.*) expectation
espérer to hope
l'espoir (*m.*) hope
l'esprit (*m.*) mind; spirit; sense; **faire de l'esprit** to make clever remarks; **l'esprit critique** criticizing mind, critical attitude; **l'esprit de corps** team spirit; **l'Esprit du mal** devil; **l'esprit étroit** narrow mind
l'esquisse (*f.*) sketch
esquissé: à peine esquissé(e) barely visible
esquisser to sketch, outline; to begin (*a retreat*)
l'essai (*m.*) essay
essayer (de) to try (to); **s'essayer à** to try one's hand, one's skill at
l'essor (*m.*) beginning
essoufflé(e) *adj.* out of breath
s'essouffler to get out of breath
l'estampe (*f.*) print
l'esthète (*m., f.*) aesthete (*one who professes sensitivity to art*)
l'estime (*f.*) esteem
estimer to consider, deem
l'estomac (*m.*) stomach
l'estrade (*f.*) dais, platform
estropié(e) *adj.* crippled
l'estuaire (*m.*) estuary
et *conj.* and
établi(e) *adj.* established, built; supported, accepted
établir to establish; **s'établir** to settle
l'établissement (*m.*) business (establishment)
l'étage (*m.*) floor
étagé(e) *adj.* lined up
l'étagère (*f.*) shelf; **l'étagère à dossiers** filing cabinet
s'étaler to stand out
l'étape (*f.*) stage
l'état (*m.*) state; condition; **l'état civil** civilian status; **l'état-major** high-ranking officers
les Etats-Unis (*m. pl.*) United States
été *p.p. of* **être**
l'été (*m.*) summer
éteignit *p.s. of* **éteindre**
éteindre to turn off (*light*); **s'éteindre** to become extinguished, cool (*hot iron*))
étendit *p.s. of* **étendre**
étendre to extend; to spread; **s'étendre** to extend; to stretch (out)
étendu(e) *adj.* stretched out; diluted (*liquid*)
l'étendue (*f.*) expanse (*surface, land*); range, scope (*mind*)
éternel(le) *adj.* eternal
l'éternité (*f.*) eternity
l'ethnie (*f.*) ethnic group
l'étoffe (*f.*) cloth, material
l'étoile (*f.*) star
étonnant(e) *adj.* astonishing, amazing
étonner to surprise; to amaze; **s'étonner (de)** to be surprised (at)
étouffé(e) *adj.* muffled
étourdie(e) *adj.* dizzy; dazed, stunned
étrange *adj.* strange
étrangement *adv.* strangely, oddly
étranger (-ère) *adj.* foreign; **l'étranger (-ère)** foreigner; stranger; **à l'étranger** abroad, in a foreign country
étranglé (e) *adj.* choking
l'étranglement (*m.*) strangling
étrangler to strangle
être to be; **être d'accord** to agree; **si j'étais que des médecins** (*o.*) if I were a doctor
l'être (*m.*) being; human being
étroit(e) *adj.* narrow
l'étude (*f.*) study; study hall; study period; all the students (*in study hall*); **la salle d'étude** study hall
l'étudiant(e) student
étudier to study
eu *p.p. of* **avoir**
eûmes *p.s. of* **avoir**
l'euphorie (*f.*) euphoria
européen(ne) *adj.* European
eus *p.s. of* **avoir**
eusse(nt) *imperf. subj. of* **avoir**
eut *p.s. of* **avoir**
évacué(e) *adj.* vacated
s'évader (de) to escape (from)
l'evasion (*f.*) escape
éveil: en éveil on the alert
éveiller to arouse, awaken; **s'éveiller** to wake up
l'événement (*m.*) event
l'éventail (*m.*) fan; **se déployer en éventail** to fan out
évidemment *adv.* obviously
évident(e) *adj.* evident, obvious
éviter to avoid
l'évolution (*f.*) movement
évoquer to evoke
exact(e) *adj.* exact; accurate; **il est exact que** it is true that
l'exagération (*f.*) exaggeration
l'exaltation (*f.*) exaltation; rapture
exalter to exalt, glorify
s'exaspérer to become exasperated
excédé: excédé(e) de travail exhausted; overworked
excellent(e) *adj.* excellent
exceptionnel(le) *adj.* exceptional
l'excès (*m.*) excess; **avec excès** to excess
excessif (-ive) *adj.* excessive
excité(e) *adj.* excited
s'exclamer to exclaim
exclu(e) *adj.* excluded
exclusivement *adv.* exclusively
l'excursion (*f.*) excursion, trip
excuser to excuse, pardon; **s'excuser** to excuse oneself; to apologize
l'exemple (*m.*) example; **ça, par exemple!** really!
exercer to put to use
exigeant(e) *adj.* demanding
l'exigence (*f.*) requirement
exiger to require, demand
l'exil (*m.*) exile
exilé(e) *adj.* exiled
exister to exist
exotique *adj.* exotic
expédier to send; to bump off, kill
expérience (*f.*) experience
explication (*f.*) explanation

expliquer to explain
exploiter to exploit
l'explorateur (-trice) explorer
explorer to explore
l'explosion (*f.*) explosion; outburst
l'exposé (*m.*) oral report, presentation
exposer to expose, reveal; to exhibit, show; to set forth, present
l'exposition (*f.*) exhibition
expressif (-ive) *adj.* expressive
exprimer to express
exquis(e) *adj.* delightful
l'extase (*f.*) ecstasy
l'extension (*f.*) extension; stretching
extérieur(e) *adj.* exterior; external
l'extériorisation (*f.*) exteriorization, externalization
l'externat (*m.*) day students' building
l'externe (*m., f.*) *day student in boarding school who goes home for meals*
l'extrait (*m.*) excerpt
extraordinaire *adj.* extraordinary
extrême *adj.* extreme; severe, strict
l'Extrême-Orient (*m.*) Far East

la fabrication manufacture
la face face; **d'en face** opposite; **en face de** facing; in the presence of; in front of; **face à** in front of; facing; in the face of; **faire face à** to face up to; **regarder (quelqu'un) bien en face** to look at (someone) straight in the face
la facette facet
fâché(e) *adj.* angry
se fâcher to become angry
facile *adj.* easy
la facilité working, functioning
faciliter to facilitate, make easy
la façon manner, way; **de façon** (+ *adj.*) in a (*given*) way; **de toute façon** in any case; **sans façon** unaffected; without fuss
le facteur mail carrier
la faculté (medical) school
faible *adj.* weak; small; faint; **pour une faible part** to some extent
la faiblesse weakness
la faille fault
faillir (+ *inf.*) to almost (*do something*)
faillit *p.s. of* **faillir**
la faim hunger; **avoir faim** to be hungry
faire to do; to make; to say; **faire attention** to pay attention; **faire beau (froid)** to be nice (cold) (weather); **faire de la peine (à quelqu'un)** to hurt (someone's) feelings; **faire des économies** to save money; **faire la cuisine** to cook; **faire le ménage** to do (the) housework; **faire peur** to frighten; **faire sa toilette** to wash and dress; **faire un voyage** to take a trip; **laisser (quelqu'un) faire** to leave (someone) alone, let (someone) do as he/she likes; **s'en faire** to worry; **se laisser faire** to let oneself be led along
le faiseur inferior painter
fait *p.p. of* **faire**
fait(e) *adj.* made; done; built; **bien faite** well-built (*woman*); **l'expression** (*f.*) **toute faite** cliché, trite expression; **si fait** *excl.* yes, indeed
falloir to be necessary; **il faut bien que** it must be that
fallu *p.p. of* **falloir**
fallut *p.s. of* **falloir**
falsifier to falsify, alter
fameux (-euse) *adj.* famous
familial(e) *adj.* family
familier (-ière) *adj.* familiar; conversational (*vocabulary, language*)
la famille family; **en famille** at home with one's family
la fantaisie imagination
fantastique *adj.* dreamlike
le fantôme phantom
la farine flour; **la farine complète** whole-grain flour
farouche *adj.* wild; fierce, grim
fasciné(e) *adj.* fascinated
fatal(e) *adj.* fatal
fatigué(e) *adj.* tired
se fatiguer to get tired
le faubourg suburb
fauché(e) *adj.* (*fam.*) broke (*without money*)
la faune fauna, animal life
la faute fault; error
le fauteuil armchair
le fauvisme Fauvism (*French art movement ca. 1900*)
faux (fausse) *adj.* false
la faveur favor
favori(te) *adj.* favorite
favoriser to encourage
fécond(e) *adj.* fertile; productive
la fée fairy; **le conte de fées** fairy tale
fêlé(e) *adj.* (*fam.*) crazy
la félicité happiness
féliciter to congratulate
féminin(e) *adj.* feminine
la femme woman; wife; **la bonne femme** good woman; (*fam.*) dame; **la femme de charge** governess
fendre to pierce; **malade à fendre l'âme** pitifully sick
la fenêtre window
le fer iron; **le chemin de fer** railroad
la ferme farm
ferme *adj.* firm
fermer to close; **se fermer** to close (in)
la fermeture closing
le/la fermier (-ière) farmer (*man or woman*); farmer's wife
féroce *adj.* ferocious
la férocité ferocity
fervent(e) *adj.* fervent; enthusiastic
la ferveur fervor; enthusiasm
la fesse buttock
le festin banquet, feast
la fête holiday; feast; festival
le fétiche fetish
le feu fire; **le coup de feu** gunshot; **le feu d'artifice** fireworks; **le pot-au-feu** stew
la feuille leaf; (sheet of) paper; **la feuille de démobilisation** army discharge papers
le feuillage foliage
le feuillet (sheet of) paper
le février February
se fiancer to become engaged
fidèle *adj.* faithful
le fiel bile; **sans fiel** without bitterness
se fier à to trust
fier (fière) *adj.* proud
la fierté pride
la fièvre fever; passion; feverish urge
fiévreux (-euse) *adj.* feverish
le fifre fife; **le joueur de fifre** fife player
se figer (sur) to limit oneself (to)
la figure face; figure
figurer to appear, figure; **se figurer** to imagine
le fil wire
filer to go away; to hurry away
la fille daughter; girl
la fillette little girl

le film film, movie
filmer to film
le fils son
fîmes *p.s. of* **faire**
la fin end
finalement *adv.* finally
la finance financial matters
financier (-ière) *adj.* financial
finement *adv.* subtly
la finesse subtlety; delicacy; elegance
finir to finish; **finir par (faire quelque chose)** to end up by (doing something); **ne pas en finir** to never end
firent *p.s. of* **faire**
fis *p.s. of* **faire**
fit *p.s. of* **faire**
fixer to fix; to determine; to fasten; to stare, look hard at
le flanc side
flancher to break down
flâner to stroll
la flaque puddle
flatter to flatter; to please; **se flatter (de)** to pride oneself (on); to cherish the hope (of)
le fléau flail, threshing tool
la flèche arrow; **monter en flèche** to rise like an arrow, go straight up
la fleur flower; **à fleur de peau** skin-deep
le fleuve river
la flore flora, plant life
le flot wave
flotter to float
la flûte flute
la foi faith; **avoir foi en** to have faith, confidence in; **mauvaise foi** dishonesty; unfairness; **par ma foi** indeed
le foie liver; **mal au foie** *term used to describe a variety of ailments*
le foin hay
la fois time; occasion; **à la fois** at the same time; **encore une fois, une fois de plus** once more; **une fois par an** once a year; **une fois pour toutes** once and for all
la folie madness; foolishness; **faire des folies** to be extravagant; **la folie d'ailleurs** longing for distant places; **la folie du sang** bloodthirstiness
foncé(e) *adj.* dark
foncer (sur) to charge down (on)
la fonction function; duties
le fonctionnaire civil servant
le fond background; bottom; end; back; content (*of literary work*); **au fond** really, basically; **au fond de** at the bottom of (*trunk, valley, etc*); at the end of (*hall, etc.*); **au fond du coeur** deep down in one's heart; **du fond de** from the depths of; **la porte (le mur) du fond** back door (wall); **le ski de fond** cross-country skiing
fondamental(e) *adj.* fundamental, basic
la fondation founding
fondé(e) (sur) *adj.* based (*on*)
fonder to found; to establish
fondeur: l'ouvrier (*m.*) **fondeur** metal worker
fondre to melt
le football soccer
la force strength; **les forces** (*pl.*) strength; military forces, armies; **à force de** as a result of; by dint of; **de toutes ses forces** with all one's might; **être à bout de forces** to have no strength left
forcément *adv.* necessarily
forestier (-ière) *adj.* forest
la forêt forest
la formalité procedure
la formation formation; training, education
la forme form; kind; **la plate-forme** platform
former to form; to shape; to make up; to organize
la formule formality; phrase, expression
fort *adv.* (*with adj.*) very, extremely; (*with verb*) hard: loud; **penché(e) très fort par** leaning way out of
fort(e) *adj.* strong; powerful; sturdy; **ça, c'est trop fort!** that's going too far! that's too much! **celle-là est forte!** that's a good one! **c'était plus fort qu'eux (que lui)** they (he) couldn't help it; **très fort!** brilliant!
fortement *adv.* strongly; forcefully
fortifier to strengthen
le fossé ditch
fou (fol, folle) *adj.* crazy, mad; wild (*eyes*); uncontrollable (*laughter*); **fou (folle) de (quelqu'un)** crazy about (someone); **le/la fou (folle)** crazy person, lunatic
fouetter to whip, flog
la fougère fern
fouiller to search
la foule crowd, throng; **une foule de** a crowd of, many
fouler to tread on
le four oven
la fourchette fork
le fourneau stove
fournir to supply, furnish
la fourragère (hay) wagon
fourrer to stuff, shove
le fourre-tout duffel bag
foutre (*pop.*): **foutre la larme à l'œil** to bring a tear to one's eye; **se foutre de (quelqu'un)** to kid (someone)
foutu(e) *adj.* (*pop.*) all wrong, screwed up
la fraîcheur coolness; freshness
frais (fraîche) *adj.* cool; fresh; clear; crisp
frais: prendre le frais to get, enjoy the fresh air; **les frais** (*m. pl.*) expense(s), cost(s); **à grands frais** at great expense
franc (franche) *adj.* open; spontaneous
français(e) *adj.* French; **le/la Français(e)** French person
franchir to cross; to go through
la franchise frankness
francophone *adj.* French-speaking
la frange fringe; bangs (*hair*)
frapper to strike; to knock
la fraternité brotherhood
freiner to put on the brakes
frêle *adj.* fragile
frénétiquement *adv.* frantically
fréquenter to frequent, go to often; to associate with
le frère brother
frétiller to wriggle
friable *adj.* crumbly
friand(e) *adj.* fond of (*food*)
la friandise tidbit, goody
la fripe (*fam.*) soup
le froid cold(ness); **avoir froid** to be cold; **faire froid** to be cold (weather)
froid(e) *adj.* cold
la froidure (*o.*) cold
le fromage cheese
froncer le sourcil to frown
le front forehead; front line (*military*); **faire front à** to face
la frontière border
frotter to rub
fuir to flee, run away
le fumage fertilizing
la fumée smoke

fumer to smoke
furent *p.s. of* **être**
fureteur (-euse) *adj.* nosy
la fureur rage
furieux (-euse) *adj.* furious
furtif (-ive) *adj.* stealthy
fus *p.s. of* **être**
la fusée rocket
le fusil gun, rifle
fusiller to shoot down; to execute
fusse(nt), fût *imperf. subj. of* **être**
fut *p.s. of* **être**
la futaie forest
futur(e) *adj.* future; **le futur** future
fuyant(e) *adj.* evasive

gagner to earn; to win; to reach (*a place*); to gain (*time*); to overcome, be felt (*sensation, emotion*); **le froid nous gagne** we are getting cold
gai(e) *adj.* gay, cheery
la gaieté cheerfulness; joy
gaillardement *adv.* vigorously
la galère galley (*slave ship*)
la galerie gallery; corridor; **je la connais leur galerie** I know their game
la galette cake; cookie; flatbread
le galon military stripe
le galop gallop
galoper to gallop, run
la gamme range (*of colors*)
le gant glove
ganté(e) *adj.* wearing gloves
le garçon boy; waiter
la garde guard; **prendre garde** to be careful, take care; to watch out
le garde keeper; **le garde-chasse** gamekeeper
garder to keep; to save; to guard
le/la gardiene(ne) d'immeuble caretaker of an apartment building
la gare (railroad) station
la gargouille gargoyle
le gars guy, fellow
gaspiller to waste
la gastronomie gastronomy
le gâteau cake
gâter to spoil; **on n'est pas gâté** we don't have any luck
gauche *adj.* left; awkward; **la gauche** left, left-hand side; **à/de gauche** on the left
la gaucherie blunder
la gaule pole
gaver to stuff (*with food*)
gémir to moan
gênant(e) *adj.* embarrassing
le gendarme policeman
gené(e) embarrassed; uncomfortable
gêner to bother, disturb
le général general
général(e) *adj.* general
généraliser to generalize
généreux (-euse) *adj.* generous
la générosité generosity
le génie genius
le genou knee; **à genoux** kneeling
le genre kind, sort; genre (*of literature, art, music*)
les gens (*m., f. pl.*) people
gentil(le) *adj.* nice; kind
le gentilhomme gentleman, nobleman
la gentillesse kindness
gentiment *adv.* kindly; nicely; gently
le/la gérant(e) manager
le geste gesture
gesticuler to gesticulate
la gifle slap; **donner, claquer une gifle** to slap
gigantesque *adj.* gigantic
le gigot (leg of) lamb; **le gigot de pré-salé** lamb fed on salt meadows
la giration gyration
le gîte shelter, lodging
la glace ice; mirror
glacé(e) *adj.* icy; ice-cold
le glaive sword
glisser to slip, slide; **se glisser (dans, parmi)** to creep (into, among); to infiltrate
la gloire glory; celebrity
glorieux (-euse) *adj.* glorious
gonfler to swell, distend, puff out
la gorge throat
la gorgée gulp
gothique *adj.* gothic
la gourde gourd; flask
gourmand(e) *adj.* fond of good food; gluttonous
les gourmandises (*f. pl.*) delicacies
le goût taste; liking, penchant; sense of taste; **prendre goût à** to acquire a taste, a liking for
le goûter snack
la goutte drop; **n'y (ne) voir goutte** to see nothing
le gouvernail rudder
la grâce grace, gracefulness; **grâce à** thanks to
le gradin tier
le grain grain
la graine grain; seed; berry (*wheat*); **une petite graine** little tyke
la graisse grease
la grammaire grammar
grand(e) *adj.* big, large; huge; tall; great; grown-up; important (*question*); **le/la grand(e)** older or bigger person; **les grandes vacances** summer vacation; **ma grande** my friend; **ne... grand-chose** not (very) much
la Grande-Bretagne Great Britain
la grandeur greatness; grandeur
grandir to grow (up); to increase (wind)
la grand-mère grandmother
le grand-parent grandparent
le grand-père grandfather
le granit granite
gras(se) *adj.* fat; fertile (*land*)
gratter to scrape
gratuitement free of charge
grave *adj.* serious, grave
gravir to climb
la gravité seriousness
la gravure engraving
grec (grecque) *adj.* Greek; **le grec** Greek (*language*); **le/la Grec (Grecque)** Greek (*person*)
la Grçce Greece
grégaire *adj.* gregarious
grège: la laine grège raw wool
le grès jug
grief *adj.* (*o.*) grave, serious; painful
la griffe claw
grimper (à) to climb (*up*)
gris(e) *adj.* gray; **le/la gris(e)** the gray (one)
griser to intoxicate
grommeler to mutter
le grondement booming
gronder to scold
gros(se) *adj.* big; bulky; thick; fat; **le gros mot** swear word
la grotte cave
grouillant(e) *adj.* swarming, teeming
guère: ne... guère hardly, scarcely; not much
guérir to cure, heal
la guerre war
guetter to watch
la gueule animal's mouth
gueuler (*fam.*) to yell, shout; **ça ne gueule pas** it doesn't hit you; **gueulez un bon coup!** yell loudly!
le/la gueux (gueuse) tramp, beggar
le/la guide guide; **le guide** guidebook
le guignol *clownish character in traditional French puppet theater*

la guinguette open-air café
le/la Guyanais(e) Guianese

habile *adj.* clever
habiller to dress
l'habitant(e) inhabitant
l'habitation (*f.*) dwelling
habiter to inhabit, live (in)
l'habitude (*f.*) habit; **d'habitude** usually
habituel(le) *adj.* usual
habituer: être habitué(e) à to be used to; **s'habituer à** to get used to
***haillonneux (-euse)** *adj.* ragged
***haïr** to hate
la *haine hatred
la *hanche hip
***harassé(e)** *adj.* exhausted
le *haricot bean
l'harmonie (*f.*) harmony
harmonieux (-euse) *adj.* harmonious
la *harpe harp
le *hasard chance; **au hasard** by chance
la *hâte haste; **à la hâte** hurriedly, hastily
se *hâter to hurry
***hausser** to lift; to shrug (*shoulders*)
le *haut top; high up; **au haut de** at the height of; **du haut de** from the top of; **tout en haut** at the very top
***haut** *adv.* high; loud(ly); **haut les bras/mains** (put your) hands up; **tout haut** aloud
***haut(e)** *adj.* high; lofty, noble; upper (*country, region*); **à voix haute** aloud; **la plus haute courtoisie** utmost courtesy; **plus haut** above
la *Haute-Guinée Upper Guinea
***hautesse: sa hautesse** (*f.*) *title of the sultans of Turkey corresponding to* His Highness
la *hauteur height; hill
***hé!** *excl.* hey!
hebdomadaire *adj.* weekly
héberger to lodge, have as a house guest
***hein?** *excl.* eh?
hélas *excl.* alas
l'hélice (*f.*) propeller
l'herbe (*f.*) grass
***hère: le pauvre hère** poor devil
***hérissé(e)** *adj.* bristly
***hérisser** to bristle; **hérisser quelqu'un comme un cactus** to make one cringe
l'héritage (*m.*) heritage
la *hernie swelling, bulge
l'héroïne (*f.*) heroine
héroïquement heroically
le *héros hero
hésiter (à) to hesitate (to)
l'heur (*m., o.*) happiness
l'heure (*f.*) hour; **à l'heure** on time; **à toute heure** at all hours of the day; **de bonne heure** early; **les heures de pointe** rush hour; **tout à l'heure** a short while ago; in a little while
heureusement (que) *adv.* fortunately
heureux (-euse) *adj.* happy; fortunate, lucky
***heurter** to hit, bump; to knock; **se heurter à** to go against
***hideux (-euse)** *adj.* hideous, ugly
hier *adv.* yesterday
***hissé(e)** *adj.* taken up
l'histoire (*f.*) story; history; **faire des histoires** to cause problems
historique *adj.* historical
l'hiver (*m.*) winter
l'hommage (*m.*) homage; **rendre hommage à** to pay homage, tribute to
l'homme (*m.*) man
honnête *adj.* honest; honorable; upright
l'honneur (*m.*) honor
la *honte shame; **avoir honte (de)** to be ashamed (of)
***honteux (-euse)** *adj.* ashamed; shameful
l'hôpital (*m.*) hospital
le *hoquet hiccup
***hoqueter** to hiccup
l'horaire (*m.*) schedule
l'horreur (*f.*) horror
horriblement *adv.* horribly
***hors de** *prep.* outside; away from; out of
l'hôte (hôtesse) host (hostess); guest; innkeeper (*o.*); **la table d'hôte** *table where hotel guests are served meals at fixed times and prices*
l'hôtel (*m.*) hotel
le *hourvari fuss
la *huche bread box
l'huile (*f.*) oil
huilé(e) *adj.* slithery
humain(e) *adj.* human
l'humanité (*f.*) humanity, mankind; **les humanités** (*pl.*) humanities, liberal arts
s'humecter to become moist
l'humeur (*f.*) mood; disposition
l'humidité (*f.*) humidity
l'humilité (*f.*) humility
humoristique *adj.* humorous
l'humour (*m.*) humor
le *hurlement yell, shout
***hurler** to yell (out), roar, bellow; howl (*wind*)
hypocondriaque *adj.* hypochondriac
l'hypocondrie (*f.*) hypochondria
hypocrite *adj.* hypocritical
ici *adv.* here; **ici-bas** on earth, in this world; **jusqu'ici (jusques ici,** *o.*) (*with present tense*) until now, so far; (*with past tenses*) until then
s'identifier à to identify with
l'identité (*f.*) identity; **la pièce d'identité** piece of identification
idéologiquement *adv.* ideologically
idiot(e) *adj.* stupid
l'idiotisme (*m.*) idiom
l'idole (*f.*) idol
ignorant(e) *adj.* ignorant; **l'ignorant(e)** ignoramus
ignorer to be unaware of, not know
l'île (*f.*) island
illimité(e) *adj.* boundless
illogique *adj.* illogical
l'illumination (*f.*) illumination; light; flash of inspiration
illustre *adj.* illustrious, renowned
illustrer to illustrate
l'image (*f.*) image; picture
imaginaire *adj.* imaginary
imaginer to imagine
imbécile *adj.* stupid, idiotic; **l'imbécile** (*m., f.*) imbecile, idiot
imiter to imitate
immédiatement *adv.* immediately
l'immensité (*f.*) immensity
l'immeuble (*m.*) apartment building
immobile *adj.* motioness
l'imparfait (*m.*) imperfect (tense)
impassible *adj.* impassive
impératif (-ive) *adj.* imperative (*verb form*); **l'impératif** (*m.*) imperative (*verb form*)
imperceptiblement *adv.* imperceptibly
impertinent(e) *adj.* impertinent, cheeky; **l'impertinent(e)** impertinent, cheeky person

impliquer to imply
impopulaire *adj.* unpopular
important(e) *adj.* important
importation (*f.*) importing; **d'importation** imported
importer to matter; **n'importe** it doesn't matter; **n'importe quel(le), quoi, où** no matter which, what, where; **qu'importe?** what does it matter?
imposant(e) *adj.* imposing, impressive
imposé(e) *adj.* laid down, prescribed (*regulation*)
imposer (à) to impose (on); to force (on)
l'imposteur (*m.*) cheater
l'imposture (*f.*) fraud
impressionner to impress; to frighten
l'impressionnisme (*m.*) impressionism
impressionniste *adj.* impressionistic
improviser to improvise
l'impuissance (*f.*) helplessness
inachevé(e) *adj.* unfinished
inaltérable *adj.* unalterable, unchanging
inanimé(e) *adj.* inanimate
inattendu(e) *adj.* unexpected; unusual (*effect*)
inaugurer to inaugurate
l'incapacité (*f.*) inability
incarner to personify
incertain(e) *adj.* uncertain
incessant(e) *adj.* unceasing; continual
s'incliner to bow
incohérent(e) *adj.* incoherent
l'incompréhension (*f.*) lack of understanding; failure to understand
inconnu(e) *adj.* unknown; new, strange; **l'inconnu(e)** stranger, unknown person
inconstamment *adv.* capriciously
l'inconvénient (*m.*) disadvantage
l'incorrection (*f.*) inaccuracy
incrédule *adj.* incredulous, unbelieving
l'incrédulité (*f.*) incredulity, lack of belief
incroyable *adj.* unbelievable
indécis(e) *adj.* undecided; indecisive
indéfini(e) *adj.* indefinite
indemne *adj.* unharmed, unscathed
l'indépendance (*f.*) independence
indicateur (-trice) *adj.* directional; **la plaque indicatrice** sign
indien(ne) *adj.* Indian
indifférent(e) *adj.* indifferent
indigne *adj.* unworthy
indiquer to indicate; to point to; to show; to tell of
indiscret (-ète) *adj.* indiscreet
indiscutablement *adv.* unquestionably
l'individu (*m.*) individual
l'individualisme (*m.*) individualism
individuel(le) *adj.* individual; personal (*feelings*); individualistic
l'indolence (*f.*) nonchalance, unconcern
l'indulgence (*f.*) leniency
indulgent(e) *adj.* lenient
l'industriel (*m.*) industrialist, manufacturer
inégal(e) *adj.* uneven
inespéré(e) *adj.* unexpected, unhoped for
inévitable *adj.* inevitable
inexact(e) *adj.* inexact
inexpérimenté(e) *adj.* inexperienced
inexpressif (-ive) *adj.* expressionless
inextinguible *adj.* unextinguishable
inférieur(e) *adj.* inferior
infester to infest
infini(e) *adj.* infinite, boundless
infirme *adj.* disabled, crippled
influencer to influence
s'informer (de) to inquire (about)
ingrat(e) *adj.* barren
inhabile *adj.* inept
inhabité(e) *adj.* uninhabited
injuste *adj.* unjust
inlassable *adj.* untiring
l'innocent(e) innocent person
innombrable *adj.* innumerable, countless
inonder to flood
inquiet (-ète) *adj.* worried; uneasy, anxious
inquiéter to worry, trouble; **s'inquiéter (de)** to worry (about)
l'inquiétude (*f.*) anxiety
l'Inquisition (*f.*) Inquisition (*Roman Catholic tribunal established to combat and punish heresy*); **mis(e) à l'Inquisition** *adj.* tried at the Inquisition
l'inscription (*f.*) inscription, writing
s'inscrire à to enroll in
insensiblement *adv.* imperceptibly
insigne *adj.* extraordinary
insignifiant(e) *adj.* insignificant
insipide *adj.* tasteless
insister to insist; **insister sur** to stress, emphasize
insondable *adj.* fathomless, immeasurable
inspecter to inspect, examine
l'inspecteur (-trice) inspector
inspiré(e) de *adj.* inspired by
inspirer to inspire; **inspirer la confiance à (quelqu'un)** to inspire confidence in (someone); **s'inspirer de** to be inspired by
installer to put (on); to settle; **s'installer** to install oneself; to settle, make one's home (*in a place*); to settle down, settle oneself (*in a chair, etc.*); to make oneself at home
l'instant (*m.*) instant; **par instants** from time to time
l'instinct (*m.*) instinct; **d'instinct** instinctively
instinctivement *adv.* instinctively
l'institut (*m.*) institute
l'instituteur (-trice)school teacher
instructeur: l'officier (*m.*) **instructeur** drill master
insultant(e) *adj.* insulting
l'insulte (*f.*) insult
insulter to insult
insupportable *adj.* unbearable, insufferable
l'intégration (*f.*) integration
intégré(e) (à) *adj.* integrated (into)
intellectuel(le) *adj.* intellectual; **l'intellectuel(le)** intellectual
intelligent(e) *adj.* intelligent
l'intention (*f.*) intention; **avoir l'intention de** to intend to
interdire to forbid
l'interdit (*m.*) interdict, prohibition, law; **enfreindre un interdit** to break a law
interdit(e) *adj.* forbidden, prohibited; disconcerted; **le sens interdit** wrong way
intéressant(e) *adj.* interesting
intéresser to interest; **s'intéresser à** to be interested in
l'intérêt (*m.*) interest
intérieur(e) *adj.* inner; **l'intérieur** (*m.*) interior; **à l'intérieur** inside

interminablement *adv.* endlessly
l'internat (*m.*) boarders' building
l'interne (*m., f.*) *boarding school student who lives at school*
interpeller to call on
s'interposer to intervene
l'interprète (*m., f.*) interpreter
l'interrogation (*f.*) questioning
interroger to question
interrompis *p.s. of* **interrompre**
interrompit *p.s. of* **interrompre**
interrompre to interrupt; **s'interrompre** to stop, break off (*speaking, singing*)
l'intervalle (*m.*) interval
intervenir to intervene
intime *adj.* intimate; private; **le journal intime** diary
intimidé(e) *adj.* intimidated
l'intimité (*f.*) privacy
intituler to entitle
l'intolérance (*f.*) intolerance
intriguer to intrigue
introduire to introduce, bring in
inutile *adj.* useless
l'inutilité (*f.*) uselessness, useless thing
invariablement *adv.* invariably
l'inventaire (*m.*) inventory
inventer to invent
invincible *adj.* uncontrollable
l'invité(e) guest
involontaire *adj.* unintentional
invraisemblablement *adv.* unbelievably
l'ironie (*f.*) irony
ironique ironic
l'irréalité f(*f.*) unreality
irréel(le) *adj.* unreal
irrégulier (-ière) *adj.* irregular
irréparable *adj.* irreparable
isolé(e) *adj.* isolated
l'isolement (*m.*) isolation
l'Italie (*f.*) Italy
l'itinéraire (*m.*) itinerary; route
l'ivresse (*f.*) intoxication

jamais *adv.* ever; never; **à jamais** forever
la jambe leg
japonais(e) *adj.* Japanese
le jardin garden
le jardinage gardening
la jatte bowl
jauger to size up
jaune *adj.* yellow; **le jaune** yellow (color)
le javelot javelin
le jésuite Jesuit (priest)
le jet stream
jeter to throw; to utter (*a cry*); **jeter un coup de pied** to kick; **jeter un regard sur** to cast a look at; **se jeter sur** to fall upon, attack
le jeu game; **le jeu de mots** play on words
le jeudi Thursday
jeune *adj.* young; youthful; **les jeunes** (*m. pl.*) young people
le jeûne fasting
la jeunesse youth
la joie joy; **tout à la joie de** overjoyed at
joindre to join (*one thing to another*); to join (*a person*) (*o.*); **se joindre à** to join
joint(e) *adj.* closed, shut (*window*); together (*wrists, hands*)
joli(e) *adj.* pretty
la joue cheek
jouer to play; to present, put on (*a play*); **jouer à** to play (*a game, sport*); **jouer de** (*o.*), **se jouer à** (*o.*) to make fun of
le jouet toy
le/la joueur (-euse) player
joufflu(e) *adj.* chubby
jouir de to enjoy; to be in full possession of
le jour day; **le jour d'après** next day; **le jour mourant** dying day, setting sun; **mettre au jour** to bring to light, unearth; **vivre au jour le jour** to live from day to day
le journal newspaper; journal, diary; **tenir un journal intime** to keep a (private) diary
le/la journaliste journalist
la journée day; **dans la journée de demain** in the course of tomorrow, sometime tomorrow
joyeux (-euse) *adj.* joyful, happy
le juge judge
le jugement judgment; opinion
juger to judge; **juger quelqu'un** (+ *adj.*) to find, consider someone (+ *adj.*); **tu juges combien je l'examinais!** you can imagine how well I looked him over!
le juillet July
le juin June
jurer to swear; to promise
le jury jury; panel of judges
jusque *prep., adv., conj.* as far as, up to; until; even; **aller jusqu'à** to go so far as to; **depuis... jusqu'à** from . . . to; **jusqu'à en perdre la voix** to the point of losing one's voice; **jusqu'ici (jusques ici,** *o.*) (*with present tense*) until now; (*with past tenses*) until then; **rouge jusqu'au front** red (blushing) from head to toe
juste *adj. adv.* just; accurate, true; **juste à temps** just in time; **le juste milieu** happy medium; **tout juste** only; barely; just enough
justement *adv.* precisely, exactly
la justice justice; **poursuivre en justice** to take legal action against
justifier to justify

là *adv.* there; **là-dedans** in there; **(tout) là-bas** (all the way) over there
le labourage plowing, tilling
labourer to plow, till (*soil*)
les labours (*m. pl.*) plowed land
le lac lake
lâcher to let go of; to let down; **lâcher prise** to let go
la lâcheté (*f.*) cowardice
laconique *adj.* laconic, of few words
laid(e) *adj.* ugly
la laine wool
laisser to let; allow; to leave; to leave alone; **laisser (quelqu'un) faire** to leave (someone) alone, let (someone) do as he/she likes; **laisser tomber** to (let) drop; **se laisser** to let oneself; **se laisser aller à** to give way to; to drift into; **se laisser choir** to collapse; **se laisser dire** to tell oneself; **se laisser distancer** to fall behind; **se laisser faire** to let oneself be led along; **se laisser tomber (sur)** to fall (onto)
le lait milk
la lame blade
la lamentation moaning
la lampe lamp; **la lampe-tempête** storm lantern
lancement: faire un lancement to make a success, be successful
lancer to throw; to utter (*a sound*); to blow (*a puff of smoke*); to issue (*an appeal*)

le langage language; terminology
la langue language; tongue; **la langue familière** conversational language; **la langue maternelle** mother tongue, native language
la lanterne lantern
lapider to criticize harshly
le lapin rabbit
large *adj.* wide, broad; **le large** open sea; **au large de** offshore
la larme tear
larmoyant(e) *adj.* tearful; **le drame larmoyant** sob story, tear jerker
larmoyer (*o.*) to cry
las(se) *adj.* weary, tired
latin(e) *adj.* Latin; **le latin** Latin (*language*)
la lavande lavender
le lavement enema
laver to wash
la leçon lesson
le/la lecteur (-trice) reader
la lecture reading
légalement *adv.* legally
la légende legend
léger (-ère) *adj.* light; slight
le légume vegetable
le lendemain the next day
lent(e) *adj.* slow; **lent(e) à la détente** slow to loosen up
lesté(e) (de) *adj.* weighted (with)
la léthargie lethargy
la lettre letter
lever to lift, raise; **se lever** to get up; to rise, arise; to dawn (*morning*); to clear up (*weather*)
le lever rising, getting up (*out of bed*); raising (*of curtain in a theater*)
le levier lever; **levir de déclenchement** release lever
la lèvre lip; **dire quelque chose du bout des lèvres** to say something without conviction
la liaison liaison; contact, relationship, connection
la liasse bundle
libéral(e) *adj.* liberal; **les professions libérales** (*f.*) professional class
libérer to free, liberate; to dismiss
la liberté liberty; freedom
la librairie bookstore
libre *adj.* free
le lien bond
lier to tie, bind
le lieu place; **au lieu de** instead of; **le lieu commun** commonplace (*expression, idea*), cliché
la lieue league
lièvre: l'équipage de lièvre (*m.*) pack of hounds
la ligne line
la limitation limitation, limit
le limon lime (*o.*)
le lin flax
le linge linens; underclothing
linguistique *adj.* linguistic
la liquer liqueur (*alcoholic beverage, usually strong, sweet and highly flavored*)
le liquide liquid
lire to read
lisière: à la lisière du cirque at the edge
lisse *adj.* smooth
la liste list
le lit bed; **le lit de camp** cot
littéraire *adj.* literary
littéral(e) *adj.* literal
la littérature literature
le livre book
livrer to deliver, hand over; **se livrer à** to devote oneself to; **se livrer dans** to engage in
le livret record book; **le livret militaire** military service record
le/la locataire tenant
le logement dwelling, lodgings
loger to lodge; to quarter
logique *adj.* logical
la loi law
loin (de) *adv.* far (from); far away; **au loin** in the distance; **ça fait bien loin déjà** that was a long time ago; **de loin** by far; **de loin en loin** here and there; now and then
lointain(e) *adj.* distant, faraway
Londres London
long (longue) *adj.* long; **de tout son long** at full length; **le long de** along; alongside; **tout au long de** throughout
longtemps *adv.* a long time
longuement *adv.* for a long time
la longueur length
le loquet door latch
lors: dès lors *adv.* from that time on, since then; **lors de** *prep.* at the time of
lorsque *adv.* when
louable *adj.* praiseworthy
la louche ladle
louer to rent
le loukhoum Oriental sweet
le/la loup (louve) wolf
le/la loupiot(te) (*fam.*) kid, child
lourd(e) *adj.* heavy; abundant (*harvest*)
lourdement *adv.* heavily
lu *p.p. of* **lire**
lucide *adj.* lucid, clear
la lueur light
luire to shine
lûmes *p.s. of* **lire**
la lumière light; **l'Age des Lumières** Enlightenment
lumineux (-euse) *adj.* luminous
le lundi Monday
la lune moon; **la lune de miel** honeymoon
les lunettes (*f. pl.*) (eye)glasses
la lutte fight, struggle
lutter to fight, struggle
le/la lutteur (-euse) fighter
le lycée secondary school
Lyon Lyons
Lyonnais(e) *adj.* of or from Lyons
lyrique *adj.* lyric
le lyrisme lyricism

macabre *adj.* macabre, gruesome
machinalement *adv.* automatically
le machiniste stagehand
le magasin store
magnifique *adj.* magnificent
le/la Mahométan(e) (*o.*) Moslem
le mai May
maigre *adj.* thin, skinny; poor (*gardens, land*)
la main hand
la main-d'oeuvre manpower, labor
maintenant *adv.* now
maintenir to keep, hold
maints (maintes) *adj.* many
mais *conj.* but
la maison house; business
le maître master; teacher; title given to lawyers; title formerly used with proper name to denote a man not of noble birth
le maître-nageur lifeguard
la maîtresse mistress; teacher; beloved (*o.*)
maîtriser to control; **se maîtriser** to have self-control
la majorité the majority
la majuscule capital letter
le mal (*pl.* **maux**) evil, wrongdoing; difficulty, trouble; ache,

illness; **avoir du mal à** (+ *inf.*) to have trouble (*doing something*); **avoir mal à** to have a pain, hurt (*in some part of the body*); **dire du mal de** to speak ill of; **faire du mal** to do harm; **faire mal à** to hurt (*a part of the body*); **faire mal de** (+ *inf.*) to be wrong in (doing something); **l'Esprit du mal** (*m.*) devil

mal *adv.* badly; ill; **mal à l'aise** ill-at-ease; **mal placé** in a bad place; **ne s'en porter pas plus mal** to be none the worse for it; **pas mal** (*adj.*) rather; **se porter mal, se sentir mal, se trouver mal** to feel ill; **tant bien que mal** somehow or other; **tourner mal** to turn out badly, go to the bad; **très mal en point** in sad (*physical*) shape

malade *adj.* sick; **le/la malade** sick person

la maladie illness, disease

maladroit(e) *adj.* awkward

le malaise feeling of sickness; uneasiness

le/la malavisé(e) unwise, foolish person

la malchance bad luck

malgré *prep.* in spite of

malhabile *adj.* clumsy

le malheur unhappiness; misfortune; hardship

malheureusement *adv.* unfortunately

malheureux (-euse) *adj.* unhappy; unfortunate

malicieux (-euse) *adj.* malicious

le/la malin (-igne) clever person; **le Malin** Devil

le/la malintentionné(e) person with bad intentions

la malle trunk

le/la malotru(e) boor

la maman mama

la manche sleeve

le mandat money order

manger to eat; **la salle à manger** dining room

le/la mangeur (-euse) eater

maniable *adj.* controllable

la manie mania, obsession

la manière manner, way; style

le manifeste manifesto

manifester to show, indicate; **se manifester** to show, express itself; to appear

la manœuvre movement

le manoir manor

le manque lack

manquer to miss; to fail; **manquer à** to be missing, lacking; to be missed by (*someone*); **manquer de** to lack (*something*)

le manuel manual, textbook

maquiller to falsify; **se maquiller** to put on make-up

le marbre marble

le/la marchand(e) shopkeeper; (art) dealer

la marche walking; walk; **le soulier de marche** walking, hiking shoe; **se mettre en marche** to get moving; **un jour de marche** one-day walk

marcher to walk

la mare pond

le maréchal marshal

le mari husband

le mariage marriage

le/la marié(e) bridegroom (bride); **les nouveaux mariés** (*m. pl.*) newlyweds

se marier (avec quelqu'un) to get married (to someone)

marin(e) *adj.* marine, sea; **sous-marin(e)** underwater, ocean

la marine navy

la marque sign

marquer to mark; to leave an impression on

marrant(e) *adj.* funny

le marron chestnut

le/la Martiniquais(e) Martinican (*inhabitant of Martinique*)

le masque mask; diving goggles

la masse mass; massive shape; **en masse** all together

le massif dense shrubbery

le mât de cocagne greased pole (*climbed at carnivals to reach prizes*)

le match game

le matelas mattress

matérialiste *adj.* materialistic

le matériel de guerre war equipment

matériel(le) *adj.* material; financial

maternel(le) *adj.* maternal, motherly; **la langue maternelle** mother tongue, native language

le/la mathématicien(ne) mathematician

les mathématiques (*f. pl.*) mathematics

la matière matter; (academic) subject

le matin morning

la matinée morning

maudire to curse

maudit(e) *adj.* accursed

mauvais(e) *adj.* bad

mauve *adj.* mauve (*pale bluish-purple*)

les maux (*pl. of* **le mal**) evils

le méandre meander, winding

le/la mécanicien(ne) mechanic

mécanique *adj.* mechanical; **la mécanique du quotidien** mechanical aspect of everyday life

le mécanisme mechanism

la méchanceté maliciousness, wickedness

méchant(e) *adj.* wicked; unkind; **le/la méchant(e)** wicked person

mèche: de mèche in cahoots

méconnu(e) *adj.* unappreciated

mécontent(e) *adj.* displeased

le médecin (medical) doctor

la médecine medicine (*as a profession, science*); (*o.*) medicine, drug

le médicament medicine; drug

méditerrané(e) *adj.* Mediterranean; **la Méditerranée** the Mediterranean

méditerranéen(ne) *adj.* Mediterranean

la méfiance distrust

se méfier de to distrust

meilleur(e) *adj.* better; **le/la meilleur(e)** the best

la mélancolie melancholy

mélancolique *adj.* melancholic; wistful

mélanger to mix

la mélasse molasses

mêler (à, avec) to mix, mingle (with); **se mêler de** to meddle in

le membre member; limb (*of the body*)

même *adj., adv.* same; self; even; (*after noun*) very; **de même** in the same way, likewise; **quand même, tout de même** nevertheless, even so

la mémé (mémée) grandma

la mémoire memory

les mémoires (*m. pl.*) memoirs, autobiographical journal

menaçant(e) *adj.* threatening, menacing

la menace threat

menacer (de) to threaten (with)
le ménage housework; (married) couple; **faire le ménage** to do (the) housework
ménager (-ère) *adj.* household, domestic; **la femme ménagère** housewife
mendier to beg
mener to take (*a person*); to lead; to conduct (*business*); to trace (*a story*)
le mensonge lie
la menthe mint
mentir to lie
le menu menu; **le menu oral** daily conversation
menu(e) *adj.* fine
le menuisier carpenter
le mépris contempt, scorn
mépriser to hold in contempt, scorn
la mer sea
le mercredi Wednesday
la merde (*pop.*) shit
la mère mother
la mère-grand (*o.*) grandmother
le mérite merit; credit
mériter to deserve
la merveille marvel, wonder
merveilleux (-euse) *adj.* marvelous, wonderful
la mésaventure misadventure
la mesure measure; degree, extent; **à mesure que** as; **dans quelle mesure** to what extent; **dans une certaine mesure** to some extent
mesurer to measure
la métairie farm
la métamorphose transformation
la métaphore metaphor
métaphorique *adj.* metaphorical
la métaphysique metaphysics, philosophy
le métier occupation, job; trade; **avoir du métier** know one's trade
le mètre meter
le métro Paris subway
mettre to put; to put on (*clothes*); **mettre en morceaux** to break into pieces; **mettre en scène** to stage; to present; **mettre la main sur la figure de** to slap (someone); **se mettre** to go and stand, sit (*in a designated spot*); **se mettre à** to begin; **se mettre à l'abri** to take shelter
le meuble piece of furniture; **les meubles** (*pl.*) furniture
mi- *pref.* half; mid; **à la mi-octobre** in mid-October; **à mi-pente** halfway up the slope; **à mi-voix** in (a) hushed voice(s)
le microcosme microcosm
le midi noon; south
le miel honey; **la lune de miel** honeymoon
mieux *adv.* better; **aimer mieux** to prefer; **le mieux** the best; the best part; **tant mieux** so much the better; **valoir mieux** to be better
le milieu middle; environment, circle (*social, professional, etc.*); **en plein milieu** right in the middle; **le juste milieu** happy medium
militaire *adj.* military
le millier (about a) thousand; **des milliers** thousands; a great many
la mimique expression
mince *adj.* thin; slight
la mine appearance; face; **faire mine de** to make as if; **la mine d'enterrement** long face; **avec mine de rien** without pretense
le ministère ministry (*government agency*)
la minorité minority; **en minorité** in the minority
minuscule *adj.* minute, tiny
mirent *p.s. of* **mettre**
le miroir mirror
mis *p.p., p. s. of* **mettre**
la mise en scène staging, production
misérablement *adv.* miserably
la misère poverty; wretchedness
mit *p.s. of* **mettre**
mixte *adj.* joint
mobile *adj.* expressive (*mouth*)
le mobilier furniture
la mobilisation mobilization, calling up (*of troops*)
mobilisé(e) *adj.* mobilized
la mode fashion; **à la mode** in fashion
le mode mode, method; mood (*subjunctive, indicative*)
le modèle model
le modelé relief
la modération moderation
moderne *adj.* modern; contemporary
modeste *adj.* modest
la modestie modesty
modifié(e) *adj.* modified
modulé(e) *adj.* modulated
les mœurs (*f. pl.*) customs, habits; manners
le/la moindre the least, slightest; any kind of
le moine monk; **en moine** like a monk
moins *adv.* less; **à moins que** *conj.* unless; **en moins de rien** in no time at all; **(tout) au moins** at (the very) least
le mois month
la moisson harvest
la moitié half; **faire quelque chose à moitié** to do something halfway; **partager par moitié** to divide in half
mollement *adv.* softly; slowly
la momerie masquerade
le monarque monarch
mondain(e) *adj.* fashionable
le monde world; people; **bon monde** respectable people; **tout ce monde** this group of people; **tout le monde** everybody
mondial(e) *adj.* world(-wide); **la guerre mondiale** world war
la monotonie monotony
le monstre monster
monstrueux (-euse) *adj.* monstrous
la montagne mountain
montagneux (-euse) *adj.* mountainous
la montée going up
monter to go up; to climb; to rise (up); to put on, present (*a play*)
montrer to show; **se montrer** to show oneself; to appear; to be seen
se moquer de to make fun of; to ridicule; **je me moque bien de** I couldn't care less about
moqueur (-euse) *adj.* mocking
moral(e) *adj.* moral; **la morale** moral; morality; moral ethics
la moralité moral
le morceau piece; **mettre en morceaux** to break into pieces
mordant(e) *adj.* biting, caustic, cutting
mordit *p.s. of* **mordre**
mordre to bite; to bite off, into; **se mordre à la gorge** to be at each others' throats

la mort death
mort *p.p. of* **mourir**
mort(e) *adj.* dead; **la nature morte** still life
le mot word; **le jeu de mots** play on words
mou (mol, molle) *adj.* soft; flabby
la mouche fly
le mouchoir handkerchief
mouillé(e) *adj.* wet
le moulin mill
mourant(e) *adj.* dying; **le jour mourant** dying day, setting sun
mourir to die
la mousse moss
la mousseline chiffon; **vaporeux (-euse) comme une mousseline** as light as a veil
mousseux (-euse) *adj.* frothy
le moustique mosquito
le mouton sheep
mouvant(e) *adj.* shifting; **les sables** (*m. pl.*) **mouvants** quicksand
le mouvement movement
le moyen way, means; financial means; **au moyen de, par le moyen de** by means of
moyen(ne) *adj.* average; **le Moyen Age** Middle Ages
le mufti Moslem ecclesiastic
le mugissement moan
le mulet mule
multiplier to multiply
muni(e) (de) *adj.* armed (with)
le mur wall
la muraille wall
mûrir to ripen
le murmure murmur
murmurer to whisper
musclé(e) *adj.* muscular
le museau muzzle, snout
le musée museum
le/la musicien(ne) musician
le/la Musulman(e) Moslem
mutuel(le) *adj.* mutual
mutuellement *adv.* one another, each other
le mystère mystery

nager to swim
naïf (naïve) *adj.* naïve
la naissance birth
naître to be born; to arise, spring up
la naïveté naïveté
nana: côté nanas (*pop.*) as far as chicks are concerned
narquois(e) mocking
le/la narrateur (-trice) narrator
narratif (-ive) *adj.* narrative
le naseau nostril
natal(e) *adj.* native
le/la nationaliste nationalist
la nationalité nationality
la natte braid
le/la naturaliste naturalist; **naturaliste** *adj.* naturalistic
la nature nature; **la nature morte** still life
naturellement *adv.* naturally; by nature; of course
nautique: le ski nautique water skiing
naval(e) *adj.* naval
le navet turnip
naviguer to sail
le navire ship
né *p.p. of* **naître**
néanmoins *adv.* nevertheless
nécessaire *adj.* necessary
la nécessité necessity
négatif (-ive) *adj.* negative
négliger to neglect
nègre *adj.* negro, black
la négritude black cultural consciousness
négroïde *adj.* negroid
la neige snow
neiger to snow
neigeux (-euse) snow-covered
le néné (*fam.*) breast
néo-homérique *adj.* imitating Greek style
le nerf nerve
nerveux (-euse) *adj.* nervous
net(te) *adj.* clean; clear
nettement *adv.* clearly, distinctly
le nettoyage cleaning
nettoyer to clean
neuf (neuve) *adj.* new; **un regard neuf** fresh look
le nez nose; **avoir le nez partout** to be very curious
le nid nest
nier to deny
le/la nigaud(e) fool
le niveau level
la noce wedding; **le voyage de noces** honeymoon
nocturne *adj.* nocturnal
le nœud knot; bow
noir(e) *adj.* black; dark
le noisetier hazelnut tree
la noisette hazelnut
le nom name; noun
le/la nomade nomad
le nombre number
nombreux (-euse) *adj.* numerous
nommer to name; to call; to appoint; **se nommer** to be called
le nord north
normal(e) *adj.* normal, usual
normand(e) *adj.* Norman; **le/la Normand(e)** Norman (*inhabitant of Normandy*)
la Normandie Normandy
la nostalgie nostalgia; homesickness
notable *adj.* eminent
le notaire notary
la note note; grade
noter to note; to notice
nouer to tie; **se nouer** to tighten (*throat*)
nourrir to feed
la nourriture food
nouveau (nouvel, nouvelle) *adj.* new; **à/de nouveau** again; **les nouveaux mariés** (*m. pl.*) newlyweds
la nouveauté newness; originality; novelty
la nouvelle (a piece of) news; short story; **les nouvelles** (*pl.*) news; **aller aux nouvelles** to get news
noyer to drown; to well up in (*tears*); **se noyer** to drown (oneself)
nu(e) *adj.* naked; bare; **les pieds nus** (*m. pl.*)barefoot
le nuage cloud
la nuance nuance, shade of meaning
nuancé(e) de *adj.* tinged with
nuire à to harm; to undermine; to distract from
la nuit night
nul(le) *adj.* incapable; worthless; **nulle part** nowhere
le numéro number; **faire un numéro** to act the clown
la nuque neck; nape (of neck)

obéir à to obey
obligatoire *adj.* obligatory, compulsory
obliger to oblige, constrain, compel; **obliger quelqu'un de faire quelque chose** (*o.*) to do someone a favor by doing something
obscur(e) *adj.* obscure; unknown
obséquieux (-euse) *adj.* obsequious
observer to observe; to comply with

obstiné(e) *adj.* stubborn; relentless
obtenir to obtain, get
l'obus (*m.*) shell; **la rafale d'obus** burst of shellfire; **l'éclat d'obus** (*m.*) shell splinter
l'occasion (*f.*) opportunity
l'occident (*m.*) west
occidental(e) *adj.* western
occupé(e) *adj.* occupied; busy
occuper to occupy; **s'occuper** to occupy oneself, keep busy; **s'occuper de** to take care of, attend to
l'océan (*m.*) ocean
l'océanographe (*m., f.*) oceanographer
ocre *adj.* ocher
octaédrique *adj.* octahedral, eight-sided
l'octobre (*m.*) October
l'odeur (*f.*) fragrance, scent
l'odorat (*m.*) (sense of) smell
l'œil (*m. pl.* **yeux**) eye; **l'œil poché** black eye
l'œuf (*m.*) egg
l'œuvre (*f.*) work; works of a writer, an artist as a whole; **la main-d'œuvre** manpower, labor; **le chef-d'œuvre** masterpiece; **se mettre à l'œuvre** to get down to work; **tout(e) à son œuvre** entirely absorbed in one's work
l'offense (*f.*) offense, insult
offert *p.p. of* **offrir**
officiel(le) *adj.* official
l'officier (*m.*) officer
offrir to offer; to give (*a gift*)
offrit *p.s. of* **offrir**
l'oignon (*m.*) onion
l'oiseau (*m.*) bird
oisif (-ive) *adj.* idle
l'olivier (*m.*) olive tree
l'ombre (*f.*) shadow
l'ombrelle (*f.*) parasol
omettre to omit
l'oncle (*m.*) uncle
ondulé(e) *adj.* wavy
l'opération (*f.*) operation
opposer to contrast; **s'opposer à** to contrast with; to oppose
l'opposition (*f.*) contrast
opter pour to opt for, decide in favor of
l'optimisme (*m.*) optimism
optimiste *adj.* optimistic
l'optique (*f.*) point of view
opulent(e) *adj.* wealthy
l'or (*m.*) gold
or *conj.* now; so; thus; then
l'orage (*m.*) storm
oral(e) *adj.* oral
l'oranger (*m.*) orange tree
ordinaire *adj.* ordinary
l'ordonnance (*f.*) prescription
ordonner to order; to prescribe (*medicine*)
l'ordre (*m.*) order
l'oreille (*f.*) ear; **arriver aux oreilles** to be heard; **rompre les oreilles** to be ear-splitting; **tendre l'oreille** to listen carefully
organique *adj.* organic
l'organisateur (-trice) organizer, director
organiser to organize
l'orgueil (*m.*) pride, arrogance
orgueilleux (-euse) *adj.* proud, arrogant
l'orientation (*f.*) orientation; **le sens de l'orientation** sense of direction
original(e) *adj.* original
l'originalité (*f.*) originality
l'origine (*f.*) origin
l'ornement (*m.*) ornament
oser to dare
ôter to take away, remove; to take off (*clothes*)
ou *conj.* or
où *adv.* where
ouais *excl.* (*fam.*) yeah
oublier to forget
l'ouest (*m.*) west
l'ouïe (*f.*) (sense of) hearing
l'ours(e) bear; **l'ours en peluche** teddy bear
outre *prep.* in addition
outre-mer *adv.* overseas
ouvert *p.p. of* **ouvrir**
ouvert *adj.* open; **ouvert sur** facing
ouvertement *adv.* overtly, openly
l'ouverture (*f.*) opening; overture, proposal
l'ouvrage (*m.*) work
l'ouvrier (-ière) worker
ouvrir to open
ouvrit *p.s. of* **ouvrir**

pacifique *adj.* peaceful; peaceable
le paillasson doormat
la paille straw
le pain bread; **le pain d'épice** cake similar to gingerbread
paisible *adj.* calm
la paix peace
le palais palace
pâle *adj.* pale
le palier landing
la palme palm; **les Palmes académiques** decoration from the French Ministry of Education
le pamphlétaire writer of short satires on politics, religion, etc.
le panier basket
la panique panic
le pantalon (pair of) trousers
la pantoufle slipper
le papier paper, document
le papillon butterfly
papillonner to flutter
les Pâques (*f. pl.*) Easter
le paquet package
par *prep.* by; through; **par contre** on the other hand; **par delà** beyond; **par la suite** afterward
le paradis paradise; heaven
paraître to seem, appear
le paravent screen
parbleu *excl.* of course; for heaven's sake
le parc park
parcourir to go through, travel (across); to skim; to glance at
le parcours journey, distance covered
parcourut *p.s. of* **parcourir**
le pardessus overcoat
par-dessus *prep.* over
pardi *excl.* by God
paré(e) *adj.* all set, all decked out
pareil(le) *adj.* similar, like; **un(e) pareil(le)** such a
le/la parent(e) parent; relative
la parenté kinship
le paréo wraparound
paresser to be lazy
paresseux (-euse) *adj.* lazy
parfait(e) *adj.* perfect; complete
parfois *adv.* sometimes
le parfum perfume; aroma
parfumer to perfume
parisien(ne) *adj.* Parisian; **le/la Parisien(ne)** Parisian (person)
le parlement parliament
parler to speak, talk
parmi *prep.* among
parodique *adj.* parodic, mocking
la parole word; speech; promise; **croire (quelqu'un) sur parole** to take (someone's) word; **porter la parole** to be the spokesman; **prendre la parole** (to begin) to speak; **tenir (sa) parole** to keep one's word

la part part; share; **à part** apart, separately; independently; **autre part** elsewhere; **d'autre part** on the other hand; **de la part de** on the part of; **nulle part** nowhere; **pour une faible part** to some extent
le partage division; allocation
partagé(e) *adj.* divided, split; mixed (*feelings*); **partagé entre** torn between
partager to share; to divide
le parti decision, course of action; (political) party; **faire un mauvais parti à** to treat (*someone*) badly
participer (à) to participate (in)
particulier (-ière) *adj.* particular, special
la partie part; **faire partie de** to be part of
partir to leave; **à partir de** starting from, beginning with; from (*a given time*) on; **partir d'un éclat de rire** to burst out laughing
partout *adv.* everywhere; **avoir le nez partout** to be very curious
paru *p.p. of* **paraître**
la parure adornment
parurent *p.s. of* **paraître**
parut *p.s. of* **paraître**
parvenir (à) to arrive (at); to reach; to succeed (in)
parvenue *p.p. of* **parvenir**
parvint *p.s. of* **parvenir**
le pas step; **au pas** at a walk
passé(e) *adj.* past; **le passé** past
le passé composé past perfect tense
le passe-montagne knitted hood
passer to pass, go (*by, along, through*); to cross (*threshold*); to spend (*time, vacation*); **passer par les baguettes** to run the gauntlet; **passer pour** to be taken for; **passer un compromis** to make a compromise; **se passer de** to do without
le passé simple literary past definite tense
le/la passeur (-euse) person who helps people cross a border
la passion passion; love
passionnant(e) *adj.* exciting
passionné(e) *adj.* excited
passivement *adv.* passively
pasteurisé(e) *adj.* pasteurized
la patate sweet potato; (*fam.*) potato, spud
patauger to wade in the mud
paterne *adj.* paternalistic
le/la patient(e) patient
patienter to wait patiently
le/la pâtissier (-ière) pastry maker
la patrie homeland
le patriotisme patriotism
le/la patron(ne) employer, boss; restaurant owner; patron saint
la patrouille patrol
patrouiller to patrol
le pâturage pasture land
la paume palm
la paupière eyelid; **faire bouger ses paupières** to bat one's eyelashes
pauvre *adj.* poor; **le pauvre esprit** (*fam.*) feeble-minded person, ignoramus
la pauvreté poverty
le pavement tiles
payer to pay (for)
le pays country; region; village
le paysage landscape
le/la paysan(ne) peasant; **paysan(ne)** *adj.* farm
la peau skin; **à fleur de peau** skin-deep
les Peaux-Rouges (*m. pl.*) American Indians
la pêche fishing; peach
pêcher to fish
pécuniairement *adv.* financially
pédagogique *adj.* pedagogical
pédaler to pedal
le peigne comb
se peigner to comb one's hair
peindre to paint; to depict
la peine sorrow; effort, trouble; **à peine** hardly, scarcely, barely; **ça vaut la peine** it's worth the trouble; **ce n'est pas la peine** it's not worth the trouble; there's no point (*in doing something*); **faire de la peine à** to hurt (*someone's*) feelings
peiner to toil; to struggle; to hurt (*someone's*) feelings
peint *p.p. of* **peindre**
le peintre painter
la peinture painting; paint
péjoratif (-ive) *adj.* pejorative, derogatory
la pelouse lawn
la peluche (piece of) fluff; **l'ours en peluche** (*m.*) teddy bear
penché(e) (sur) *adj.* bending, stooping (over)
se pencher (sur, par) to lean (over, out)
pendant *prep.* during; for; **pendant que** *conj.* while
pendre to hang; to hang down
pénétrer to enter; to perceive, discern; to have an insight into
pénible *adj.* hard; tedious
péniblement *adv.* with difficulty; heavily
la pensée thought
penser to think; **penser à** to think about, of; **penser à part** to think independently; **penser de** to think of (have an opinion of); **penser (à) faire** to think of, consider doing (*something*); to expect to do (*something*); **penser par soi-même** to think for oneself; **penses-tu!** are you kidding?
le penseur thinker
le/la pensionnaire boarder, boarding school student; **le/la demi-pensionnaire** *day student in boarding school who takes the noon meal at school*
la pente slope
perçant(e) *adj.* piercing, shrill
percé(e) *adj.* pierced; **percé(e) à jour** open; **percé(e) de fenêtres** with windows
perché(e) *adj.* perched
le perchoir perch
perdre to lose; **se perdre** to get lost
perdu *p.p. of* **perdre**
perdu(e) *adj.* lost; isolated, out-of-the-way; **un trou perdu** hideaway
le père father
la pérégrination wandering
perfectionner to perfect
perfide *adj.* treacherous
le péril peril, danger; **à ses risques et périls (à ses périls et fortune,** *o.*) at one's own risk
périlleux (-euse) *adj.* perilous, hazardous
la période period (of time)
périr to perish
permettre to allow, permit; **se permettre de** to take the liberty of; **se permettre un voyage** to allow oneself to take a trip
permirent *p.s. of* **permettre**
permis *p.p. of* **permettre**
permis(e) *adj.* permitted; **se croire tout permis** to think one can do anything one wishes
perpendiculairement *adv.* perpendicularly

perplexe *adj.* puzzled
la **perquisition** thorough search
le **perron** flight of steps
persister (à) to persist (in)
le **personnage** character (*in a novel, play*)
la **personnalité** personality
la **personne** person
personne (*with* **ne** *expressed or understood*) *indef. pron.* (*m.*) no one
personnel(le) *adj.* personal
la **personnification** personification
personnifié(e) *adj.* personified
persuader to persuade, convince
la **perte** loss
pesant(e) *adj.* heavy
peser to weigh
petit(e) *adj.* little, small; **le/la petit(e)** (small) child; short person; kid (*term of affection*); **le/la petit(e) ami(e)** boyfriend (girlfriend); **le petit déjeuner** breakfast
les **petits-enfants** (*m. pl.*) grandchildren
pétrir to knead
le **peu** little
peu *adv.* little, not much; not very; **à peu près** almost; more or less; **dis-moi un peu** just tell me; **peu à peu** little by little; **peu de** not much, few; **quelque peu** somewhat; **un peu parent** sort of related
le **peuple** nation, people (*considered as a national or regional group*)
peupler to populate
la **peur** fear; **avoir peur** to be afraid; **faire peur** to frighten; **par peur de** for fear of
peureux (-euse) *adj.* timid
peut-être *adv.* perhaps
la **phalange** finger
le **phare** lighthouse
la **pharmacie** pharmacy; **le pot de pharmacie** apothecary jar
le/la **philosophe** philosopher
la **philosophie** philosophy
philosophique *adj.* philosophical
la **photo** photograph
le/la **photographe** photographer
la **photographie** photography
la **phrase** sentence
physiologique *adj.* physiological
la **physionomie** physiognomy, features
physique *adj.* physical
le **pic** (mountain) peak
le **pichet** pitcher
picoté(e) *adj.* lightly stung
la **pièce** play; room; piece (*of identification*); **un franc pièce** one franc each
le **pied** foot; **à pied** on foot; **lutter pied à pied** to wrestle; **mettre pied à terre** to set foot on the ground; **un coup de pied** kick
le **piédestal** pedestal
le **piège** trap
la **pierre** stone
piéton(ne) *adj.* pedestrian; **la rue piétonne** walking mall
pif *excl.* smack, bang
la **pile** pile, heap
le **pilier** pillar
le **pilote** pilot; **le poisson pilote** pilotfish
le **pinceau** paintbrush
pincer to purse (*lips*)
le **pionnier** pioneer
pipi-caca: faire pipi-caca (*baby talk*) to urinate and defecate
le **pique** spade(s) (*cards*); **piqué(e) de** flavored with
pire *adj.* worse; **le/la pire** the worst
pis *adv.* worse; **tant pis** so much the worse; too bad; tough luck
la **pistache** pistachio nut
la **piste** track; trail; recreation area; **la piste de danse** dance floor; **le ski de piste** downhill skiing; **le tour de piste** lap
la **pitié** pity
le **placard** closet
la **place** place; seat; **clouer sur place** to nail to the spot; **prendre place** to sit down
placer to place, put; **mal placé(e)** in a bad place
le **plafond** ceiling
la **plage** beach
plaindre to sympathize with; **se plaindre (de)** to complain (about); **avoir à se plaindre (de)** to have cause to complain (about)
la **plaine** plain; **le coureur de plaine** hunter, trapper
la **plainte** moan
plaire (à quelqu'un) to please (someone)
plaisant: le mauvais plaisant evil tongue
plaisant(e) *adj.* pleasant; ridiculous; presumptuous
plaisanter to joke
la **plaisanterie** joke
le **plaisir** pleasure
le **plan** city map; level
la **plante** plant
planté(e) *adj.* standing
planter to plant; to pitch (*a tent*)
plantureux (-euse) *adj.* copious; buxom
la **plaque** bar (of chocolate); **la plaque indicatrice** sign
le **plat** dish (*container*); dish of food; course (*of a meal*)
plat(e) *adj.* flat; level; dull; unimaginative
le **platane** plane tree
la **plate-forme** platform
la **platitude** platitude, trite remark
plein(e) *adj.* full; **de plein air** outdoor; **en plein(e)** right in the; **en plein sur** right on; **le terre-plein** courtyard
pleurer to cry
pleuvoir to rain
plier to fold
le **plomb** lead; **le plomb à fusil** buckshot
la **plongée** dive
plonger to dive
le/la **plongeur (-euse)** diver
plu *p.p. of* **plaire**
la **pluie** rain
la **plume** pen
la **plupart** the most, the majority
le **pluriel** plural
plus *adv.* more; **ne... plus** no more, no longer; **tout au plus** at the very most
plusieurs *indef. adj., pron.* several
plutôt rather; instead
le **pneu** tire
la **poche** pocket
poché: un œil poché a black eye
le **poêle** stove
le **poème** poem
la **poésie** poetry
le **poète** poet
poétique *adj.* poetic
poignant(e) *adj.* poignant, moving
le **poignard** dagger
la **poignée** handful; **la poignée de main** handshake
le **poignet** wrist
le/la **poinçonneur (-euse)** ticket collector
le **poing** fist
le **point** point; **à quel point** to what extent; **au point** well-regulated; **très mal en point** in sad (physical) shape
point: ne... point *literary equivalent of* **ne... pas**

la pointe point; tip; **les heures de pointe** (*f. pl.*) rush hour; **sur la pointe des pieds** on tiptoe
pointer to point
pointu(e) *adj.* angular; shrill
le pois pea
le poisson fish
la poitrine chest
le Pôle Nord North Pole
poli(e) *adj.* polite
la police police; **l'agent de police** (*m.*) policeman
policier: le roman policier detective novel
polir to touch up
la politesse politeness
politique *adj.* political
le polochon pillow; **se battre à coups de polochon** to have a pillow fight
la Pologne Poland
le/la Polonais(e) Pole (Polish person)
polygame *adj.* polygamous
la pomme apple; **la pomme de terre** potato
pomper to pump; to dry up
pompeux (-euse) *adj.* pompous
le pompon frill
ponctué(e) (de) *adj.* punctuated (with)
le pont bridge
le ponton dock
populaire *adj.* popular; of the people; common; non-standard (*language, expression*)
la popularité popularity
la porte door; gate
la portée range; reach, significance, import; **à portée d'une main** within reach of a hand; **à portée de voix** within earshot; **de portée universelle** of universal significance
le portefeuille wallet
le porte-glaive sword carrier
le porte-parole spokesman
le porte-plume penholder
porter to carry: to take; to bring; to lead; to wear; to hold up; to bear (*a name*); **porte(e) au beau** with a penchant for all things beautiful; **porter la parole** to be the spokesman; **porter secours à** to help; **porter un mal (un remède)** (*o.*) to bear an illness (a remedy); **se porter** to feel (*health*); **ne s'en porter pas plus mal** to be none the worse for it
la porterie gatehouse
le/la porteur (-euse) porter
le portillon gate
le/la portraitiste portrait painter
la portugaise Portuguese oyster; **avoir les portugaises ensablées** (*pop.*) to be deaf
la pose pose; sitting
poser to pose; to put; to set, lay (down); **poser une question** to ask a question
positif (-ive) *adj.* positive
la position position; **la prise de position** stand (*on an issue*)
posséder to possess, own; to have
la possibilité possibility
postal(e) *adj.* postal; **la carte postale** postcard
la poste post office
le poste position, job; outpost (*military*)
le pot jar; vase; **le pot de pharmacie** apothecary jar
le pote (*pop.*) pal
le poteau pole
la poubelle garbage can
le poulain colt
la poule hen; **la poule d'eau** waterhen
le poulet chicken
le poumon lung
la poupée doll
pour *prep.* for; (in order) to
le pourpre reddish purple (color)
pourquoi *adv., conj.* why
la poursuite pursuit, chase
poursuivit *p.s. of* **poursuivre**
poursuivre to pursue; to chase; to work toward (*a goal*); to continue (talking)
pourtant *adv.* however; nevertheless, yet
poussé(e) *adj.* reaching up, jutting out
la poussée drive
pousser to push; to grow (*plants*); to utter (*a cry, shout*); **pousser à l'extrême** to carry to the extreme; **pousser (quelqu'un) à** to drive (someone) to
la poussière dust
le poussin chick; **un petit poussin** (*fam.*) *term of affection corresponding to a little doll*
la poutouffle baby talk for **pantoufle**
le pouvoir power
pouvoir to be able
la prairie grassland, meadow
pratique *adj.* practical
pratiquer to go in for (*sports, leisure activities*)
le pré meadow; **le pré salé** salt meadow
la précaution precaution
précédent(e) *adj.* preceding; previous
précéder to precede
le précepte precept
le/la précepteur (-trice) tutor
précieux (-euse) *adj.* precious
se précipiter to rush
précis(e) *adj.* precise
préciser to specify
la précision precision
le prédécesseur predecessor
la prédiction prediction
préétabli(e) *adj.* preestablished
préférable *adj.* preferable
préférer to prefer
le préjugé prejudice
prendre to take; to take on (*a color*); to have (*food, drink*); **prendre conscience de** to become aware of; **prendre garde** to be careful, take care; to watch out; **prendre l'air, le frais** to get, enjoy the fresh air; **prendre l'habitude de** to acquire the habit of; **prendre un temps** to pause; **prendre une décision** to make a decision
le prénom first name
la préoccupation preoccupation; concern, worry
se préoccuper de to be concerned with, worry about
préparer to prepare
près *adv.*: **à peu près** almost; more or less; **de près** closely; **tout près** very near; **près de** *prep.* near, close to
pré-salé: le gigot de pré-salé lamb fed on salt meadows
la présence presence
présent present (*time, tense*); gift; **à présent** now; nowadays
la présentation presentation
le/la président(e) president
presque *adv.* almost
la presse press
pressé(e) *adj.* in a hurry; urgent
presser to urge
prestigieux (-euse) *adj.* prestigious
présumer to presume
prêt(e) *adj.* ready
prétendu(e) *adj.* alleged
la prétention claim, pretense
prêter to lend; **prêter à** to give rise to; **se prêter à** to lend itself to

le prétexte pretext
la preuve proof; **à preuve** here is the proof; **faire preuve de** to show
prévenir to inform; to warn
prévu(e) *adj.* planned
prier to ask; to beg; to invite (*to dinner*); **je vous en (t'en) prie** please
prîmes *p.s. of* **prendre**
principal(e) *adj.* main; **le personnage principal** main character (*in a play, novel*)
printanier (-ière) *adj.* springlike
le printemps spring
pris *p.p. of* **prendre**
la prise hold, grip; **lâcher prise** to let go; **prise de position** stand (*on an issue*); **prise en charge** assumption of responsibility
le/la prisonnier (-ière) prisoner
prit *p.s. of* **prendre**
privé(e) *adj.* deprived; private; gentle (*o.*)
priver to deprive
le prix price; value, prize
le problème problem; difficulty
le procédé device
prochain(e) *adj.* next
proche *adj.* near
se procurer to get
le prodige marvel, wonder
prodigieux (-euse) *adj.* prodigious
produire to produce; **se produire** to occur, take place
le produit product
produit *p.s. of* **produire**
le professeur professor
la profession profession; **les professions libérales** professional class
professionnel(le) *adj.* professional
profiter de to take advantage of
profond(e) *adj.* deep
profondément *adv.* deeply
la profondeur depth
le programme program
le progrès progress
progresser to advance
la proie prey; **être la proie de** to fall prey to, be at the mercy of
le projet plan
projeter to plan; to show (*film*)
prolonger to extend, lengthen
la promenade walk, stroll; ride; drive; **faire une promenade** to take a walk, ride, drive
se promener to go for a walk, drive, ride
le/la promeneur (-euse) stroller
promettre to promise
promirent *p.s. of* **promettre**
promis *p. p., p. s. of* **promettre**
la promiscuité close contact, lack of elbow room
promit *p.s. of* **promettre**
prononcer to pronounce; to utter; to declare; to deliver (*a speech*)
la propagande propaganda
propice *adj.* suitable
le propos word; remark; **à propos de** in regard to
proposer to propose; to suggest
la proposition proposal
propre *adj.* clean; (*preceding the noun*) own; decent, respectable (*people*); **voilà qui est propre!** there's a fine thing!
le/la propriétaire proprietor, owner
prosterné(e) *adj.* bowing low
le protagoniste protagonist (*main character in a novel, play*)
protecteur (-trice) *adj.* protective; patron (saint)
protéger to protect
protester to protest, object
prouver to prove
provenance: en provenance de coming from
provenir de to come from, be due to
le proverbe proverb
la province province, region
la provision supply
provoquer to provoke; to arouse
la proximité proximity; **à proximité de** close to, in the vicinity of
prudent(e) *adj.* cautious
la Prusse Prussia
la psychologie psychology
psychologique *adj.* psychological
psychosomatique *adj.* psychosomatic
les P.T.T. (Postes, Télégraphes, Téléphones)
pu *p.p. of* **pouvoir**
puant(e) *adj.* foul-smelling
public (-ique) *adj.* public
la publicité advertising
publier to publish
puis *adv.* then, next, afterward
puiser (dans) to draw (from)
puisque *conj.* since, seeing that
puissamment *adv.* powerfully
la puissance power
puissant(e) *adj.* strong, powerful
le puits well
la pulsation beating
pûmes *p.s. of* **pouvoir**
punir to punish
le pupitre (school) desk
pur(e) *adj.* pure; undiluted (*alcoholic beverage*); mere (*ideas*)
la pureté purity
pus, put *p.s. of* **pouvoir**

le quai platform (*of railroad, subway station*)
qualifier to describe
la qualité quality
quand *adv., conj.* when; **quand même** even so, nevertheless
quant à *adv.* as for
la quarantaine about forty
le quart quarter
le quartier neighborhood; part
le quatrain quatrain (*stanza of four lines*)
que: ne... que only; except
quel(le) *interrog. adj.* which, what, who
quelconque *indef. adj.* any, whatever
quelque *indef. adj.* some; (a) few; **quelque peu** somewhat
quelquefois *adv.* sometimes
quelques-uns (-unes) *indef. pron.* some, a few
quelqu'un *indef. pron.* someone; **quelqu'une** (*o.*) one
la querelle quarrel; fight; **chercher querelle** to pick a quarrel
quérir to seek
questionner to question
le/la questionneur (-euse) inquisitive person
la queue tail
le/la quincaillier (-ière) hardware dealer
quitter to leave; to take off (*clothes*); **leurs armures quittées** their defenses dropped; **quitter des yeux** to take one's eyes off
quoi *rel., interrog. pron., excl.* what; which; **après quoi** after which; **avoir de quoi** to have enough (*food, supplies*); **en quoi** how, in what way; **quoi!** what!
quoique *conj.* although
quotidien(ne) *adj.* daily; everyday; **le quotidien** everyday life

rabaisser le caquet de (quelqu'un) to make (someone) shut up
rabattre to deduct
le rabot carpenter's plane
se racheter to redeem oneself
la racine root
raconter to tell, relate, narrate; **qu'est-ce que tu racontes?** what on earth are you talking about?
radieux (-euse) *adj.* radiant
le radotage rambling; gossiping
la rafale burst; **la rafale d'obus** shellfire
se rafraîchir to have something to drink
la rage rage, fury
rager to fume, be in a rage
raide *adj.* stiff
le raidillon short, steep trail
se raidir to stiffen
le raisin grape
la raison reason; **avoir raison** to be right
raisonnable *adj.* reasonable
le raisonnement argument
raisonner to reason
raisonneur (-euse) *adj.* rational
le ramage floral design; **à ramages** floral print
ramasser to pick up
la rame oar; (subway) train
ramener to bring back
ramer to row
la rancune resentment; malice, spite
le rang row
rangé(e) *adj.* orderly
la rangée line
ranger to arrange; to set; to put away
rapiécé(e) *adj.* patched up
rappeler to call back; to remind (of); to bring to mind; **se rappeler** to remember
le rapport relation, connection; report; account; **les rapports** (*pl.*) relationship, relations; **par rapport à** in relation to
rapporter to bring back; to yield
rapproché(e) *adj.* pushed together
rapprocher to put together; to establish a link between; **se rapprocher** to come close, draw near
rarement *adv.* rarely, seldom
raser to shave
le rasoir razor
rassembler to gather together, assemble
rassis(e) *adj.* sedate
rassurer to reassure
rater to fail
le rationnement rationing
rattraper to catch up with
ravagé(e) *adj.* ravaged, devastated
ravi(e) *adj.* enchanted
se raviser to change one's mind
le ravitaillement food supply
ravitailler to supply (with food)
le rayon radius
la réaction reaction
réagir to react
réaliser to carry out
le réalisme realism
réaliste *adj.* realistic
la réalité reality
réapparaître to reappear
rebelle *adj.* rebellious
le rebord sill
récemment *adv.* recently
récent(e) *adj.* recent; new
recevoir to receive; to welcome
réchauffer to warm (up)
la recherche research
recherché(e) *adj.* choice
rechercher to search for
réciproque *adj.* reciprocal, mutual
le récit story; narration, narrative
réclamer to demand
la récolte harvest
la recommandation advice; instruction, admonition
recommander to recommend; to advise; to urge; to entrust
recommencer to begin again
récompenser to reward
la reconnaissance acknowledgment
reconnaître to recognize
reconnu *p.p. of* **reconnaître**
reconnus, reconnut *p.s. of* **reconnaître**
reconquérir to regain
reconquis *p.p. of* **reconquérir**
recopier to write out again
se recoucher to go back to bed
le recours recourse, resort; **avoir recours à** to resort to
recouvert *p.p. of* **recouvrir**
recouvrir to cover
la récréation recess
recroquevillé(e) *adj.* curled up; shriveled
reçu *p.p. of* **recevoir**
le recueil collection (*of poems, short stories, etc.*)
recuit(e) *adj.* burned through
reculer to move back; to draw back, hesitate
récupérer to retrieve
la rédaction composition
redécouvrir to rediscover
redescendre to go down again
redevenir to become again
redevint *p.s. of* **redevenir**
redoubler to redouble; to repeat (*a course, class*)
redouter to dread
la réduction reducing
réduire to reduce
réel(le) *adj.* real
réexaminer to reexamine
refaire to make, do again; **refaire une promenade** to take the same walk, ride, drive
le réfectoire dining hall
se référer à to refer to, consult
refermer to close again
refîmes *p.s. of* **refaire**
réfléchi(e) *adj.* reflective, thoughtful
réfléchir to think, ponder; to consider
le reflet reflection
refléter to reflect
la réflexion thought; **à la réflexion** on thinking it over
refluer to flow back
la réforme reform
refoulé(e) *adj.* forced back
le refrain refrain; song
refroidir to cool (down)
le refus refusal
refuser to refuse; to reject
le regain renewal
le regard look; glance; gaze; eyes; expression; **abaisser le regard (sur)** to look down (on); **détourner son (le) regard** to look away; **inspecter du regard** to examine; **jeter un regard sur** to cast a look at; **le regard fixé sur** staring at; **s'y connaître en regards** to be an expert at reading people's expressions
regarder to look (at); to concern; to view, consider
le régime system of government; diet
le régiment regiment
la région region, area
la règle rule; **en règle** according to the rules
le règlement regulation
régler to settle; to determine
régner to reign
regretter to regret; to be sorry
régulier (-ière) *adj.* regular
rejoindre to reunite; to reach; **se rejoindre** to meet

rejoint *p.p. of* **rejoindre**
relancer to toss
relatif (-ive) *adj.* relative
relever to raise; to point out; to notice; **se relever** to get up
relief: mettre en relief to bring out, accentuate
relier to link
religieux (-euse) *adj.* religious
relire to read (over) again
remarquable *adj.* remarkable, noteworthy
la **remarque** remark
remarquer to notice; **se faire remarquer** to draw attention to oneself
rembarrer to rebut
le **remède** remedy
remettre to put back; to put on again (*clothes*); to restore (*health*); to give; **remettre en question** to call into question, challenge
remonter to go up again; to take up, carry up; to date back; to wind up (*rubber band*)
le **remords** remorse
remplacer to replace
remplir to fill; to fulfill
remporter to bring (*something*) back
remuer to move; to go over (*ideas, thoughts*)
le **renard** fox
la **rencontre** encounter; meeting; **se précipiter à la rencontre de** to rush to meet (*someone*)
rencontrer to meet; to encounter
le **rendez-vous** appointment; date
rendre to give back; to make; to render; to describe, express; **le (bien) rendre à** to (really) get even with (someone); **rendre service (à quelqu'un)** to do (someone) a favor; **rendre visite à** to visit (*a person*); **se rendre à** to go to; **se rendre compte de** to realize
renfermer to contain; to lock up
se **renforcer** to become stronger
renifler to sniffle
le **renom** renown, fame
la **renommée** reputation
renoncer to give up; to abandon; to renounce
le **renouvellement** renewal; change
le **renseignement** (piece of) information
renseigner to give information to; **se renseigner (sur)** to inquire, ask (about)
le **rentier** stockholder, investor
rentré: la tête rentrée dans les épaules hunched over
la **rentrée** return; **la rentrée des classes** start of the new school term
rentrer to go, come back (in); to return; to come home; to bring in
renvoyer to send away
se **repaître** to nourish oneself
répandre to spread; to exude, give off (*aroma*); **se répandre** to spread
reparaître to reappear
réparer to repair
repartîmes *p.s. of* **repartir**
repartir to leave again
reparut *p.s. of* **reparaître**
le **repas** meal
repasser to go by again
repère: le point de repère reference point
le **répertoire** repertory
répéter to repeat
la **réplique** remark; reply; actor's line in a play; **un ton sans réplique** authoritative tone
répondre to answer; **répondre de (quelque chose)** to vouch for (something)
la **réponse** answer
le **reportage** newspaper report
le **repos** rest
se **reposer** to rest
repousser to push back; to repel repulse
reprendre to resume, take up again; to take back; to recapture; to reply; to go on speaking; **en reprendre deux fois** to have a second helping; **reprendre de** to have more of (*something, such as food*)
la **représentation** representation; performance
représenter to represent; to perform; **se représenter** to imagine
réprimé(e) *adj.* repressed
reprirent, repris *p.s. of* **reprendre**
repris(e) *adj.* recaptured; **repris(e) d'une crise de rire invincible** overcome by another uncontrollable fit of laughter
reprit *p.s. of* **reprendre**
le **reproche** reproach
reprocher (quelque chose à quelqu'un) to reproach (someone for something)
reproduire to reproduce
le **requin** shark
le **réseau** network
la **réserve** reserve, stock
le **réserver** to reserve; to keep, save; **se réserver** to save for oneself
la **résidence** residence
résider (dans, en) to lie (in)
se **résigner** to resign oneself, adopt an attitude of acceptance
la **Résistance** French Resistance (*movement*)
résolu(e) *adj.* determined
résolument *adv.* resolutely
résolut *p.s. of* **résoudre**
résonner to resound
résoudre to resolve; to decide
la **respiration** breathing
respirer to breathe
la **responsabilité** responsibility
la **ressemblance** resemblance
ressembler à to look like, resemble
resserré(e) *adj.* cramped
resservir to serve again
le **reste** rest; **de reste** in reserve; **du reste** moreover
rester to remain, stay; to be left; to be left with, have left
restituer to give back
le **résultat** result
résumer to sum up
resurgir to rise up again
rétablir to restore
retenir to hold; **se retenir** to restrain oneself
la **retenue** reserve; self-restraint; detention
retirer to withdraw; **se retirer** to retire; to retreat
retomber to fall again; **retomber en** to regress into
rétorquer to retort
le **retour** return; **de retour** back
retourner to return, go back; to turn over; **se retourner** to turn around; to turn over
la **retraite** retreat; retirement; **prendre sa retraite** to retire
retraité(e) *adj.* retired
se **retremper** to reimmerse oneself
retrouver to find (again); to meet
le **rets** net
la **réunion** reunion; meeting

se réunir to meet, gather together
réussir to succeed; **réussir une charge** to pull off a hoax
la réussite success
rêvasser to daydream
le rêve dream
le réveil awakening; waking (up); **au réveil** upon waking
réveiller to wake up
révélateur (-trice) *adj.* revealing
la révélation revelation
révéler to reveal
revenir to return; to come back (home); **pour en revenir à** to come, get back to; **revenir à (quelqu'un)** to be up to (someone), be (someone's) responsibility
revenu *p.p. of* **revenir**
rêver to dream
révérend(e) *adj.* reverend
révérer to revere
la rêverie reverie, daydream
revêtir to put on, wear
rêveur (-euse) *adj.* dreamy; entranced
revint, revis *p.s. of* **revenir**
revoir to see again; **au revoir** good-bye
la révolte revolt
révolter to revolt, disgust; **se révolter** to rebel
la révolution revolution
la revue review; magazine
le rez-de-chaussée ground floor
se rhabiller to get dressed again
ri *p.p. of* **rire**
riche *adj.* rich
la richesse wealth
la ride wrinkle
le rideau curtain
ridicule *adj.* ridiculous; **tourner en ridicule** to poke fun at
ridiculiser to ridicule
le rien trifle
rien (*with* **ne** *expressed or understood*) *indef. pron.* nothing
rigoler (*fam.*) to laugh; to kid, joke
rigolo (-ote) *adj.* fun; funny
rigoureux (-euse) *adj.* rigorous
la rime rhyme
rire to laugh
le rire laughter; **éclater de rire** to burst out laughing; **un éclat de rire** outburst of laughter; **un fou rire** uncontrollable laughter; **une crise de rire** fit of laughter
risible *adj.* ludicrous
le risque risk; **à ses risques et périls** at one's own risk
risquer to risk
rit *p.s. of* **rire**
le rivage shore
la rivière river
la rizière rice field
la robe dress; **la robe de chambre** bathrobe
le robinet faucet
robuste *adj.* robust
le roc rock
la roche rock; boulder
le rocher rock; boulder
rocheux (-euse) *adj.* rocky; **les Rocheuses** (*f. pl.*) Rocky Mountains
rôder to prowl
le rognon kidney
le roi king
le rôle role; **à tour de rôle** taking turns
le roman novel; fiction
le/la romancier (-ière) novelist
romanesque *adj.* romantic
romantique *adj.* romantic (*pertaining to romanticism, a literary movement*)
le romantisme romanticism
rompit *p.s. of* **rompre**
rompre to break; **rompre les oreilles** to be earsplitting
rond(e) *adj.* round; **le rond** circle; **tourner en rond** to place around; **la ronde** circling; circle, ring (*of dancers*)
rondement *adv.* briskly
ronger to gnaw (at)
rose *adj.* pink
le rôti roast
la roue wheel; **la roue avant** front wheel
rouge *adj.* red; **le rouge** red (color)
roulant(e) *adj.* rolling; **l'escalier roulant** (*m.*) escalator
le roulement rumbling
rouler to roll; to travel along, wheel along
la route road; way
rouvrir to open again
roux (rousse) *adj.* reddish-orange; **les collines rousses** (*f. pl.*) rolling hills
le royaume kingdom
le ruban ribbon
le ruban-mètre measuring tape
rude *adj.* austere
la rue street
la ruée rush
la ruelle bedroom (*o.*)
ruiner to **ruin; se ruiner** to spend too much money
le ruisseau brook
ruisseler de sueur to drip with perspiration
la ruse trick
rusé(e) *adj.* crafty, sly
la rustine patch
rustique *adj.* rustic
le rythme rhythm

le sable sand; **les sables mouvants** quicksand
le sabot hoof; **frapper du sabot** to stomp a hoof
le sac bag, sack; **être dans le même sac** to be in the same boat; **le sac de couchage** sleeping bag
saccadé(e) *adj.* jerky
sacrifier to sacrifice
sage *adj.* wise
la sagesse wisdom
la saignée bleeding
saigner to bleed
sain(e) *adj.* wholesome; healthy
le/la saint(e) saint
saisir to seize, grab; to grasp, understand; to catch, hear (*a sound*)
la saison season
sale *adj.* dirty; beastly (*preceding a noun*)
salé(e) *adj.* salty
la salle room; **la salle de bains** bathroom; **la salle d'étude** study hall
le salon drawing room; **le Salon** *annual art exhibition in Paris*
le salsifis salsify (*a root vegetable*)
saluer to greet
le salut safety; salvation; **salut!** *excl.* (*fam.*) hello!
la salutation greeting
le samedi Saturday
la sandale sandal
le sang blood; **garder son sang-froid** to keep calm
le sanglot sob
sans *prep.* without
la santé health
satirique *adj.* satirical
satisfaire to satisfy
la saucisse sausage
le saucisson sausage; **le genre saucisson** poorly dressed
sauf *prep.* except
la saute de vent gust of wind
sauter to jump

sauvage *adj.* wild; uninhabited; **le paysage sauvage** wilderness
la sauvagesse uncivilized woman
sauvegarder to safeguard, protect
sauver to save; **se sauver** to run away
le sauveteur rescuer
savant(e) *adj.* erudite, learned; well-informed; artful; **le savant** scholar
la saveur savor, taste, flavor
savoir to know; **savoir** (+ *inf.*) to know how to (*do something*); **ne savoir que faire, que dire** to be at a loss to know what to do, to say
le savoir-vivre mannerliness, behavior considered correct in polite society
le savon soap
savoureux (-euse) *adj.* tasty
le scaphandre (autonome) aqualung
le scaphandrier à casque deep-sea diver
la scène scene; stage; **la mise en scène** staging, production; **mettre en scène** to stage; to present
le scepticisme skepticism
sceptique *adj.* skeptical; **le/la sceptique** skeptic
sciemment *adv.* on purpose
la science science; knowledge
scientifique *adj.* scientific
la sciure sawdust
scolaire: l'année scolaire (*f.*) school year
le scrupule scruple
le sculpteur sculptor
la séance show; sitting
le seau bucket
sec (sèche) *adj.* dry; spare, gaunt (*figure*); cold (*temperament*); hard (*knot, bow*)
sèchement *adv.* curtly
sécher to dry out; to wither
la sécheresse drought
second(e) *adj.* second; **la seconde** second
secondaire *adj.* secondary
secondé(e) *adj.* supported, backed up
secouer to shake; **secouer la tête** to shake, nod one's head; **se secouer** to pull oneself together, shake off (disturbing) thoughts
secourir to help
le secours help, assistance; **porter secours à** to help
le secrétaire secretary (desk)
séduit(e) *adj.* seduced; captivated
le seigneur lord
le séjour stay
selon *prep.* according to
la semaine week
semblable *adj.* similar
le semblant semblance; **faire semblant de** to pretend
sembler to seem, appear
les semences (*f. pl.*) sowing
le sénateur senator
le Sénégal Senegal
le/la Sénégalais(e) Senagalese
le sens sense; meaning; direction; **le sens interdit** wrong way
la sensibilité sensitivity
sensible *adj.* sensitive
la senteur scent
le sentier path
le sentiment feeling
la sentinelle sentry, sentinel
sentir to feel; to sense, become aware of; to smell; **se sentir** to feel
seoir (à quelqu'un) (*o.*) to be becoming (to someone)
séparer to separate
le septembre September
la sérénité serenity, calmness
la série series
sérieux (-euse) *adj.* serious; **prendre au sérieux** to take seriously
la serpe sickle
serré(e) *adj.* pressed tightly; **le cœur serré** with a heavy heart
serrer to grip, hold tight; to clasp; **(se) serrer la main** to shake hands
la serrure lock
le/la servant(e) servant
le service service; **rendre service (à quelqu'un)** to do (someone) a favor; **le service de table** set of dishes
la serviette briefcase
servir to serve; **servir à** to serve to; to be useful for; **servir de** to serve as, be used as; **se servir de** to use
le seuil threshold
seul(e) *adj.* only, single; alone; **à la seule pensée** at the mere thought
seulement *adv.* only
sévère *adj.* stern; harsh; severe
sévèrement *adv.* strictly, sternly; harshly
la sévérité sternness, severity
seyait *imperf. of* **seoir**
le shoot kick
si *conj.* if; whether
si *adv.* so, so much; yes (*as answer to a negative question*)
le siècle century; age
le siège siege; seat
siéger to be seated
siffler to whistle
signaler to indicate
le signe sign; gesture; **faire signe à** to motion to (*someone*), beckon (*someone*)
signer to sign
la signification meaning
signifier to signify, mean
le silence silence; **garder le silence** to say nothing
silencieux (-euse) *adj.* quiet; silent, noiseless
le sillon furrow
sillonner (de) to line (with)
simplement *adv.* simply, merely, just
la simplicité simplicity
le simulacre mockery
sincèrement *adv.* sincerely
le singe monkey
le singulier singular
sinistre *adj.* sinister
sinon *conj.* if not; otherwise
sitôt *adv.* as soon as, no sooner
situer to situate; to place; **se situer** to take place
sixième *adj.* sixth; **en sixième** in a class of students aged 11–12
sobre *adj.* restrained; **sobre de gestes** sparing of gestures
le sobriquet nickname
le/la sociologue sociologist
Socrate Socrates
la sœur sister
la soif thirst; **avoir soif** to be thirsty
soigner to look after, tend to
le soin care; concern; **avoir, prendre soin de** to take care of; **commettre (quelqu'un) au soin de** to put (someone) in charge of
le soir evening
la soirée evening
soit *conj.* that is
le sol ground; floor; soil
le soldat soldier
le soleil sun; **le soleil couchant** setting sun

solennel(le) *adj.* solemn
solide *adj.* solid; strong
solitaire *adj.* solitary; lonely
sombre *adj.* dark; gloomy; somber
sommaire *adj.* brief, cursory; minimal
la somme sum, amount; collection; **en somme** in short
le sommeil sleep
le sommet top; summit
somnambulique *adj.* sleepwalking
le songe dream
songer (à) to think (about)
songeur (-euse) *adj.* dreamy
sonné(e) *adj.* (*fam.*) crazy
le sonnet sonnet (*poem of fourteen lines, divided into two quatrains and two tercets*)
sonore *adj.* loud; resonant (*voice*); resounding (*steps*)
le sorbet sherbet
le sort fate; lot, condition in life
la sorte sort, kind; **de sorte que** with the result that
la sortie exit; outing
le sortilège enchantment, spell
sortir to go out; to come out, be published; to take out; to go beyond; to emerge
sortir: au sortir de on coming out of
sot (sotte) *adj.* silly, foolish, stupid; **le/la sot (sotte)** fool
la sottise foolishness; silly or foolish thing, remark
le sou cent, penny
la souche stump; stock; **de pure souche** of pure stock
le souci worry, care
se soucier de to worry about; to care about
soudain *adv.* suddenly, all of a sudden
soudainement *adv.* suddenly, all of a sudden
soudure: faire la soudure to bridge the gap, tide over
le souffle breathing
souffler to blow
le/la souffleur (-euse) prompter
la souffrance suffering
souffrir to suffer
souhaiter to wish; to hope
souiller to soil
le soulagement relief
soulager to relieve, soothe
se soûler to get drunk
soulevé(e) *adj.* raised, lifted (up); **soulevé de** filled with
soulever to lift, raise; to give rise to, elicit; **se soulever** to raise oneself up; to rise up, revolt
le soulier shoe
souligner to emphasize, stress; to single out
soumettre to submit
soumis(e) *adj.* submissive, obedient
soupçonner to suspect
la soupe soup
souper to have super
la soupière soup tureen
soupirer to sigh
souple *adj.* supple, agile
le sourcil eyebrow; **froncer le sourcil** to frown
sourciller to frown; to flinch
sourd(e) *adj.* deaf; repressed
sourire to smile
le sourire smile
la souris mouse
sourit *p.s. of* **sourire**
sournois(e) *adj.* underhand, sneaky
sous *prep.* under; **sous le vent** downwind
sous-alimenté(e) *adj.* undernourished
sous-développé(e) *adj.* underdeveloped
sous-entendu(e) *adj.* understood, implied
sous-marin(e) *adj.* underwater
le sous-sol basement
se soustraire à to avoid, elude
soutenir to maintain, uphold; to support; to bear; to hold out against; **se soutenir** to hold oneself up; to keep from falling
souterrain(e) *adj.* underground
le souvenir memory
se souvenir (de) to remember
souvent *adv.* often
souverain(e) *adj.* supreme; **le/la souverain(e)** sovereign, monarch
la spécialité specialty; major field of study
le spectacle show, entertainment
le/la spectateur (-trice) spectator
spirituel(le) *adj.* witty
sportif (-ive) *adj.* athletic; fond of sports
sprinter to sprint
le stade stadium
standardisé(e) *adj.* standardized
le/la statisticien(ne) statistician
la statistique statistics
stéréotypé(e) *adj.* stereotyped
stérile *adj.* fruitless
stimulant(e) *adj.* stimulating
strictement *adv.* strictly
la strophe stanza
stupéfait(e) *adj.* amazed; stunned; aghast
stupéfiant(e) *adj.* amazing, astounding
la stupeur amazement, astonishment
le stylo pen
su *p.p. of* **savoir**
subir to be subjected to, undergo; to suffer
subit(e) *adj.* sudden
subjectif (-ive) *adj.* subjective
la subjectivité subjectivity
subjuguer to subjugate
substituer to substitute, replace
subvenir à to provide for, meet
le succès success
successivement *adv.* successively
succomber to succumb; to die
la succursale offshoot
le sucre sugar
sucré(e) *adj.* sweet
le sud south
la sueur perspiration, sweat
suffisamment *adv.* enough
suffisant(e) *adj.* sufficient
suffire to suffice
suggérer to suggest
se suicider to commit suicide
la Suisse Switzerland
suisse *adj.* Swiss
la suite sequel, following episode; **par la suite** later; **suite à** owing to; **tout de suite** immediately
suivant(e) *adj.* following, next
suivant *prep.* according to
suivi *p. p.*, **suivîmes, suivit** *p.s. of* **suivre**
suivre to follow; **laisser (quelque chose) suivre son cours** to let (something) run its course
le sujet subject; **à ce sujet** about that; **au sujet de** about, concerning
superbe *adj.* superb, splendid; gorgeous
superficiel(le) *adj.* superficial
supérieur(e) *adj.* superior; higher; **le/la supérieur(e)** superior (*higher in rank*)
le supplice torture
le/la supplicé(e) torture victim
supplier to beg

supportable *adj.* bearable
supporter to bear, tolerate
supposer to suppose
supprimer to eliminate
sur *prep.* on; above; over
sûr(e) *adj.* sure
sûrement *adv.* certainly
la surface surface; **faire surface** to surface
surgir to appear
le surlendemain two days later, day after the next day
le surmulet surmullet (*fish*)
surprenant(e) *adj.* surprising
surprendre to surprise
surpris(e) *adj.* surprised
surprit *p.s. of* **surprendre**
le surréalisme surrealism
le sursaut start, jump
le sursis reprieve
surtout *adv.* especially; above all
la surveillance supervision
le/la surveillant(e) supervisor; sentry
surveiller to supervise; to watch
survivre to survive
susceptibilité sensitivity
susceptible *adj.* easily offended, touchy
suspendu(e) *adj.* hanging, suspended
svelte *adj.* slender, slim
la syllabe syllable
symbolique *adj.* symbolic
symboliser to symbolize
le symptôme symptom
le synonyme synonym
la synthèse synthesis

le tableau painting; blackboard
la tablette tablet
le tablier apron
la tache spot
la tâche task, duty; **prendre à tâche de** (+ *inf.*) to take it upon oneself to (*do something*)
tâcher de to try
tacite *adj.* tacit, silent
taciturne *adj.* taciturn, reserved
la taille size; height
taillé(e) *adj.* cut
le taillis wood(s)
se taire to be silent
le tambour drum
tandis que *conj.* whereas; while
tant *adv.* so much, so many; **en tant que** as; considered as; **tant bien que mal** somehow or other; **tant mieux** so much the better **tant pis** so much the worse; too bad; tough luck; **tant que** as long as; **tant... que** as much . . . as
tantôt *adv.* soon; later; **tantôt... tantôt...** sometimes . . . sometimes
le tapage noise
la tape pat; slap
taper to slap; **se taper dans la main** to slap hands
le tapis carpet
la tapisserie tapestry
la taquinerie teasing
tard *adv.* late; **plus tard** later
tarder to delay; to hesitate
le tas heap; **un tas de** a lot of
le/la Tchèque Czechoslovakian (person)
technologique *adj.* technological
tel(le) *adj.* such; **tel(le)que** as; such as; such that; **un(e) tel(e)** such a
téléphoner (à) to telephone
tellement *adv.* so
la témérité audacity
témoigner de to show (evidence of)
le témoin witness
le tempérament temperament; health, constitution
la tempête storm
le temps time; weather; (verb) tense; **à temps** in time; **de temps en temps** from time to time; **de tout temps** from time immemorial; **en même temps** at the same time; **il est (grand) temps de** it is (high) time to; **l'emploi** (*m.*) **du temps** schedule; **par temps clair** in clear weather; **prendre un temps** to pause
tenailler to torture
la tendance tendency; **avoir tendance à** to have a tendency to, be inclined to
tendre to hold out, offer; **tendre l'oreille** to listen carefully
tendre *adj.* tender; soft; gentle
la tendresse tenderness; affection, fondness
tendu(e) *adj.* tense (*face*); stretched out (*hand*); fixed (*eyes*)
les ténèbres (*f. pl.*) darkness
tenir to hold; to consider; to last, hold out; to take care of (*store, business*); **se tenir** to stand; to be united, form a whole; **se tenir à la disposition de** to be at (*someone's*) service; **se tenir (bien) à table** to behave (well) at table; **tenir à** to be attached to, fond of; to stem from; to depend on, be up to; **tenir debout** to be real; **tenir dur** to hold fast; **tenir le coup** to hold out; **tenir (sa) parole** to keep one's word; **tenir pour** to side with; **tiens! tenez!** hey! look here! well, well! what do you know!
la tentation temptation
la tente tent; **planter (démonter) une tente** to pitch (to take down) a tent
tenté(e) *adj.* attempted
tenter to attempt, try; to tempt
la tenture wall hanging
tenu *p.p. of* **tenir**
la tenue (de sortie) attire (worn in public)
le tercet tercet (*stanza of three lines*)
terminer to finish
terne *adj.* flat
le terrain ground
la terrasse terrace
la terre earth; land
le terre-plein courtyard
terrestre *adj.* earthly
terrible *adj.* terrible, dreadful; frightful; extraordinary, sensational, terrific
le territoire territory
la tête head; **tête-bêche** *adv.* head to foot
le tête-à-tête private conversation
le texte text
le thé tea
théâtral(e) *adj.* theatrical
le théâtre theater
le thème theme
la théorie theory
la thèse thesis
tiède *adj.* lukewarm
timide *adj.* timid, shy
le tintamarre noise
tiquer to wince
tiraillé(e) *adj.* torn
tirer to pull; to take; to take out; to draw; to shoot; **se tirer de** to extricate oneself, itself from; **tirer quelqu'un de l'erreur** to correct someone's mistake, enlighten someone
le tiroir drawer
la tisane herb tea
le tissu web
le titre title

toc, toc *excl.* knock, knock
la **toile** canvas; painting; **la toile d'araignée** spider's web
la **toilette** washing and dressing; **faire sa toilette** to wash and dress
toiser to eye up and down
le **toit** roof
tolérable *adj.* bearable
tolérer to tolerate, put up with; to allow
tomber to fall; **laisser tomber** to (let) fall; **tomber entre les mains de** to fall into the hands of; **tomber malade** to be taken ill
le **ton** tone
tonnant(e) *adj.* thundering
tonner to thunder
le **tonnerre** thunder; **le coup de tonnerre** thunderclap
le **torchon** dish rag
torréfié(e) *adj.* burned to a crisp
torride *adj.* torrid
le **tort** wrong; **avoir tort** to be wrong
tortillé(e) *adj.* twisted
tortueux (-euse) *adj.* winding
tôt *adv.* soon
total(e) *adj.* total
toucher to touch; to cash (*money order, check*); **toucher à un problème** to touch on, come to a problem
le **toucher** (sense of) touch
toujours *adv.* always; still
la **tour** tower
le **tour** tour; turn; **à tour de rôle** taking turns; **faire le tour de** to go, walk around; **le tour de piste** lap; **tour à tour** one after the other
la **tourelle** turret
le **tourment** torment, agony
la **tourmente** storm
tourmenté(e) *adj.* tormented, anguished
tournemain: en un tournemain in a flash
tourner to turn; **se tourner du côté de, vers** to turn toward; **se tourner d'un bloc** to turn completely around; **tourner en ridicule** to poke fun at; **tourner en rond** to pace around; **tourner mal** to turn out bad, to go to the bad; **tourner un film** to shoot, make a film
tous (toutes) (*m., f. pl.*) *pron.* all; all of them; **à la vue de tous** in front of everyone; **une fois pour toutes** once and for all
tousser to cough
le **tout** whole
tout *adv.* quite, very; entirely, completely; **(ne) pas du tout** not at all; **(ne) rien du tout** nothing at all; **tout à coup, tout d'un coup** suddenly; **tout à fait** entirely, altogether; quite; **tout au long de** throughout; **tout au moins (plus)** at the very least (most); **tout aussi** just as; **tout bas** softly, inaudibly; **tout contre** right up against, next to; **tout de même** nevertheless, even so; **tout de suite** immediately; **tout en haut** at the very top; **tout en** (+ *present participle*) while, at the same time (+ *-ing*); by (+ *-ing*); **tout haut** aloud; **tout juste** only; barely; just enough
tout(e) *adj.* all; every; any; whole; **à toute allure** at full speed; **à toute heure** at all hours of the day; **de tout temps** from time immemorial; **en tout cas** at any rate; **tous deux** both; **tout(e) à son œuvre** entirely absorbed in one's work; **tout autre** any other; **toute la journée** the whole day; all day long; **tout le monde** everyone
tout (*m. s.*) *pron.* all, everything; **avant tout** first of all; above all
toutefois *adv.* however
la **trace** trace; track
tracer to trace; to write; **marcher dans la voie que (quelqu'un) a tracée** to follow in (someone's) footsteps
traditionnel(le) *adj.* traditional
le/la **traducteur (-trice)** translator
le **train** train; **être, se trouver en train de** (+ *inf.*) to be in the process of (*doing something*)
traîner to drag; to be left lying
le **trait** trait; **trait pour trait** exactly
traiter to treat; to deal with; **traiter (quelqu'un) de** to call (someone) a; to treat (someone) as
le/la **traître (traîtresse)** traitor
la **trajectoire** trajectory
le **trajet** journey, distance covered
la **tranchée** trench
trancher une question to settle a question
tranquille *adj.* tranquil, calm; quiet, peaceful
tranquillement *adv.* calmly
la **tranquillité** tranquillity; peacefulness
se **transformer (en)** to change, be transformed (into)
la **transition** transition; transitional period
transpercer to pierce through
le **transport** transportation; carrying; moving
transporter to transport; to carry; to move
le **travail** (*pl.* **travaux**) work
travailler to work
travailleur (-euse) *adj.* hardworking, industrious; **le/la travailleur (-euse)** worker
travers: à travers through, across
traverser to cross, pass through
le **trèfle** clover
le **tréfonds** depths
le **tremblement** trembling, shaking; **le tremblement de terre** earthquake
trembler to tremble, shake
la **trentaine** about thirty
trépidant(e) *adj.* hectic, anxious
le **trésor** treasure
la **tresse** braid
tresser to weave
trié(e) *adj.* sorted; **trié(e) sur le volet** screened
triomphal(e) *adj.* triumphal
triomphalement *adv.* triumphantly
triomphant(e) *adj.* triumphant
le **triomphe** triumph
triste *adj.* sad
tromper to deceive; **se tromper (de)** to be wrong, mistaken (about)
trompeux (-euse) *adj.* deceiving
la **trompette** trumpet
trôner to preside, as on a throne
trop *adv.* too; too much; **trop de** too much, too many
les **tropiques** (*m. pl.*) tropics
troquer to trade
le **trou** hole; out-of-the-way place, hideaway; **faire un trou** to stop eating to have a drink
troublant(e) *adj.* troubling, disturbing

troublé(e) *adj.* troubled, disturbed
la troupe troop; company
le troupeau flock
trouver to find; **il se trouve** there is, are; **se trouver** to be; to find oneself; **se trouver mal** to be, feel ill
le tubercule tuber (plant)
la tuberculose tuberculosis
tuer to kill
le tumulte uproar
turc (turque) *adj.* Turkish; **le/la Turc (Turque)** Turk
turent *p.s. of* **taire**
la Turquie Turkey
tut *p.s. of* **taire**
le tutoiement *familiar form of address using* **tu**
tutoyer *to use the familiar form of address* (**tu**)
tutoyeur (-euse) *adj.* (*rare, often derogatory*) informal, using the familiar form of address (**tu**)
le type type, kind, sort; (*fam.*) guy
typique *adj.* typical

le uhlan (*m.*) German
uni(e) *adj.* united
unique *adj.* only, single
uniquement *adv.* only, solely
l'unité (*f.*) unity
l'univers (*m.*) universe
universel(le) *adj.* universal
universitaire *adj.* (of the) university
l'université (*f.*) university
l'Ursuline (*f.*) Ursuline nun; **les Ursulines** (*pl.*) Ursuline convent school
l'usage (*m.*) custom
l'usager (-ère) user
l'usine (*f.*) factory
utile *adj.* useful
utiliser to use
l'utilité (*f.*) usefulness

les vacances (*f. pl.*) vacation; **les grandes vacances** summer vacation
le vacarme din, racket
la vache cow; (*fam.*) swine
vaguement *adv.* slightly
vaincre to conquer
vaincu(e) *adj.* conquered, defeated; overcome
le vainqueur conqueror
vainquit *p.s. of* **vaincre**
le vaisseau ship
valable *adj.* valid
le valet valet (servant)
la valeur value
la valise suitcase
le vallon small valley
valoir to be worth; **valoir mieux** to be better
la vanité vanity
la vapeur vapor, steam; haze
vaporeux (-euse) comme une mousseline as light as a veil
vécu *p.p. of* **vivre**
la veille the preceding day or evening
veiller (sur, à) to watch over
la veine vein
le vélo bicycle; **faire du vélo** to ride a bike
la vendange grape harvest
le/la vendeur (-euse) salesperson, clerk
vendre to sell
vénérable *adj.* venerable
se venger (de) to take revenge (on), avenge oneself (for)
venir to come; **en venir à** to reach the point of; to get down to; **venir au fait** to get to the point; **venir de** (+ *inf.*) (*in present tense*) to have just (*done something*); (*in imperf. tense*) had just (*done something*)
Venise Venice
le vent wind
la vente sale
venu *p.p. of* **venir**
le verbe verb
verdoyer to become green, verdant; to look green
la verdure greenery; **un trou adorable de verdure** lovely green hideaway
la vérification checking, inspection
vérifier to check, inspect
véritable *adj.* real, genuine, true
véritablement *adv.* really, truly
la vérité truth
le vernissage opening (of an art show)
le verre glass
le vers line of poetry
vers *prep.* toward
verser to pour; to shed (tears, light)
vert(e) *adj.* green
le vertige dizziness; **pris de vertige** overcome by dizziness
la veste jacket
le vestibule vestibule, hall
le veston jacket
les vêtements (*m. pl.*) clothes
vêtu(e) (de, en) *adj.* dressed (in, as a)
le/la veuf (veuve) widower (widow)
se vexer to be hurt, offended
la viande meat
vibrer to vibrate
la victime victim
la victoire victory
victorieux (-euse) *adj.* victorious
vide *adj.* empty; **le vide** void
vider to empty; to settle (*a quarrel*)
la vie life
le vieillard old man
la vieillesse old age
vieillir to grow old, age
vieux (vieil, vieille) *adj.* old; **le/la vieux (vieille)** old person; **mon vieux, ma vieille** (*fam.*) old chap, old girl
vif (vive) *adj.* lively; strong, intense; bright; sharp, keen, brisk
la vigilance vigilance, watchfulness
le vignoble vineyard
vigoureux (-euse) *adj.* vigorous; strong
la vigueur strength
la ville town; city
la villégiature vacation
le vin wine
la vingtaine about twenty
vinrent, vins, vint *p.s. of* **venir**
violé(e) *adj.* raped
violemment *adv.* violently
violent(e) *adj.* violent; intense, harsh (*light*)
violet (-ette) *adj.* violet, purple
virer to turn, veer
vis *p.s. of* **voir**
le visage face
vis-à-vis de with regard to
la visibilité visibility
visible *adj.* visible; obvious
la visite visit; **rendre visite à** to visit (*a person*)
visiter to visit (*a place*)
le/la visiteur (-euse) visitor
vit *p.s. of* **voir**
vite *adv.* quickly, fast
la vitesse speed
le vitrail stained-glass window
la vitre window pane
la vivacité liveliness
vivant(e) *adj.* alive; lively; **le bon vivant** person who enjoys (the pleasures of) life
vivement *adv.* quickly
vivre to live; **vivre au jour le jour** to live from day to day
le vizir (du banc) Sultan's advisor

le vocabulaire vocabulary
voici *prep.* here is, there are
la voie way; trac; **en voie de** in the process of; **marcher dans la voie que quelqu'un a tracée** to follow in someone's footsteps
voilà *prep.* there is, there are
le voile veil
voilé(e) *adj.* veiled, hidden
voir to see; **faire voir** to show; **se faire voir** to show off
voisin(e) *adj.* nearby; neighboring; **le/la vosin(e)** neighbor
le voisinage neighborhood
voisiner to be near
la voix voice; **à voix basse, à mi-voix** in (a) hushed voice(s); **à voix haute, à haute voix** aloud
la volaille poultry
le vol-au-vent pastry shell
voler to steal, rob; to fly
le volet sorting board; **trié(e) sur le volet** screened
la volonté will
volontiers *adv.* gladly, willingly
vomir to vomit
vorace *adj.* voracious
vouloir to want; **en vouloir à** to have or hold a grudge against (*someone*); **que voulez-vous?** what can be done about it? **vouloir dire** to mean
voulu *p.p. of* **vouloir**
voulut *p.s. of* **vouloir**
le voyage trip; traveling; **faire un voyage** to take a trip; **le voyage de noces** honeymoon
voyager to travel
le/la voyageur (-euse) traveler
vrai(e) *adj.* true; real
vraiment *adv.* really, truly
la vraisemblance verisimilitude, plausibility
vu *p.p. of* **voir**
la vue view; vision; (sense of) sight; **à la vue de tous** in front of everyone; **en vue de** with an eye to, with (something) in mind
vulnérable *adj.* vulnerable

le wagon (railroad) passenger car

les yeux (*pl. of* **l'œil**) eyes

le zèbre (*fam.*) bozo, clown
le zéro zero; **le zéro de conduite** F for behavior

About the Authors

Lucia F. Baker holds a Diplôme de Hautes Etudes from the University of Grenoble and an M.A. from Middlebury College, and has done additional graduate work at Radcliffe College and Yale University. She recently retired after more than twenty years of teaching at the University of Colorado (Boulder). In addition to teaching first- and second-year French language courses, she coordinated the Teaching Assistant Training Program, which includes the methodology class and language course supervision. Professor Baker received two Faculty Teaching Excellence awards and in 1983 was honored by the Colorado Congress of Foreign Language Teachers for unusual service to the profession.

Ruth A. Bleuzé holds an M.A. in International Relations from the University of Pennsylvania and a Ph.D. in French from the University of Colorado (Boulder). She has taught language, literature, history, and civilization courses at the University of Colorado (Boulder and Denver campuses), Loretto Heights College, and Dartmouth College. She received a graduate student Teaching Excellence award in 1976, and in 1977 was listed in *Who's Who in American Colleges and Universities*. Dr. Bleuzé is currently director of training for Moran, Stahl, and Boyer International, a management consultant firm providing cross-cultural and language training for executives from multinational companies who are relocating to foreign countries.

Laura L. B. Border received her M.A. in French from the University of Colorado at Boulder and is currently a Ph.D. candidate in French Literature. She has taught first-, second-, and third-year French courses for many years. She studied French language, literature, and culture at the University of Bordeaux as an undergraduate student, and later taught English conversation, translation, and phonetics there. A recipient of the graduate student Teaching Excellence award at Boulder, she is now director of the Graduate Teacher Program at the Graduate School of the University of Colorado at Boulder.

Carmen Grace is the coordinator of *Collage, Third Edition*. She received her M.A. in French from the University of Colorado at Boulder, where she has taught courses in literature, language, civilization and methodology during the last fifteen years. She supervised and coordinated the Teaching Assistant Program for three years. She has also taught English courses at the University of Bordeaux. In 1974 she was granted a French Government Fellowship to the Sorbonne, and in 1978 she received a graduate student Teaching Excellence award.

Janice Bertrand Owen received her Ph.D. in French Literature from the University of Colorado (Boulder). She has taught language and literature classes at the Boulder and Denver campuses for eighteen years. In 1977 she directed the University of Colorado Study Abroad Program in Chambéry, and in 1979 designed and taught an intensive course for secondary teachers of French in the Boulder Valley Schools.

Mireille A. Serratrice was born and raised in France. She holds a license in English and American Literature from the Centre Universitaire de Savoie, and in 1979 received an M.A. in French from the University of Colorado (Boulder), where she has also completed all course work for her Ph.D. She has taught first- and second-year French language and literature courses at the University of Colorado since 1977. In 1980 she was the Director of the Study Abroad Program in Chambéry. At present she is teaching in Paris.

Ester Zago holds a Doctorate in Foreign Languages and Literature from the Bocconi University of Milan and a Ph.D. in Comparative Literature from the University of Oregon (Eugene). She has taught at Pacific University and at Oregon State University at Corvallis. Since 1974 she has taught French and Italian grammar, literature, and civilization courses at the University of Colorado (Boulder). She received a Faculty Teaching Excellence Award in 1982, and during the 1982–83 academic year she was the Director of the Study Abroad Program at Bordeaux. She has published several articles and a book entitled *La Bella Addormentata, origine e metamorfosi di una fiaba*.

Photographs / Illustrations *(continued from page iv)*

Foundation, Kunstmuseum Basel, Switzerland. © 1989 ARS N.Y. / ADAGP; *107* Culver Pictures; *116* © Georges Pierre / Sygma; *120* Watercolor and gouache on paper, 21 1/2 × 27 1/4″. The Phillips Collection, Washington, D.C. © 1989 ARS N.Y. / SPADEM; *124* Culver Pictures; *133* © René Maltête / Rapho / Photo Researchers, Inc.; *138* National Gallery of Art, Washington, D.C. Rosenwald Collection. B-8060; *141* © Jeff Albertson / Stock, Boston; *147* © Mimi Forsyth / Monkmeyer; *152* © Papa Ibra Tall / The National Archives; *164* © Carl Frank / Photo Researchers, Inc.; *171* © Hubertus Kanus / Photo Researchers, Inc.; *172* Drawing with watercolor, charcoal, and pen, 9 3/4 × 7 1/8″. The Cleveland Museum of Art, Dudley P. Allen Fund, 27-208; *175* UPI / Bettmann Newsphotos; *176* Photo © G.D Hackett / © 1989 C. Hersovici / ARS, N.Y.; *183 (top)* Gamma; *183 (bottom)* Photo from The Granger Collection; *190* For the International Building, Rockefeller Center, 630 5th Ave., N.Y., NY., 1939–1940. Gouache, pen and ink, pencil and wash on cardboard, 17 1/4 × 13 1/8″. Collection, The Museum of Modern Art, N.Y. Given anonymously. © 1989 ARS, N.Y. / SPADEM; *194* Culver Pictures; *200* The Bettmann Archive; *206* © J-P Charbonnier / Photo Researchers, Inc.

Realia

Page 7 © Reprinted with permission of Dictionnaires Le Robert; *15* © Walter Goetz; *27–28* Sempé drawings © Editions de Noël by permission of Christiane Charillon; *30* Reprinted with permission of *Télé 7 Jours; 50* From *Pour Réussir des Plats Mijotés,* © 1979 Octopus Books, Ltd.; *81* © Editions Julliard; *83* © Ellipses; *102* © Imprimerie Nationale; *121* Comédie-Française; *126* Reprinted with permission of Editions Bernard Grasset; *153* © Editions du Seuil; *196* © Ellipses.

Literary excerpts

«Louisette» from *Le Petit Nicolas* by René Goscinny. © 1960 Editions de Noël, Paris. Sempé drawings from «Louisette». © Editions de Noël by permission of Christiane Charillon.

«Deuxième Conte pour enfants de moins de trois ans» from *Passé présent, présent passé* by Eugène Ionesco. © 1968 Mercure de France.

Excerpt from *Le Temps des secrets* by Marcel Pagnol. © Editions Pastorelly, Monte Carlo, Monaco.

«Professeur». © Casterman s.a. Editeurs Tournai, Belgium.

Excerpt from *Regain* by Jean Giono. © Editions Bernard Grasset, Paris.

Excerpt from *Un Nègre à Paris* by Bernard Bertin Dadié. © 1959 Présence Africaine, Paris.

Excerpt from *La Force de l'âge* by Simone de Beauvoir. © Editions Gallimard.

Excerpt from *La Petite Poule d'eau* by Gabrielle Roy. Paris and Montreal, 1950, 1970, and 1980 reprinted by permission of the author.

Excerpt from *Dramouss* by Camara Laye. © Librairie Plon, Paris.

«A mon mari» by Yambo Ouloguem from *Nouvelle Somme de poésie du monde noir* (revue *Présence Africaine,* Paris, no. 57, 1966).

Excerpt from *Le Monde du silence* by Jacques-Yves Cousteau. © 1978 Editions Robert Laffont, Paris.

«Chez les gentils membres du club méditerranée» by Muriel Reed. © 1961 Compagnie Française de Journaux, published in *Réalités.*

Excerpt from *Le Nouveau Locataire* by Eugène Ionesco. © Editions Gallimard.

«La Naissance d'un maître» by André Maurois. © 1947 La Jeune Parque, Paris.

«L'Hôte» from *L'Exil et le royaume* by Albert Camus. © Editions Gallimard.

Excerpt and illustration from *Les Carnets du major W. Marmaduke Thompson* by Pierre Daninos. © Cambridge University Press (American branch), New York.

Excerpt from *Comment Wang-Fô fut sauvé* by Marguerite Yourcenar. © Editions Gallimard.

Excerpt from «Le Petit Coq noir» from *Les Contes du chat perché* by Marcel Aymé. © Editions Gallimard.